Una Cubana por Obama

Miami, Florida en la campaña de reelección

CARMEN IGLESIAS BOLUFÉ

ISBN:153475265X
ISBN-13:9781534752658

Dedicatoria

A Papi, y a los hombres y mujeres buenos como él

INDICE

Una Cubana por Obama

AGRADECIMIENTOS

A los voluntarios de las campañas políticas, quienes generosamente trabajaron incontables horas para lograr un mundo mejor.

Prólogo

Esta es la historia de cuando trabajé como voluntaria en la campaña de Barack Obama en la ciudad de Miami, Florida, una de las de mayor diversidad cultural del país, y la que menos se parece al resto de los Estados Unidos. Es la historia de cómo un pequeño grupo de personas con una firme convicción pueden cambiar las cosas e influir en el destino de un país.

Se desarrolla en un lugar donde el poder político y económico ha estado controlado por los republicanos, y donde existe la mayor concentración de latinos republicanos en la nación, formada mayormente por exiliados cubanos de las primeras oleadas de inmigración en las décadas de los 60's y 70's. Es la historia de mis luchas, mis encuentros con la gente, y mis ansias por reelegir a un hombre que como yo, también proviene de un ambiente multicultural.

Aquí cuento cómo una voluntaria, nacida en un país totalitario y ciudadana americana por naturalización, jugó un papel de importancia en las elecciones y el triunfo de Barack Obama en el condado Miami Dade, como parte de los miles de voluntarios de *Organizing for America*, la organización de la campaña de reelección de Obama en el 2012. Es la historia de por qué trabajamos incontables horas para lograr la victoria en el Estado de la Florida, uno de los nueve estados indecisos en los que nadie sabía quién iba a ganar. Gracias al trabajo formidable de miles de voluntarios con los votantes en la base, Obama ganó Florida, y en total 8 de los 9 estados indecisos que votaron en mayoría por él, lo cual fue un gran triunfo para los demócratas y una dura e inesperada derrota para los republicanos.

Tengo muchas historias que contar de ese tiempo en que me involucré en la campaña presidencial del 2012; quiero expresar mi punto de vista, y lo que vivimos en los 18 meses en que fui una voluntaria, gente sencilla que donamos nuestro trabajo sin cobrar un centavo, solamente para ver reelegido a Barack Obama. Quiero describir mis experiencias antes y después de la batalla por la reelección, lo que vi a mi alrededor, lo que hicimos en Miami, y las emociones que sentí en esa histórica etapa.

En el debate político por la presidencia, noté diferencias esenciales entre los partidarios del candidato Romney y los del Presidente Obama, en los temas de la ayuda a los más necesitados, el acceso a la salud pública, el racismo, la discriminación a los gays, el voto y el papel del dinero en las campañas políticas, la injerencia de la religión en el gobierno y la libertad de culto, el aborto, la inmigración, el acceso a las armas, las guerras en Asia y el Medio Oriente, y tantos otros temas que nos dividen. Experimenté cómo en las elecciones se manifiestan las diferencias de ideologías, cómo los valores morales del individuo afloran cuando simpatizamos con un político, y cómo las pasiones se agitan en el enfrentamiento entre ideologías, cuando dos candidatos que quieren alcanzar el poder de gobernar luchan por los votos.

Decidí escribir este libro porque sentí que me era necesario exponer lo que yo creo, explicar los temas que estaban en juego en la mente de los hombres y mujeres que votaron en las urnas el día 6 de noviembre de 2012, contar mis luchas y lo que observé en las calles de Miami en aquel tiempo incierto y maravilloso, y porque quiero resaltar la importancia de participar.

La reelección del Presidente Obama fue una ardua batalla que el pueblo americano ganó rotundamente. Fue una confrontación de ideas e intereses que involucró mucho dinero. La campaña presidencial del 2012 en Estados Unidos ha sido la más cara de la historia, donde se gastaron unos 2,000 millones de dólares. Pero lo que todo el dinero del mundo no puede comprar son el fervor y la pasión por los ideales, y cuando un idealista está dispuesto a trabajar por lo que quiere, el materialista pierde la batalla. Esta vez el dinero no pudo comprar la Casa Blanca, porque los que no teníamos mucho que aportar dimos lo más valioso: nuestro trabajo a favor de la causa de preservar la democracia y un orden social donde cualquier persona, por humilde que sea, tenga el mismo derecho y las mismas oportunidades que los más favorecidos. Y por eso salimos a la calle a hablar con cada elector, a explicarles por qué esta elección era la más importante, y cuánto estaba en juego en ella. Fue un movimiento general lo que ocurrió en Florida en el 2012, donde el grado de participación de la gente asombró a las autoridades que nunca previeron la cantidad de gente que se formó en largas filas de votantes durante largas horas, lo cual hizo insuficientes las máquinas de conteo y los precintos electorales para dar servicio a los miles que salieron a votar desde el primer día de la votación temprana.

Haciendo campaña por Obama, confronté mis ideas con gente de todas las opiniones e ideologías, y tuve intercambios difíciles con los que querían poner a Mitt Romney en el poder. Fue un choque de ideologías que me conmocionaron como ciudadana y como ser humano. También conmocionaron esta ciudad por el período anterior a las elecciones, y aun siento que continúa en ebullición muchos meses después, durante el mandato del Presidente Obama, que ha generado muchos cambios en muchas áreas, tal como lo prometió.

He querido además incluir la dinámica de las elecciones hasta el año 2014 para redondear la historia de las campañas políticas después de la reelección, y la evolución de Obama como presidente.

Mi intención es dar un testimonio verídico; los hechos que cuento son los que están en mi memoria tal como ocurrieron y nada es producto de mi imaginación; los datos que ofrezco en este trabajo han sido chequeados con la bibliografía disponible y tienen sus citas respectivas que pueden ser verificadas.

Mi visión es contar no solamente mis experiencias en la lucha por la reelección, sino relatar las luchas de Barack Obama buscando lo que ha sido su propósito desde sus primeros años de vida: hacer de este mundo, un mundo mejor.

I. POR QUÉ AYUDÉ A OBAMA

"¿Le gustaría registrarse para votar?" "¿Podemos contar con su apoyo para el presidente?" "¿Piensa votar por Obama?"

Éstas eran las preguntas que yo repetía una y otra vez en mis jornadas como voluntaria en las calles de Miami para lograr que la gente votara por Obama y los demócratas en las elecciones del 2012.

Pero, ¿por qué dedicar mi escaso tiempo a reelegir a un presidente ? ¿Cómo empecé a trabajar para la campaña? ¿Por qué reelegir a este presidente? ¿Qué significaba la reelección de Obama para mí? ¿Por qué no me motivó la política años antes, cuando la elección de George W. Bush vs. Al Gore, o en la de Bush y John Kerry en el 2000?

Descubriendo la democracia: Hillary y las elecciones primarias demócratas en 2008

La primera vez en mi vida que presté atención a las elecciones presidenciales fue cuando Hillary Clinton decidió postularse para presidente. Yo había votado desde el año 2000, siguiendo más mi intuición que una decisión informada, pero no me interesó mucho quien era Bush o Gore, ni tenía tiempo de seguir las elecciones, envuelta en mis luchas por conseguir un mejor trabajo, mejorar mi inglés, o arreglar mi nuevo apartamento.

Aunque muy inmersa en la diaria tarea del inmigrante por sobrevivir e integrarme, dedicaba siempre tiempo a entender y conocer mejor a este país. En 2008 con la campaña de Hillary, comencé a seguir las noticias, a oír los comentarios políticos, y a seguir con atención las plataformas de los candidatos y sus encuentros con gente de los cincuenta estados, desde las ciudades más populosas del país hasta los pueblitos más recónditos. Empecé a entusiasmarme por las elecciones cuando ella comenzó su campaña mientras integraba un numeroso grupo de demócratas compitiendo en las elecciones primarias. Allí estaban entre otros, un ex-gobernador de origen mejicano, Bill Richardson, y tres miembros del senado, los experimentados Joe Biden, Hillary Clinton, y un senador joven poco conocido en el país, con el extraño nombre de Barack Obama.

Mi favorita era Hillary. Me fascinó la idea de que, al fin, tendríamos la primera mujer presidente en los Estados Unidos de América y quería fervientemente su victoria. Pensaba que Hillary tenía todas las condiciones para ser una gran presidenta.

Seguir atentamente las primarias demócratas y los discursos de Hillary se convirtió en un hábito. Llegaba del trabajo cada día anhelando encender inmediatamente el televisor y enterarme de los viajes de campaña de mi candidata por todo el país, al mismo tiempo que compartía con mis amigas el entusiasmo por ella. Fue en esa época cuando descubrí al candidato Barack Obama, ese mulato alto y flaco que parecía muy inteligente y que hablaba tan bonito. Había oído hablar de él por primera vez meses atrás en WLRN, la emisora Radio Pública Nacional, comentando su meteórico ascenso como un fenómeno político inusual en Illinois. Yo no recuerdo si lo vi el día en que fue el orador invitado a hablar en la Convención Demócrata de 2004, día en que se dio a conocer nacionalmente con un discurso que encendió la nación. Dicho evento dio inicio justamente a conjeturas de que este joven senador pudiera llegar a ser el primer presidente de color en

América.

Elecciones, candidatos, partidos políticos, diferentes ideologías, son algo cotidiano para un americano acostumbrado al juego de la democracia, algo que se da por hecho en este país. Pero para una inmigrante cubana que creció en la Cuba comunista de los Castro, descubrir cómo el país se conmocionaba por largos meses en la campaña presidencial de la nación, era algo nuevo y fascinante que captó mi interés completamente. Yo estaba descubriendo la democracia.

Emigrada de mi país en 1987 y con pocas elecciones vividas, resultaba maravilloso descubrir el interminable proceso de las elecciones primarias del Partido Demócrata en el año 2008. La cobertura de la prensa era extensa y detallada, con reportajes de los debates y las visitas de los candidatos a todos los rincones del país, seguidos de los análisis de los expertos, los académicos, las figuras políticas, y las constantes encuestas de opinión. Fue en esas primarias demócratas cuando percibí por primera vez la vibrante energía de las elecciones, la atención de los medios de prensa, y la importancia del factor dinero en las campañas electorales, al ver los millones y millones que se gastaban en promover a un candidato, así como el enfrentamiento de contrarios y la rivalidad política, y la forma civilizada en la que la mayoría de los participantes se pronunciaba. Era fascinante ver los foros comunitarios en pequeños y remotos pueblos cuyos nombres nunca había oído, y la participación de la gente del pueblo, de todas las edades y todas las esferas de la vida, discutiendo, preguntando, o a veces increpando a su candidato. Esta participación del pueblo americano culminaría cuando el 6 de noviembre de 2012, millones de personas votarían para elegir al presidente.

Fascinada por el civilizado proceso que estaba descubriendo, me interesé en las elecciones del 2008 hasta un punto que las seguía diariamente. Una tarde, miraba en las noticias a mi candidata Hillary rodeada de seguidores, y por otro lado veía a Obama y a los demás candidatos en otras ciudades dando sus discursos; después oí a los expertos analizando cada movida política y las oportunidades de ganar de cada cual. Me sentí totalmente inmersa en el proceso, maravillada de cómo este país ha creado y mantenido una institución democrática tan completa, donde cualquiera puede llegar a ser presidente si tiene el talento necesario. En ese momento experimenté un inmenso orgullo de vivir aquí, de haber dejado atrás a Cuba que abandoné a los 34 años de edad, para disfrutar del país a donde tanta gente ansía venir.

Aquella tarde sentada frente a mi televisor en la sala de mi casa, siguiendo a Hillary y comenzando a admirar a Obama, sentí profundamente y por primera vez en mi vida, que amaba a este país como mi patria. En ese instante extraordinario me sentí totalmente americana, como si hubiera nacido aquí y no en la tierra que evocaba con el eterno verdor de sus palmas, la Cuba de mi niñez y mi juventud. En ese momento sentí que había relegado en mi corazón al país donde orgullosamente declaro que nací, y que es parte de mí, pero al que ya no pertenecía más. Sentí una extraña sensación de alegría, orgullo y un poco de culpa por mi desarraigada tierra, pero la experiencia fue definitiva: había descubierto que hoy por hoy yo me sentía parte de la América donde vivía, y mi Cuba querida quedaba en el pasado.

Este descubrimiento de sentirme americana y pertenecer a esta nación no hizo más que aumentar mi interés en las elecciones primarias. Los días pasaban y continuaba la contienda por la nominación del candidato a presidente por el Partido Demócrata. Yo seguía observando los lances de Hillary, mientras Obama seguía subiendo sus primeros pasos ciertos en su osado camino a la presidencia. Al principio, me sentí contrariada por este oponente súbito a mi preferida Hillary, quien parecía tan fuerte al principio, pero que empezó a perder terreno después de que Obama ganara las primarias en Iowa, su primera gran victoria. Siguiendo las elecciones minuciosamente, comencé a valorar el extraordinario poder de comunicación de este joven político con la gente, a admirar la forma única en que dominaba las multitudes con su pasión y su elocuencia, y la peculiar sinceridad en sus convicciones. También me impresionaba su visión del futuro, que situaba a Estados Unidos como parte de un proyecto global en la que el mundo entero era incluido, tan diferente a la visión de George W. Bush de una superpotencia aislada e imponente.

"Este Barack Obama, es un líder nato y no hay quien lo pare", comprendí. Me empezaron a atraer la manera lógica de exponer sus planes y sus principios morales. Me gustó sobremanera la calidez que demostraba cuando, terminado su discurso, bajaba a saludar a la gente, con los que se mezclaba como si estuviera en la gloria, disfrutando entrañablemente el contacto con la gente. Llegado a un punto de mi afán informativo, y mientras miraba a Obama en un mitin, comprendí que este hombre tenía una seguridad total de que ahora era su momento en la historia de Estados Unidos, una idea que detonó en mi cerebro, desplazando a mi querida Hillary hacia futuros mejores tiempos. A partir de ese momento acepté que el enorme reto histórico de aquel mulatico flaco que hablaba bonito contaría con mi apoyo, y por supuesto que contaría con el voto de esta casi recién estrenada ciudadana americana nacida en La Habana.

Barack Obama se convirtió finalmente en el candidato demócrata que disputó la elección contra John McCain en el 2008, elección a la que dediqué algunas horas voluntarias. Disfruté su victoria, y observé atentamente los primeros pasos del nuevo presidente, que nunca me defraudó. Cuando llegó el momento de anunciar su reelección, y motivada por los injustos ataques de sus detractores, decidí que era necesario tomar parte activa. No bastó prometerle mi voto, sino que decidí involucrarme en la campaña de Obama. ¿Por qué di tanto de mí, de mi tiempo, trabajando por la reelección? ¿Por qué aporté pequeñas sumas de dinero de mi limitado presupuesto de emigrada reciente para reelegir a este presidente?

Primero, porque descubrí que este mulato alto con un nombre tan extraño como Barack Obama compartía mis valores, y me identifiqué con su lucha. Durante sus cuatro primeros años de presidencia, defendió con sus acciones aquello en lo que creo: la justicia social, la generosidad, la compasión con el menos favorecido, el desinterés, el idealismo, el amor y el respeto por todos los seres humanos del mundo entero, no sólo de los americanos. Comparto su amor por la paz y por un orden social más fraternal y menos egoísta. Comparto su amor por la preservación del medio ambiente, y su responsabilidad por cuidar nuestro planeta por encima de intereses económicos. También me identifico con él cuando sitúa la educación como la piedra angular del desarrollo y del progreso, y reconoce la importancia del respeto y la formación de valores éticos en el mundo en que vivimos.

Yo, como mucha gente, confío en Barack Obama, porque siento que es sincero y que realmente quiere ayudarnos. Esta confianza, esta fe, son las razones por las que la gente votó por él, y hoy está al frente del gobierno para que haga prevalecer los valores en los que yo creo y represente los intereses de la gente sencilla como yo.

Otra de las grandes razones por las que sigo a Obama es mi amor por la justicia. Cuando era una niña y estaba en la escuela primaria en la capital cubana, me encantaba la historia como asignatura. Al estudiar Historia de América, la figura que más me impresionó fue Abraham Lincoln. Era el niño que nació en una cabaña en medio del bosque, que se educó a sí mismo y llegó a ser el presidente que lograría erradicar la esclavitud. Lincoln era el hombre justo y compasivo que admiraba.

Esta pasión por la justicia se me reveló súbitamente un día en que fui al Cine Yara, antiguo Radiocentro en el Vedado, para ver una película sobre una historia del sistema judicial americano, donde un abogado torpe y mal vestido representado por Paul Newman, al final ganaba un juicio en contra de todas las probabilidades. A pesar de que todos los factores estaban en contra del desmañado abogado y su defendido, al final triunfaba la verdad. El sorpresivo final de la película me impactó, porque se había hecho justicia; de pronto, para mi propia sorpresa, empecé a llorar de felicidad: ¡había triunfado la justicia! Fue un momento revelador en el que comprendí cuán importante era la justicia en mi escala de valores morales, cuán importante es para mí que prevalezca un orden justo para todo ser humano.

A lo largo de su presidencia, he visto en Obama a un hombre justo. En los primeros años de su mandato, muchas veces lloré de felicidad al ver la forma en que el presidente peleaba batalla tras batalla en su propósito de hacer lo correcto, *"the right thing to do"*, a pesar de la oposición de poderosos miembros del congreso y en contra de las influencias del mundo corporativo. Observé su batalla por lograr que la mujer no sea discriminada en el trabajo, por no subir los impuestos de la clase media, su tenaz lucha por lograr que todos los ciudadanos tengamos un seguro médico, o por lograr iguales derechos para los gays. Admiro la manera en que ha formado alianzas mundiales para evitar que el país se envolviera en guerras desgastantes y así preservar vidas humanas. Esas guerras que los republicanos persiguen cada vez que detentan el poder, el Presidente Obama las ha podido sortear con alianzas y diplomacia a pesar de las grandes presiones de los intereses creados. Obama ha trabajado en todas las vías posibles para evitar la guerra, ante los enormes y eternos conflictos en el complicado Medio Oriente y otras partes del mundo, acaecidos durante los años de su mandato.

Ayudar a los que no pueden ayudarse a sí mismos es la filosofía de los demócratas que entienden que hay personas que lo necesitan. Eso es la virtud de la compasión que predican todas las religiones, lo que define a los hombres buenos, entre otras virtudes. Obama es un hombre esencialmente noble, y eso es lo que me atrajo de su persona, que siendo un gobernante que puede usar su poder de muchas maneras, se ha dedicado a tratar de ayudar a los que lo necesitan, y a que exista paz en el mundo, lo que le ha traído enfrentamientos feroces con los intereses de la guerra y el poder económico.

Además, desde el primer momento, encontré que lo que distingue a Barack Obama de otros líderes es su capacidad de reconocer y respetar el valor de la persona común, el valor de cada ser humano, y su determinación a darle su lugar. El demuestra interés en la gente del pueblo, la persona común a quien hace sentir importante, reconoce su papel en los destinos del país, y les hace ver que en sus manos está también el futuro de su familia y del país. Desde su inauguración en

2009, Barack Obama ha luchado por los intereses del simple americano que se levanta a trabajar cada día, o del joven que quieren ir a estudiar a la universidad y necesita un préstamo. A la hora de tomar las grandes decisiones, su misión ha sido representar a la clase media, y no solamente a los empresarios y a los que tienen grandes influencias, que resultan siempre los más favorecidos por los políticos republicanos.

Esa comunicación que Obama tiene con el pueblo americano y su inclinación a defender la clase media es precisamente lo que les disgusta a los conservadores, quienes se sienten amenazados en su status quo, no quieren compartir sus privilegios fiscales, ni nada que amenace el alto nivel de ganancias que han alcanzado en los últimos 40 años, a diferencia del ingreso real del trabajador medio que se ha visto reducido. Los republicanos rechazan un orden social donde se ayude a quien ponga su esfuerzo y sacrificio para subir en la escala socioeconómica, si es que ésto significa afectar sus intereses económicos. La lucha del Presidente Obama por hacer que los millonarios paguen más impuestos, ha sido una de las causas de la batalla feroz que le han dado los conservadores en el congreso.

Eran muchas las razones para trabajar para que este presidente tuviera cuatro años más de mandato. En las elecciones de noviembre de 2010, cuando los demócratas perdieron la batalla por mantener la mayoría en el congreso, vi a un Obama solitario y frustrado por la apatía de la gente a salir a votar. Millones de americanos que lo apoyábamos comprendimos que teníamos un papel que jugar para tenerlo cuatro años más después del 2012, y que éste era el momento de tomar acción. Por eso decidí hacer mi parte pare reelegir a Obama. Yo tenía una idea muy clara: él no podía lograrlo solo.

En síntesis, trabajé por Obama porque es, sencillamente, un hombre bueno en una posición de infinito poder, y necesitábamos mantenerlo allí en la presidencia. Mi padre, quien me enseñó a pensar y a elegir entre el bien y el mal, era también un hombre bueno. José Martí, el apóstol de la independencia de Cuba, cuyos ideales marcaron mi educación temprana, predicaba el valor de los hombres buenos. Tener a un hombre esencialmente noble al frente de los Estados Unidos es una gran suerte para esta nación y para el mundo. Por eso, yo quería intensamente que Barack Obama fuera presidente de este país por cuatro años más.

Obama, el ser humano

Lo vi por primera vez cuando inició su campaña por la presidencia en 2007. Sabemos que éste es un presidente diferente que no se parece en nada a los anteriores. Es el primero de la raza negra, hijo de un africano de Kenia y una americana de Wichita, Kansas quienes se conocieron cuando estudiaban en la Universidad de Hawái. Sus abuelos maternos se opusieron al principio a esta unión inusual, así como el abuelo africano, un campesino de la etnia Luo de Kenia y practicante musulmán, quien se opuso a que su hijo Barack se casara por segunda vez, ahora con una blanca americana; pero la pareja contrajo matrimonio y poco después nació Barack en Honolulu. La unión de Ann Dunham y Barack Obama padre no duró más que dos años, cuando él se ganó una beca y decidió ir a estudiar a la Universidad de Harvard, y ella continuó su carrera de antropóloga en Washington *University*. Años más tarde Ann se volvió a casar con un estudiante indonesio, y después de graduarse se fueron a vivir a Indonesia donde el pequeño Barack vivió de los 6 a los 9 años. Nació entonces una hermanita, sumándose a sus siete medio hermanos kenianos por parte de su padre. Por el lado de su familia materna, Barack tiene también primos irlandeses.

Preocupada por su educación, su madre envió al pequeño Barry de vuelta a Hawái para que se graduara de una mejor escuela secundaria, viviendo con sus abuelos oriundos de Kansas, quienes le inculcaron el amor por la patria, América. Esta diversidad cultural en sus primeros años le confiere una concepción más amplia del mundo. Así lo dijo cuando escribió: "la oportunidad que Hawái ofrecía - de experimentar una variedad de culturas en un clima de respeto mutuo - devino en una parte integral de mi visión del mundo, y la base de los valores que atesoro."

Sus abuelos y su madre, Ann Dunham, educaron a Barack en los valores morales que ha mostrado durante su carrera política. El abuelo materno fue soldado en la Segunda Guerra Mundial; la abuela ascendió del puesto de secretaria al de ejecutiva del banco donde trabajaba. Su madre, una mujer de ideas progresistas, doctora en antropología, enfermó de cáncer de ovario y murió prematuramente a los 52 años.

En su juventud, Barack fue al colegio superior en Los Ángeles, donde hizo su primer discurso público hablando sobre el *apartheid* en Sudáfrica. Después se graduó de Ciencias Políticas en *Columbia University* de Nueva York y aceptó un trabajo en una firma en esta ciudad, pero renunció al poco tiempo al encontrar mayor realización como organizador de la comunidad del sur de Chicago. Allí realizó una labor con las comunidades pobres, y llegó a la conclusión de que necesitaba hacerse abogado para ayudarlas mejor. Entonces decidió entrar en la escuela de leyes de la prestigiosa *Harvard University* en 1988, donde fue pronto se convitió en director del periódico estudiantil. Ya trabajando como abogado, conoció a Michelle Robinson, una abogada graduada de *Princeton University* y *Harvard Law School*. La pareja se casó en 1992, y Obama se dedicó a enseñar leyes en la Universidad de Chicago.
Proveniente de una crianza multicultural, Obama se identifica como afroamericano eligiendo a Michelle, la hija de un empleado municipal y una secretaria, una típica familia afroamericana del sur de Chicago.

Pude conocer mejor la vida del nuevo presidente Obama a través de sus dos libros. El primero es un libro autobiográfico titulado "Sueños de mi padre", que le ganó un premio Grammy en 2006 cuando lo grabó con su propia voz en un audiolibro. Su segundo libro, "La Audacia de la Esperanza" también premiado en su versión grabada, es una serie de ensayos acerca de temas tan diversos como la democracia, los valores, la pobreza, y la familia.

En "La Audacia" describe cuan fácil es para un senador del congreso de los EEUU desvincularse del pueblo, al vivir en un mundo rodeado de lujos y de gente muy importante, tratando temas mundiales. Obama explica en este libro cómo comprendió el peligro de desvincularse de la realidad, de estar *"out of touch"* o fuera de contacto con la realidad de la gente común del pueblo de donde él provenía, y cuán difícil es mantenerse mirando al mundo con los ojos de la gente sencilla. Esta historia me descubrió quién es este líder como ser humano, en su determinación de mantenerse siempre cercano a los intereses del pueblo y atendiendo a sus problemas y luchas. Con el fin de estar conectado a los problemas de la gente, el Presidente Obama lee cada noche diez de las miles de cartas que simples ciudadanos le escriben.

La Cuba que dejamos

Una de las muchas razones por las que emigré de Cuba era para disfrutar de la libre expresión de mis ideas, un derecho del que carecíamos en la dictadura comunista. En Estados Unidos las libertades individuales, *freedom of speech and freedom of expression*, son paradigmas garantizados por la Primera Enmienda de la Constitución. Hay muchos que, tristemente, no practican su derecho a la libre expresión o reprimen este derecho en los demás, tal vez porque no han tenido que sufrir lo que es vivir sin libertad.

El derecho a elegir a mi gobernante es un maravilloso privilegio que muchos no valoran. Yo soy una inmigrante que huyó del totalitarismo cubano; por eso para mí votar en una elección es un privilegio, uno de mis mayores tesoros, y no lo doy por hecho. La sólida democracia norteamericana y la libertad que disfrutamos aquí es un regalo que valoro y disfruto inmensamente; es uno de mis orgullos de sentirme americana. No hay mejor ejemplo del ejercicio de esa libertad que los periodos electorales, los que empecé a seguir con admiración desde la elección de Bill Clinton.

Recuerdo con tristeza la Cuba Comunista donde viví hasta la edad adulta bajo el gobierno de un solo partido, el comunista, un solo periódico de cuatro páginas, el Granma, donde no disfruté de ni siquiera una sola elección legitima, y donde un dictador se mantuvo de por vida. Era un país donde públicamente se adoraba al omnipotente y omnipresente líder Fidel Castro, aún cuando muchos lo detestaban sin poder expresarlo, so pena de sufrir persecución o cárcel. Fidel era la única fuente de información y de criterio político, y sus maratónicos discursos y largas arengas dominaron mis primeras vivencias políticas.
Su verborrea constante y sus ataques al "imperialismo yanqui" y al "bloqueo imperialista" era toda la verdad a la que podíamos acceder. No había lugar para la confrontación ni el intercambio de ideas, con una prensa oficialista, limitado acceso a la cultura, una información reducida a los medios oficiales, y sufriendo la más completa represión de toda expresión individual, apresada tras la cortina de hierro del comunismo caribeño. Solamente había un partido, un líder, y una ideología.

La única seudo-elección que recuerdo ocurrió cuando era una estudiante de la Universidad de La Habana. Después de más de 20 años de detentar el poder, el gobierno de Fidel Castro decidió crear un remedo de asamblea nacional, y se inventaron por primera vez unas elecciones simuladas de delegados a lo que llamaban Poder Popular, donde el Partido Comunista elegía a los presuntos "delegados", que en una elección piramidal elegirían a su vez a otros delegados nacionales, quienes ya se sabía de antemano a quien elegirían: a nadie más que al "compañero Comandante en Jefe Fidel", único líder y cabeza del partido, del gobierno, de la asamblea nacional, de las fuerzas armadas y del sistema judicial. El dictador, la única cabeza pensante en la nación, no admitía disidencia de ningún tipo, bajo el gobierno de una sola ideología y un solo partido.

En los inicios de la revolución, se llevó a cabo en Cuba el canje de divisas que limitó la tenencia de dinero en efectivo a un par de miles de pesos por individuo, una de las más claras ofensas a la libertad. A mi papá se le ocurrió mantener parte de su dinero comprando prendas de oro. Por miedo a un registro e incautación por parte del gobierno, escondió con tanto celo las joyas compradas que luego nunca se encontraron y se perdió una gran parte. Mi familia perdió poco a poco las propiedades, los negocios y el fruto del trabajo de tres generaciones comenzadas con mis abuelos inmigrantes españoles.

Como tantos cubanos, sufrí en carne propia la dictadura cubana. Fui perseguida y sancionada por el régimen comunista por el solo hecho de decir que deseaba abandonar mi país. Expulsada deshonrosamente de mi puesto de trabajo, me echaron a la calle por motivos políticos, quedando sin medio de vida, para ofrecerme meses después un trabajo en una empresa de construcción con el propósito de humillarme. Muchos cubanos fueron afectados de una u otra manera por el fallido intento de comunismo en Cuba, que interrumpió nuestra apacible vida de clase media, extinguiendo una economía floreciente y una sociedad que avanzaba en la que la educación pública era de primer nivel y la intelectualidad pujante. La prosperidad de la isla fue destruida por el comunismo cubano. Los problemas sociales agudizados por la tiranía de Batista que catalizaron la revolución se resolvieron en una total miseria nacional bajo el totalitarismo marxista.

Los estudiantes desde séptimo grado fuímos obligados a movilizarse a trabajar voluntariamente en la agricultura para permitirnos ir a una escuela. La sociedad se fue volviendo militar y represiva. El éxodo de cubanos no ha cesado hasta el presente. Hoy en día se calculan en más de 1,700,000 los exiliados cubanos en Estados Unidos, y muchos más diseminados por el mundo.

Por suerte pude dejar atrás este inverosímil cuadro: las patéticas "elecciones" cubanas, la represión y la miseria económica y moral que allí se vive. Al llegar a los Estados Unidos, casi un millón de cubanos ya hacían su vida en el sur de Florida, entre ellos mi familia inmediata y muchísimos amigos. Llegar a Miami fue un camino tortuoso y difícil que me tomó largos años. Mi salida de Cuba se dificultó más porque el dictador no permitía salir a los que teníamos una educación superior. Mi padre dedicó un gran esfuerzo para ayudarme a salir del país, en su condición de ciudadano norteamericano, y me reclamó como familia inmediata. Salir de Cuba fue una de las alegrías más grandes de mi vida, y finalmente abrazar a mi familia en Miami fue la realización de un sueño.

Al llegar a Miami en tiempos de Bill Clinton, estuve inmersa en las demandas de ajustarme a un nuevo país y abrirme un futuro, lo que me absorbió por mucho tiempo. No sabía en aquel momento que me iba a enamorar de este país tan profundamente, ni que trabajaría para una campaña electoral; mucho menos me imaginaba que años más tarde le daría la mano al presidente de los Estados Unidos.

Me hice ciudadana lo más rápido que pude y voté por primera vez en las elecciones del año 2000. No tenía aún muy claro qué representaba ser demócrata, republicano o independiente, ni cómo yo podía ejercer mis derechos en una democracia tan amplia. Tampoco imaginaba que un simple ciudadano podía trabajar en una campaña y tratar de influir en una elección.
Viniendo de un país donde todo era diferente, yo estaba poco a poco descubriendo la democracia.

Había dejado atrás una Cuba donde se reprime al individuo y se limita toda expresión de libertad, bajo una sola ideología que castiga a los que piensan diferente. Por eso, las elecciones en Estados Unidos son para mí una fiesta donde cada ciudadano puede expresarse: candidatos opuestos, problemas y soluciones, conviven en un debate nacional que se resuelve en las urnas y continúa en libre expresión. Por eso, participar en esta fiesta de la democracia es un enorme privilegio y una experiencia entrañable. Yo no dejaría pasar esa oportunidad en la reelección de Obama en el 2012.

La crisis económica en Estados Unidos al inicio del gobierno de Barack Obama, el primer presidente afroamericano

En agosto de 2008, el último año de Bush, visité por primera vez la capital de los Estados Unidos, Washington D.C., una de las más bellas ciudades que he visto en el mundo. Allí visité el Capitolio, sede del congreso americano, la Suprema Corte de Justicia, y por supuesto, fui a admirar la Casa Blanca desde el exterior. Quedé muy impresionada por la sede del gobierno y aprendí muchísimo en ese viaje maravilloso. El día que visité el Capitolio, caminamos por el edificio de oficinas de los senadores. Me admiró el hecho de que cualquier ciudadano pueda entrar en ese edificio, después de pasar por el control de seguridad, acompañados por un estudiante de la oficina de mi representante, Debbie Wasserman Schultz, a quien le había solicitado esta visita. Allí me tomé una foto enfrente a la oficina del senador y candidato presidencial Barack Obama, que en ese momento estaba en campaña, y entré a su oficina donde me dieron una entrada de acceso al capitolio firmada por el entonces senador por Illinois. En este momento aún no sabíamos que sería el candidato ganador en la convención demócrata solo unos días después, ni que fuera el ganador en las elecciones presidenciales.

Unos días después, fui a la ceremonia de naturalización de uno de mis estudiantes de inglés y nuevos ciudadanos, Lorenzo, un muchacho hondureño con mucha determinación que se mantuvo estudiando por muchos meses hasta que aprendió el inglés necesario. Fue un honor para mí acompañarlo a recibir su certificado de ciudadanía en una bella ceremonia en el Dade County Auditórium de la calle Flagler. Al salir, caminamos frente a un quiosco del Partido Demócrata, donde Lorenzo quiso registrarse para votar. Allí recogí una tarjeta del Partido Demócrata en Miami, a donde llamé tiempo después para ver en que podía ayudar, pero no pude comunicarme con nadie, ni entrar en el sitio de internet. Después aprendería que los demócratas de Miami somos muy silenciosos y no nos vemos por ninguna parte.

Lorenzo y yo nos tomamos una foto allí, al pie de un árbol afuera del

Auditórium. Mucho tiempo después notaría que en la foto aparecía un cartel de la campaña Obama 08. La campaña presidencial estaba en ebullición en otras partes del país, pero en Miami seguíamos muy ocupados en nuestro diario vivir y las noticias de Cuba. Ya entrado el año de elecciones, en Miami se notaba poco o ningún movimiento con miras a la elección del 2008, salvo este letrerito traído por los demócratas de Miami Dade.

En aquel momento yo solo empezaba a prestar atención a la contienda política, en el escaso tiempo que me dejaba mi trabajo de enseñar inglés a inmigrantes en tres escuelas de adultos.

Recuerdo que en algún momento me puse en contacto con los demócratas en Miami, y fui a trabajar haciendo llamadas a favor de Obama y los candidatos demócratas a la sede del partido en el edificio Terranova de Miami Beach. No pude apreciar entusiasmo entre los demócratas en esa elección del año 2008, pero Obama ganó para convertirse en el primer presidente negro de la historia del país.

Los primeros días del mandato de Obama fueron muy difíciles. La crisis económica, que se destapó con una debacle financiera, un déficit presupuestario de 15 billones de dólares, dos guerras de las que no se veía salida, y el desempleo en aumento. Mientras, las ejecuciones hipotecarias crecían y la gente perdía sus casas, adquiridas con hipotecas engañosas durante una burbuja irreal de bajos intereses. Esta era la dura realidad que el país confrontaba al momento de iniciarse el nuevo gobierno demócrata que sucedió al presidente republicano George W. Bush.

La crisis económica del sistema capitalista es bastante complicada de entender. Era más fácil culpar totalmente al presidente saliente, George W. Bush, o al entrante, Barack Obama, e ignorar lo demás. Desde el primer día de su mandato, los republicanos culparon al presidente de la maltrecha economía, y se atrincheraron en esto como la mejor arma de ataque contra él. Acusar a Obama de la crisis de la economía americana en 2009 es una de las más injustas y engañosas imputaciones que los republicanos usaron, y la que más me molestaba oír. Nadie parecía entender que la crisis económica era resultado de un proceso, ni que las crisis han sido cíclicas e inevitables en el sistema de libre mercado. Conocía estos temas de mis estudios de Economía, así que me di a la tarea de documentarme bien para poder tener argumentos a favor de mi presidente. Los economistas hablan en términos que resultan complejos para la persona común, así que, para explicarlo de la manera más simple, la llamada Gran Recesión del 2008 se desenvolvió así:

En septiembre 15 de 2008, Lehman Brothers se declaró en bancarrota. Este era el cuarto banco de inversiones más grande de los Estados Unidos, con 25,000 empleados alrededor del mundo. Con $639 mil millones en activos y $619 mil millones en deudas, fue la bancarrota más grande de la historia de las finanzas de este país. Lehman fue la más grande de las quiebras originadas por las hipotecas de alto riesgo en la crisis financiera que diezmó los mercados de valores en 2008. El colapso de Lehman Brothers fue un hecho de gran relevancia que intensificó enormemente la crisis. A partir de ese momento fue claro que la economía norteamericana iría hacia abajo con desconocidas consecuencias.

Igual que ocurrió cuando la gran depresión en tiempos de los presidentes Hoover y F. D. Roosevelt, el gobierno de Bush se vería en la necesidad de intervenir para evitar mayores consecuencias en el complicado sistema financiero. El Presidente Bush y sus asesores decidieron apuntalar a los mayores bancos con el llamado "bail-out" y un paquete de estímulo económico, el TARP, para tratar de paliar la situación, que fue aprobado a toda prisa por el congreso americano.

Es en este contexto que Obama gana la elección, y recibe el país en medio de una crisis sin precedencia que abarcaba al mundo entero.

Yo recuerdo aquel primer martes después del primer lunes de

noviembre en 2008, *"Elections Day."* Había ganado Barack Obama, quien se convertiría en el primer presidente afroamericano en los Estados Unidos.

Esa noche me mantuve viendo los resultados electorales hasta que se predijo que John Mc Cain no había conseguido superar al joven, inexperto, y multirracial senador que cuando se convirtió en presidente se encontraba en su cuarto año en el senado americano.

Llegado el momento, el recién electo presidente hace su discurso de aceptación, tal y como es costumbre después de que el contrario concede la elección al ganador. Casi a media noche, un triunfante y tímido Obama salió a saludar en Chicago a los miles de simpatizantes que lo aclamaban. Caminando con pasos suaves y sutiles salió primero él, y después Michelle y las dos niñas. Me impresionó la expresión de su rostro ya que sonreía suavemente, con la alegría de la victoria, pero también con humildad y agradecimiento a los miles que habían creído en él. Se le notaba un poco tímido caminando por primera vez como presidente electo de los Estados Unidos. Vi en su cara la gravedad de enfrentarse a una gran responsabilidad, como si en ese momento, al salir del fragor de la batalla de una larga elección, asumiera el alcance de la enorme tarea que le esperaba. Tal vez nos diría: "gracias, me siento honrado por su voto, y haré lo mejor que pueda por ustedes". Su cara era un poema, porque, como dice el dicho, "lo que le venía encima era un mundo". Esta multitud que lo aclamaba hoy, que votó y trabajó por él, esperaba realizar sus sueños gracias a este líder recién electo.

A los pocos días Obama y su equipo de asesores estaban en una reunión en Chicago tratando de profundizar en el estado de la economía. Lo que se dijo allí era aterrador: la economía estaba al borde de un precipicio, a la industria automotriz le quedarían sólo días de existencia si no se hacía algo drástico, y la industria financiera se hallaba a punto de un colapso. Era la peor situación financiera desde los tiempos de H. Hoover y F. D. Roosevelt. Antes del día de la toma de posesión del nuevo presidente en enero de 2009, ya los estadounidenses habían perdido

3.5 millones de puestos de trabajo y la deuda era de 15 billones. Lo primero que había que hacer era insuflar miles de millones de dólares a la economía y apuntalar los mercados financieros, mediante el paquete de estímulo que detuviera una caída estrepitosa en una depresión económica. En este contexto nacional fue que Obama iba a estrenarse como presidente.

En enero de 2009 se celebró la inauguración del nuevo presidente en Washington D.C. en una emocionante ceremonia de investidura a la que asistieron más de un millón de personas. Toda América estaba llena de esperanzas. Primero, vi con alegría la naturalidad con la que el vicepresidente Joe Biden tomó el juramento como si fuera algo cotidiano. Biden había sido senador por más de treinta años en ese momento, con un impresionante record a favor de la clase media. La selección de Joe Biden como compañero de boleta fue una de sus más acertadas decisiones, pues es difícil encontrar un político de más experiencia, más integridad y simpatía personal. Finalmente llegó el turno para jurar al nuevo presidente, un entusiasta Obama, que se apoyó en la misma biblia de Abraham Lincoln para tomar su juramento. Un hecho curioso fue que en el momento de la juramentación, tomada por el Jefe de la Corte Suprema, John D. Roberts, Obama no enunció claramente sus palabras; por esta razón y siguiendo las reglas de la constitución, al día siguiente se reunieron otra vez en la Casa Blanca para repetir el solemne acto del juramento de un presidente.

La misma noche del día de la inauguración de Obama, los máximos líderes de los republicanos del congreso, Mitch McConnel, John Boehner y Eric Cantor, se reunieron para prometerse que a partir de ahí harían lo posible para oponerse a Obama y hacer que dejara la presidencia en cuatro años. A partir del primer día, fue evidente que estos líderes hicieron lo posible por entorpecer cuanto proyecto emprendió, y llenar de piedras el camino del nuevo inquilino de la Casa Blanca. En sus intentos de reducirlo a un presidente de un solo término, los republicanos se opusieron a cada proyecto que Obama defendía, creando un congreso inoperante y dividido como nunca antes.

Los primeros cien días y la reforma de salud

La primera medida que el presidente Obama tomó en el primer mes de su mandato fue firmar la Ley Lily Ledbetter que garantiza el derecho de las mujeres a recibir un pago equitativo, y erradicar la práctica discriminatoria de pagar menos a la mujer por el mismo trabajo que el hombre.

Desde sus primeros días, la administración de Obama logró pasar legislación que beneficiaba a la clase media y a los más necesitados, lo que reafirmó mi adhesión por este presidente.

En los primeros cien días, se autorizó la investigación con células madres en busca de productos anti-cáncer; se destinó ayuda federal para cubrir garantías a los compradores de los carros de GM y Chrysler, y se creó un programa conocido como *"Cash for Clinker"* en el que se otorgó un crédito de $5,000 a los compradores de carros nuevos más eficientes en el uso de energía. Se establecieron niveles requeridos más altos de millaje en los automóviles, con vista a proteger el medio ambiente y bajar el consumo de gasolina. También se decidió rescatar la industria automotriz de Detroit a punto de la bancarrota con miras a salvar millones de trabajos. Se implantaron las nuevas regulaciones para el sector financiero que protegen al consumidor contra prácticas abusivas en los préstamos y las tarjetas de crédito. Además, se garantizó que los préstamos a estudiantes se mantuvieran lo más bajos posibles para facilitar el acceso a la educación superior. Se aprobó el fin de *Don't ask don't tell,* "no preguntes no digas", un concepto que cubría con una estela de silencio la condición de soldados homosexuales que sirven en el ejército.

En las relaciones internacionales, el presidente anunció las nuevas estrategias para reducir las tropas y concluir la guerra en Afganistán y la paulatina reducción de la presencia militar en Iraq y el fin de la ocupación; el diálogo con el líder chino en New York, y el viaje del nuevo presidente a estrechar alianzas en Europa; su visita a Estambul, Turquía para distender las tensiones con los países de religión musulmana, y enfocar la lucha contra los fundamentalistas radicales envueltos en terrorismo.

En octubre de 2009, casi recién estrenado en la presidencia, se le concedió el premio Nobel de la Paz al presidente, por su contribución a la distensión de las guerras en que los Estados Unidos estaban envueltos durante los años de George W. Bush. Esta distinción ilustraba como veía Europa la contribución del nuevo presidente a un orden mundial donde Estados Unidos es más un líder de soluciones conjuntas, y no de enfrentamientos unilaterales como fue la guerra en Iraq.

Una de las decisiones del presidente que más me agradó, fue la designación de la jueza Sonia Sotomayor a la Corte Suprema, siendo la primera mujer de origen latino, y la tercera mujer nombrada a ocupar el cargo de jueza suprema en la máxima instancia de la rama judicial del gobierno. Fue un gran orgullo para los latinos, y para las mujeres, y mostró la vocación de Obama de otorgar representación a la totalidad de los miembros de la sociedad, no solamente a los hombres blancos.

Desde que el presidente empezó a gobernar en enero del 2009, empezó la férrea oposición a su gestión por parte de los republicanos. Se opusieron a cada una de las leyes que el Congreso mayoritario demócrata consiguió pasar, y se dedicaron a crear una campaña de difamación hacia las nuevas regulaciones y de ataque personal al presidente y a los líderes demócratas, pero al mismo tiempo, los republicanos no presentaban alternativas viables para resolver los problemas. Los enemigos del gobierno demócrata, no veían más que problemas, errores, y nunca estaban de acuerdo en nada. Se convirtieron en el "Partido del No", del rechazo sistemático, el desacuerdo perenne e inamovible a toda iniciativa de la administración de Obama. Yo sentía una gran frustración al ver como los republicanos tergiversaban la verdad, y atacaban injustamente la gestión del presidente, haciéndolo responsable de cuanto problema tenía la economía, una economía que ya estaba en crisis cuando él subió al poder.

Me mantenía muy informada y al tanto de lo que estaba pasando, tratando de obtener la información de varias fuentes, y no sólo de fuentes afines a los demócratas. Veía CNN, veía los canales ABC, CBS y NBC televisión, y muchas veces me informaba por C-SPAN, el canal de cable que transmite directamente los discursos de los congresistas, del presidente y del secretario de prensa de la Casa Blanca. Quería saber de primera mano cual era la realidad y sacar mis propias conclusiones; rechazaba que algún periodista me transmitiera su propia visión. Notaba una diferencia entre la realidad que se apreciaba en el piso del senado y la cámara, escuchando a los políticos electos, y la noticia reportada por las estaciones de cable, en las que el periodista le daba su propio sesgo de apreciación, y un toque de sensacionalismo necesario para capturar a la audiencia.

En Miami, el periodismo informativo dejaba mucho que desear. La televisión en español era poco balanceada e insuficiente, y la noticia llegaba siempre tarde. Muchos "periodistas" tenían sus propias agendas de servir a los republicanos, y atacaban a Obama sin descanso.

Mientras, la batalla por pasar la reforma de salud seguía su curso y yo estaba ansiosa por verla hecha ley, porque era un tema de vital importancia para mí.

En ese momento, en Estados Unidos se calculaba que había 50 millones de personas sin seguro médico, al tiempo que el costo por paciente del cuidado de salud era más alto que en ningún otro país desarrollado del mundo. Sin embargo, los índices de salud pública están por debajo de muchos países menos ricos. Los dos elementos más inhumanos del sistema de salud americano eran los topes máximos de cobertura, y negarle acceso al seguro a los que ya sufrían una enfermedad. Esto producía que a muchos enfermos asegurados con enfermedades graves que estaban recibiendo tratamientos, al llegar a cierta cantidad tope prefijada por el seguro se les retiraba la cobertura. También las compañías aseguradoras le negaban totalmente el acceso a un seguro médico a los que tenían alguna enfermedad preexistente al momento de registrarse o renovar su contrato.

Obtener un seguro médico que yo pudiera pagar era el tema que consideraba más importante entre los varios problemas que el presidente prometió resolver durante su campaña. En el condado donde resido, Miami Dade, había 744,000 personas que no tenían seguro médico en el 2010, y en el estado de la Florida eran 4 millones. El acceso a cuidados médicos era lo que más deseaba, porque yo era una de los millones de americanos sin seguro. Yo era parte de esa estadística, desde que decidí ser maestra de adultos, sector de la educación formada en su mayoría por trabajadores a tiempo parcial sin beneficios. Después de que abandoné el sector privado para cumplir mi sueño de ser maestra, viví en la situación de que si me enfermaba, tenía que arriesgarme a pagar enormes cuentas, mientras trataba de encontrar algún seguro médico que estuviera a mi alcance.

Personalmente había tenido malas experiencias con los seguros. En el año 2009, cuando era gobernador Charlie Crist, se aprobó un programa de atención médica que ofrecían algunas compañías de seguro a través del estado de la Florida. Conseguí al fin un seguro de salud con Médica *Health Plan*, donde pagaba $280 al mes. Antes de cumplir el año, Medica me envió una carta diciendo que me suspenderían el seguro al llegar al año de contrato. ¿Razones para este cambio? A mí no me dieron ninguna, pero me dijeron que iban a aceptar solamente pacientes de Medicare y así se terminaba el contrato con el estado. Me sentí decepcionada, ya que tendría que volver a vivir en la zozobra de no tener seguro médico, bajo el temor de enfermarme y tener que ir al cuerpo de guardia de un hospital y pagar enormes cuentas.

Me tomé el trabajo de chequear las ganancias de *Medica Health Plan* en su página de internet. Esta compañía ganó un centavo por cada centavo que gastó; en palabras más claras: 100 % de ganancia. Pero ahora necesitaban ganar mucho más, eliminando a pacientes como yo, que pagaban demasiado poco. Ahora *Medica Health Plan* atendería solamente pacientes pagados por Medicare, sistema del que se abusa constantemente y paga altas sumas de dinero sin un control estricto. Así son las grandes compañías de salud en los Estados Unidos, un negocio sumamente productivo sin protección para el paciente. La reforma de salud que el gobierno de Obama perseguía aprobar era un intento serio de darles cuidado de salud asequible a todos los americanos, y exigir más equilibrio en la gestión de las compañías de seguros.

Después del rechazo de *Medica Health Plan*, deambulé por oficinas médicas y planes individuales baratos pero de escasa cobertura, mientras jugué con la suerte de tener sólo menores problemas de salud. No obstante, como paciente sin seguro, en un año dado mis cuentas médicas pasaron de $ 7,000, solamente en costosos exámenes preventivos y cuentas de especialistas.

Por haber tenido la experiencia en carne propia del sistema de salud, me parecía muy justo que llegara el momento de lograr que el acceso del pueblo americano a la salud pública alcanzara el nivel de los demás países desarrollados del mundo. El gobierno de Obama decidió darle prioridad a esto, y la mayoría demócrata en el Congreso, decidió ponerse del lado de los que no teníamos seguro médico, de los que eran rechazados por las aseguradoras por tener una condiciones de salud previa, en fin, de los que no teníamos cabilderos en Washington y un salario moderado que hacia inaccesible pagar casi $500 al mes por el seguro médico.

El presidente y los demócratas tomaron el desafío de pasar la ley de reforma de salud, a pesar de una oposición cerrada de los fuertes intereses económicos a favor de mantener el status quo, por parte de las compañías como *Medica Health Plan* y su gigantesco ejército de cabilderos en Washington, defendidos por los republicanos.

Desde el inicio de su gestión hasta el año 2010, el presidente Obama y los demócratas del congreso acometieron fervorosamente la tarea de pasar la reforma de salud, un asunto vital para los que no teníamos un seguro.

Yo observé muy atentamente las conversaciones del equipo del presidente con los republicanos cuando se estaba estudiando la nueva Reforma de Salud. En su primer año de mandato, Obama se dirigió al pleno del congreso para tratar sobre la reforma de salud, en sus múltiples intentos de atraer a los republicanos para incluir sus propuestas en el proyecto. En una muestra de cuan incivilizada se tornó la controversia, un representante por Carolina del Sur le gritó al presidente *"you lie"* (*usted miente)* interrumpiendo el discurso cuando éste explicaba que los inmigrantes ilegales no estarían incluidos en las provisiones de la futura ley. Este representante, Joe Wilson, tuvo que pedir disculpas por su actitud irrespetuosa. Nadie le había gritado a un presidente de esa manera en el congreso americano; pero él siguió exponiendo su punto con la esperanza de obtener apoyo del partido republicano. A pesar de este acto irrespetuoso sin precedentes de la figura del presidente de la nación, Joe Wilson fue reelecto por su distrito en el 2010.

Un día, se televisó a toda la nación como Obama se sentó con los líderes de ambos partidos para debatir el proyecto de la nueva ley de salud. Se sentaron en la mesa, y los republicanos en bloque comenzaron a criticar el proyecto, blandiendo el paquete de casi mil páginas y rechazándolo en su totalidad. Vi ese día al presidente usar toda su reserva de paciencia, tratando de dialogar con los representantes del partido republicano. Pero no había arreglo posible, la reforma de salud en la que yo tenía puesta mi fe, era como "el coco" para estos republicanos; la reforma de salud era el anticristo, el desastre económico; decían que sería el fin del mundo, el hundimiento de la economía. Sin embargo, no sentí que ninguno de los críticos de la ley trajera a la mesa otra opción para resolver el conflicto de una nación con casi 50 millones de americanos sin cobertura médica, ni les vi preocupación por el dilema terrible de los que ya tienen una enfermedad pre-existente y se les niega el seguro. Sus consideraciones eran puramente económicas e ideológicas, aduciendo que el libre mercado por si solo sería la solución. En esa reunión no les vi a los republicanos ninguna intención de limitar o controlar el predominio de las grandes compañías en el negocio de la salud, que van tras fabulosas ganancias en un intercambio desigual donde el paciente siempre pierde.

Después de múltiples intentos de incluir sugerencias de los republicanos, los demócratas dejaron de tratar y se propusieron que era el momento de votar la ley y garantizar el seguro médico al pueblo americano. Así que, en marzo de 2010, por votación de 219 a 212 se pasó la Ley de Seguro de Salud Asequible, *The Affordable Care Act,* una reforma del sistema de salud que desde hacía 80 años se había estado debatiendo en el congreso americano. La aprobación de esta ley significaba un gran alivio en mi vida y en la de millones de personas sin seguro, pero tendría que esperar hasta el 2013 para su establecimiento.

Los años 2010 y 2011. Mis luchas con los medios de difusión. Las elecciones de medio término en Florida

Cuando Obama ganó las elecciones, yo enseñaba inglés a los jóvenes haitianos que llegaban a Miami. Ellos estaban tremendamente felices de que hubiera triunfado un presidente de la raza negra, como ellos mismos; yo trataba de mostrarles el caso del presidente Obama como ejemplo de adonde se puede llegar, a fuerza de tesón y sacrificio, sin importar la condición económica o el color de la piel, haciendo de la historia de Obama una fuente de inspiración. Algunos estudiantes eran muy receptivos a mi mensaje, pero notaba que venían de un país empobrecido, con una herencia psicológica negativa y un alto desempleo, y me parecía que a veces no les llegaba mi mensaje de la relación entre trabajo arduo y progreso que yo quería enseñarles. Sin embargo, muchos de ellos se han integrado bien a esta sociedad, se educaron y consiguieron empleos, y hoy los encuentro trabajando en los supermercados y las tiendas, donde me agradecen de nuevo que yo les enseñara el idioma, lo cual me llena de orgullo y satisfacción. En esta ciudad, hoy se encuentran haitiano-americanos que trabajan en diferentes campos de la economía.

Era lógico que la gente de la raza negra se sintiera bien con el nuevo presidente, algo que ya era hora de que pasara en este país. Yo también me sentiría orgullosa si tuviéramos un presidente de origen latino algún día. Mientras tanto, disfrutaba de las novedades de la presidencia de Obama como si fuera una novela, y muchas veces éso parecía.

Aunque mi principal fuente de noticias era CNN y CSPAN, leía el periódico local en su versión en español, pues tenía la costumbre de estar al tanto de la actualidad en mi comunidad hispana, más bien para pulsar la opinión sobre el nuevo gobierno que para informarme, porque francamente los reportajes nacionales del Nuevo Herald estaban muy parcializados, enfatizando la visión republicana. La única sección que entonces mantenía un cierto balance de puntos de vista es "Perspectivas", donde podía leer opiniones diversas, así como interesantes cartas de los lectores.

Los *talk shows*, o programas de participación en español, estaban totalmente dominados por la derecha de línea dura, dominada por los cubanos emigrados en los años 60's, que cuentan con seudo-periodistas que abierta o encubiertamente tenían la misión de dirigir la opinión de la población para culpar al presidente de cuanta situación se daba en la economía. Me indignaba con los que repetían que "Barack Obama no ha hecho nada", y a continuación lo culpaban de todos los males que sufríamos, desde el alza del precio de la gasolina, hasta los divorcios causados por problemas financieros y las ejecuciones hipotecarias. Esta audiencia contraria al presidente demócrata es común en los programas de radio de Miami, arengados por los comentarios de los presentadores radiales. Los exiliados cubanos de las primeras olas de inmigración que son republicanos y están acostumbrados a no tener oponentes, no cesaban de atacar a los demócratas. Los ataques vacíos y la desinformación me alteraban mucho, y me preguntaba que podía hacer yo contra ello para que la gente oyera el otro lado de la verdad. Lo que no podía hacer era quedarme callada.

Yo casi nunca podía entrar a los programas, ya que la mayoría de los oyentes son personas mayores retiradas que contaban con suficiente tiempo en sus vidas para marcar una y otra vez hasta encontrar una línea disponible.

Lo que si podía hacer era enviar mi opinión a la sección de Opiniones del Nuevo Herald, como había hecho desde que llegué a esta ciudad, imitando así a mi padre, que también tenía inquietudes políticas y enviaba sus escritos. Esa sería mi arma para dar mi punto de vista y tratar de esclarecer lo que estaba ocurriendo en la nación y en mi ciudad, así que comencé a escribir cartas de opinión con la esperanza de que las publicaran.

En la página de opiniones del Nuevo Herald, publicaban algunos escritores de derechas que se dieron a la tarea de demonizar al presidente Obama desde todos los puntos de vista. Generalmente, sus opiniones estaban basadas en un análisis parcial de la realidad; otras veces, se basaban en francas falsedades. Por ejemplo, en el año 2010 un periodista criticó al presidente Obama cuando éste decidió remplazar el busto de Winston Churchill en la oficina oval de la Casa Blanca por un busto de Abraham Lincoln. El busto de Churchill fue un regalo de los británicos a su predecesor, George W. Bush. Ha sido una costumbre de los gobernantes de este país, que al llegar a la residencia oficial el nuevo presidente remodele sus oficinas, por lo cual era perfectamente justo que Obama quisiera tener consigo una imagen de Lincoln, y removiera la de Churchill, una figura histórica que no le sería tan cercana. Pues sucedió que un periodista tergiversó la noticia, tildando a Obama de ser "limitado culturalmente y acendrado izquierdista" porque "había devuelto el busto que la oficina británica le había regalado". Como la realidad había sido otra, indignada, me di a la tarea de verificarlo, y de informar al Herald de la pifia periodística que el autor había creado. Una cosa es dar una opinión, y otra es cambiar la realidad a conveniencia para representar a Obama como una persona ignorante y soberbia, cuando se sabe que de ignorante no tiene nada, y nunca - o casi nunca- lo he visto soberbio. Envié una carta a la sección correspondiente explicando que el periodista estaba citando en su artículo algo que estaba lejos de la verdad. Por suerte, se publicó una nota el día siguiente en el que se explicaba el error. No podía estar más feliz de que en el futuro los detractores de Obama tendrían más cuidado de no tergiversar la verdad tan burdamente.

En esa oportunidad hice oír mi voz, y estaba determinada a seguirlo haciendo; estaba enojada de la forma en que el periodismo, que es considerado el cuarto poder en los Estados Unidos, estaba atacando a Obama aquí en la ciudad donde vivo. Era lo menos que podía hacer en ese momento.

Sin embargo, cada vez que tenía la oportunidad de intercambiar ideas, hablaba con la gente y encontraba que eran muchas las personas que apoyaban a Obama y que reconocían la complicada situación que recibió. Los ataques venían de esos cubanos de ultra derecha que dominan los medios, intransigentes y una incapacidad de sostener una discusión civil e inteligente en un país libre. Paradójicamente, este grupo reproducía en Miami el mismo clima de censura ideológica que imperaba en la dictadura del país que abandonamos.

En marzo del 2010, la represión y los abusos en contra del grupo disidente de las Damas de Blanco en Cuba llegaron a un nivel en que sus vidas peligraban. Los cubano-americanos de Miami sentíamos que teníamos que hacer algo para denunciarlo. Es en momentos como éste que los verdaderos líderes capitalizan el sentimiento del pueblo y lo transforman en acciones concretas. Pero no fueron los paladines del anticastrismo, ni los profesionales de la libertad de Cuba los que originaron una acción efectiva. Fue la pareja de Gloria y Emilio Estefan quienes decidieron promover una marcha general para apoyar a esas valientes mujeres, que en Cuba arriesgaban su vida por la democracia, y estaban siendo acosadas por ejercer el simple derecho de reunirse e ir a misa, vestidas de blanco y con un lirio en la mano, caminando pacíficamente hasta llegar a la iglesia por la otrora suntuosa Quinta Avenida de Miramar.

La marcha seria en la legendaria Calle Ocho de la Pequeña Habana, y nos reuniríamos allí también vestidos de blanco, a manifestar nuestra solidaridad con este pequeño grupo de mujeres, quienes ya tenían premios internacionales por su valentía.

A las 11 de la mañana ya estaba yo en la marcha, una de las más fraternas y emotivas en las que he participado en esta ciudad, una gran marcha que unió a los exiliados cubanos. En el Restaurant Casa Juancho se reunieron muchos famosos de Miami, políticos, artistas, escritores, académicos, y a la cabeza, Gloria Estefan, radiante en blanco, rodeada de la plana mayor del exilio. En la calle me encontré frente al genial escritor Carlos Alberto Montaner, sin duda una de las mentes más brillantes del exilio cubano a quien tuve el honor de saludar, quien con mucha modestia me dirigió algunas palabras de agradecimiento. Su columna del domingo en el Nuevo Herald es lo mejor que se puede leer, así que no me la pierdo porque literalmente me enseña y me guía.

Allí estaba en sus casi seis pies de estatura María Elvira Salazar muy dinámica, y el gran artista Alexis Valdés abriendo la boca desmesuradamente y haciendo bromas. Vi a varios comisionados de origen cubano del gobierno local. En la tribuna estaba la legendaria cantante Olga Guillot, quien siempre fue muy apasionada y firme en la causa de Cuba. También fue una de las últimas apariciones de Carlos Álvarez como alcalde, quien recibió un abucheo significativo, poco antes de que lo removiéramos de su puesto con un referéndum revocatorio del 80 %.

Estábamos allí miles de cubanos exiliados como patriotas por la libertad de Cuba, aunque también se encontraban venezolanos, nicaragüenses, costarricenses y todas las nacionalidades latinas de Miami, juntos para protestar por los abusos de los hermanos Castro. Fue hermoso ver el rio de gente vestidas de blanco con banderas americanas y cubanas, y otros grupos diversos que apoyaban la causa sumando a la cubana sus banderas de Brasil, de Colombia, o de Honduras.

Disfruté el contacto con mi gente, sus dicharachos, la sandunga cubana que uno echa de menos en este exilio. La marcha fue un éxito y cumplió su cometido de anunciar al mundo los abusos del gobierno de Castro contra las Damas de Blanco. En esta marcha, estuvimos unidos. Esa fue la última gran marcha del exilio cubano en Miami que yo recuerdo.

Unas semanas después, Gloria y Emilio Estefan sonaron en las noticias cuando decidieron prestar su casa de *Star Island* en Miami Beach para dar una cena de recogida de fondos para el Comité Nacional Demócrata, en la que estarían Barack y Michelle Obama. El costo de la recepción era de $30,400 por pareja y se comentaba que podrían recogerse hasta 2.5 millones. Yo estaba feliz por la noticia, porque Glorita y Emilito, como a veces le llamamos a estos famosos hijos de Miami, son muy queridos y respetados por sus logros artísticos y por sus obras benéficas. Por supuesto que la élite republicana de la ciudad puso el grito en el cielo. Emilio se había reunido con Obama hacia poco tiempo para hablar del problema de Cuba, y Gloria había hecho un programa en la Casa Blanca, de manera que ya ellos tenían una relación cordial con el presidente. Aunque los Estefan se declaran que no pertenecen a ningún partido político, como generalmente hacen los famosos, la invitación a su casa era bastante reveladora de su inclinación por Obama. Pero como se trataba de los Estefan, no hubo demasiada bulla sobre el asunto en los medios de difusión de la derecha miamense, que se olvidaron rápidamente del asunto.

∞

En abril de 2010 ocurrió el mayor derrame de petróleo en el país, cerca de la costa de Luisiana, debido a un accidente en la instalación de BP *Oil*, accidente que mató a once personas y arrojó 4.9 millones de barriles de petróleo al mar, causando enorme daño ecológico y dañando el turismo y la economía. Era desgarrador ver a los pájaros cubiertos de petróleo, los ríos y las playas arruinadas, y el turismo de la costa del golfo en crisis. Algunas ciudades de Florida también fueron afectadas por el desastre.

El congreso tuvo unas sesiones para investigar el accidente, en las que el ejecutivo de BP fue llamado a declarar. Uno de los congresistas republicanos, al dirigirse a éste, le pidió disculpas por la molestia de hacerlo venir a contestar preguntas. Este gesto servil hacia el gran capital me retrató la ideología republicana, siempre sirviendo al todopoderoso dólar, una ideología en la que la gran empresa es siempre protegida, aunque en su búsqueda de ganancia y su irresponsabilidad acabe con el medio ambiente y la vida de los demás.
Los demócratas en aquella sesión, en cambio, pidieron cuentas al alto ejecutivo por la destrucción infringida a la naturaleza. Al final la investigación probó la culpabilidad de la compañía de petróleo que no tenía suficiente seguridad en la extracción del petróleo del fondo marino, y por esta negligencia tuvo que pagar millones en compensación y multa. El gobierno de Obama demandó la restitución de daños y se mantuvo exigente y a favor de la protección ambiental y la seguridad de vidas humanas.

Este hecho me confirmó mi adhesión a la ideología de los demócratas, para los que la preservación de la naturaleza, incluidos los animales y los humanos, es lo primordial, por encima de cualquier interés económico. Producir y ganar es importante pero no más importante que conservar el planeta y la vida humana. Si en algo el gobierno de Obama ha sido firme es en la preservación del medio ambiente, otra razón para apoyar la reelección del presidente y rechazar un gobierno republicano.

En noviembre de 2010 vino Michelle Obama a la escuela primaria Riverside en Little Havana, el área donde trabajo, una escuela casi 100 % hispana, donde estudian los hijos de la población latina de la zona que tiene un 43 % por debajo del nivel de pobreza, una gran parte de la cual son inmigrantes indocumentados. La primera dama estaba viajando por el país para promover su programa *Let'sMove*, dirigido a los niños y jóvenes, para estimularlos a hacer ejercicios y comer más vegetales y frutas. En esa ocasión Michelle le regaló a Riverside *Elementary School* una barra de ensaladas de las 6,000 que serán distribuidas por el país. Pude conversar con la asistente de la directora de la escuela quien me contó que la primera dama fue muy natural y amistosa, y que los niños estaban muy felices de recibirla. La prensa local en español apenas mencionó la visita, siguiendo su línea de ignorar lo positivo que pudiera venir del gobierno de Obama.

Las elecciones de medio término de 2010 se celebraron en la nación en noviembre para elegir a representantes y senadores al congreso federal, que por dos años había sido controlado por los demócratas. En Florida se votaría por representantes a la legislatura estatal, y por el senador y los representantes al congreso de la nación. El presidente viajó a través del país para que la gente saliera a votar, cosa que los votantes demócratas históricamente no hacen en este tipo de elecciones, que resultaron tal como se esperaba, con una pobre asistencia a las urnas y el fin de la mayoría demócrata en la cámara de representantes del congreso.

Respondiendo a un llamado del Partido Demócrata en estas elecciones, trabajé algunas horas voluntarias llamando a votantes en la oficina del partido en Miami Beach. Noté que esta campaña estaba muy floja y reducida, sin el entusiasmo ni el arraigo popular que se necesita, y percibí que la organización de la campaña no era sólida. En una tarde que fui a la oficina del partido, éramos solamente dos voluntarios: un señor americano con tipo de profesor y yo. A las dos horas de estar allí y casi cuando ya tenía que irme llegó un señor con atuendo de turista que parecía el jefe, quien nos brindó muy amablemente unas galleticas, y a continuación rápidamente se metió a su oficina, sin comentar nada sobre el trabajo absolutamente voluntario que estábamos haciendo para que los demócratas salieran a votar. Hice unas cuantas llamadas más y me marché bastante desanimada. No volví a dar mi tiempo en ese lugar, ni nadie más me llamó para colaborar. Al salir, vi el cartel del demócrata Dan Gerber para fiscal general, quien también perdería la elección contra la republicana Pam Bondi, famosa años más tarde por su vigorosa oposición al matrimonio gay.

En estas elecciones de medio término de 2010, los demócratas de la nación y de Florida perdieron casi todos los escaños. En la contienda por el senado de los Estados Unidos, perdió Charlie Crist, ex gobernador de Florida, que fue derrotado en las urnas por el latino Marco Rubio, nacido en Miami donde es muy popular entre los republicanos. Rubio, es hijo de inmigrantes cubanos que vinieron en busca de oportunidades económicas antes de la revolución de Fidel Castro, detalle que curiosamente olvidó para dorarse como hijo de exiliados políticos. En esta elección, los votos para los demócratas se dividieron entre Crist y Kendrick Meek, un representante en el congreso con escasos chances de ganar según las encuestas, pero que lastimosamente dividió el voto de los demócratas para darle la victoria al candidato del TEA Party, Rubio, respaldado por la maquinaria de los extremistas de este movimiento, y quien recibió 22 millones de dólares en contribuciones de campaña. Marco Rubio puede agradecer su triunfo al TEA Party y a la candidatura de Kendrick Meek. Fue un resultado que yo vi venir; incluso pensé que hubiera sido mejor que Meek se retirara de la contienda, pero no lo hizo. Quién sabe si de esa forma hubiera salido Charlie Crist senador por la Florida, y Rubio nunca hubiera ganado.

Este nuevo grupo de activistas, TEA Party, está formado por gente muy conservadora, blancos, que no quieren más impuestos: es por eso que el partido se llama T.E.A. siglas por *Tax Enough Already* que es decir "ya hay suficientes impuestos", partido creado con dinero de los archienemigos del gobierno de Obama, entre ellos los hermanos Koch, multimillonarios de la gran industria del petróleo de Texas. El TEA Party no quiere nada que signifique más impuestos ni más papel del gobierno, como la Reforma de Salud, ni nada que restrinja la libertad de portar armas, ni ninguna solución para los inmigrantes indocumentados. Los del TEA Party han sido los más ruidosos y visibles enemigos de los demócratas y de Obama. Muchas veces se han enfrentado también a los republicanos tradicionales que tienen posiciones moderadas.

En estas elecciones los floridanos además nos ganamos uno de los gobernadores más anti-Obama: Rick Scott, recientemente llegado a Florida, un cercano aliado de los hermanos Koch, los millonarios del petróleo. Su oponente era la demócrata Alex Sink, una líder con vasta experiencia en el estado, pero con muy poco dinero para enfrentar al multimillonario Scott, un ejecutivo casi extraño en el estado, ya que vino a vivir a Florida hacía dos años. Scott invirtió 75 millones de su propio dinero para obtener una victoria con ventaja de sólo 68,000 votos a lo largo del estado. Rick Scott resultó el vencedor, aún cuando la compañía de hospitales que dirigió tenía el penoso honor de haber recibido la mayor multa por concepto de fraude al Medicare, realizada por su gigantesca compañía de cuidados de salud. Cuando Scott fue sometido a interrogatorio en el juicio de investigación del fraude, éste declinó responder, acogiéndose más de sesenta veces a la protección que ofrece la 5ta enmienda de la Constitución, que establece el derecho de no contestar a preguntas para no incriminarse. Por este escándalo, hasta los más conservadores se abstuvieron de votar por este señor, que aún así ganó por el 1% de ventaja.

En el Congreso, los republicanos tomaron el poder de la Cámara de Representantes de nuevo, aunque el senado se mantuvo demócrata con Harry Reid como líder. Muchos candidatos del TEA Party obtuvieron triunfos, y a partir de ahí fue aún más cruento el enfrentamiento al presidente. La ley de salud fue constantemente atacada en la cámara, y toda iniciativa de los demócratas fue detenida por una oposición cerrada.

Motivada y molesta por esta constante oposición, en diciembre de 2010, envié y salió publicado en el Nuevo Herald mi colaboración, que titulé “Entre egoístas y altruistas” donde escribí comparando los problemas que estaba confrontando Barack Obama en estos tiempos con los que había enfrentado Abraham Lincoln en su batalla por abolir la esclavitud. Resalté el persistente obstruccionismo de parte de los republicanos hacia las políticas del presidente, mientras él trataba de buscar terreno común entre dos bandos: los altruístas basados en la compasión hacia el más débil, y los egoístas que no querían ceder ni un ápice. Era una batalla constante en la que se notaba un sustrato de racismo, escribí. La carta se ilustró con una foto del presidente. Al menos, tenía la esperanza de que alguien leyera mi carta y se pondría a pensar. Era lo único que podía hacer por ayudar a Obama en ese momento, además de hablar con la gente y decirles por qué razones lo apoyaba. Hasta el momento, el gobierno de Obama había luchado por los intereses de la clase media americana, en contraste con los republicanos, que se mantenían contrarios a cuanta legislación limitara las ganancias del gran capital.

La violencia con armas de fuego fue otro tema importante en la elección del 2012. En enero de 2011 se produjo la terrible masacre en Tucson, Arizona, donde un individuo con problemas mentales disparó contra la representante a la cámara de Estados Unidos Gaby Giffords, hiriéndola gravemente. Seis personas resultaron muertas, entre ellas una niña pequeña, y doce personas heridas. La noticia conmocionó el país y pronto se empezaron a oír voces en contra de la proliferación de armas y su acceso por parte de desequilibrados y delincuentes. En mi opinión, compartida por muchos americanos, no tenía sentido que simples ciudadanos pudieran comprar armas de asalto como las ametralladoras AK- 47, un arma que dispara cientos de balas por segundo. Era necesario un control más riguroso de los tipos de armas y el acceso a ellas.

El control de armas es uno de los más definitorios temas entre demócratas y republicanos, ya que éstos últimos defienden la tenencia de armas invocando la segunda enmienda de la constitución, y protegiendo los intereses de la Asociación Nacional del Rifle, (NRA), una organización creada inicialmente para agrupar a los cazadores, y que defiende la industria del armamento. La NRA es el cabildero más poderoso que existe en los Estados Unidos. Con una venta de armas que supera a todos los países del mundo, los americanos son los ciudadanos que más armas tienen de todo el mundo, y la nación con más muertes por armas de fuego.

La NRA ha ejercido una especie de chantaje en contra de los políticos que abogan por el control de armas, para que se abstengan de crear legislación en contra de la producción y libre venta de armas. El cabildeo de la NRA en el congreso es tan agresivo, que califican de la A a la D a los legisladores por sus acciones por cualquier control de armas y amenazan con destruir la candidatura política de los que abogan por ello.

Mi identificación como demócrata se basa también en mi oposición a la proliferación indiscriminada de armas de asalto en la población, lo que ha originado terribles masacres; este país encabeza mundialmente la penosa lista de muertes causadas por tiroteos masivos en lugares públicos, y muy tristemente en las escuelas en particular. Fue famoso el caso de Columbine High School en Colorado donde dos jovencitos mataron a 13 estudiantes en 1999, o en 2007 en *Virginia Tech School* con el triste resultado de 32 víctimas fatales.

Entre los años 1966 y 2012 los tiroteos masivos en EEUU ocurren en las escuelas de EEUU más que en ningún otro lugar público, con una alarmante frecuencia del 22.6 %. La industria del armamento y la NRA, sin embargo, priorizan el negocio de ventas antes que cualquier medida que proteja vidas humanas.

A raíz de lo sucedido en Tucson, Arizona, el presidente Obama se pronunció a favor de evitar más muertes por violencia por las armas, y llamó la atención hacia la necesidad de limitar el acceso a éstas aumentando los chequeos de antecedentes. Motivados por el lamentable hecho de sangre en Tucson, algunos demócratas trataron de introducir legislación para el control de armas, pero los republicanos en pleno bloquearon los intentos. La representante Gaby Giffords estuvo meses entre la vida y la muerte y quedó parcialmente paralizada de por vida, pero con un espíritu indomable, hoy dedica su vida a luchar por la causa del control de armas junto a su esposo Mark Kelly, causa que yo apoyo totalmente.

En Miami, yo continuaba mi inquebrantable defensa de la reforma de salud. Aunque la Ley de Cuidado de Salud Asequible fue firmada por el presidente Barack Obama el día 23 de marzo de 2010, los republicanos se negaron a aceptarla como la ley de la nación. A partir de ese momento, los gobernadores republicanos empezaron la batalla legal para derogarla. Lograron orquestar protestas nacionales a través de los extremistas del TEA Party, condenando las disposiciones de la ley y tergiversando su contenido. Fue entonces que decidí mandar mi opinión al Nuevo Herald nuevamente. El 8 de febrero de 2011, tuve la suerte de que me publicaran mi escrito acerca de la reforma de salud, titulado "Quién gana y quién pierde con la reforma de salud" referido a las dos partes del problema: de un lado los enfermos, los que no pueden pagar altas primas del seguro, y del otro lado los proveedores de servicios médicos y las aseguradoras que verían sus ganancias mermadas si la ley se aplicaba, secundados por los congresistas que intentaban derogarla y declararla inconstitucional, y a quienes parecía que no les importaba si la gente se endeudaba en caso de enfermedad. Para los que tenían un seguro, o para los que tienen Medicare, o para los que estaban enriqueciéndose, era mejor no hacer cambios. "¿Con que dinero?" decían los que llamaban a los programas de radio dirigidas por comentaristas conservadores. Yo pensaba que si había dinero para guerras, para ayudar a reconstruir Afganistán, Iraq, o Haití, y apoyar a los países pobres para conservar las democracias en el mundo, ¿cómo es posible que no hubiera dinero para darles atención médica a los americanos? Era otra vez, una batalla contra los que gastaban enormes sumas de dinero en mantener un férreo cabildeo en Washington D.C. que le garantizara las ganancias sin precedentes que habían tenido en los últimos años. "¿Ganará otra vez el dinero?", "¿para qué queremos el dinero si no tenemos salud?", decía en mi escrito.

Yo estaba viviendo en la capital del fraude al Medicare, pues Miami tiene el vergonzoso número uno de todo el país en este delito. Aquí la industria de la salud y los políticos se tomaron muy en serio la amenaza de un cambio en el estatus quo, y se dieron a la tarea de orquestar una campaña negativa en contra de la Reforma de Salud en el ambiente mediático.

Defendiendo la reforma, estábamos los que no teníamos seguros, prácticamente sin dejarnos oír, porque no teníamos ningún representante a quien le interesaran nuestras necesidades, ni nuestras historias de miedo a enfermarnos y enfrentar los enormes gastos médicos. Eran escasos los periodistas locales que intentaban un balance informativo sobre la reforma de salud, reducidos a Bernie Pardo, Rodríguez Tejera y Almora, navegando en un mar de desinformación.

Al ver la oposición a la ley de salud de parte de los republicanos en el congreso, le escribí un mensaje por email a mi flamante nuevo senador, Marco Rubio. Le decía que yo era una trabajadora, que pagaba impuestos y no recibía ningún tipo de ayuda, pero le explicaba cuán difícil era para mí tener un seguro médico que pudiera pagar, y por qué necesitaba el Obamacare. A los pocos días me contestó por email una larga carta citando cifras que pretendían mostrar lo desastroso que sería aplicar la ley de cuidado de salud. Eran demasiadas las cifras que citaba en su respuesta, las cuales argüía como pruebas verídicas, cuando yo sabía que no tenían base en los hechos, sino que eran parte de toda la fantasía que los republicanos habían creado alrededor de la ley. Decidí responderle pidiendo que me citara las fuentes de su información, ya que estaba solamente repitiendo el falaz discurso republicano de ataques a la reforma de salud, pero jamás recibí la respuesta de mi senador. Corroboré una vez más que los ataques consistían en difamar la ley, repitiendo cifras en el aire que nadie podía probar verdaderas, y estableciendo un clima de miedo a lo que la reforma de salud originara.

En el año 2011 murió mi amiga Mercy. Era corredora de préstamos, y como trabajaba por su cuenta, pagaba un segurito de descuento en una clínica. Después de sufrir un sangramiento extraño, fue a varios doctores, pero estuvo cerca de un año sin un diagnóstico concreto. Su enfermedad empezó como un cáncer del útero, que hubiera sido tratable si se hubiera detectado con un chequeo preventivo, pero se esperó demasiado, y Mercy no se hizo las pruebas preventivas anuales que se deben hacer. Tenía 58 años cuando murió. Era una persona entusiasta, trabajadora, alegre, madre de dos hijas y abuela de dos bellos nietos.

Con la reforma de salud, las pruebas preventivas básicas son gratuitas, y a las compañías de salud no les ha quedado otra opción que ofrecer mamografías, el examen citológico y la colonoscopia sin cobrar. Un examen a tiempo puede detectar la enfermedad en su fase incipiente y proveer un tratamiento que salve la vida. No puedo comprender cómo hay personas que se oponen a esto; lo que constaté en conversaciones en Miami es que la mayoría de sus críticos desconocen los beneficios de la ley, y son personas que disfrutan de cobertura médica, muchos de ellos en trabajos de gobierno o beneficiarios del Medicare.

∞

El ataque que más oía contra el gobierno de Obama era el estado deplorable de la economía y el déficit del presupuesto. Yo seguía en mi misión de tratar de abrir una brecha en estos ataques, a través de mis carticas al Herald, y de conversar con la gente. La economía de los Estados Unidos seguía andando en muletas y con dificultad. Los millones destinados a revivirla a través del paquete de estímulo económico, incrementaron aún más el déficit del presupuesto, ya desbalanceado por las reducciones de impuestos y las guerras del gobierno de Bush.

En julio del año 2011, envié otra carta al Nuevo Herald preocupada por el déficit del presupuesto. Esta vez, discutía por qué los republicanos querían cortar programas sociales, pero insistían en proteger los recortes de impuestos a los super ricos, Según ellos, los super ricos eran los "creadores de empleos". No había prueba de que esta política fiscal garantizara mayores empleos; inclusive famosos economistas, incluido Paul Kruger, premiado con el Nobel de Economía, no concuerda con esta teoría. Mi lógica era sencilla: el empresario invierte cuando va a ganar, y en una economía restringida como la que comenzó en 2008 se restringe la demanda, y el dinero no se invierte, no se arriesga. "¿Dónde está el dinero de los recortes a impuestos a los ricos que aprobó Bush?, ¿se compraron un yate más grande?", decía en mi carta al Nuevo Herald. Estas cartas eran la forma en que podía ayudar a Obama y contrarrestar la propaganda negativa que nos inundaba. Tenía fe en que el público leería mi carta, y que al menos una chispa de duda rompería la cortina de humo que la propaganda anti Obama estaba lanzando constantemente.

El Partido del No y la Radio de Miami. En la ciudad más latina del país

En el ámbito de Miami la batalla en las ondas radiales se tornaba feroz en las emisoras en español que atacaban sin descanso la reforma de salud. Los anunciantes de estas emisoras son las clínicas, los doctores, las empresas de seguros, y los fabricantes y vendedoras de medicamentos, que no quieren ningún cambio en la ley de cuidados médicos, a quienes les ha ido muy bien hasta el momento, usando principalmente a la población que tiene Medicare y Medicaid para engrosar sus ganancias y negando seguros nuevos a los que ya tenían una enfermedad. De ahí que el "periodismo" miamense pagado por estos intereses económicos, tenía sobradas razones para atacar la Ley de Cuidado de Salud Asequible.

La vanguardia de la derecha ultra conservadora la tiene sin lugar a dudas Radio Mambí, una popular emisora en español. Algunas veces en mi camino a la casa oía a Ninoska Pérez Castellón, acérrima enemiga de los demócratas, pero una comentarista a quien agradezco su dedicación a denunciar los abusos del gobierno cubano en materia de derechos humanos, y a informar la situación de los disidentes dentro de la isla; pero entre noticias de Cuba, repetía sin descanso lo malos que eran Obama y los liberales. Ileana Ros-Lehtinen, con su perenne cruzada pro-embargo, era la invitada permanente en esta estación de radio que históricamente ha ayudado a los políticos republicanos, locales y federales, a ganar elecciones. Los oyentes son mayormente cubanos de la tercera edad de las primeras oleadas de inmigración en los 60's y 70's. Es el mismo público de Fox News en la televisión de cable en inglés, estación que resalta aquella noticia que mantiene viva una aversión visceral hacia Obama y los demócratas.

Aunque con honrosas excepciones, los medios de difusión atacaban sin descanso la nueva ley de salud y sembraban el terror entre la población, en especial entre los viejitos que disfrutaban de pagos ilimitados por el Medicare, presentando como una amenaza a su bienestar lo que los enemigos empezaban a llamar el Obamacare. Sin embargo, los que no teníamos seguro médico, veíamos el cambio como la única oportunidad de acceder al cuidado de salud según el nivel de ingreso. Me indignaba el hecho de que las grandes compañías de salud siguieran acumulando ganancias mientras alguna gente se moría por falta de medicina preventiva, mientras los republicanos en el congreso no proponían ninguna solución.

Las falsedades que se esgrimían contra la Ley de Salud no tenían límite. Una mañana le oí decir al comentarista Oscar Haza en su programa de la 1140 AM que la reforma de salud traería consigo que la repartición de anticonceptivos en las iglesias, una calumnia total para usar la religión contra la reforma de manera muy mal intencionada. La tergiversación era el arma favorita para crear rechazo hacia la reforma de salud. Al oír eso traté infructuosamente de entrar al programa para desmentir ese disparate. Yo sabía que no hay nada en la ley que promueva repartir anticonceptivos en ningún lugar específico, sino que prevé que todas las mujeres puedan obtener planeación natal incluyendo anticonceptivos a través de su seguro, pero en ningún momento se obligaría a nadie a comprar control de natalidad en contra de sus convicciones.

Como yo me mantenía muy bien informada, sabía que el punto relativo a las organizaciones religiosas que pagan seguro a sus empleados se debatió mucho. Había visto que el jefe de prensa de la Casa Blanca, Jake Carney, había dicho que no se obligaría a nadie a comprar anticonceptivos, sino que a las mujeres de cualquier fe que trabajan en organizaciones religiosas se les garantizarían acceso a éstos a través de su seguro. Vi al presidente referirse personalmente al asunto y pedirle a la secretaria de salud Katherine Sybellius que tratara de resolver este problema para no herir la sensibilidad religiosa. Pero la disposición del presidente a arreglar los aspectos controversiales de la nueva ley era ignorada por los enemigos acérrimos de la reforma, quienes seguían repitiendo ataques sin sentido para amedrentar a la población.

El factor común de los programas de noticias en español era atacar a Obama y sembrar la desconfianza hacia él, llamándolo socialista porque quería ayudar a los menos favorecidos, un principio de todos los demócratas. Me frustraba muchísimo cuando oía estas acusaciones, análisis absurdos, y francas mentiras. Muchas veces trataba de entrar en los programas de participación, con poco éxito; las mentiras en especial me causaban gran indignación, y ante la impotencia de no poder rebatirlas prefería ni siquiera escucharlos. No me quedaba más opción que informarme con CNN y C-SPAN, y sólo sintonizaba la radio en español para confirmar cual diatriba anti Obama estarían usando en ese momento.

Recuerdo una vez en un programa de la tarde en la 1140 AM, donde el comentarista trajo a un autor de un libro en el que, según él, demostraba la agenda oculta y malintencionada de Obama. Decía que era "un musulmán encubierto que quería destruir América", una afirmación que implicaba un ataque en contra de la libertad religiosa de los musulmanes; el fundamento del autor para demostrar que Obama era musulmán era nada menos que sus estudios en la escuela en Indonesia y su estancia en ese país. El autor no mencionó en su entrevista radial que Barack vivió en Indonesia de los 6 a los 10 años, cuando su madre se casó con un indonesio. ¿Qué influencia podría haber recibido un niño a esa edad? Sin embargo, esos eran los estudiosos que la radio en español traía para "informar" a la audiencia. Este tipo de exiliado cubano acusa de comunista a todo el que no sea de su línea de ultraderecha, colocándose en extraña coincidencia con la dictadura castro-comunista que dejaron atrás, la cual tampoco acepta disidencia alguna ni pluralismo de ideas.

Este es el sector de la "intelectualidad" miamense que me ha hecho pensar en mudarme a otro estado donde sea más difícil el acceso a un micrófono a un individuo de ideas tan discriminatorias y ridículas. Pero como la ignorancia humana no está confinada a ninguna ciudad o frontera en particular, y Miami es demasiado linda como para irme a otras latitudes menos soleadas, he preferido cambiar el dial del radio y buscar mejores periodistas, que también tenemos en mi amado Miami. Los latinos valiosos en esta ciudad somos mucho más que ese pequeño grupo de extremistas que vemos y oímos demasiado en nuestros medios.

∞

En marzo de 2011 el presidente visitó Miami otra vez, esta vez acompañado del ex gobernador republicano Jeb Bush y del Secretario de Educación, Arne Duncan, para promover reformas en la educación que ambos líderes habían defendido. La visita fue a la escuela secundaria Miami Central, ubicada en West Little River, el centro del área donde viven los afroamericanos, una de las zonas más pobres y con más crimen de la ciudad. El presidente quería con esta visita reconocer los logros de Miami Central que había logrado mejorar notablemente su índice de graduación en diez años, del 36 % al 63 % en el 2011, y mejorar su puntuación de una F a una C en los últimos exámenes estatales, una mejora notable.

Me encantaba ver como Obama no desperdiciaba una oportunidad de reconocer avances y estimular buenos resultados entre los muchachos jóvenes de los barrios marginales. Muy frecuentemente el presidente dedicaba tiempo a estimular a los jóvenes en general y a los afroamericanos, ese sector de la población con tantos problemas de deserción escolar, similar al de los latinos. Yo encontraba que su presencia en esta escuela de un barrio muy pobre de Miami, los inspiraría a tratar de educarse mejor para salir de la pobreza, pues estimular la educación es lo mejor que nuestro único presidente negro puede hacer por las minorías y los pobres. Apoyar la educación es lo que ha estado haciendo en todo el país en sus años de mandato.

Al día siguiente de la visita salió en el periódico The Miami Herald una foto de Obama rodeado de estudiantes en Miami Central High School. En el centro de la foto estaba Obama saludando a un muchacho, ambos sonrientes, y frente a él había una muchacha negra, con unos grandes espejuelos, y con la boca y los ojos ampliamente abiertos, en total estado de asombro, al tiempo que miraba frente a ella al mismísimo presidente Obama. Esta foto me impactó, porque era una muchacha sencilla, en una escuela de un barrio pobre, tal vez viviendo en ese instante la experiencia más relevante e inspiradora de su vida. Quién sabe si ese encuentro influiría en su futuro, en su decisión de estudiar y convertirse en la primera graduada universitaria de su familia. A su alrededor, había varios muchachos sonrientes mirando al primer presidente negro, lo cual es un logro enorme para la gente de esa raza que han sido marginalizados por tanto tiempo.

En la mañana del lunes 3 del mes de mayo me enteré que Osama bin Laden había sido ajusticiado por un comando de militares de Estados Unidos, lo cual el mismo Barack Obama lo había informado la noche anterior en horas avanzadas. Esta era una rotunda victoria para el país pues era un duro golpe para Al Qaeda, autora de los ataques terroristas del 11 de septiembre de 2001. Era una gran victoria para el presidente, pues él había ordenado priorizar la búsqueda de este personaje tétrico que tanto mal nos causó.

Siempre tuve la esperanza de que Obama lograra capturar a este enemigo del país, así que estaba muy contenta por este logro. Sin embargo, fue desconcertante que los adversarios desacreditaran al presidente de todo mérito. No podían ser más injustos, ya que el presidente dio las órdenes, en franco contraste con George W. Bush, quien había dicho que no era importante ir tras bin Laden. A partir de este evento comprendí que nunca los republicanos le darían a Obama ningún crédito por absolutamente nada sino que lo atacarían sin descanso y sin lógica hasta su último día en la presidencia. Llegué a la conclusión que realmente no nos hacía falta ningún reconocimiento de los republicanos para seguir sumando logros a la gestión de la administración de este presidente, que seguía trabajando incansablemente por hacer de éste un mundo mejor a pesar de las críticas. El único reconocimiento necesario era el del pueblo americano, que tendría el suficiente buen juicio para determinar los méritos políticos de Obama y relegirlo por cuatro años más. Yo confiaba en la sensatez del pueblo americano en reconocerlo, así como reconocer cuan falsos eran los ataques de sus enemigos.

∞

En un domingo soleado de septiembre de 2011, fuimos al teatro a ver un espectáculo llamado Risas y Música para Cuba, el cual se viene celebrando desde 2005, a beneficio del U.S.- Cuba Democracy P.A.C. (*political action committee*). Era la primera vez que oía de un PAC, organizaciones que se harían famosas en la campaña del 2012, ya que eran las encargadas de canalizar enormes sumas de dinero hacia los candidatos, corrompiendo así las elecciones con el poder del todopoderoso dólar.

Por medio de una amiga que conocía a uno de los patrocinadores del evento, conseguimos invitaciones a esta función de música cubana en el teatro Miami Dade Auditórium de la calle Flagler, institución que ha sido todo un símbolo de la vida cultural de la comunidad cubana en Miami.

Había venido por primera vez a este teatro hacía más de 20 años, recién llegada a Miami, a ver una función del pianista Enrique Chía. En aquella primera ocasión en un teatro de esta ciudad, me había impactado algo que observé: cuando se oyeron los conocidos acordes cubanos de "al bongo bongo bongo bongoseeero", me pareció extraordinario ver cómo aquellas señoras muy finas y emperifolladas, con los cuellos llenos de perlas, comenzaron a mover los hombros y bailar en la butaca al ritmo afro cubano del famoso pregón del bongosero; desaparecían las clases, las razas y las fronteras cuando sonaba el bongó al ritmo cubano. En esta tarde del 2011 estarían allí muchas de aquellas señoras refinadas que se desbarataban a bailar a golpe del timbal.

La función de hoy incluía a varias figuras artísticas del exilio cubano y como gran final a la legendaria Blanca Rosa Gil, famosa cantante de boleros de la Cuba antes de 1959. Han pasado más de cuarenta años desde que mi madre oía sus trágicos boleros de amor cada tarde en su pequeño radio Motorola; estábamos entusiasmados por ver a Blanca Rosa y otros artistas en lo que parecía que sería un buen programa.

Un rato antes del evento musical, se celebraría un brindis muy exclusivo en el mezzanine del teatro, al cual también estábamos invitadas. Al momento de entrar, me di cuenta de que estábamos en medio de un grupo de personas muy importantes de esta ciudad, los llamados VIP (*very important people*). Allí estaba la legendaria locutora de Radio Mambí Marta Flores, ya caminando con dificultad, y Ninoska Pérez Castellón, quien siempre está muy brava con Obama, pero allí la vi hecha unas pascuas. Llegó el congresista federal David Rivera, simpático y buen mozo, quien siempre estaba envuelto en intrigas e investigaciones que nunca se concretaban. Allí estaba también Lincoln Díaz Balart, quien en ese momento ya había renunciado a su reelección al congreso por causas misteriosas, dedicado ahora a cabildear por la construcción de casinos en Miami, o tal vez se estaría preparando para ser el próximo presidente de Cuba, en lo cual no le auguro ningún éxito. Lincoln estuvo muy cariñoso y cálido con todo el mundo. Nos tomamos fotos con Ninoska, con David y con Lincoln, como si fuéramos fieles seguidoras de sus diarias diatribas anti-Obama en Radio Mambí, cuando la verdad es que estábamos totalmente opuestas, y yo estaba luchando por lo contrario, pero aunque pensemos diferente reconozco que en el trato personal son encantadoras personas y tienen miles de seguidores.

El sonriente y amable David Rivera, ha estado sistemáticamente en contra de los viajes y las remesas de dinero de los exiliados a Cuba, ya que estos "proveen fondos a los hermanos Castro". Yo no podía estar más en contra de esta noción de que es mejor cortar la ayuda a nuestra familia en Cuba, con tal de ahogar a los Castros, los cuales hace tiempo que se han asegurado otra fuente de ingresos con los petrodólares de la Venezuela de Chávez.

Mis amigas y yo compartimos amigablemente una copita de vino, rodeados de personajes y empresarios, inversionistas y miembros de "la high life" miamense, como si fuéramos más importantes que simples trabajadoras de 40 horas semanales y sin seguro médico, manejando Toyotas de 90,000 millas. Conversamos con todos, codeándonos con los más fervientes conservadores, parte del exilio que se hace llamar "histórico" porque fueron los primeros que llegaron, y del poderoso grupo élite de la línea dura republicana de Miami, que constituyen los más acérrimos enemigos del gobierno de Obama y del Partido Demócrata. Después de dar este privilegiado vistazo a un selecto grupo del poder republicano en Miami, nos fuimos a nuestras butacas a disfrutar de la música y las risas.

En la audiencia vimos más gente relevante como el alcalde condal Carlos Giménez, y el ex-preso político y legendario comandante Huber Matos, que con sus 92 años de edad aún mantenía una mente preclara. Este ex-comandante del Ejército Rebelde comandado por Fidel Castro, sufrió cárcel por 20 años por estar en desacuerdo cuando la revolución cubana se declaró comunista. Era una figura histórica muy respetada por todos los exiliados, que a mí me causó emoción ver, quien aún dirige una organización por la libertad de Cuba. Vi por primera vez allí también otras personalidades del super pac pro-línea dura con Cuba, como la combativa Anolan Ponce luciendo una espectacular bata cubana y el magnate de los carros Gus Machado.

El conductor del programa artístico era el actor cómico y coleccionista de arte Alfonso Cremata, pilar del teatro de Miami, que estuvo haciendo muy buenos chistes subidos de tono durante toda la tarde. El espectáculo abrió con Ramón Fabián Veloz III, recién caído en el exilio, poseedor de una preciosa y potente voz como la de su abuelo Ramón Veloz, cantante de música campesina en la televisión cubana, y gran fidelista, ya fallecido. En el programa estuvieron dos artistas de primera: la cantante y autora de "El Son de las Tres Décadas" Marisela Verena y el "caballo viejo" Roberto Torres. También estuvo Malena Burke cantando magistralmente y bailando a la cadencia del son cubano. Malena agradeció el apoyo recibido del grupo organizador del evento, el super PAC, al empezar su carrera en Miami en el año 1992. En ese momento recordé que asistimos a su primera presentación en el desaparecido Centro Vasco de la Calle 8 y la 22 Avenida del SW, cuando vino a Miami después de vivir en Venezuela. Fue el mismo lugar que acogió a Albita Rodríguez en sus inicios y donde se hizo famosa. El Centro Vasco desapareció después de que una organización extremista del "exilio histórico" disparara un coctel molotov contra el lugar, haciendo uso de su singular e inefectiva manera de "luchar por la libertad de Cuba", organizando actos de repudio y atemorizando en las calles de Miami bajo protección policial. Aquella vez el ataque al Centro Vasco era en protesta por la presentación de la polifacética Rosita Fornés, quien vive en Cuba y ha sido siempre neutral, concierto que nunca pudo darse después del ataque. El famoso Centro Vasco cerró sus puertas un poco después, Rosita Fornés ya ha dado varios conciertos en Miami, los cocteles Molotov dieron paso a una aplanadora, y la mayoría de los otrora fidelistas viven en Miami y han copado la televisión local, la media en español, y el negocio de exprimir el Medicare.

Mientras admiraba a mis artistas, pensaba cómo la farándula de Cuba se ha ido mudando a Miami poco a poco. Los que cantaron en nuestra isla "¡y que viva Fidell....!" están aquí ahora bajo el precepto de que "¡lo que cuenta es el cashshshsh....!". A los que sufrimos la dictadura, aunque nos moleste esta transformación, no podemos hacer otra cosa que olvidar, perdonar y reconciliarnos, porque el momento de los cambios en Cuba llegará después de que desaparezcan los dinosaurios de la revolución cubana, momento que ya se acerca. Y los que tienen crímenes en su conciencia, les llegará su hora y tendrán que huír o exiliarse a China o a Rusia.

En este concierto aprendí que el Comité de Acción Político, PAC, promovía este evento artístico todos los años para recaudar fondos para la causa de la libertad de Cuba. Al leer el programa, pude ver los nombres de gente muy relevante de la radio y la televisión locales, de analistas republicanos, empresarios, y abogados. Poco a poco se me hizo claro el juego de intereses entre la política y los medios de difusión miamenses con este super PAC. Entendí que este espectáculo anual, donde estaba lo más selecto de la dirigencia política, el arte, los medios y los negocios en esa ciudad, recaudaría fondos que irían a apoyar a nuestros representantes en el congreso de los Estados Unidos, para mantener la política vertical en contra del gobierno comunista de Cuba, encabezada por el embargo económico y la limitación de viajes y remesas monetarias que había implantado Bush y que Obama había levantado.

La función de aquella tarde, política aparte, fue encantadora. Probablemente en aquella ocasión en el auditorium, compartimos música y risas con aquellos que harían todo lo posible por reemplazar a Obama, exactamente lo contrario por lo que mis amigas y yo estábamos luchando.

Es un hecho la tendencia de derecha de nuestros medios y de la prensa escrita en español, medios en los que cualquier voz demócrata es relegada, tergiversada y muchas veces atacada; como ejemplo tenemos la manera como fue desplazado de la WQBA el periodista Roberto Rodríguez Tejera. Ha sido la extrema derecha la que ha imperado en los medios hispanos de Miami, al menos hasta el año 2012. Los intereses económicos en manos de republicanos dominan el panorama político de esta ciudad. Este sector de ultra derecha del exilio y su control de los medios serían uno de los principales obstáculos a la victoria de Obama en el condado de Miami-Dade en la próxima elección, por la gran población hispana que prefiere informarse en español. No sería fácil que la información objetiva llegara al votante a través de estos medios. Me di cuenta de que habría que irse por arriba de esta barrera informativa, que habría que librar la batalla en las calles, votante por votante, tratando de que las verdades se abrieran paso a través de la muralla de ataques de los conservadores. A pesar de la bestial propaganda contraria en esta ciudad, tenía fe en la reelección de Obama, y sabía que la lucha consistiría en tocar puertas y hablar con la gente directamente, e invitarla a salir a votar. Yo estaba lista para esta lucha, pero no sabía aún donde encontrar compañeros de batalla. Mientras, yo me mantendría febrilmente escribiendo cartas al periódico y llamando a los programas de radio para decir mi verdad.

En septiembre de 2011 se aprobó la revocación de la Ley *Don't Ask Don't Tell* (no preguntes no digas), terminando así con la discriminación de los homosexuales sirviendo en el ejército. La ley *Don't Ask Don't Tell* establecía que los gays en el ejército no podían declararse como tales o serían expulsados; derogarla le otorgaba a los gays los mismos derechos de servir en el ejército. A raíz de la firma de la derogación de *Don't Ask Don't Tell* el presidente expresó su opinión en una conferencia de prensa: "con respecto al asunto de si los gays y lesbianas deberían poder casarse, yo he hablado de esto recientemente. Como he dicho, mis sentimientos sobre ésto están constantemente en evolución. Yo batallo con ésto. Tengo amigos, tengo personas que trabajan para mí, quienes tienen poderosas, fuertes, y duraderas uniones gays. Y ellos son gente extraordinaria, y esto es algo que significa mucho para ellos y les concierne profundamente".

Resultaba claro que el presidente simpatizaba con el problema de aceptar a los gays, y comprende que son tratados de diferente manera en cuanto a los derechos de matrimonio. Con su habitual e inmenso sentido de fraternidad humana, el presidente se acercaba a los problemas individuales y más profundos del ser humano. Su postura evolucionó hacia una mayor comprensión, y no sería una sorpresa que antes de finalizar su mandato apoyara el matrimonio gay que en ese momento tenía una aceptación de más del 50 % en la opinión pública.

Ya estábamos a finales del 2011, a sólo un año de la elección presidencial, y la magnitud y constancia de los ataques a Obama en los medios de difusión en español de Miami sin que ninguna voz se alzara para defenderlo me tenía sumamente preocupada. Se me ocurrió que los líderes del Partido Demócrata tenían que hacer algo, así que decidí escribir una carta a Nancy Pelosi y a Debbie Wasserman- Schultz. Yo estaba muy convencida de que había que hacer algo por contrarrestar el estado de opinión que existía en mi ciudad, así que envié mi cartica con mucha esperanza, pero nadie me respondió. Quién sabe si algún miembro del personal de estas congresistas algún día leyó mi carta y se sonrió de mi buena intención.

Más tarde comprendería que los medios en español de Miami no son más que una bolsa de extrema derecha dentro del mayormente demócrata sur de la Florida. Un año después, la elección de noviembre de 2012 demostró que la gente de Miami no se dejó engañar por los discursos vacíos de los congresistas republicanos ni la propaganda de los medios, y que el dinero de los super-pacs no sirvió de nada, porque el triunfo de Obama sería rotundo.

∞

Para entender lo que pasó en mi ciudad en el ambiente político durante los dos años que precedieron las elecciones, hay que saber quiénes son los miamenses. Los americanos que nacieron aquí o que han venido del resto del país, se han ido replegando del centro de la ciudad, donde hoy viven miles de exiliados que huyeron de las dictaduras de América Latina. En 2012, los latinos éramos más de la mitad de la población de Miami Dade.

Primero llegamos los cubanos cuando Fidel Castro triunfó en Cuba en 1959, y hemos seguido llegando a estas tierras hasta el día de hoy; después, vinieron los nicaragüenses que huyeron de los sandinistas, y de todos los países de Latinoamérica donde dictaduras represivas o regímenes de miseria e inseguridad obligan a emigrar. El último grupo de latinos que vinieron masivamente han sido los venezolanos huyendo de Hugo Chávez y su fallido experimento socialista. Las dictaduras de izquierda y el discurso de los líderes liberales sufren un rechazo visceral por parte de esta inmigración hispana mayormente política.

Los cubanos somos todavía el 54 % de los latinos de Miami; los negocios privados en manos de latinos pasan del 70 %, en su mayoría de cubano-americanos mayormente registrados como republicanos llegados en las primeras dos décadas después de la revolución castrista. Más de la mitad de los oficiales electos en los gobiernos locales son de origen cubano, aunque ya contamos con el primer alcalde venezolano. El 66 % de los latinos en Miami nacieron fuera de los Estados Unidos, y el 70 % usan el idioma español en la casa[1]. Miami Dade es el condado más latino dentro de los Estados Unidos, y Hialeah la ciudad con más población latina, con el 98 %.

En este contexto llega Barack Obama al poder. Su programa político les dio fuerza a los demócratas, partido que siempre ha ayudado al pueblo, que son sin duda los que más necesitan ayuda. La tesis de Obama de balancear los gastos públicos estableciendo un sistema de impuestos donde los que ganen más de $250,000 al año paguen más impuestos, preocupó a muchos de estos exiliados en Miami que dejamos atrás a un Fidel Castro, a un Salvador Allende, a un Daniel Ortega, o a un Hugo Chávez. La propuesta de Obama sonaba a igualdad social, a poder del pueblo, lo que nos trae muy malos recuerdos a los que sufrimos regímenes socialistas.

Este proyecto de redistribución a través de los impuestos no tiene nada que ver con el sistema socialista, donde la propiedad privada no existe y el gobierno controla toda actividad económica. De hecho, el mandato de Obama ha trabajado para preservar el capitalismo en América. Pero los discursos de Obama les erizaban la piel a algunos cuando en los mítines de campaña enardecía a las multitudes con sus tesis de ayudar a la clase media y no a la clase alta. Por este motivo, los exiliados conservadores se pusieron las manos en la cabeza y empezaron a gritar

---

[1] Información atribuida al Pew Research Center, 2013

alarmados: ¡Obama tiene ideas socialistas! ¡Quiere redistribuir la riqueza! ¡Está creando la lucha de clases proclamada por los marxistas!

Por otro lado, la posición de los republicanos de obstruir cualquier intento del presidente por avanzar sus medidas, rechazando todo lo que pudiera significar un dólar menos de ganancia los convirtió en el Partido del No. El enfrentamiento ideológico entre los dos partidos principales ha existido siempre en América, pero este nuevo partido republicano al que no le importa nada más que las ganancias, ha creado condiciones año tras año para que la clase media tienda a desaparecer.

En mí entonces periódico preferido, El Nuevo Herald, en su sección Perspectivas, podía leer tanto a los comentaristas de izquierda como a los de derecha. Los conservadores usaban las frases "lucha de clases" "redistribución de riqueza" refiriéndose a este gobierno, usando lo que llamo el método del terrorismo mental para asustar a la gente y caracterizar a Obama como una amenaza para la estabilidad del país.

Los ataques eran tan injustos, que un día me senté a escribir una carta para responder a un artículo donde se representaba a Obama como promotor de la lucha de clases, y la envié al Nuevo Herald donde fue publicada el 11 de octubre, titulada" Una frase que asusta" refiriéndome al uso de frases creadas por la derecha para pintar a Obama como un destructor de la democracia y la libertad. La carta mencionaba la tradición de este país de ayudar a los necesitados y practicar la generosidad. En el artículo explicaba como Warren Buffet, el segundo hombre más rico de América, decía que le parecía justo pagar más impuestos que el mesero que lo atendía, para facilitar a otros las oportunidades que él había tenido en su juventud de estudiar y prepararse para ganar más dinero y llegar a ser tan rico. Buffet siempre apoyó a Obama en su tesis de hacer que los millonarios pagaran un poco más en impuestos que los de ingresos modestos. La frase "redistribución de la riqueza" que los conservadores repetían como una reminiscencia del socialismo, no es más que un grito de desesperación de los egoístas que no quieren compartir, aquellos que no sienten ninguna responsabilidad de contribuir un poco con la sociedad, como argüía con razón el multimillonario Warren Buffet, hombre que representa lo mejor de la América corporativa por sus valores morales.

En mi artículo, mencionaba cómo en la actualidad el ingreso real de un padre de familia de la clase media de Estados Unidos era menor - en términos reales considerada la inflación - que el de un padre de familia en los años setenta, y de cómo las exenciones de impuestos a quienes tienen mayores ingresos, aprobados por el gobierno de Bush, no habían resultado en creación de empleos sino en un enorme déficit, ya que la recesión nos golpeó de todas formas, como ha sucedido en la economía capitalista periódicamente desde tiempos de Franklin D. Roosevelt. Tenía una gran esperanza en que mis artículos fueran leídos y dieran un poco de luz sobre los complejos problemas económicos que nos aquejaban, y sobre la cerrada propaganda de la derecha que culpaba al gobierno de Obama de la situación económica actual. Esta propaganda era tan consistente en sus ataques, que ni siquiera reconocía el papel del paquete de estímulo económico que había revivido la importante industria automotriz de Detroit. Aquí en Florida solamente, se calculaba que alrededor de 35,000 empleos se habían salvado a consecuencia de la preservación de la compañía General Motors y la Chrysler. Tampoco ese mérito le reconocía al gobierno de Obama los conservadores.

Eran tantas las mentiras, tan grande el intento de deformar la noticia para desacreditar este gobierno, que llegué a un punto en que me negué a leer los artículos de algunos enemigos de los demócratas que se valían de tergiversaciones y del terrorismo periodístico para atacar a Obama, y decidí no perder tiempo con los escritores “pinochos” del Nuevo Herald. Nunca más leí sus artículos que aún siguen saliendo, pues era mejor dedicar más tiempo a informarme de medios más confiables a fin de formar mi propio criterio y ayudar a la gente a comprender lo que estaba pasando.

En medio de esta marea de los medios de comunicación, un día leí un artículo muy refrescante, titulado “Hay que tumbar al negro”, escrito por el prestigioso abogado de inmigración Manfred Rosenow. Con mucho humor, Rosenow contaba la batalla de opiniones contra el presidente Obama, y concluía que existía una consigna de la derecha para "tumbar al negro" quien estaba arremetiendo contra los privilegios de los millonarios con sus medidas de protección a la clase media americana, como la reforma de salud, el presupuesto que conserva las ayudas del gobierno, y la lucha porque los ricos paguen más impuestos. El abogado mencionaba también como se sentía el sustrato de racismo en la manera en que este presidente era atacado. El artículo era genial; Manfred Rosenow había dado en el clavo y muchos nos estábamos dando cuenta.

En este tiempo estaba tomando auge el movimiento *Occupy Wall Street.* El movimiento se manifestaba en contra de los grandes grupos financieros de Wall Street, los grandes bancos y los conservadores, creando ocupaciones simbólicas en las grandes ciudades. Un día el grupo Occupy Miami hizo una reunión en downtown Miami, y quise ir a apoyarlos. Aunque era una tarde lluviosa, agarré una sombrilla y me fuí.

Primero me uní a varios jóvenes que estaban reunidos en el parque frente a Bayside en Biscayne Boulevard, pero la lluvia hizo cambiar el lugar. Reunidos en un portal de Miami Dade College del downtown, unos 50 jóvenes tomaban turnos para hablar, discutiendo lo que parecía la estrategia a seguir. Me pareció que no era la primera vez que se reunían, tal vez fueran estudiantes de college, pero había cohesión entre ellos. En un momento sentí que yo no era parte de ese grupo de jóvenes inconformes que discutían los temas de injusticia social, y me di cuenta de que muchos de ellos eran del tipo que yo llamo los rebeldes sin causa.

En un momento comprendí que yo pertenecía a otra generación, que tenía otra formación, y que yo no era una rebelde porque sí. Yo solamente sentía que había que reelegir a Barack Obama, para que ese padre de familia de la clase media tuviera un ingreso decente y sus hijos una oportunidad igual a la que yo tuve para ir a estudiar a la universidad. Y aunque a los ejecutivos de Wall Street contra los cuales se inició el movimiento Occupy Wall Street tuvieran mucho que ver con las causas de esta recesión, y me hubiera gustado apoyar el movimiento, entendí que el espacio que yo debía "ocupar" era el de mi lugar de trabajo enseñando inglés a los inmigrantes latinos, y combatiendo la ignorancia y abriendo mentes en la barriada pobre de Little Havana. Yo no podía dedicarme a ocupar ningún parque público por días y días, como hacían los muchachos de Occupy Miami, que días después acamparon en el parque del condado en el downtown por semanas, hasta que decidieron desalojarlos. Sin embargo, el movimiento demostró que había una alternativa a los extremistas del otro lado, los del TEA Party. El movimiento Occupy en la nación demostró que había una juventud descontenta, luchadora, que se rebelaba en contra de los conservadores y del dominio del poder del dinero en la política.

Aquella tarde lluviosa en el college del downtown, en cierto momento decidí que mi "ocupación" había terminado. Llamé a mi amiga y nos fuimos a comer y a ver un concierto de jazz en el Miami Tower, el rascacielos de la 2da calle del sureste que se ilumina de distintos colores según la próxima festividad. Desde la terraza se podía ver un bonito atardecer en Miami tras los edificios del downtown rodeados de las vías rápidas, el pasar de los carros y los aviones. Admirando el paisaje, observé un pájaro que voló hasta un arbolito en el piso 16, donde se posó a cantar emitiendo su armónico trino. Entonces pensé en el futuro del país, en qué pasaría en noviembre del 2012. Necesitábamos a un presidente como Obama para que pasáramos la recesión y continuáramos desarrollando el país, pero guiados por ideales de justicia social y el amor a la humanidad, y no el amor desmedido al dinero y al poder. Pero, ¿ganaríamos la ansiada reelección? No sabía qué sucedería, pero si sabía que yo lucharía firmemente por ello.

El año 2012. "Organizing for America" llega a las calles de Miami

Un día de diciembre, recibí una llamada de una organizadora de la campaña de reelección de Obama para empezar a trabajar en Miami. La reunión de voluntarios sería en una casa en el exclusivo Coral Gables. Manejé por cuarenta y cinco minutos por la US-1 en el difícil tráfico de la ciudad a las 6 de la tarde, pues estaba ansiosa por empezar a trabajar. Los anfitriones parecían gente muy preparada, y evidentemente versados en activismo político, pues recuerdo que el dueño de la casa, un señor americano, sólo dijo una frase durante toda la reunión: "hay que sacar a la gente a votar", lo cual era el centro del problema. La frase quedó firmemente grabada en mi memoria y me ayudaría a enfocar mi trabajo en los meses antes de noviembre del 2012.

En la sala de la casa habían servidos muy buenos aperitivos, algunas botellas de vino, y los jóvenes organizadores habían traído suficiente pizza como para un regimiento. Los tres eran jóvenes y todos habían venido de otro estado. Eran una muchacha de pelo largo que venía de California, de tez muy blanca y maneras muy refinadas; un joven de Pennsylvania cuyos padres eran latinos pero cuyo español era limitado, y la que sería mi primera organizadora, Corinne, una muchacha afroamericana, o mulata clara como nosotros le decimos, alta y delgada, quien nos contó que era hija de un juez de DC, que estudiaba Ciencias Políticas y había trabajado en el congreso. Su tez era de un suave color carmelita, "color cartucho", como decía Margarita cuando estudiaba en una secundaria de San Antonio de los Baños, refiriéndose a su tez suavemente morena de mulata cubana, exactamente del color del papel de estraza de los cartuchos de papel que se usaban en las bodegas cubanas. No hay mejor descripción que esa.

Los tres jóvenes que convocaron la reunión pertenecían al personal fijo de campaña de OFA, la organización de campaña por la reelección de Obama, llamada *Organizing for America*, que se derivó de "Obama for America", el nombre que tenía durante la elección de 2008. OFA comenzaba a colocar al personal en las distintas áreas de Miami. Me pregunté si la campaña pagaría por los gastos de esta reunión de voluntarios con las contribuciones de gente como yo, quien ya había aportado pequeñas sumas de dinero cada vez que podía.

Después de una breve y amena introducción por parte de los organizadores, cada uno de nosotros habló sobre sus razones para estar en la campaña. El grupo, de unas veinte personas de todas las edades, razas y posiciones sociales, hablaron de sus motivaciones personales para apoyar la reelección del presidente. Éramos sólo tres o cuatro hispanos que yo pudiera reconocer por el acento o el apellido, cosa difícil porque el hispano que lleva mucho tiempo en EEUU se integra hasta en el aspecto físico. Cada uno habló brevemente y todos teníamos un denominador común: estábamos convencidos de que demasiado estaba en juego en esta elección, y no podíamos permitir que el ala más recalcitrante del Partido Republicano que ahora parecía dirigir la oposición, recobrara la Casa Blanca. Cuando llegó mi turno yo expliqué mi entusiasmo por Obama, y como él estaba trabajando por cambiar el rumbo equivocado que había tomado esta nación, cuando George W. Bush nos dejó metidos en guerras innecesarias, en déficits presupuestarios, y una tendencia a polarizar la riqueza aún más en manos de un grupo élite a costa de disminuir así el nivel de vida y el bienestar de la clase media. Expliqué que yo creía que había sido una verdadera bendición que surgiera un leader como Obama, para contrarrestar la tendencia negativa en contra de los valores esenciales de este país. La reunión se animó con mis palabras; algunos asintieron, pero una señora americana me dijo con mucho acierto: "no se puede ver a Obama como el Mesías redentor que va a resolver todos los problemas", afirmación con la que estuve muy de acuerdo. El gran problema de la reelección de Obama, un gran reto, lo resolveríamos nosotros, los ciudadanos que voluntariamente trabajaríamos en la búsqueda de votos, y que hoy estábamos en reuniones como aquella de Coral Gables que se repetía a través de toda la nación.

Había gran entusiasmo en ese grupo diverso de ciudadanos, cohesionado por ideas muy específicas: sabíamos que había que involucrarse en la batalla, porque *"there is so much at stake"*, hay mucho en juego en esta elección y ¡no podemos perderla! Sabíamos que si los republicanos ganaban, la nación cambiaría en aspectos tan vitales como la paz mundial, la democracia y el derecho al voto, la protección al medio ambiente, el acceso a la educación, los derechos civiles de las minorías como los gays, la reforma de inmigración, y tantos otros temas. Los voluntarios salimos de la reunión fortalecidos, conectados en una organización y dispuestos a reunirnos otra vez para conseguir más voluntarios y para empezar a registrar nuevos votantes y trabajar en la campaña; queríamos cuatro años más de Obama y había que hacer lo necesario para lograrlo. Ésta tenía que ser una elección diferente de la de John Kerry contra Bush, y no nos podía pasar lo mismo que ocurrió en la elección de Al Gore contra Bush en Florida. No perderíamos la presidencia por sólo 537 votos otra vez.

La próxima reunión para organizarnos como voluntarios se pospuso para después de las fiestas de navidad, y cada cual se dedicó a los festejos de las *"Christmas"* que empezamos a celebrar a principios de diciembre de 2011 con un concierto de Luisa María Güell en CubaOcho, el centro cultural de la Calle 8. Allá fuimos familia y amigos a disfrutar de la vocecita elegante y educada de Luisa María, quien se había ganado un importante premio Grammy Latino. La oímos cantar su versión en español de "La vie en rose" y su "No tengo edad" de La Habana de mi juventud, con una voz muy vigente. No podía imaginarme entonces que, unos pocos meses después, en este singular local de la Calle Ocho con paredes llenas de arte cubano, disfrutaría de una de mis más memorables jornadas de registración de votantes de la campaña.

Bush fue el presidente que parecía que nunca debió ser presidente. Paradójicamente, gobernó a este país por ocho largos años, le dio mucha ala a las grandes corporaciones, a Wall Street, a los guerreristas, y sumió a Estados Unidos en una época de oscurantismo en cuanto a justicia social y protección del medio ambiente; además, aisló al país del resto del mundo con su política guerrerista y prepotente. En la época de Bush continuó una tendencia a la reducción del ingreso de la clase media, que en definitiva es la que crea riqueza y crea la demanda que estimula la producción. Pero probablemente se necesitaba la desastrosa administración de Bush para que ganara un demócrata pacifista como Obama, que además, es un hombre de la raza negra con unas ideas muy liberales.

La gradual desaparición de la clase media en Estados Unidos, no es una tendencia normal del capitalismo, es algo nuevo y preocupante. En los últimos treinta años, de acuerdo a estadísticas, el salario medio de un padre de familia en los años setenta, era mayor que el mismo salario del cabeza de familia en el 2010, considerando la inflación. La desigualdad en el ingreso ha aumentado desde el gobierno de Reagan, y la clase media cada día tiene menos mientras una minoría acapara la mayor parte de la riqueza. Esta desigualdad acarrea problemas sociales que hacen lejano el renombrado sueño americano de oportunidades parejas para todos.

Mientras *Organizing for America* iba llegando a Miami, el partido demócrata local trataba de abrirse paso en los medios de difusión locales. Descubrí un programa conducido por la activista demócrata Millie Herrera los sábados por la mañana, en la relativamente nueva emisora Actualidad Radio 1020 AM. El programa traía invitados que hablaran de política, pero sin mencionar a Barack Obama, lo cual era lo más aconsejable para atraer oyentes, dado el ambiente anti-demócrata en los medios de difusión en Miami. Este era el único programa radial totalmente demócrata en la radio y en la televisión de la ciudad. Otros dos comentaristas que representaban a los demócratas eran el profesor de FIU Daniel Fernández quien era invitado habitual en los programas de comentario político en TV, y el periodista Roberto Rodríguez-Tejera, quien desapareció abruptamente del programa radial en la 1140 AM para dejar a Helen Aguirre sola abogando abiertamente por los conservadores.

En aquel momento, el ataque de la derecha a Obama se centraba en los altos precios de la gasolina. A mí me indignaba ver como se culpaba al presidente de la subida del precio de la gasolina, como si los precios se fijaran por decreto presidencial, como puede pasar en países como Cuba o Venezuela. Millie Herrera conducía el programa de los demócratas en Actualidad Radio de una manera amena, era muy certera en sus enfoques, y especialmente buena en responder emails que yo le enviaba con mis palabras de aliento. Me entusiasmaba la oportunidad de escuchar el punto de vista demócrata en la conversación, en esta ciudad donde la palabra liberal era casi una mala palabra. Pero a la señora Herrera le ofrecieron un puesto en el gobierno para trabajar con la Secretaria del Trabajo Hilda Solís, y otros demócratas como el Doctor Cisneros y la empresaria dominicano-americana Daisy Báez asumieron la tarea. Por fortuna este programa se mantuvo en el aire cada sábado por todo el año 2012, hasta que dos semanas antes del día de elecciones, el 6 de noviembre, desapareció del éter sin previo aviso. Aunque llamé a la emisora y envié mensajes, nunca supe por qué el programa desapareció en tan crítico momento. Yo me imaginaba que otra vez el poder republicano había extendido sus tentáculos hasta la 1020 AM para ocupar los espacios radiales inmediatamente antes de la elección presidencial. Mucho tiempo después pude saber que los demócratas se quedaron sin dinero y tuvieron que suspender su único programa radial. La población de Miami Dade se volvió a sumir así en el totalitarismo republicano de las ondas radiales y televisivas en español. Yo lamenté muchísimo que perdiéramos esa única plataforma en la radio para discutir y analizar los logros de la administración Obama, y comentar las constantes inconsistencias del discurso de Romney y los republicanos.

Pasamos el fin del año 2011 en el parque Bayfront en downtown Miami, contando los minutos para el nuevo año mirando la gran naranja proyectada en el Hotel Intercontinental, que sería nuestro Times Square, junto con cientos de miamenses y turistas. Tuve tiempo para mirar a mi alrededor, y admirar la nueva fisonomía del downtown, que comenzó con el reciente estadio American Airlines Arena, el Centro de Bellas Artes Adrienne Arsht, el nuevo edificio de Artes Culinarias del Colegio de Miami Dade, los altos edificios de condominios recién construidos en el downtown, ocupada por mucha gente joven que hoy se muda al centro de la ciudad, entre los que hay muchos de esta segunda generación de latinos, que hablan más inglés que español y sienten y piensan como americanos.

Mi ciudad está cambiando, sobre todo el downtown de aquel que conocí en 1996, en la celebración de los 100 años de la fundación oficial de la ciudad de Miami. En ese año yo aún no podía votar porque todavía no me había convertido en ciudadana americana; trataba de mejorar mi inglés, de aprender la historia de los Estados Unidos y de entender este país. Y hoy, a Primero de Enero, entrábamos en el 2012, el primer día del año en que se decidiría el rumbo de los Estados Unidos de América a través del voto en las urnas. ¿Hacia dónde nos iríamos? Para definir ese rumbo, yo estaba decidida a aportar mi pequeño granito de arena.

Empezó el año 2012 y mucha gente me llamaba para iniciar los trámites para hacerse ciudadano. Era año de elecciones y de acuerdo a la opinión popular el gobierno otorga más ciudadanías para que la gente pueda votar. Trabajaba arduamente para que muchos latinos que llevaban años aquí y ya tenían los requisitos para convertirse en ciudadanos, mejoraran su inglés. La gente quería votar en noviembre, y para ello tenían que hacer el famoso examen de ciudadanía en inglés, lo cual no era una tarea fácil. Los latinos a quienes ayudaba se habían dedicado a trabajar, algunos con escaso nivel escolar en sus países de origen, y el idioma se les hacía difícil porque nunca habían tomado clases, y porque vivían en el gueto hispano de esta ciudad donde trabajaban sin tener necesidad de hablar inglés, aceptando sueldos bajos y malas condiciones de trabajo. Por lo general, para estos inmigrantes no había tiempo ni fuerzas para ir a una escuela después del trabajo.

Empecé el año trabajando con Giovanna, una colombiana que trabajaba cinco días a la semana en una tienda, y además limpiaba casas y hacía de niñera cada vez que se le presentaba la oportunidad. Giovanna había estudiado leyes en su país, era una buena estudiante, y venía a sus clases de inglés después del trabajo. Fue inevitable entrar en conversaciones con ella acerca de los partidos políticos, de cómo funcionaba el congreso y del papel del presidente; en esas conversaciones hablamos de este gobierno y lo que estaba haciendo el presidente en materia de salud, de impuestos, y de los préstamos a estudiantes. Giovanna resultó ser una simpatizante de Obama, así como toda su familia. Después de hacerse ciudadana, se registró para votar por primera vez y me dijo que lo haría por Obama.

Como en el caso de Giovanna, tropecé con latinos que favorecían al presidente en una abrumadora mayoría. Me hablaban de que podían ver que los republicanos se habían dedicado a obstaculizar a Obama, y reconocían las difíciles condiciones en las que él había recibido el país. Me asombraba como hacían análisis muy certeros, aún cuando no podían dedicar tanto tiempo a ver las noticias como yo. Había un contraste significativo entre la opinión de la gente trabajadora que encontraba a mi paso y la opinión que abundaba en los medios de difusión.

El día 15 de enero de 2012 fuímos a la Calle Ocho entre la 4ta.y la 17va. Avenida para ver la Parada de los Reyes Magos, una tradición católica que se celebra en los países latinoamericanos el 6 de enero. En un día en que hacía un frío inusual en Miami de cerca de 40 ^{0}F las calles estaban llenas de gente. La parada es una tradición de la comunidad latina en la ciudad que se remonta a los años setenta, cuando llegaron decenas de miles de exiliados cubanos y es el preámbulo para el Carnaval de Miami; es una enorme feria callejera que aglutina a los latinos de todos los países. En esa zona llamada La Pequeña Habana (*Little Havana)* viven muchos inmigrantes indocumentados, padres de niños que han nacido en este país, y que están en las escuelas que tienen participación en la parada. Muchos de los que esta mañana llevaban sus niños a la parada, eran parte de los millones de inmigrantes que esperaban por la reforma migratoria que se había quedado estancada y que Obama había prometido, sin imaginarse la oposición que después encontró en la cámara de representantes.

Ese frío día de enero no había pancartas de ningún partido en la Calle

Ocho ni había empezado la batalla por la presidencia. La única propaganda que se repartía era sobre la propuesta de ley sobre la aprobación de los casinos en Miami, pues recientemente la compañía de casinos Gensing de Malasia planeaba un gigantesco casino en el terreno donde ha estado el periódico Miami Herald frente a la Bahía de Biscayne en el downtown; vi que se repartían volantes que abogaban por la aprobación de los casinos, ley que debía ser aprobada por la legislatura estatal. Más tarde la propuesta se retiró del mayormente conservador estado de la Florida. Por esta población conservadora es que la reelección de Obama en la Florida sería un reto, y el 3 % de ventaja con que ganó en el 2008 contra John McCain iba a ser difícil de lograr en 2012.

Comenzando el cuarto año del presidente, la confrontación en el congreso se mantenía férrea. Hubo un evento cultural en la ciudad que me demostró que había una decepción general por la manera en que el congreso se estaba comportando; yo no era la única que estaba disgustada con la manera que los republicanos atacaban a Obama.

El día 22 de enero, fuimos invitadas a un evento en la sede de HistoryMiami, el nuevo nombre de lo que antiguamente era *Historical Museum of Southern Florida* en la calle Flagler al lado de la Biblioteca Central. Los miembros de esta organización son mayormente miamenses de toda la vida, los académicos, las personas de un alto nivel cultural atraídas al estudio de la historia; éste era el auditorio que se encontraba en el conversatorio sobre Lincoln y la Guerra Civil en la Florida que se celebra todos los años. Se iban a mostrar artículos personales del 16vo.presidente, propiedad del señor Norman Braman, empresario muy influyente en la ciudad. Braman, un benefactor multimillonario, había financiado recientemente el movimiento de recogida de firmas que culminó en la revocación del ex alcalde de Miami Dade, Carlos Álvarez, muy impopular por sus aumentos de impuestos a la propiedad. Años después el mismo Braman me defraudó con su decisión de apoyar con sus innumerables millones la campaña del inconsistente Marco Rubio para presidente.

El evento de HistoryMiami brindó un magnífico buffet con platos como pudín de maíz, inspirado en recetas de tiempos de Mary Todd Lincoln, la esposa de Abraham Lincoln. Los oradores en el conversatorio eran profesores e historiadores prestigiosos, y sus aportes sumamente interesantes. Me llamó la atención la participación de la Dra. Edna G. Medford, profesora de la Universidad de Howard quien hizo referencia a la participación de Lincoln en la firma de la enmienda para abolir la esclavitud. La profesora estableció una similitud con las luchas del presente, describiendo el período de "incivilidad" política que estaba viviendo nuestro país. A la mención de esta palabra, el auditorio aplaudió ardientemente ante la aguda observación de la prominente académica.

Yo agradecí que una escritora tan respetable y un público educado en la historia de América reconocieran cuán errónea era la posición de "incivilidad" por parte de los miembros del congreso. Estábamos viviendo el hecho insólito de que el Partido Republicano se negaba a toda negociación que viniera de un presidente de color como Obama, y además tenían el atrevimiento de llamarlo "divisivo", cuando la realidad es que históricamente los partidos siempre han tenido que ponerse de acuerdo en sus diferencias, y yo distinguía que el presidente había estado haciendo todo lo posible por lograr un consenso bipartidista, como debe ser, a pesar de que sus adversarios lo calificaban de "emperador".

La conferencista se refería a la forma incivilizada en la que los asuntos de la nación se estaban tratando en el congreso, donde los partidos se aferraban a sus posiciones extremas de ideología o ganancia política sin llegar a lo que se llama compromiso político, o acuerdos, en los que cada parte cede hasta llegar a un terreno común. También el control de los extremistas del llamado TEA Party en la Cámara Baja donde habían tomado la mayoría desde 2010, hacía imposible ningún acuerdo.

Confirmé que no estaba sola en la creencia de que esta actitud de bloqueo a Obama era inusual en el gobierno de EEUU. Recordé cuando el presidente fue interrumpido por el representante republicano que le había gritado mentiroso en medio del discurso. Vino a mi mente la cara de sorpresa y disgusto de la líder demócrata Nancy Pelosi al oír el grito de "*you lie*", no así el presidente que siguió imperturbable leyendo su discurso; era algo que no se podía creer. Me pregunto si alguna vez en la historia de la presidencia de esta nación algún otro presidente ha sido objeto de esta afrenta. Me pregunto por qué le gritaron a Obama. ¿Le habían gritado así a Bill Clinton, otro presidente demócrata que tuvo que luchar contra una cámara de mayoría republicana? ¿Son los republicanos irrespetuosos porque Obama es negro, y no soportan tener un presidente negro aquellos que aún resienten la abolición de la esclavitud en el sur? ¿Es que aún Lincoln y sus luchas abolicionistas tienen vigencia? Yo tendría aún mucho que aprender sobre el complicado tema del racismo en este país que se agitó con la presidencia del primer afroamericano.

En esta conferencia tan interesante de HistoryMiami, además de apreciar diferentes opiniones sobre la situación política, aprendí más sobre el presidente Lincoln y el papel de la Florida en la Guerra Civil. El estado de la Florida, incorporado a la unión en 1845, era demasiado joven al momento de la guerra, y lo único que aportó fue acoger a un buque de la Unión en el puerto de Pensacola.

Pronto Florida sería noticia en las elecciones primarias, cuando los candidatos republicanos a la presidencia llegaran aquí para decidir cuál de ellos se enfrentaría a Obama por la presidencia. En este vasto grupo de candidatos se destacaba Romney, el apuesto ex gobernador de Massachusetts con un deseo ardiente de ser presidente; Santorum, el más persistente y también el más mentiroso, quien no dudaba en repetir inexactitudes, y fábulas sobre cosas que Obama nunca había hecho o dicho. Ron Paul, el más honesto y como recién salido del salón en Filadelfia después de la adopción de la Constitución en 1787; Newt Gingrich, el más avieso, ex leader de la cámara de representantes, tiempo en que le hizo la vida imposible a Bill Clinton; Tim Palenski, ex gobernador, quien renunció rápidamente a su candidatura a la primera derrota en Ohio; Michelle Backman, la única mujer, tan bella y tan llena de odio hacia Obama, querida leader del TEA Party. Era ella quien hacía rabiar de alegría a su público de extremistas cuando gritaba: "Barack Obama será un presidente de un solo término", el más caro deseo de sus adversarios. Por su odio visceral hacia los demócratas y sus grandes ojos claros muy maquillados, Michelle Backman me recordaba a Maléfica, aquel personaje malévolo de la película Cenicienta de Walt Disney que veíamos en La Habana de los años 60's, tan intensa era ella en sus ataques a Obama. Entre los candidatos se mantuvo durante bastante tiempo Herman Cain, el único de la raza negra, que en broma había dicho que poner cocodrilos en el Río Bravo en la frontera sería una manera de evitar la inmigración ilegal. No pudo ser tan jocoso cuando varias mujeres lo acusaron de acoso sexual y se vio obligado a renunciar. Y por último John Huntsman, ex embajador en China del gobierno de Obama, el más inteligente, el más racional, y por tanto el menos popular entre los republicanos que votan en las primarias, quienes necesitaban a alguien que arremetiera en contra de Obama a toda hora, y no un político moderado y objetivo como Huntsman.

En enero 31 de 2012 se celebraron las elecciones primarias republicanas en la Florida. Los electores registrados como republicanos tendrían que elegir entre los candidatos a la presidencia y otros puestos estatales y nacionales. Como se esperaba ganó Romney, seguido de Newt Gingrich, Rick Santorum y Ron Paul. "Estas elecciones son para salvar el alma de America", dijo Romney. En eso tenía razón: el alma de América se salvaría si ganaba Obama. Y Gingrich, después de un triunfo sorprendente en Carolina del Sur, seguía fuerte y despuntaba como el segundo favorito, a pesar de que el dinero que se estaba gastando la campaña de Romney era tres veces más que el de su campaña; llegó un momento en que el derroche de dinero en su contra lo hizo retirarse. La nefasta decisión de Citizens United de no restringir el dinero en las elecciones las había convertido en una competencia a golpe de dólares.

Me mantenía al día del acontecer político de la campaña nacional a través de CNN, más balanceada gracias a la inclusión de reconocidos analistas de ambos partidos, quienes daban las dos versiones de la realidad. Disfrutaba de los debates de Donna Brazile, ex asesora de Bill Clinton, y el asesor de George W. Bush, Alex Castellanos; desde la primera vez que vi a este analista nacido en Cuba, de donde salió exiliado a Nueva York a los 13 años, reconocí en él una definida cara de cubano hijo de españoles, con su bigotazo elegante y su inglés perfecto, pero con un levísimo acento. Yo analizaba su punto de vista opuesto, a veces acertado; pero yo estaba de acuerdo con Donna Brazile, una académica muy inteligente. La participación de cubanoamericanos en el periodismo político me llenaba de orgullo. Además de Alex Castellanos, habanero como yo, me encantaban los reportajes de María de la Soledad Teresa O'Brien, el nombre real de Soledad O'Brien de CNN, graduada de Harvard e hija de una profesora de idiomas mulata y cubana, y de un inmigrante australiano de origen irlandés. Sus padres se conocieron en Maryland, pero tuvieron que ir a casarse a New York pues en aquel tiempo estaban prohibidos los matrimonios interraciales. Otro gran orgullo era Jim Acosta, corresponsal de CNN, siempre tan serio y tan apuesto, y el vivaz y agudo Rick Sánchez, el chico de Hialeah, quien tuvo un programa en la tarde en CNN por algún tiempo.

Disfrutaba mucho también las transmisiones directas de C-SPAN, donde podía oír de primera mano los discursos dentro de las salas del senado y la cámara en el Capitolio, para saber con exactitud que decían los miembros del Congreso. En estos programas tenía la oportunidad de escuchar las opiniones de simples ciudadanos de todas partes del país, que decían lo que pensaban sin censura, sin manipulación periodística, lo cual era una escuela de historia y civismo para mí.

En mi soleada ciudad de Miami el nivel periodístico en mi idioma nativo no era el mismo y las opiniones del comentarista establecían el tono de la audiencia, así que yo los oía sólo de vez en cuando y cada vez menos. A pesar de que escuchar los programas locales de radio, me "enfogonaba" - como muy gráficamente dicen los portorriqueños - sabía que tenía que pulsar la opinión de la gente en mi ciudad, donde ya empezaba a desarrollarse la campaña presidencial con más fuerza.

Miami era mi campo de batalla y había que conocerlo bien.

En la mañana del día 1ro de febrero mientras preparaba mi café con leche, escuché el programa de Oscar Haza, siempre tirándole con el rayo a Obama. En ese programa se habló de la ley de reforma de salud, y oí a Haza mencionar que las primas de seguros aumentarían debido a la reforma. Nada más lejos de la verdad, ya que la reforma de salud precisamente busca reducir las primas, y exige que las compañías de salud deban fundamentar los aumentos de primas en base a costos de cuidado de salud directos, y no para gastos administrativos. Aunque ésto suena difícil de entender para un lego en la materia, sentí que debía entrar en el programa y refutar tal desinformación.

Tomé mi celular camino del trabajo, y me puse tan de suerte que entré en el programa. Le pregunté a Haza "¿de dónde sacó la información acerca del aumento de primas en la ley del seguro de salud?" "Eso está en todos los periódicos, en el New York Times, el Washington Post" me dijo.

"Le pregunto porque eso no es parte de la reforma, eso puede ser resultado de un estudio hecho por algunos de los que no quieren la reforma, como las compañías de salud y las compañías farmacéuticas. Yo soy una de los 32 millones sin seguro de salud, y es una vergüenza que no tengamos un seguro como tienen todos los países desarrollados de Europa donde todo el mundo está cubierto" le dije con mucho trabajo porque la emoción me embargaba. "Muchas gracias por su opinión" me dijo el periodista y me cortó rápidamente. No comentó mis palabras, ni me dio ni la mitad del tiempo que le daba a las personas de la tercera edad que eran la mayoría de sus oyentes, que llamaban para quejarse de la ley de salud mientras disfrutaban -y algunas abusaban - del ilimitado disfrute del Medicare, programa socializado de medicina pública que ninguno de los beneficiados encontraba mal.

Decidí que iba a seguir entrando a estos programas de participación de la radio de Miami cada vez que fuera posible dentro de mi escaso tiempo, aunque me subiera la presión y tuviera que recurrir a ejercicios de respiración profunda para sedarme, cuando tenía que enfrentarme a la repetición sistemática de mentiras evidentes y a personajes tan opuestos a los demócratas, como algunos comentaristas que le hicieron una campaña a veces sutil pero sostenida en contra del presidente Obama y en apoyo a los republicanos desde mucho antes de las elecciones del 2012. Había pocas opciones de balance informativo en los medios en español.

Sin embargo, el hecho de ser bilingüe me daba la posibilidad de informarme mejor y conocer qué pasaba en la nación americana más allá de Aventura Mall y no sólo en el Miami latino al sur de la calle 203 del noreste; pero los latinos que no entienden inglés, y que dependen de los noticieros en español, tienen un mundo limitado de información en esta ciudad, tan ajeno al resto del país que en ocasiones parece que no estuviéramos en América. Estos miamenses que ya eran ciudadanos y podrían votar en noviembre decidirían quien sería el próximo presidente. Penetrando la maraña de información parcializada, yo había abrazado la difícil misión de explicarles por qué Obama sería la mejor opción.

Registrando votantes por primera vez

A principios de 2012 volvimos a conectarnos con Corinne, la joven de Washington D.C. organizadora de la campaña de *Organizing for America*. Nos citaron esta vez a un establecimiento propiedad de una de las voluntarias en una esquina de Biscayne Boulevard, en donde nos reunimos unas diez personas, la mayoría mujeres. Allí recibimos un riguroso entrenamiento para registrar votantes, y firmamos una declaración jurada que nos capacitaba para registrar votantes en el estado de la Florida. Finalmente, ya estaba yo debidamente entrenada y autorizada para registrar a los ciudadanos que tuvieran los requisitos, independientemente de su deseo de afiliarse al Partido Demócrata, al Republicano o al Independiente, o a ningún partido; el hecho de registrarse con nuestros voluntarios en ningún momento tenía que ver con las preferencias para votar.

Teníamos reglas precisas en cuanto al tiempo para entregar las planillas de inscripción inmediatamente a la organizadora, quien tenía un plazo muy corto para presentarlas a la oficina de elecciones del condado. En aquel momento, los republicanos de más de diez estados estaban tratando de imponer leyes para limitar el voto de la minoría negra y de los pobres, gente que muchas veces no tienen documento de identificación. Organizaciones que tradicionalmente ayudan a registrar nuevos votantes fueron limitadas con una serie de requisitos, como la Liga de Mujeres Votantes, que se retiró de Florida por esta causa. Pero de nada les sirvió a los republicanos sus nefastos intentos de limitar el derecho al voto. Éramos millones de voluntarios en todo el país, dispuestos a hacer el trabajo para asegurar que todos votaran.

Nunca recibimos ni un solo centavo por este trabajo, ni tampoco comida ni bebida alguna, ni siquiera una botella de agua de parte del personal de OFA. Todo lo que recibimos fue una tablilla con algunas planillas en blanco, un botón que decía "regístrese para votar conmigo", un par de bolígrafos, y unas cuantas tarjetas informativas sobre la campaña.

Esa mañana después de nuestro entrenamiento y certificación correspondiente, salimos hacia el centro comercial en Carol City en la 27 avenida del noroeste y la calle 79, un barrio predominantemente de afroamericanos, que sería nuestra área de trabajo por ese día. Nunca había visitado el lugar, donde había bastantes tiendas y alguna gente a esa hora de la tarde.

Se nos unió Frank, una agradable señora retirada que había venido en autobús desde su casa en Miami Beach hasta Biscayne Boulevard. Era pequeña, pelirroja, ex empleada bancaria y casualmente, judía como mi amiga, nacida en Brooklyn, NY. Resultó ser muy divertida, e hicimos un gran equipo.

Hablamos con decenas de personas, a pesar de que en el centro comercial, debido a la recesión, no había mucha gente en la tarde de ese sábado. Nos pasamos cerca de tres horas caminando frente a las tiendas preguntándole a cuanto ser humano pasara por allí "*would you like to register to vote*?" (¿le gustaría registrarse para votar?). Yo registré como a siete personas, la mayoría gente joven y afroamericanos que se habían cambiado de dirección recientemente, o que se registraban por primera vez. Encontré un joven hispano que vivía en el norte de Florida, que me confesó que no quiso registrarse porque no quería dar sus datos, pero yo le expliqué cómo registrarse y tomó toda la información para hacerlo en su condado. Quería una planilla en español, pero yo sólo tenía las planillas numeradas que nos había dado Corinne. Todas las personas con las que hablamos querían la reelección de Obama.

La jornada fue muy fructífera, y las 10 o 12 mujeres que estábamos de voluntarias registramos a bastante gente. Al final de la tarde, entregamos a la organizadora las planillas llenas y firmadas en la hora en que se habían hecho, según el reglamento. La muchacha de OFA nos agradeció muestro trabajo efusivamente; estábamos muy felices de haber cooperado haciendo algo efectivo que redundaría en más votos. Había una gran alegría entre el grupo de voluntarias que trabajamos esa tarde, y nos despedimos con la satisfacción del deber cumplido. Esta había sido mi primera experiencia registrando votantes. Sentí que había contribuido con algo útil para la reelección de Obama. Fue una tremenda experiencia y la pasamos requetebién en ese mi primer día de registración de votantes.

En aquellos primeros tiempos, no teníamos nada que nos identificara como voluntarios de la campaña, así que le pedimos a la organizadora algún *sticker* de propaganda para pegar en el carro, pero en aquel momento ella sólo nos dio un cartelito que decía *Organizing for America,* que enseguida puse orgullosamente en la ventana del asiento trasero de mi Toyota. Ese fue el primer material de campaña que recibí; después vendrían muchísimos más, tal vez demasiados.

A partir de ese día, mi objetivo era lograr cuanto votante fuera posible. No podía olvidar que en las elecciones del año 2004, solamente 537 votos separaron a Al Gore del triunfo en la Florida, y con ello de la presidencia. Esto no podría volver a pasar aquí, ¡habría que pasar por encima de mi cadáver!, como dice el dicho. Estaba dispuesta a trabajar para lograr todos los votos que pudiera, para que la ventaja fuera de miles de votos y no hubiera duda del vencedor. No podía repetirse lo que desgraciadamente sucedió en la decisión entre Bush y Gore años atrás, que tuvo que decidirse en la Corte Suprema en medio de un recuento de los votos en Florida.

En marzo del 2012, el debate sobre la reforma de salud se volvió tan arduo, que en aras de poner un poco de luz a la discusión decidí enviar un artículo al Herald, con tanta fortuna que fue publicado el día 20. Con el título "La salud, un derecho", explicaba cómo las empresas de salud no querían ceder un dólar para darle el derecho a la salud a los que no podían pagar las altas primas. También mencionaba el interés de los republicanos en mantener el generoso apoyo a sus campañas políticas que proviene de las farmacéuticas y las aseguradoras, a cambio de plantarse en contra del llamado Obamacare como si fuera un monstruo para la economía americana.

Yo había aprendido en las noticias la cantidad enorme de millones de dólares que el cabildeo de la industria de la salud vergonzosamente se gasta en Washington para convencer a los congresistas de que representen sus intereses. Los republicanos acusaban a la ley de salud de que crearía problemas económicos al país, que era otra gratuidad para la población. Yo no me dejaba engañar, pues sabía que la economía tiene sus propias corrientes de alzas y bajas, en las que la forma en que se administre la salud es sólo una de las mil variantes que la pueden afectar. Cada vez que podía, explicaba ésto a todo el que traía el tema de la reforma.

En mi optimismo sin límites yo esperaba que la explicación en mi pequeño artículo en el Nuevo Herald fuera leída por los miamenses y que ayudara a aquellos confundidos y divididos por la fuerte influencia de la propaganda de los enemigos de la reforma de salud.

La dedicación a atacar al Obamacare se explica porque sus enemigos no quieren ningún cambio; han sido muchos años de inmensas ganancias con el viejo sistema quebrado e injusto que además, no le ha dado a Estados Unidos mejores índices de salud a nivel mundial, y el más alto gasto per cápita entre los países del primer mundo.

Por otro lado, los beneficiados por la nueva ley que tienen ingresos limitados, recibirían subsidios de impuestos, un incremento en los gastos del gobierno que era rechazado por los republicanos, quienes, por otro lado, promovían aumento en los gastos militares y las exenciones de impuestos para las corporaciones, que también incrementaban los gastos del gobierno.

Mis actividades de campaña se detuvieron por un tiempo cuando tuve un accidente de trabajo mientras impartía una clase; me golpeé en la cabeza con una pantalla de hierro que cayó desde el tope de la pizarra. Paré en la sala de emergencias del Doctor Hospital de Coral Gables, donde me hicieron todas las pruebas, las que afortunadamente dieron que no tenía daños visibles. Esta vez por suerte, las cuentas médicas fueron cubiertas por el seguro conocido como *workers compensation*, el seguro por accidente de los empleados. Si no es por este seguro me habría quedado con una deuda de miles de dólares que no tendría con que pagar.

Los empleados a tiempo parcial o *part time* no tenemos el beneficio de seguro médico; las empresas tienen cada vez más empleados a tiempo parcial para reducir los beneficios que otorgan, una tendencia que se ha estado usando después del año 2000, y que va en detrimento del trabajador. Por otro lado, en mi condado el 91 % de los maestros de educación de adultos como yo son contratados a tiempo parcial, lo que sucede también en la educación universitaria, lo que nos deja sin el beneficio de seguro médico.

Mis gastos médicos regulares tenían que correr por mi cuenta, pero contaba con un magnífico médico general, el doctor Franklin Pimentel, quien sabía que yo no tenía seguro y era muy considerado conmigo. Pero yo tenía que asumir el costo de las pruebas médicas y las medicinas, en este país donde la medicina tiene más altos precios que en ningún otro país desarrollado del mundo. En un año específico mis gastos de salud llegaron a los $7,000; yo conozco por experiencia propia qué significa vivir sin seguro médico.

Un día me enfermé con una infección de la garganta que no cedía con nada, una afección que me da a menudo por la que mi médico generalmente me receta cinco días de antibióticos. Esta vez decidí auto medicarme con cinco pastillas de Azitromac, el antibiótico que siempre me han indicado en estos casos, pero yo no quería pagar una consulta otra vez para la misma receta, así que decidí recurrir al método poco ortodoxo y no recomendable de acudir a una farmacia que me facilitara la medicina.

Cuando por fin ya me iban a entregar la medicina, no pude evitar hacer un comentario a favor de la ley de salud recién aprobada, y se me ocurrió la arriesgada idea de mencionar que pronto tendría un seguro con la nueva ley; entonces se produjo esta conversación con el farmacéutico:

-Tengo que pagar esta medicina porque yo soy una de los 30 millones que no tenemos seguro, pero espero tenerlo cuando empiece el Obamacare.

- Ud. no tiene seguro porque no quiere- me dijo él.

- Yo no puedo pagar 500 pesos por un seguro.

- ¿Y por qué no se lo paga el trabajo?

- Porque no me dan un trabajo de tiempo completo para ahorrarse el seguro, ni vacaciones ni días feriados. Yo estuve buscando un trabajo *full time* y no tuve suerte; vi que varios trabajos que solicité se lo dieron a maestras jóvenes recién graduadas. Yo creo que este gobierno puede mejorar la salud como en Europa donde han resuelto ese problema. Aquí hay 30 millones de personas sin seguro como yo, que tienen que ir a emergencias cuando se enferman.

- Los 30 millones son ilegales- me dijo el farmacéutico convencido.

- Yo soy ciudadana americana y entré al país con visa de residente, y además trabajo, pero los seguros están tan altos que no los puedo pagar.

- ¡Pero Obama es comunista! – dijo la esposa del farmacéutico entrando en el debate con cara de pocos amigos.

- En el comunismo no hay propiedad privada y Obama no ha nacionalizado nada, ni ha hecho nada en contra del capitalismo en este país, sino todo lo contrario, lo ha mantenido a flote.

- Pero Chávez acabó con la gente en Venezuela- dijo la señora.

- Sí, pero Obama no tienen nada que ver con Chávez – le contesté.

- ¿Y usted de dónde viene?- me preguntó. Era esa la preguntita arrogante de los cubanos que vinieron en los 60's.

- Yo creo que de donde mismo vino usted, de Cuba, donde mi papá tenía un negocio y se lo quitaron como a mucha gente, pero fue él quien me enseñó a pensar como pienso. Este es un país libre ¿no? así que puedo expresar mi opinión.

Traté de no molestarme y quedar en buenos términos con el farmacéutico, un señor de cierta edad, que fue bastante pacifico en su intercambio, y que terminó diciéndome:

- Bueno, Ud. es mi clienta y no quiero discutir ni de religión ni de política, pero podemos hablar. Ud. me dijo que es uno de los 30 millones sin seguro, y si es así y el Obamacare le va a resolver el problema, santo y bueno.

La discusión terminó amigablemente. Al final me llevé mi medicina, me curé de la garganta que necesitaba bien sana para poder seguir hablando a favor de Obama a donde quiera que fuera.

Este incidente me confirmó que la gente cree lo que quiere creer. De acuerdo a estas personas, los 30 millones eran ilegales y yo no tenía seguro porque no quería; y en cuanto a decirle comunista a Obama, era una de las mil maneras calumniarlo y aterrorizar a la gente.

Una inmigrante más

En abril del 2012 cumplí veinticinco años de haber salido de Cuba. Nunca paso por alto este aniversario que cambió mi vida por completo. Agradezco cada día que vivo en libertad, y disfruto de cada detalle de vivir en un país como éste, donde no solamente soy libre de moverme, de expresarme, y de tener la religión que elija, sino que puedo disfrutar de un nivel de vida que es imposible para los ciudadanos de países del Tercer Mundo. Aquí, hasta el más pobre puede alimentarse bien, tiene todos los tipos de equipos electrodomésticos, como aire acondicionado o calefacción, y las comodidades del hogar que están reservadas a las clases ricas en las naciones de América Latina, como un automóvil decente con relativamente poco dinero. Lo único que escasea en Estados Unidos de América es el tiempo. Hay demasiadas cosas que hacer, las distancias son más largas, y la gente deja de visitarse porque estamos siempre muy ocupados. No es el lugar perfecto, pero inmigrantes de todo el mundo quieren venir para aquí. Por eso, agradezco cada día la dicha de vivir en este país, aunque no por eso pienso que es el único lugar donde puede vivirse bien.

En un día tan importante para mí, recuerdo a mi papá, quien fue el que estuvo largos años haciendo los trámites para que yo pudiera venir legalmente. Mi viejito hizo mis trámites de inmigración, para lo que le escribía cartas de consulta a Manfred Rosenow, decano de los abogados de inmigración en Miami, con más de treinta años ayudando a la gente.

Mi papá le escribió a su columna del Herald explicándole mi caso, y él le aconsejó los pasos a seguir, que hizo diligentemente hasta que me otorgaron la visa de residente, trámites que tardaron años.

Un día, varios años después de que se nos fuera de este mundo, encontré un papelito escrito por Papi, un papel escrito a lápiz en su inconfundible masculina letra, en la cual puso el nombre de sus tres hijos que vivimos en Estados Unidos, y las fechas de nacimiento de cada uno. Después, escribió con letras grandes: "*todos ciudadanos*". Luego escribió las direcciones de las residencias de cada hijo, y a continuación escribió: "*todos propietarios*". El viejo estaba orgulloso de que sus tres retoños habían hecho realidad el sueño americano: un trabajo, aprender inglés, la casa propia, y la ciudadanía americana. No alcanzó a ver que terminé una maestría en FIU gracias a préstamos del gobierno federal, y que mi hermana y mi hermano cumplieran 38 y 27 años de trabajo ejemplar e ininterrumpido en la misma empresa contribuyendo a la grandeza del Miami actual. Mi padre adoraba a este país y como a mí le fascinaban sus instituciones, su gente, su historia, su inmensa capacidad para producir riquezas, y los adelantos tecnológicos que constantemente se producían; en sus cartas me contaba admirado del cajero automático hasta el VCR que hoy en la era digital parecen cosas del pasado.

En Miami convivimos muchos grupos diversos. Hace poco vino el presidente Obama a Boca Ratón, para reunirse con sus seguidores y recaudar fondos, algo que las campañas políticas requieren constantemente. En Boca viven muchos retirados y muchos judíos, otro pueblo de inmigrantes, quienes tradicionalmente contribuyen con la causa de los demócratas. Según Naomi, mi amiga judía que ha vivido aquí desde la década de los años setentas, Miami Beach estaba llena de judíos, principalmente de New York, pero cuando llegamos los cubanos y después muchos latinos más al área de Miami, muchos americanos entre ellos muchos judíos se movieron más al norte, para seguir viviendo en lo que ellos conocían como los Estados Unidos de América.

La llegada de los cubanos a Miami provocó una transformación: por un lado aportamos nuestro trabajo y talento en todas las esferas a desarrollar el pujante Miami de hoy, pero por otro lado aquella pequeña ciudad de retirados fue tornándose más en una pequeña sub-sede de América Latina, con muchas de las características de una república bananera, con gobiernos locales costosos e inefectivos, corrupción, caudillismo y politiquería en la excesiva cantidad de pequeños gobiernos locales que existen en el condado.

En 2012 ya la ciudad es otra, más cosmopolita, pues constantemente están llegando gente de todas partes, no sólo de América Latina sino del mundo entero, así como americanos de otros estados que se mudan a Florida por el magnífico clima. Miami es una de las ciudades más diversas de todo el país, y sin duda la más latina. Los pocos miamenses que nacieron aquí han abrazado la diversidad y la disfrutan. Nunca me he tropezado con un solo miamense nativo que no haya sido amistoso conmigo, cosa que les agradezco muchísimo. El pueblo americano en su mayoría ha sido muy generoso con los inmigrantes, siguiendo una tradición hermosa de acoger a los que hemos tenido que huir de nuestros países.

En mayo nos fuimos a pasear a Cayo Hueso en un viaje de un día. Paseamos por Duval Street, donde decidimos entrar a un típico bar, muy americano como todo el pequeño pueblo. El pianista que amenizaba el lugar, nos invitó amablemente a cantar algo, esperando algo como Bésame Mucho o La Bamba, acorde con nuestro indudable aspecto hispano. En ese momento, oímos unas risitas de unos jóvenes que ya estaban un poco pasados de alegres; tal vez les causaría gracia ver unas señoras latinas de mediana edad queriendo cantar, así que se me ocurrió la idea de que los burlones vieran lo bien que cantábamos *The Star Spangled Banner*, el himno nacional de Estados Unidos. A pesar de nuestro origen latino, cantamos el himno a todo cuello muy patrióticamente, en perfecto inglés con acento hispano, arrancando un aplauso de la concurrencia, y después nos fuimos a celebrar la audacia y a comer *fish and chips* al famoso Sloppy Joe en Duval Street.

Nunca me he sentido relegada en este país por el hecho de ser latina. Nunca me he detenido a pensar que soy una inmigrante cubana, ni en la discriminación, ni en lo que dejamos atrás, sino que me he dedicado a trabajar y a echar pa'lante con todas mis fuerzas, disfrutando de la nueva oportunidad de vivir aquí, donde, como dijera nuestro José Martí, soy libre y puedo vivir sin hipocresía. Curiosamente, esta frase del apóstol de la independencia cubana fue la misma que eligió el presidente en sus posteriores discursos sobre Cuba. Hasta ahí llega mi identificación con Obama.

Racismo, mi experiencia

El primer presidente afroamericano fue la culminación del sueño de muchos, pero al mismo tiempo, puso el tema del racismo a prueba. Al convertirse en el primero negro en romper las barreras de siglos de dominio blanco en la Casa Blanca, Obama ha tenido que confrontar una inusual resistencia. Desde el primer día de su mandato, toda idea de Obama enfrentó un extraordinario y perenne obstruccionismo de los republicanos, tan implacable, tan vehemente, que en ello se percibe un sustrato de racismo.

El racismo se hizo evidente en la Cámara de Representantes, durante un discurso del presidente al pleno del congreso en 2009, cuando un representante republicano por el distrito de Carolina del Sur, interrumpió al presidente y le gritó ¡*you lie*! (usted miente), lo cual es un hecho bochornoso sin precedentes. Nunca antes se había dado en el congreso un acto de desacato tan notorio hacia un presidente americano. Sorprendentemente, ese representante sigue siendo elegido al congreso. ¿Hubieran interrumpido para gritarle mentiroso a un presidente blanco?

Años después, 47 senadores republicanos ignoraron el decoro parlamentario y la persona del presidente cuando enviaron una carta a los dirigentes de Irán amenazando con cancelar los acuerdos sobre armas atómicas que habían logrado los que Estados Unidos conjuntamente con otras cinco potencias mundiales. Con este acto sin precedentes en política internacional, los senadores ignoraban que el presidente es la cabeza de la política exterior del país. Por su parte, la Cámara de Representantes también saboteó las negociaciones del gobierno del Presidente Obama al invitar al primer ministro israelí Benjamin Netanyahu al congreso para condenar el acuerdo. Es también insultante que lo llamen dictador por firmar órdenes ejecutivas, cuando los dos últimos presidentes republicanos firmaron muchas más órdenes que él.

Fue también insultante ver las manifestaciones anti Obama de los extremistas del TEA Party, y los ofensivos carteles caricaturizando al presidente como un negro carabalí africano en taparrabos y blandiendo una lanza, o con la cara de Hitler. Los medios de difusión de derecha han alentado el racismo en el mandato de Obama. Hasta el lugar de su nacimiento ha sido cuestionado por sus detractores, los llamados "*birthders*" encabezados por Donald Trump, aduciendo que había nacido en Kenya, hasta que Obama decidió hacer público su certificado de nacimiento.

En medio de este clima, se añadieron al conflicto racial los casos de violencia policial en los que varios afroamericanos perdieron la vida; cada vez es más común la denuncia de abusos mediante el uso de las cámaras que hoy cualquier ciudadano tiene en su celular. Como consecuencia de estas muertes, se dieron violentas confrontaciones en Ferguson, en New York, en Baltimore y otras ciudades.

Obama creció en un ambiente multicultural, no es el típico afroamericano de los suburbios negros de las grandes ciudades, como es el caso de Michelle Obama. Pero ambos han llegado a la Casa Blanca por su talento y porque aprovecharon el acceso a la educación y trabajaron duro sin detenerse ante ninguna discriminación, convirtiéndose en un gran ejemplo para la juventud. Ya era hora de que hubiera un presidente negro en América.

La discriminación por raza, credo, origen nacional, creencia política o cualquier otro concepto es ilegal, y se convierte en un delito criminal si además se envuelve violencia, pero la realidad es que a pesar de que la Constitución de los Estados Unidos garantiza la igualdad racial y la libertad religiosa, he comprendido con profunda tristeza que en Estados Unidos un sector de la mayoría blanca tiene un serio problema de racismo, exacerbado por la presencia de Obama: él, por su parte lo ha ignorado y ha seguido trabajando en el mandato que el pueblo norteamericano le dio.

Algunos han reconocido este problema. A mediados de 2013, el gran actor Robert Redford, una leyenda de Hollywood, ganador de varios premios Oscar, expresó una idea que pocos se han atrevido a decir claramente, aunque muchos lo pensamos:

"Obama es un hombre compasivo que no ha podido funcionar en este ambiente político. Este ambiente está muy decrépito, muy paralizado, y lo peor es que está paralizado con intención. Hay un grupo de gente en el congreso que quiere paralizar el sistema. Yo pienso que lo que está debajo, desgraciadamente, es que probablemente hay algún racismo involucrado, lo cual es realmente horrible. Los oponentes de Obama rechazan cualquier cosa que él pueda proponer porque su determinación es destruir a esta persona. Ellos quieren, aún si significa destruir al gobierno, cualquier cosa que no lo deje tener éxito"[2]

Difícilmente se podría expresar este conflicto mejor que Redford. A esta mención sobre el racismo se suma la de Colin Powell, republicano y secretario de estado de George W. Bush. Powell, un líder sumamente respetado, quien dijo: "mi partido está lleno de racistas". En enero de 2013, afirmó: "hay una oscura veta de intolerancia en ciertas partes de mi partido, que aún mira con desdén las minorías". Debido a este

[2] CNN.com, "Women, young people must save U.S. from men behaving stupidly" 10/16/2013

mismo desdén, es que el actual partido republicano ha perdido muchos miembros, y probablemente perderá de nuevo la presidencia en el 2016.

En mi condición de cubana exiliada, me llevó tiempo aprender en toda su dimensión el problema racial en América. El conocimiento de la historia de las luchas por los derechos civiles nos permite entender mejor la realidad. Es necesario que los latinos conozcamos hechos como la marcha pacífica a Selma, o el ataque a la iglesia de Birmingham en 1963 donde cuatro niñas fueron asesinadas por una bomba puesta por miembros del Ku Klux Klan. No se puede entender la discriminación racial si no se conoce la historia de Rosa Park en Montgomery, la humilde mujer que con su valentía catalizó un movimiento en contra de la segregación racial; imposible analizar el problema del racismo en EEUU si se desconoce la marcha a Washington y el inspirador discurso de Martin Luther King aquel glorioso día de 1963.

Nuestro apóstol José Martí predicó la igualdad de derechos de todo ser humano. Martí dijo: "Hombre es más que blanco, más que mulato, más que negro. Dígase hombre y ya se ha dicho todo". Los cubanos crecimos predicando las ideas martianas, respetando al gran independentista, General Antonio Maceo y a su madre Mariana Grajales, adorando a artistas como Celia Cruz, Benny Moré, la Orquesta Aragón, la Sonora Matancera, y tantos otros. Nuestro pueblo es muy mestizo y lo aceptamos con naturalidad; la mezcla de razas es parte de nuestra nacionalidad.

Ninguno de mis padres fue racista, trataban a todos por igual, y nunca escuché en mi familia una frase despectiva hacia la raza negra. En Miami, noté con indignación como algunos personajes de los medios de difusión trataron de exacerbar el odio racial para restarle votos al primer presidente negro. También escuché muchos programas de radio donde participaban cubanos con ideas racistas. Un día, sin embargo, oí una voz de cordura y decencia, cuando llamó a Radio Mambí un señor que refiriéndose a los comentarios de odio racial, dijo: "no podemos permitir que este grupo de gente que se expresa así domine la conversación, porque nosotros, los cubanos, no somos éso". Sus palabras me impactaron y me llenaron de orgullo por su claridad y firmeza. Los cubanos condenamos el racismo, y practicamos la inclusión de todas las razas; en Cuba seguíamos los principios martianos y en mayoría, condenamos la discriminación racial, aunque desgraciadamente haya algunos elementos de racismo entre nosotros.

El pueblo judío conoce muy bien cuál puede ser el horrible resultado del odio racial. En los actos de recordación del Holocausto, los judíos siempre leen el famoso poema del Pastor Martin Niemöller, quien se refería a la aniquilación de todos los grupos minoritarios por parte de los Nazis, ante la indiferencia del resto del mundo:

Primero vinieron por los socialistas, y yo no dije nada porque yo no era un socialista

Entonces vinieron por los sindicalistas, y yo no dije nada porque yo no era un sindicalista

Entonces vinieron por los judíos, pero yo no dije nada porque yo no era judío

Entonces vinieron por mí, y no quedaba nadie que dijera algo por mí

El racismo es inhumano y hay que detenerlo. Todas las religiones predican el amor al prójimo y la igualdad de los seres humanos. Cualquiera que sea la excusa para la discriminación es inaceptable, y hay que detenerla donde quiera que se dé.

Obama se expresa sobre el matrimonio gay

En mayo 9 de 2012, el presidente Obama dijo en ocasión de una entrevista con la periodista Dianne Sawyer de la cadena ABC: "it *is my personal opinion that same sex couples should be able to get marry*" (es mi opinión personal que las parejas del mismo sexo deben poder casarse). Exactamente dijo "mi opinión personal", o sea, que no había que esperar que ejerciera ninguna presión ejecutiva para avalar esta idea. Obama se convertía en el primer presidente americano que públicamente apoyaba el matrimonio gay.

A partir de ese momento, el tono de la conversación hacia los gays cambió en América se tornó más tolerante y humano. Los sicólogos lo plantean de esta manera: el líder máximo siempre sienta el tono del debate del grupo que encabeza, y dirige así la opinión del pueblo en cualquier tema que se trata.

Como era de esperar, los religiosos pusieron el grito en el cielo y los conservadores repudiaron la revelación del presidente, al mismo tiempo que muchos expresaban que ya era hora de vivir en el siglo 21 y dejar a la gente casarse con la persona que amaran dándole ese derecho a los gays.

*A*l día siguiente que el presidente Obama apoyara las bodas gays, comenté el hecho con un líder comunitario que es republicano. Se mostró muy alarmado y visiblemente afectado por la noticia, y exclamaba: "¡se va a hundir este país!". Yo me asombré de tanta alarma, y pensé para mí: vaya, como si la relación entre dos personas gays fuera el fin del mundo. En expresiones homofóbicas como ésta, yo percibo una especie de miedo a un contagio imposible, y además una inseguridad sobre la propia sexualidad. La homosexualidad no se pega, no es contagiosa, y está profundamente arraigada en el individuo; no es una elección consciente y libre del individuo, sino que está condicionada por sus circunstancias.

Tal vez precipitada por la previa declaración del Vicepresidente Joe Biden, famoso por su espontaneidad, quien fue el primero en apoyar los matrimonios gays, la sincera afirmación de Obama le podía costar muchos votos. Es muy significante que el presidente de los Estados Unidos en el medio de su reelección, haya tenido el coraje de decir que las parejas del mismo sexo se puedan casar como todo el mundo. Primero, es ganarse a la comunidad gay en América, que se siente discriminada. Segundo, es perder a gran parte de la comunidad religiosa en América, a los católicos, y los cristianos. Significa perder el voto de muchísimos afroamericanos que son profundamente religiosos y están en contra del matrimonio gay.

Pero Obama es un hombre de coraje e integridad, y otra vez antepuso sus principios a sus intereses electorales. Él podía haber esperado solamente 7 meses hasta después de la elección, para hacer público el cambio de su posición, pero decidió con honestidad adicionar este tema a su plataforma política. El presidente piensa que los gays deben poder casarse, y no va a defraudar a nadie. El que vote por él, que sepa por quién vota.

Solamente quien es gay y lo ha sufrido en carne propia, puede saber cuánta discriminación existe en contra de los homosexuales, y cuántos problemas puede conllevar el hecho de que no se reconozca la unión legal con la pareja con la que se ha mantenido una relación estable por años, solamente porque se trata de una relación homosexual. Es algo que se sufre todos los días, que está enraizado en tu vida, y se llega a ver normal. Las implicaciones legales que tendría la legalización del matrimonio gay son grandes, en cuanto al derecho al seguro médico, las decisiones cuando la muerte es inminente, las herencias, los derechos migratorios, las leyes fiscales que afectan a las parejas, y tantas más. Las relaciones gays estables y duraderas están en desventaja cuando se les priva de los beneficios de matrimonio.

Como el matrimonio gay era uno de los temas de grandes diferencias entre demócratas y republicanos, me animé a enviar un artículo al Nuevo Herald, y otra vez tuve la suerte de que lo publicaran bajo el título "Los Derechos de los Gays".

En Florida, no sé cuántos años van a pasar para que la posibilidad del matrimonio gay algún día se convierta en un proyecto de ley. Es un estado conservador, pero también dejaremos atrás los tiempos de la campaña homofóbica de Anita Bryant, dedicada a atacar a los gays, y no está lejos el momento en que tengamos los mismos derechos civiles en algo tan tradicional como el matrimonio.

En esos días después recibí un email de SAVE DADE, la organización que defiende los gays en Miami, para asistir a una celebración llamada *Champion of Equality*, en la que se reconoce los esfuerzos de los oficiales electos por reconocer la igualdad de derechos de los gays. La reunión sería muy cerca de mi casa, en Midtown, y me hubiera gustado ir, pero lo pensé dos veces por los $95 que costaba la entrada. El día de la fiesta caminé para ver quien estaba allí y pude ver y saludar a Debbie Wasserman-Schultz, mi representante al congreso por el distrito 20; también estaba el alcalde Carlos Giménez, el senador Bill Nelson, y la representante Ileana Ros-Lehtinen con su habitual guayabera de colores. La organización de los gays en Miami se inclina a los demócratas, porque éstos han estado al lado de los gays tradicionalmente, aunque su principal misión es contar con el apoyo para la causa de la igualdad sin adoptar una posición partidista.

Yo seguía recibiendo periódicamente información de la campaña a través del correo y del internet, que se intensificaba a medida que se acercaba la elección, en especial la recogida de dinero, pero el contacto con aquel grupo de voluntarios en Coral Gables no se renovó y nadie nos llamaba para hacer algo concreto. Aunque yo seguía defendiendo a Obama con quien quiera que hablaba tratando de abrir las mentes, estaba un poco preocupada porque sentía que aquella estructura de *Organizing for America* no estaba reclutando voluntarios en mi área.

En eso llegó el fin de semana largo de *Memorial Day,* o el Día de los Caídos, y yo decidí visitar a mis queridos amigos Juan y Jeff en Washington D.C. para conocer más de esa ciudad encantadora. Tal vez, inconscientemente, quería estar cerca de los actores principales del quehacer político que me mantenía pegada a las noticias todos los días en la Casa Blanca, el Congreso, y la Suprema Corte.

En Washington, me fuí a visitar el Newseum, un museo de las noticias sumamente interesante. En una de las salas se exponen objetos de las contiendas presidenciales, donde pude ver material de campaña de Clinton-Gore, el traje de pantalón y chaqueta rojos usado por Hillary Clinton, y hasta los zapatos que usó Obama en la campaña del 2008, entre decenas de objetos interesantes.

Sin embargo, lo que más me impresionó fue la sala de los premios Pulitzer de fotografía, donde con gran sorpresa encontré dos fotos premiadas acerca de Cuba. Una, la de un capellán católico dándole los santos óleos a uno de los condenados a muerte por fusilamiento en el año 1959, durante los tristemente famosos paredones usados por el ejército rebelde encabezado por Fidel Castro. Al subir al poder, Fidel instauró estos juicios sumarios sin los debidos procesos legales, concebidos por el caudillo para eliminar a los que habían luchado del lado del depuesto Batista, otro tirano que también violó la legalidad para reprimir a sus enemigos.

En el año 1959 yo tenía solo 6 años, pero aún recuerdo haber visto en la televisión como la multitud gritaba "¡paredón!" cuando Fidel se refería a los enjuiciados que supuestamente habían cometido crímenes. También recuerdo las espantosas fotos que salieron publicadas en la Revista Bohemia de los rebeldes fidelistas asesinados por la sangrienta policía del dictador saliente, Batista. Fue una etapa luctuosa de nuestra historia que dividió a los cubanos y cercenó muchas vidas y muchos ideales.

La otra foto premiada con el Pulitzer de fotografía sobre el triste problema cubano, es la del niño Elián González en la casa de su tío abuelo en Little Havana, en el momento en que agentes especiales con ametralladoras entraron a la habitación para llevarse el niño a la fuerza. Los parientes insistían en retenerlo hasta que su padre viniera a buscarlo personalmente; detrás de la familia de Elián en Miami estaba esa parte del exilio que es intransigente y poderosa, y en constante confrontación con el gobierno de Cuba. En este caso, los exiliados estaban disputando el derecho del padre comunista que vive en Cuba a quien decidió salir hacia Miami con el niño en una precaria balsa. La madre perdió su vida en el mar y el niño sobrevivió milagrosamente y llegó a las costas flotando sobre un neumático. El problema se convirtió en un dilema entre los dos países cuando los parientes de Miami se negaron a entregarlo a la fiscal general, Janet Reno. Al final, el gobierno de Clinton tuvo que interceder por la fuerza para devolver el niño a su padre, lo que dio origen a la famosa foto.

Ese día en el Newseum, ví a uno de los líderes republicanos más militantes en contra de Obama, el segundo líder de la cámara de representantes, Eric Cantor, quien visitaba el museo con su familia. Cantor perdería su elección años más tarde abandonando así el congreso, pero fue a trabajar a Wall Street donde fue premiado por el poder financiero con un alto puesto y un sueldo de 3 millones de dólares anuales, agradeciendo así sus años de respaldo legislativo a los grandes intereses financieros.

El último día de mi estancia en Washington tenía cita para visitar el Capitolio. Tuve que dejar mi equipaje en el edificio de la Suprema Corte y atravesar por el túnel subterráneo que une a ambos edificios por debajo de la calle. Mientras caminaba por allí, me imaginé a los jueces Sonia Sotomayor, Ruth Bader Ginsberg o Samuel Alito caminando con sus togas negras a través del largo pasillo para asistir al discurso presidencial del estado de la unión.

Al llegar al centro de visitantes del capitolio, debía pedir mi ticket de entrada que había solicitado previamente con mis tres representantes al congreso: Debbie Wasserman-Schultz, y los senadores Bill Nelson, y Marco Rubio. Hice mi fila llena de ilusión mientras disfrutaba mirando las decenas de estatuas de hombres y mujeres ilustres de la historia americana en esta sala, hasta que por fin me dieron mi ticket con mi nombre y foto, y el nombre de la oficina que tramitó mi visita. Cuál no sería mi sorpresa al ver que de las tres solicitudes que hice, la que debía poner sobre mi blusa era la de Marco Rubio, quien paradójicamente es con el que más discrepo. Lo curioso es que en la etiqueta decía "Marc" Rubio, sin la "o" final, americanizando el nombre latino de Marco. Por lo pronto allí en la oficina de visitantes, no supieron escribir correctamente este nombre latino, una desventaja para el pretendiente a convertirse en primer presidente de origen latino. Disfruté de ésta mi segunda visita al impresionante Capitolio; también visité el museo de la Casa Blanca y caminé alrededor de lo que fue llamado el palacio presidencial hasta que Teddy Roosevelt oficializara en 1902 su nombre actual. No fui tan dichosa aquella vez, pues ni siquiera pude ver a Bo, el perrito de los Obama. No tenía ni idea aquel día que un mes más tarde se detendría frente a mí y me daría la mano el mismísimo presidente de los Estados Unidos por cuya reelección yo estaba luchando.

II. EN PLENA LUCHA POR LA VICTORIA

Un día que llegué del trabajo, escuché en mi teléfono un mensaje de una muchacha de "Organizing for America" (OFA), quien quería tener un encuentro conmigo para empezar a hacer algo por la campaña. Era nueva en Miami y sólo conocía el Starbucks Café de Biscayne Boulevard, pero preferí reunirnos en los bajos de mi edificio. No era fácil para mí hacer un tiempo para esta reunión en ese momento en que tenía mucho trabajo con gente estudiando para la ciudadanía, pero a solo seis meses de las elecciones, mi prioridad sería ayudar a Obama a tener cuatro años más.

La joven estaba allí puntualmente; era perfectamente bilingüe, de unos 25 años, y con un marcado acento mejicano. Lo primero que me contó fue por qué apoyaba a Obama, algo que todos los organizadores explicaban al entrar en contacto con los voluntarios. Me contó que era de padre mejicano, vivía en Boston, y estaba en la universidad, muy preocupada por el camino que tomaría el país si ganaba un republicano. Ahora se había mudado a Miami como parte del personal de OFA para organizar los voluntarios, y lo primero que haríamos era organizar una reunión con mis amigos y posibles voluntarios que quisieran unirse para ayudar a hacer llamadas a votantes demócratas y reclutar más seguidores dispuestos a registrar votantes

"Yo he estado esperando este momento desde hace meses" le dije. "Desde febrero que nos reunimos nadie me ha vuelto a llamar". Me explicó que ya la otra organizadora no estaba en Miami, pero que ahora sí empezaríamos a trabajar duro.

Me sentí feliz porque al fin iba a ser parte de un equipo de trabajo; hablamos un ratico, le expliqué mi adhesión a la causa de Obama y mi disposición a trabajar voluntaria. Quedamos en hacer la reunión la próxima semana, y se despidió con la promesa de que alguien me llamaría pronto.

A la semana siguiente, comenzando el mes de junio, preparaba mis clases de la semana cuando recibí una llamada con la voz de un hombre joven, un perfecto inglés y ningún acento específico. Me dijo que era de la campaña *Organizing for America* y que quería verme para coordinar mi trabajo. Este joven, Curtis, sería el organizador de la campaña para la zona de Miami Dade, quien estaba haciendo los primeros contactos con los voluntarios demócratas. Esta fue la llamada que definió mi trabajo en los próximos cinco meses. Enseguida estuve dispuesta a fijar fecha y hora para reunirnos.

Esa semana impartiría un entrenamiento de ciudadanía en una de las más grandes instituciones médicas de Miami, acerca de la ayuda para llenar la solicitud de ciudadanía, un servicio que ahora las clínicas ofrecían en su afán de ganar usuarios del Medicare.

Después del entrenamiento me reuniría con Curtis en la famosa cafetería Sergio's en Coral Way, donde tendríamos el primer contacto. Bajo una sorpresiva lluvia, nos encontramos en el portal de la cafetería, donde lo identifiqué por su camiseta negra con un lema sobre Obama; nos saludamos con afecto, como si ya nos conociéramos. Estábamos por la misma causa y trabajaríamos juntos por bastante tiempo.

Curtis era un joven estudiante de San Diego, que había empezado su activismo junto a su mamá en busca de mejoras a las escuelas públicas cuando aún era un jovencito, después de mudarse a California. Comenzó contándome su historia de por qué estaba envuelto en esta campaña, que había trabajado como interno en el congreso en la oficina del Senador Ted Kennedy, trabajando en las propuestas de lo que sería más tarde la reforma de la salud. Curtis tendría no más de veintiocho años, era alto, rubio y muy blanco de piel, con una cara muy dulce en la que todavía se notaban los rasgos suaves de la niñez. Enseguida admiré su sencillez y su dulzura; era un muchacho inteligente, educado y guapo, pero mostraba una gran modestia y honestidad.

Cuando llegó el mesero, yo tenía cierto temor de que éste no entendiera inglés, pero por suerte este camarero sí hablaba inglés. Pedí un cortadito para mí, y a él le hice probar su primer café con leche, que por suerte le gustó. Me escuchó con atención cuando le conté por qué quería trabajar para ayudar a Obama, de mi origen cubano, de mi trabajo con inmigrantes para enseñarles inglés e historia de los Estados Unidos, y cómo ayudaba a los latinos a hacerse ciudadanos. Le dije que había pospuesto una oportunidad de trabajo en Miami Dade College para tener tiempo que dedicarle a la reelección de Obama, y le mostré los recortes de periódico de los diez artículos que había escrito para defender a Obama, que por suerte habían sido publicados en la versión en español del Miami Herald.

Curtis se mostró genuinamente interesado. Me explicó la necesidad de formar equipos de trabajo en las diferentes áreas de la ciudad, y yo quedé en coordinar una reunión con voluntarios que reclutaría de entre mis amigos y vecinos. Mi tarea de inmediato era coordinar una primera reunión para explicar qué teníamos que hacer y organizar el equipo. Parte del trabajo también era llamar a voluntarios en campañas anteriores para invitarlos a unirse.

El encuentro fue rápido y efectivo, me encantó Curtis, y me encantó que ya se estaban dando pasos concretos para lograr la victoria en noviembre, lo cual disipaba mis preocupaciones de no estar haciendo algo efectivo en Miami. Yo estaba consciente de que el tiempo iba pasando y no estábamos organizados todavía, mientras los republicanos seguían hablando en todos los medios de lo horrible que era el gobierno de Obama y de lo bueno que sería todo si lo sacaban de la Casa Blanca, para darle paso al señor Mitt Romney, el oficial ejecutivo corporativo (CEO), quien según los republicanos, iba a resolver todos y cada uno de los problemas de la nación con su vasta capacidad y experiencia como empresario.

¡Al fin íbamos a organizarnos en Miami! Este muchacho rubio de maneras dulces con cara de niño grande iba a ser el jefe de la campaña de Obama en Miami-Dade, y yo era uno de sus primeros contactos en la ciudad. Creo que la personalidad y la entrega a la causa de este joven influyeron mucho en mi dedicación a la campaña. Me sentía confiada en que la tarea estaba en buenas manos, y ésto me alentaba a trabajar más. Como líder, dirigió a los representantes de OFA en las distintas zonas de la ciudad, y les imprimió esa determinación de darlo todo y de trabajar juntos, tanto el personal contratado como los voluntarios, para lograr la victoria de la reelección.

En unos pocos días, coordiné para celebrar la primera reunión de voluntarios del *team* Midtown en los bajos de mi edificio. Llamé a todos mis amigos a quienes les podría interesar el activismo político, a mis vecinos, a mis ex-alumnos que ya eran ciudadanos, así como a los contactos que me había proporcionado Curtis. Hice muchas llamadas con bastante éxito, disfrutando el intercambio con mucha gente buena. Había mucha gente entusiasta por Obama, pero pocos tenían tiempo de reunirse, o eran personas mayores que no podían moverse con facilidad para venir a la reunión, así que esperaba un reducido grupo para empezar a trabajar.

Se suponía que yo iba a introducir la reunión contando mi historia como simpatizante de Obama. Con mi timidez habitual, me intimidaba la idea de hablar a un auditórium desconocido, y además hablando en el idioma inglés de un tema nuevo para mí, en el que a veces no encuentro la palabra precisa en el momento en que la necesito.

Llegó la hora de la reunión, y allí estaba yo con mi amiga María, una colombiana muy trabajadora; preparamos el local, servimos una meriendita sencilla, y el equipo para ver un video sobre la presidencia de Obama que Curtis me dijo que traería.

Curtis llego muy puntual como siempre, con más comida y bastante material impreso sobre la campaña. Ahora ya teníamos carteles de *Hispanics for Obama, Women for Obama, LGTB for Obama*, y pequeños botones para identificarnos como voluntarios por la campaña del presidente.

Llegó muy poca gente. Me di cuenta de que sería difícil contar con personas dispuestas a trabajar. Sin embargo, los que estábamos allí, estábamos muy comprometidos a ayudar y muy interesados en la reelección del presidente. Allí estaba mi vecino Henry, un demócrata muy envuelto en elecciones en su natal New York, que había vivido en Miami por muchos años, una persona sumamente decente y con varios títulos universitarios. También asistió una señora afroamericana de Belle Meade, antiguo barrio al este de Biscayne Boulevard, profesora retirada de la preparatoria Miami Beach, y activista demócrata por largos años. Había venido con su nieto, un niño muy especial quien respondía amablemente a todas las preguntas con una formalidad de persona mayor.

María, aunque tiene un inglés limitado, parecía comprenderlo todo y se mostró muy interesada en la conversación. Ella y toda su familia deseaban fervientemente poder votar en noviembre por Obama, por lo que habían estudiado duro para hacerse ciudadanos y registrarse para votar. Su esposo recientemente había comprado una gasolinera en Miami Gardens, y la familia trabajaba duramente manteniendo su negocio a fuerza de trabajo y tesón a pesar de la recesión económica.

Curtis comenzó la reunión con su historia personal, y después vimos el video, llamado "*The Road We've Traveled*" (El camino que hemos recorrido), acerca de los dilemas a los que se enfrentó este presidente al comenzar su mandato en el 2009, y los logros alcanzados en los tres primeros años.

Al final no hubo tiempo para mi pequeño discurso que tanto me había preocupado. Tuvimos un provechoso encuentro, y quedamos conectados para comenzar a trabajar. A partir de ahí, recibiríamos instrucciones para ofrecer nuestro tiempo en la campaña, movilizando a los demócratas y futuros votantes, y asegurando que la gente saliera a votar.

Después de ese día, ya estábamos organizados en el equipo Midtown, y nos comunicábamos cada vez que había algo que hacer. Primero nos dedicamos a hacer llamadas a otros voluntarios para invitarlos a trabajar con nosotros. Para esto, íbamos a la oficina del Partido Demócrata en Miami Beach a hacer las llamadas, o las hacíamos desde la casa, pues había que reclutar más gente interesada en ser voluntaria. También había que llamar a los contactos en las listas de votantes anteriores para discutir los temas y saber quiénes apoyaban a Obama.

Después de atraer más gente, el trabajo más importante consistía en entrenar a voluntarios para que proceder a registrar nuevos votantes y actualizar las tarjetas de votación de los demócratas que ya habían votado anteriormente.

Empecé a separar al menos un día a la semana para trabajar por la campaña, haciendo llamadas de las listas de votantes. Las conversaciones con otros demócratas me resultaban muy estimulantes porque podía compartir con entusiastas de este presidente como yo.

Al mismo tiempo, hablaba con todo el que encontraba en mi camino acerca de las próximas elecciones, y trataba de explicar los puntos más importantes de la actualidad política. Para ello, yo me mantenía siempre muy bien informada de lo que estaba pasando, mirando CNN todos los días, ya que mi periódico local seguía presentando las noticias a conveniencia de la derecha republicana, al igual que los noticieros en español.

En las calles de Miami

En junio alguien de OFA nos llamó para registrar votantes en un fin de semana, exactamente lo que había estado esperando, así que me ofrecí para trabajar el sábado de 12 del mediodía a 3 de la tarde en Midtown, el nuevo centro comercial de la 36 calle del noreste, muy cerca de mi casa. El lugar cuenta con tres edificios de condominios y varias tiendas grandes como Target, Marshall's, y Ross, inauguradas en los últimos dos años, así como algunos restaurantes. Midtown estaba entonces tomando auge y haciéndose popular, recuperándose de la recesión y la debacle de los bienes raíces en el sur de Florida.

Me pareció un excelente lugar para registrar votantes, y además tan cerca de mi casa que podía ir caminando. Fue una buena idea de las organizadoras del *team* North Miami, a quienes no había conocido antes, pero a las que vería a menudo después de este día.

Poco después de las 12 del día, y cubierta con mi gorrita y mis espejuelos de sol, me dí el lujo de ir caminando desde mi casa, cruzando con mucho cuidado Biscayne Boulevard y la Calle 36 del noreste, que cada día se volvía más concurrida. A los cinco minutos ya estaba frente a Target vestida con mi t-shirt de Obama, un abanico de cartón para el calor, una botellita de agua y varias plumas para llenar las planillas. El lugar de reunión era la entrada de Target, y allí encontré a las organizadoras, dos muchachas afroamericanas portando varias tablillas con planillas para votantes, y toda la logística, incluidas las necesarias declaraciones juradas para los nuevos voluntarios, trámite que ya yo había cumplido desde que fuimos al centro comercial en la Calle 79 en aquella primera vez.

Habían llegado ya algunos voluntarios: un muchacho joven, una muchacha que después supe que era artista, una señora de mediana edad muy refinada, maestra retirada y cubana como yo vestida con un bonito t-shirt negro de la campaña. Me sentí muy bien de comprobar que otros voluntarios apoyando la causa de la reelección de Obama fueran ciudadanos respetables, decentes y educados, y no agitadores políticos ni dependientes de la ayuda del gobierno, como afirmaban algunos detractores del otro partido, quienes tratan de desprestigiar a los demócratas diciendo que son personas deshabilitadas y mantenidas por el gobierno, otra de sus mentiras.

Las organizadoras empezaron a llenar sus papeles de control, ya que cada voluntario tenía que reportar la cantidad de formas que se llevaba consigo, para cumplir con las regulaciones que el Departamento de Elecciones tenía implementando en la Florida. El proceso de votación se había hecho más estricto desde que Rick Scott y su legislatura trataron de crear todo tipo de demandas a la registración de votantes, con el objetivo de hacer más difícil el voto de las minorías.

Después de cumplir con los requisitos, la organizadora nos dio instrucciones de cómo llenar la información, y nos recordó el requisito de poner la hora en que terminábamos cada papel y de firmarla por el dorso. Yo estaba impaciente por empezar a registrar, pero disciplinadamente oí toda la explicación que ya conocía. Me sentía muy experimentada y estaba loca por comenzar el trabajo con la gente.

Al fin me entregaron mi tablilla de registrar y me fui a buscar votantes. Primero, observaba la gente que pasaba por allí en aquel momento; si lucían apurados o preocupados no los abordaría, porque iba a ser inoportuna. Esperé a que pasara alguien con actitud relajada, caminando despacio y con un aire amistoso. Les preguntaba: "would you like to register to vote?" y en seguida "¿le gustaría registrarse para votar?", para que no hubiera duda de que yo era bilingüe y podrían hablar conmigo en español. Enseguida encontré candidatos, tanto hispanos como americanos. La mayoría de los americanos ya estaban registrados; también encontré a mucha gente que me explicaban que no votaban porque estaban en Miami de visita, o que no eran ciudadanos, pero yo seguía preguntando con mucho respeto, y con cierto temor de encontrarme a uno del otro partido que me dijera algo desagradable; por suerte para mí, la experiencia en aquel lugar fue muy positiva. Por el contrario, todos parecían muy agradecidos de que yo los ayudara a tener su tarjeta de elector. Recuerdo a un muchacho puertorriqueño que me dijo: "gracias por lo que estás haciendo", y me dijo que por supuesto que votaría por Obama.

No traté de iniciar conversación acerca de por quién votarían, salvo cuando alguien tocaba el tema. Tuve una familia de colombianos quienes me dijeron que era muy importante votar, a lo que les agregué que estaba en juego la reforma de salud. "No solo por la reforma de salud, por muchas cosas", me dijo el muchacho. La gente llenaba la planilla por sí misma, y yo me limitaba a orientarlos, y chequear que no faltara ningún dato. El número de teléfono era una información opcional y algunos preferían no darla. Tuve cuidado de no presionar a nadie a dar ningún dato, y ni siquiera mencionar a qué partido registrarse, ya que los procedimientos de registrar votantes son muy estrictos, y yo tenía que mantenerme neutral. Si alguna vez conversé de los candidatos fue porque la otra persona iniciaba el tema.

Después de revisar que todo estaba en orden, me aseguraba de repetir la fecha en que empezaba la votación: octubre 27 para la votación adelantada y noviembre 6 para la elección general. Faltaban cinco meses, pero al despedirnos yo repetía las fechas y les pedía: "¡no deje de votar!"

El sol estaba fuerte esa tarde, el calor era de casi 90 grados, y después de haber estado de pie por casi dos horas, me sentía cansada, así que decidí caminar un poco y moverme para la otra esquina, donde está la tienda *Homegoods*. Allí encontré a una parejita joven a quienes les pregunté si querían registrarse. La muchacha quiso actualizar su domicilio, pero el joven que la acompañaba trato de disuadirla y mostró bastante desdén por el deseo de ella de querer votar; aparentemente, era uno de los que no votan, pero la muchacha, que había venido a vivir a Miami desde otro estado, tomó la tablilla y comenzó a actualizar sus datos. Yo le expliqué al muchacho que llenar la planilla tomaría un minuto, y efectivamente, eso fue lo que nos demoramos.

En una hora y media ya tenía siete planillas de nuevos votantes o de votantes actualizando su nueva dirección. No puedo explicar por qué, pero presentía que la mayoría de la gente que llenaba la planilla votaría por Obama. Por lo pronto, en este día solo un elector se registró como republicano, y el resto como independiente o demócrata.

Cuando regresé al punto de reunión, conversé con las otras voluntarias que registraban votantes, y noté que no habían sido tan afortunadas como yo encontrando votantes. Les dije más o menos lo que yo hacía: estudiaba a las personas para tratar de no interrumpirlas, o abordaba a aquellos que parecían gente amable, y hasta trataba de escoger a aquellos que pensaba que eran seguidores de Obama, lo cual era absolutamente subjetivo de mi parte. La maestra retirada, con su bello t-shirt negro, y la artista, se movieron a la entrada de la tienda, donde las dejé con sus tablillas. Yo regresé muy contenta a donde estaban las organizadoras y entregué mis planillas terminadas. Una de ellas se sorprendió del éxito que yo había tenido, y después de revisar las planillas, notó algunos errores que me señaló. Si la planilla tenía errores importantes, como que le faltaba la firma, o un número de licencia erróneo, no podría ser procesada. Los errores de mis planillas no fueron de los grandes, salvo uno. Ese día aprendí a ser más cuidadosa, porque no quería echar a perder ni una sola planilla. Estaba seriamente interesada en que cada persona que se registraba conmigo, pudiera votar en noviembre.

Cuando revisó mis planillas, la organizadora me preguntó:

- ¿Te puedes quedar una hora más? me dijo. Creo que quería mantenerme al ver que yo registraba a bastante gente.

- No, no puedo estar de pie por más tiempo. Avísame la próxima vez y aquí estaré.

Después de horas de caminar en Midtown, ya estaba físicamente cansada, pero más que satisfecha por el trabajo realizado. Volví caminado a mi casa, muy feliz porque esta tarde había aportado mi granito de arena a la gigantesca obra de la campaña. Pensar que gracias a mi trabajo más votantes irían a las urnas en noviembre me llenaba de satisfacción. Yo quería llegar a la cifra de cien nuevos votantes registrados antes del 9 de octubre, que era la fecha tope.

El día siguiente era domingo, Día de los Padres, y coincidía con el día que sería el cumpleaños 98 de mi papá. Me fui a *Unity on the Bay*, el centro religioso de Edgewater que ha estado ahí por más de 60 años, y que incluye a todo el mundo, ya sean gays, *straights*, blancos, negros, o hispanos, y todas las interpretaciones religiosas, sea budismo, cristianismo, judaísmo, santería, o cualquier otra. Es fácil sentirse como en casa allí.

Cuando rezamos allí el Padre Nuestro en inglés, aun vienen a mí las estrofas en español que tanto recité en mi infancia en el Colegio Lourdes de la Víbora en La Habana de los 50's. Esto es algo que siempre lo diré en español, aunque pasen los años. Salí reconfortada del servicio y lista a empezar la semana.

Mi encuentro con Barack Obama

El sábado siguiente me llamó Curtis para decirme que el Presidente Obama vendría a Miami un día de la próxima semana a un evento de recaudación de fondos. De pronto y con gran sencillez, me preguntó si yo tenía tiempo para estar en el grupo que recibiría al presidente en el aeropuerto, pues él pensaba que yo debería estar allí por el trabajo que estaba haciendo como voluntaria. Yo no podía creer lo que estaba oyendo. ¡¿Recibir al presidente Obama...yo?!

"¿Tú estás jugando?", le pregunté incrédula. "No, Carmen, estoy hablando en serio". Sin pensarlo demasiado le dije que por supuesto que sí estaría allí para recibir a Obama. Me dijo que en ese caso el servicio secreto necesitaría mis datos para verificarme, y después él me enviaría un mensaje con la información sobre el evento.

En los dos siguientes días continué muy feliz con mi vida con la esperanza de ver a Obama, pero siempre un poco escéptica de que pudiera ser verdad tan alto honor. "Cuando lo veo lo creo", me dije a mi misma mientras contaba las horas.

En unos tres días, ya tenía un email de Curtis confirmando mi participación, y con toda la información excepto la hora de la llegada a Miami. Como todo parecía que iba a hacerse realidad que yo recibiría a Obama al llegar a Miami, preparé todos los detalles para estar disponible ese día, y por supuesto, detalles como elegir la ropa que me pondría y arreglarme el pelo. Me imaginaba que yo estaría en esa área al lado de la pista de aterrizaje adonde él se dirige cuando se baja del avión, dándole la mano a un grupo de gente mientras los del servicio secreto miran cada movimiento con atención, cosa que había visto muchas veces en los noticieros.

Los días que pasaron entre el anuncio de Curtis y el jueves 26, día de la visita, fueron de gran felicidad. ¡Me sentía tan honrada, tan afortunada de haber sido elegida para ver a Obama al llegar a Miami! ¿Que había hecho yo para merecerlo? Solamente mi determinación a ayudar a que Obama ganara la reelección, y mi trabajo voluntario en la campaña. Recuerdo que le había mencionado a Curtis mis artículos en el periódico, y también que había pospuesto mis clases en el colegio de Miami Dade a fin de tener libre el verano para trabajar por la campaña de Obama. Tal vez mi entusiasmo y mi dedicación habían impresionado a Curtis. Lo cierto es que un día antes ya tenía en mi email un mensaje enviado desde la Casa Blanca, con el sello presidencial en blanco y azul, donde me decía los detalles del evento, lo que podía y no podía llevar, y la hora en que tenía que estar allí.

La mañana de mi encuentro con Obama fui a dar mis clases como siempre, y después vine a mi casa para vestirme, comer algo y salir rumbo al aeropuerto de Miami. Salí con tiempo suficiente para estar allí temprano. Manejé al aeropuerto por la entrada de llegadas, pasé el edificio central y literalmente tuve que darle la vuelta al Aeropuerto Internacional de Miami, hasta llegar a una puerta que nunca había visto cerca de la Carretera Perímetro, más bien a un lado del aeropuerto.

Las direcciones que había recibido del personal de la Casa Blanca estaban un poco complicadas, así que identifiqué el lugar por dos carros del Canal 10 y el Canal 4 de la televisión que estaban ya estacionados, y un par de muchachas formalmente vestidas que caminaban por allí. Pensé que tal vez habría cobertura del canal 23 o el canal 51, los más antiguos canales en español, porque aún era muy temprano, pero nunca llegaron. Inexplicablemente, no era noticia para enviar reporteros la llegada del presidente para ninguno de los cuatro canales en español que informan a los latinos en Miami.

Entré en el lote de estacionamiento, donde un guardia del condado dirigía la entrada de vehículos. Mi viejo Solara era el tercero en el lote; había llegado una hora antes de la cita, así que tomé tiempo para volverme a maquillar un poco, pues quería lucir presentable en tan importante evento.

Teníamos que cruzar la calle Perímetro, donde un guardia paró el tráfico para hacernos pasar a mí y otras dos personas. ¡Me sentí tan importante y tan feliz caminando a recibir al presidente! Era un día muy soleado, con una brisa agradable que refrescaba el calor del mes de junio. Llegué a la entrada cercada donde varios carros oficiales ya habían llegado, y un agente que parecía del servicio secreto ya estaba allí, reconocible por su impecable traje y sus cablecitos de telecomunicación tras la oreja. Oí que este guardia saludó en español a otra persona. En la puerta también había varios agentes de la policía estatal, observando a todo el que llegaba. Yo me identifiqué como del grupo de los que saludarían al presidente, los *"greeters"*, y junto con las otras tres personas esperamos hasta que llegara el agente de la comitiva del presidente a cargo del recibimiento.

Fueron llegando más personas, entre las que reconocí a la primera organizadora de *Organizing for America*, la muchacha de Boston con quien me reuní en mayo. Había personas de todas las edades, de todas las razas, pero todos se veían gentes sencillas y muy ansiosas por el evento.

Al fin, cuando todo estuvo listo en la entrada, fuimos ordenadamente a una mesa donde dos muchachos jóvenes chequeaban nuestros nombres después de que mostrábamos la identificación. Cuando encontraron mi nombre, me dieron un papel blanco que decía en letras grandes HOLD PASS. Yo guardé el papel en el bolsillo de mis *jeans* y no le presté más importancia. Inmediatamente, pasamos por una posta donde un agente de policía nos pasó el detector de metales cuidadosamente, y después caminé hacia un autobús. Para esta ocasión, y siguiendo las instrucciones, yo solo llevaba mi teléfono celular, mi licencia de manejar, y las llaves del carro. No se podían pasar ni sombrillas ni carteras.

No pude evitar pensar en ese momento en la seguridad férrea que rodeaba a Fidel Castro las dos veces que lo tuve cerca por pura casualidad en La Habana de los años ochenta. Aquella vez estábamos en el segundo piso del Teatro Hubert de Blanc en la calle Calzada en el Vedado, cuando nos pidieron que nos detuviéramos en plena escalera por unos minutos; entonces empezaron a subir los "segurosos", los guardias de la escolta de Fidel, hombres altos y fornidos mirando a todo el mundo de arriba a abajo con desconfianza. De pronto allí estaba nada menos que el "Máximo Líder", con su barba negra y sus pequeños y huidizos ojos, quien pasó rápidamente por mi lado. ¡Ni pensar en hablarle ni en darle la mano! Por supuesto que ni siquiera se me ocurrió saludar al dictador, porque yo creo que a Fidel nunca le ha importado su pueblo nada más que para trepar sobre él y aplastarlo para hacer su voluntad. Después supimos que había ido a saludar a una actriz argentina que estaba en la obra de la noche, una mujer muy bella rubia, alta y de ojos claros, el tipo de mujer por el que el dictador sentía predilección.

La seguridad que observaba hoy en el aeropuerto para el presidente de los Estados Unidos en Miami en 2012 lucía mucho más relajada que la de Fidel Castro en Cuba. Después del chequeo y el detector de metales, nos subieron al autobús que nos llevaría al pie del famoso avión Air Force One donde vendría el presidente. El chofer manejó y manejó por unos largos quince minutos hasta llegar a lo que parecía un hangar al lado de otro edificio. No tengo ni la menor idea en qué lugar del aeropuerto de Miami nos encontrábamos.

Frente a la pista de aterrizaje había una especie de gradas, un pequeño corral cuadrado como de 40 pies cuadrados de área, formado con pesadas barreras movibles de concreto, el lugar donde esperaríamos para saludar al presidente. Mientras, el grupo de invitados al recibimiento esperaba en el autobús protegidos del calor, con la expectativa de la llegada del presidente. Eran ya como las 4 de la tarde y el sol estaba fuerte a esta hora.

En este punto perdido del aeropuerto sí pude notar un mayor despliegue de seguridad. Caminaban por allí muchos agentes con sus equipos de radio y los cables translucidos enrollados detrás de la oreja; todos eran hombres altos, mayormente blancos, con sus trajes oscuros. En la azotea del edificio cercano se veían varios agentes vestidos de negro y muy bien armados mirando a todos lados, pero sobre todo hacia el cielo. Carros de la policía estatal y local recorrían el lugar.

En el autobús esperábamos unas 25 personas, todas con la esperanza de estrechar la mano de Obama. Allí había jóvenes y viejos, ricos y pobres, blancos y negros, y muy pocos que lucían hispanos, todos llenos de emoción por encontrarse con el presidente.

Al rato, subió al autobús otro agente del servicio secreto quien nos dio más instrucciones: no hacer gestos bruscos, no acercar nada puntiagudo hacia el presidente, y por supuesto, nos advirtió que el Servicio Secreto reaccionaría rápido a todo movimiento extraño. Nos indicó que en un rato bajaríamos a la gradería improvisada que él llamaba “pen” o corral, para esperar al presidente que llegaría en unos minutos.

Por fin nos bajaron a ocupar un lugar tras las barreras. Yo estimé que Obama empezaría a saludar por el extremo derecho y allí me fui, pegada a la barrera, en primera fila, esperanzada. Sólo esperaba darle un apretón de manos. A mi lado había un señor de origen haitiano que ya había saludado a Obama en la Casa Blanca anteriormente, y del otro lado una señora suramericana que me pidió que le tomara una foto cuando Obama llegara.

De pronto, una de las organizadoras entró en el corral y dijo: "los que tienen el papel que diga HOLD PASS vengan conmigo". Sorprendida e intrigada saqué mi papel rápidamente, que por suerte había guardado, y seguí a la mujer junto con otras tres o cuatro personas. Nos unieron a un grupo que había llegado en otro autobús, y nos alinearon fuera de las gradas. Allí un joven alto vestido de traje y corbata y sus consabidos cables tras la oreja nos informó: "ustedes van a ser los que saluden al presidente cuando baje del avión". ¿De verdad? me dije, entre sorprendida y feliz. ¡Ahora si era seguro que iba a darle la mano a Obama y que lo vería frente a mí!

Nos pusieron en fila, y después el agente chequeó cada uno de nuestros nombres en una lista que tenía en su *i-phone*. En eso apareció el avión presidencial, que se fue acercando al centro de la pista enfrente a nosotros. Mientras esperábamos en la fila, pude reconocer que la primera era mi representante al Congreso Federal, Frederica Wilson, con su peculiar sombrero tejano negro, y un t-shirt de los Heats.

Conversé con uno de los que estábamos en la fila para recibir al *commander in chief*. Era un voluntario como yo, un señor americano con la piel bronceada por el sol, usando unos *jeans* y un sombrero tejano en el que llevaba un letrero que decía "regístrese para votar conmigo", el lema de los voluntarios que estábamos trabajando para registrar votantes. Este señor me dijo: "no es entre nosotros que tenemos que convencernos, sino a los independientes". Tenía toda la razón, con los independientes y los indecisos es que había que trabajar para que ganara Obama. Aquel señor y yo estábamos haciendo el trabajo de llegar a los votantes y lograr que la gente saliera a votar en las elecciones, y por esos estábamos allí ese día, recibiendo a Obama, representando a millares de voluntarios de todo el país.

Por fin el enorme avión blanco y azul con el título United States of

America se detuvo en el centro de la pista. La escalerilla se movió hacia el avión y se colocó ante la puerta. En ese momento nos indicaron que empezáramos a caminar hacia el pie de la escalerilla. Cuando caminábamos, tuve tiempo de llamar a mi amiga y decirle, "estoy caminando hacia el avión, me han puesto a recibirlo con los más importantes, ¡estoy en la gloria en este momento!" Efectivamente, yo estaba en la gloria porque ahora era seguro que iba a darle la mano a Obama.

Al lado de la escalerilla estacionó el imponente carro presidencial, que no fotografié por miedo a perderme el momento en que el presidente bajara del avión, que todavía demoraría unos minutos en aparecer.

Mientras esperaba en la misma fila con representantes del congreso, senadores estatales y comisionados condales, pensé cuan afortunada era. Hacia 25 años caminaba por las calles de La Habana, sin trabajo, perseguida y marginada, esperando mi turno para salir del infierno comunista. Ahora era una ciudadana de este gran país, y tenía la oportunidad de estrechar la mano del presidente de los Estados Unidos. ¡Únicamente en América!

Me cuestioné en ese preciso momento, si alguna persona sencilla y del pueblo como yo tendría cabida en el recibimiento del candidato Mitt Romney, o cuantas personas importantes, empresarios, millonarios, harían sus llamadas y moverían sus contactos para estar entre el grupo selecto que le daría la mano a Romney al bajarse del avión. Sin embargo, una simple maestra de origen cubano había sido escogida para recibir a Obama.

En unos minutos, yo iba a darle la mano a mi admirado presidente. ¿Qué le diría yo? ¿Qué le podría decir que tuviera sentido para mí pero al mismo tiempo que fuera relevante para él? Pensé en mil cosas que quería decirle: de cómo él nos estaba ayudando a los que no teníamos seguro médico, a los maestros, a los latinos, a los gays. Lo más importante era ganar la reelección, pensé, por eso estábamos allí aquel día.

Pensé en todo lo que habíamos hecho en esta parte del país, en las reuniones, las llamadas, las horas registrando votantes, las conversaciones con votantes indecisos, las cartas a los periódicos, las llamadas a los *talk shows* de radio, los mensajes en Facebook. Pensé cómo sería el día de las elecciones el próximo noviembre, en las noticias de CNN contando votos, citando números, haciendo predicciones, pensé en la gente de la Florida votando el día 6 de noviembre. Pensé en las conversaciones que tenía con mis amigos demócratas, cuando hablábamos del temor del resultado de las elecciones en nuestro estado. "¡Vamos a ganar Florida también!", le decía con fe a mi amigo Henry; pero él, con más experiencia que yo en elecciones y la política en los Estados Unidos, dudaba. Yo dudaba también, pero mi mente estaba puesta en hacer lo que hacía falta hacer para ganar. Había que trabajar para sacar a votar a la gente, y poner a votar a todo el que pudiera, y había que hacerlo uno a uno.

Pensé en que debía decirle al presidente la batalla que estábamos librando en Miami, y lo que estábamos haciendo para lograrlo. Podía haberle hablado de mí, de lo que Obamacare significaba para mi salud, de que era una maestra latina, una inmigrante cubana, pero eso no era relevante; lo más importante en este momento era lograr que él se mantuviera cuatro años más y que la Florida le diera sus 29 votos electorales, porque si él era reelegido, yo estaba segura de que seguiría luchando por la gente como yo. Este sería el tema de mis 30 segundos de conversación.

Esperamos al pie del avión por otro rato. Al fin se abrió la puerta, y después de unos largos minutos de expectación apareció Obama saludando sonriente. Después bajó las escaleras con sus saltitos atléticos como hace siempre. No puedo olvidar la fuerte brisa de esa tarde en el aeropuerto de Miami en aquel momento. Empezó dándole un beso de saludo a la representante Frederica Wilson, con quien habló por un rato. Fue caminando lentamente por la fila saludando a cada uno.

En ese momento sentí la sensación de que alguien estaba mirando cada movimiento que dábamos. Como a 20 pasos enfrente a nosotros un grupo de periodistas y agentes de seguridad nos observaban, tomaban fotos y esperaban. Detrás de nosotros, estaba otro de los carros presidenciales y algunos agentes. Obama saludó uno a uno a cada persona, les dio la mano y cruzaron unas palabras. Con mucha cortesía, le dedicó unos segundos de atención a cada uno de los que estábamos allí para recibirlo. Al cabo de unos minutos, ya estaba hablando con la muchacha a mi lado, la organizadora de OFA que le hablaba sonriente. Traté de organizar mis ideas, de hablar con sentido cuando fuera mi turno de saludarlo. Otra vez más pensé decirle gracias por lo que estaba haciendo por mí, por luchar por pasar seguro médico para los que como yo no teníamos seguro, por defender los fondos de la educación para los educadores como yo, por defender el derecho de las mujeres al mismo salario que los hombres. Al fin, dio un paso más y se paró firmemente frente a mí.

- "How are you?" me dijo muy serio y muy formal al tiempo que nos dimos la mano.

Sentí por un segundo la piel de la palma de su mano lisa y sedosa, algo que es único de la gente de color, como las manos de Francisca, la señora que me cuidaba cuando era una niña. Observé las pequeñas pecas en su cara y el color de su tez, inconfundiblemente color cartucho, como sólo un cubano la definiría. Sentí que de él emanaba una profunda serenidad interior y una gran determinación, como si llevara consigo el enorme peso de muchas experiencias vividas, muchas historias, y muchas misiones que cumplir ante sí. Percibí en este hombre una gran paz y fortaleza.

Allí estaba frente a mí, en su traje negro y su corbata gris, imperturbable a toda la pompa alrededor, mi querido Obama, que no parecía muy diferente a mi pequeña persona, pacientemente esperando qué yo tenía que decirle, para después seguir con su tarea de saludar a otros miles, de alcanzar a la mayor cantidad de personas antes de las elecciones de noviembre. Entonces, le hablé de lo que a mi juicio sería lo más valioso que yo podía aportar a esta campaña, la más importante tarea que teníamos ante nosotros.

- "Presidente, mi nombre es Carmen y soy una voluntaria de la campaña de Organizing for América en Miami" empecé a decir con nerviosismo. "Estoy trabajando duro en la campaña, y estoy segura de que vamos a ganar Florida".

- "Con tu ayuda y la ayuda de mucha gente como tú, vamos a ganar Florida y vamos a ganar el país", me dijo firmemente, e inmediatamente se movió hacia la siguiente persona. Textualmente sus palabras fueron: *"with your help and with the help of many people like you, we are going to win Florida, and we are going to win the country"*.

Sus palabras serian premonitorias, pues así como lo dijo aquel día, así mismo ocurrió. Y mi parte en esta difícil tarea era ganar el territorio donde vivo. Mi mayor orgullo es, que tal como le dije a Obama aquella tarde, sí ganamos Florida, y también ganamos Miami. Pero en aquellos meses difíciles que antecedieron el 6 de noviembre, sabíamos que no sería nada fácil de lograr, y que había muchos intereses luchando en contra nuestra.

Después de recorrer toda la fila de personas, el presidente nos dijo "vengan, vamos a tomarnos una foto todos". Rápidamente nos movimos hacia él, quien se puso para la foto teniendo de fondo el gigantesco avión Air Force One. Todos corrimos hacia él rápidamente, y yo tuve la suerte de ser la segunda al lado de Obama. Y ahí está la foto, que Curtis me envió meses después, al lado de mi presidente.

Después, Obama se alejó hacia la gradería donde lo esperaban unas ochenta personas, seguido de su sequito de segurosos[3]. Casi inconscientemente, los que estábamos allí en el grupo de recibimiento

---

[3] en el argot cubano: persona que pertenece a la Seguridad del Estado de Cuba o a la escolta del presidente

nos movimos tras él, como movidos por su magnetismo, renuentes a poner fin a ese momento mágico. Pero en eso oímos una voz imperativa que nos hizo volver a la realidad; allí estaba de nuevo el agente a cargo de nuestro grupo, quien nos alineó nuevamente y nos condujo rápidamente fuera de la pista y de regreso hacia el autobús que nos llevaría al punto de partida. En el camino en medio de la pista y con paso apurado hacia la comitiva del presidente, con una carga de *files* en sus brazos, pude identificar a Jake Cartney, el secretario de prensa de la Casa Blanca a quien siempre veía en sus conferencias respondiendo escabrosas preguntas. El entusiasmo del momento me dio por llamarlo por su nombre y lo saludé efusivamente como si fuera un viejo amigo. El volvió la cabeza y me miró intrigado, tal vez pensando "¿quién será la loca ésta de Miami que me reconoció?, pero él fue lo suficientemente cortés como para devolverme el saludo y seguir caminando trabajosamente contra la fuerte brisa portando sus carpetas de papeles mientras se acercaba al presidente que saludaba a la gente.

Al llegar al autobús, tuve tiempo de tomarme una foto con mi representante Frederica Wilson, y la senadora estatal Gwen Margolis, una figura con una larga historia en la política local, líder de la activa comunidad judía del sur de la Florida.

Finalmente, después de esta jornada única donde vimos y saludamos personalmente al Presidente de los Estados Unidos, emprendimos el regreso a la realidad cotidiana, cada cual con sus recuerdos de aquel encuentro, más energizados y dispuestos a luchar por la victoria de nuestro líder.

Al llegar a mi casa, hasta mi hermano el republicano me llamó para felicitarme por mi especial encuentro de ese día. Seguí las noticias de la tarde y la noche. Los canales 4, 6 y 10 dieron las noticias de las actividades de Obama ese día. Después de un evento privado de recaudación de fondos, se fue al teatro Jackie Gleason de Miami Beach donde estaba Marc Anthony en un evento en que los asientos empezaban en $44 .Unas 1,500 personas oyeron su discurso en el que defendió la Reforma de Salud, asunto sobre el que la Suprema Corte de

Justicia se pronunciaría en sólo dos días más.

Antes de la llegada de Obama a Miami, ya se había recaudado un millón de dólares en contribuciones de campaña, y durante la visita se recaudó otro millón. A las 9 de la noche, el avión presidencial estaba regresando a Washington, después de una visita que había durado unas cuatro horas.

No me extrañó que los medios de difusión en español dedicaran un mínimo tiempo para informar la visita. Como era de esperar, los noticieros de la televisión en español trataron de restar importancia al evento, aunque sí mencionaron que Marc Anthony, el famoso cantante de salsa, estaría en Miami Beach apoyando la campaña. También mencionaron que había unas diez personas protestando por la visita porque no se había logrado la reforma migratoria que él había prometido. Era otra vez el consabido velo de silencio a todo lo positivo que tuviera que ver con Obama y sus seguidores.

Los bancos y la economía

El área más vulnerable para la reelección de Obama parecía ser la economía, que continuaba maltrecha aunque con señales de recuperación que algunos se negaban a ver, pero los hechos estaban ahí para desmentirlos. Los republicanos seguían vociferando que la economía estaba muy mal, y que toda la culpa era de un solo hombre, este presidente, y que por eso había que cambiarlo por un empresario exitoso como Romney, que manejaría el país como si fuera una empresa, y no como un país democrático con una constitución y un congreso elegido por el pueblo.

Pero una cosa era lo que ellos decían y otra era la realidad. Las cifras de nuevos trabajos creados seguían creciendo, la venta de casas recuperándose lentamente, y la industria del automóvil mejoraba. En febrero del 2012 el desempleo en la Florida había estado en 9.4%, su punto más bajo en tres años. La revista Forbes anunció que a nivel nacional, en junio del 2012 los bancos habían tenido ganancias de 34.5 miles de millones, más que en esa fecha en 2011. Para mi estaba claro que los bancos estaban recuperándose y que las medidas que el gobierno tomó para que no volviera a ocurrir lo que había ocurrido, por cierto que no eran tan inefectivas como querían hacer creer los conservadores.

Yo manejaba por toda la ciudad y constataba lo bien que le estaba yendo a los bancos; nada más que había que ver como mi ciudad se llenaba de nuevas sucursales bancarias. En Biscayne Boulevard y la calle 92 abrieron un nuevo Banco TDD donde había un Blockbuster; teníamos un nuevo Chase en la calle 67 donde había una gasolinera. En la Avenida 27 y la Calle 8 derrumbaron otra gasolinera para dar paso a otro banco, justamente al lado de una tienda de tatuajes que reemplazó una tienda de santos, un cambio muy a tono con los tiempos. Y en Le Jeune Road y la calle 11 del noroeste otra sucursal de Bank United apareció en el lugar que ocupaba Miami Subs. En Miami Beach, apareció otro banco donde estaba el Burger King de Alton Road y la 17. Cuando un negocio se extiende es porque le va bien, porque el producto o servicio que ofrece tiene más demanda.

Resultaba obvio que había demasiados millones en dinero en efectivo acumulado, y por eso los bancos mantenían sus intereses bajos. Pero la inversión estaba detenida por la falta de demanda, por el alto desempleo y los salarios bajos. De ahí que el gobierno tenía que inyectar dinero a través del paquete de estímulo, cosa que había hecho F.D. Roosevelt en los años 30's. Por eso, el cuento de los republicanos de que los "creadores de empleo" debían pagar menos impuestos que la clase media americana, no tenía sentido económico. Los millonarios no invertirían ese extra *cash* en nuevas empresas, si estas no tenían asegurada una demanda, que provenía de la reducida clase media. Realmente los creadores de empleo crearán los menos empleos posibles que le aseguren la ganancia que les interesa, lo cual es el motor económico que hace un país próspero.

El razonamiento era complicado para la media de la gente, pero intuitivamente era fácil comprender que si Romney pagaba el 13 % de impuestos y un obrero pagaba más, había una lógica en la tesis de Obama de subirle los impuestos a los millonarios, punto que ponía verdes de ira a los republicanos. La propuesta de Obama se refería solamente a los que tuvieran ganancias netas superiores a los $250,000. Pero la avaricia no tenía límites, los republicanos no querían ceder nada, querían otro Bush que les garantizara sus conquistas. Históricamente, el que tiene un privilegio no lo cede voluntariamente; ésta era una parte de la lucha por las elecciones del 2012.

Yo estoy segura de que cuando pasen un par de años la economía va a mejorar, bajará el desempleo, y la crisis pasará. Entonces, los hipercríticos de "Obamaeconomy", los que hoy culpan a Obama del estado de la economía, tratarán de restarle importancia y nunca le darán el crédito a este presidente, como no se lo han dado por ninguno de sus éxitos. La economía se recuperará sin tener necesidad de un Mitt Romney que eche para atrás los logros que hemos alcanzado. Obama ha hecho lo que ha podido con el paquete de estímulo económico, y mantener los intereses bajos, y con la introducción de la ley de salud que le pone límites a los gastos médicos. La verdad es que no nos hace falta un Romney.

Ya estábamos casi en julio, faltando cuatro meses para la elección. Decidí que ya hora de salir a mostrarle a la gente de una manera más abierta y visible que apoyaba a Obama. Aunque parezca mentira, en la ciudad de Miami, en el país de la democracia más fuerte del mundo, mostrar abiertamente nuestra afiliación política demócrata en un área de predominio del otro partido, puede traer problemas. En una ciudad donde la mayoría de los dueños de negocios son cubanos que son republicanos, demostrarse como demócrata puede traerte la predisposición y la enemistad del jefe, cosa que a nadie le conviene, sobre todo con la escasez de empleo que sufrimos en 2012. Legalmente no pueden discriminarte por expresar opinión política, pero la realidad es otra. En Florida las leyes laborales no protegen al trabajador como en otros estados.

No obstante, yo salí de Cuba para ser libre de decir lo que pienso sin hipocresía, así que aunque no quería tener confrontaciones con nadie, tampoco iba a ocultar que estaba de acuerdo con las políticas de Obama y que estaba trabajando para su reelección.

Así que encargué a través de internet material de propaganda de la campaña: un *sticker* que decía Obama, que puse en mi carro con orgullo; un par de t-shirts con la leyenda *"Fired Up Ready to Go"*, mi lema preferido, que en inglés quiere decir más o menos "encendida y lista para empezar". El pulóver fue un éxito desde el primer día que lo usé al ver que la gente se fijaba y me hacía gestos de aprobación; el hecho de tenerlo puesto cuando iba a registrar votantes me daba una fuerza y una confianza increíble, y siempre me hacía recordar a aquella activista de Obama que se hizo famosa por la frase *fired up ready to go* que se usó en la campaña.

La historia de la frase surgió en una de sus giras políticas; Obama y su gente habían llegado a un lugar para celebrar un mitin, pero el lugar estaba casi vacío, solamente un pequeño grupo de personas; pero esta activista, una señora de mediana edad, empezó a gritar *fire up ready to go!* y a dar palmadas, hasta que el mismísimo Obama se entusiasmó y el mitin se animó.

Uno de los distintos grupos que fue creado por la campaña fue "Latinos por Obama", uno más de los numerosos grupos de *Organizing for America*, con la intención de aglutinar por grupos de afinidad a la gente que queríamos apoyar al presidente. Yo esperaba que se utilizara el idioma español para comunicarse dentro del grupo, pero desde el primer momento me percaté que la comunicación a través del internet era casi toda en inglés, ya que la mayor parte del grupo estaba formado por latinos de segunda generación que habían estudiado en este país y hablaban el inglés fluidamente. Muy pocos mensajes de OFA se escribían en español, aún aquellos de Latinos por Obama, lo cual limitaba la participación de los que no dominaban el idioma, entre ellos algunas de mis amistades demócratas, que dejaban de asistir a eventos políticos porque solamente se sentían cómodas en español.

Muchos latinos que yo conocía querían ayudar en la campaña, pero hablaban español más que inglés y deseaban la información en español. Un día fui a la oficina de Miami Beach para hacer llamadas, y allí cité a una señora argentina que ni siquiera era residente, pero que tenía una gran opinión de este presidente, y sentía unos grandes deseos de ayudar aún cuando no hablaba una papa de inglés. Allí le mostré como tenía que hablar con la gente para pedirles su ayuda para la campaña, y le indiqué que seleccionara en la lista a los que se suponía que eran bilingües por su apellido, y allí estuvo la argentina haciendo llamadas por un buen rato. Los días pasaron, pero mantuve la comunicación con ella constantemente, le remitía los mensajes electrónicos que eran en español, para que nos ayudara. Era sorprendente cuánta gente quería ayudar, aun los que vivían en el extranjero y estaban de visita aquí. Este espontáneo deseo de ayudar a Obama era la mayor medida de la aprobación de su labor como presidente para mejorar el país.

Había muchos latinos que se limitaban de participar plenamente en la campaña porque no hablan inglés bien. ¡Es tan diferente ser bilingüe aquí en Miami! Poder usar un idioma u otro es magnífico. El bilingüismo es algo que ocurre constantemente en todas partes en esta ciudad. Pero hay muchísima gente que se auto limita, porque pierden las esperanzas de aprender y no tienen la persistencia necesaria para seguir estudiando y vencer este obstáculo. Tienen la errónea expectativa de hablarlo perfectamente, lo cual es muy difícil. Yo siempre les aconsejaba que no se puede tener miedo a cometer errores, hay que ser flexible y reconocer que no podemos hablarlo perfecto porque llegamos aquí siendo adultos. Yo soy un buen ejemplo de ello, y no he dejado que el idioma me limite en mi deseo de participar como ciudadana.

Yo trataba de conseguir voluntarios en el ambiente mayormente latino en que me desenvuelvo. Hablaba con mis amistades y conocidos para que se enrolaran como voluntarios, y ayudaba a los que no entendían inglés en lo que pudiera para conectarlos con el trabajo que estaba haciendo. Mientras, iba personalmente a hacer llamadas a la oficina de la campaña en Miami Beach, y estaba participando en jornadas de registrar votantes. Además contribuía con unos cuantos dólares cada vez que mi presupuesto me lo permitía, porque pedían muy seguido y de todas partes. Yo recibía cartas y llamadas de los comités del senado, de la cámara de representantes, de los candidatos, los comités de acción política (PAC) y las organizaciones cívicas. También me mantenía al tanto de las críticas de los contrarios en mi ciudad, para tratar de salirles al paso cuando tenía una oportunidad. Otra parte de la batalla por los votos consistía en mantenerme respondiendo las encuestas de opinión que recibía por teléfono y por correo, y respondiendo los mensajes por internet que recibía de cuanta organización pro-demócratas existiera.

La Suprema Corte ratifica la Reforma de Salud

En la mañana del 28 de junio anunciaron que la Corte Suprema de Justicia se pronunciaría sobre la constitucionalidad de la Ley de Cuidados de Salud Asequible, que era la ley más importante que el gobierno de Obama había aprobado, y que se había firmado en el año 2010.

La ley había sido impugnada ante la Corte Suprema por parte de varios estados, alegando que era inconstitucional. Como a las diez de la mañana, se dio a conocer el dictamen de la corte. Traté de oír las noticias en la radio local, que al principio erróneamente informaron que el llamado mandato individual, la parte que exige que todo el mundo pague por un seguro, había sido declarado inconstitucional. No pude seguir oyendo la noticia porque debía continuar con mi trabajo, y apagué el radio.

Me sentí muy defraudada por el resultado ya que esta ley me tocaba a mí personalmente, pues mi empleador no me ofrece seguro médico accesible a mi ingreso; un seguro me costaría cerca de los $500 mensuales, lo cual es demasiado dinero.

Al llegar a la casa por la tarde, me llamó mi hermano y me felicitó por la decisión de la Corte Suprema.

- No entiendo por qué me felicitas, si la Corte Suprema votó en contra de la ley- le dije.

- La corte reconoció la ley, ¿no lo sabes?- me dijo extrañado.

- Bueno, eso no es lo que oí hoy en la mañana, pero voy a cerciorarme- le contesté.

Así que encendí el televisor para rectificar mi información y efectivamente, allí estaban los demócratas satisfechos por la votación de la corte, reconociendo que la reforma de salud era ahora la ley de la nación; por otro lado, las noticias citaban al vocero de la Cámara de Representantes, John Boehner, quien se había opuesto desde el principio a la ley, diciendo que la ley sería impugnada en cuanto tuviéramos un presidente republicano.

La noticia se había dado erróneamente ya que algunas de las grandes emisoras de televisión habían leído mal el reporte de la Suprema Corte. En conclusión, cinco jueces habían votado a favor de la constitucionalidad de la ley, y cuatro en contra. Por supuesto que los votos a favor eran de los jueces considerados liberales: Ruth Baden Ginsburg, Stephen Breyer, Sonia Sotomayor, y Elena Kagan, pero el voto definitorio lo había dado nada menos que el Juez Jefe de la Corte Suprema de Justicia, John G. Roberts. Con este voto, el Juez Roberts, republicano, había dado un ejemplo de que la adhesión a la constitución está primero que cualquier consideración partidista. Y era el voto que nadie esperaba, ya que este juez, un republicano seleccionado por el presidente George W. Bush, no tenía ciertamente una relación muy cálida con el Presidente Obama. El Juez Roberts también fue quien escribió el dictamen de los cinco jueces a favor, en el cual expresó que "decidir no tener seguro médico es otra cosa que el gobierno grava con impuestos", en referencia al mandato individual que asegura los fondos necesarios para llevar a cabo el programa, al exigir que todas las personas que puedan paguen un seguro médico.

Lo que la Suprema Corte estaba sosteniendo con esta histórica y esperada decisión, eran los cuatro puntos fundamentales que significan un cambio sustancial en el cuidado de salud en los Estados Unidos. Primero, que las empresas privadas de más de 50 trabajadores tengan que ofrecer cobertura de salud para sus trabajadores; segundo, establece el mandato individual, el cual dice que todo el mundo que pueda pagar un seguro de salud tiene que comprarlo, o si decide no hacerlo, tiene que pagar una multa por esto; tercero, que las compañías de seguro de salud tengan que aceptar a todos, incluídos las personas que tienen una condición médica pre-existente, y que no pueden limitar la cobertura a una cantidad máxima, y por último, asegurar la asistencia mediante subsidios a aquellas personas de bajos ingresos que no pueden comprar seguro de salud. Estas son esencialmente los cambios que propone la Ley de Seguro de Salud Asequible que ahora es la ley de la nación, al ser ratificada por la corte más alta del país.

Los que estábamos sin seguro médico, y los que no podían asegurarse por tener enfermedades anteriores que los hacia inelegibles, estábamos felices con la decisión, no así los que trabajaban en la enorme industria de la medicina del sur de la Florida, quienes no querían ningún cambio en la administración de la salud, pues tenían un gran temor a verse afectados por la nueva ley.

La confirmación de la ley de salud me corroboraba cuán importante era que este presidente fuera reelegido por cuatro años más. Hay al menos un juez del supremo que se espera que se retire antes de 2016, y en ese caso, sería Obama quien elegiría al próximo juez, el cual, siguiendo la tradición presidencial, seria de la línea política del presidente en funciones. No sólo se trataba de la reelección, estaba en juego también la elección del próximo juez de la Corte Suprema, que estaría tomando decisiones trascendentales para el país, como la Ley de Cuidado de Salud. Esta era una de las más contundentes razones para mantener a

Obama en el poder.

Una vez fue entrevistado en CNN el Juez Antonin Scalia, elegido por el presidente Reagan. En esa entrevista, Scalia expresó que la filosofía jurídica del magistrado influiría en las decisiones del juez, sin dejar de seguir los legados de la Constitución y es por eso que los jueces de derecha coinciden generalmente cuando votan, así como los jueces considerados liberales también votan en grupo. Actualmente, solamente un juez se considera el voto indeciso entre los nueve jueces, inclinando las decisiones hacia un lado u otro.

Inmediatamente después de hacerse pública el dictamen de la Suprema Corte que garantizaba la validez de la Ley de Cuidado de Salud Asequible, los republicanos empezaron a expresar su desacuerdo a esta gran victoria de los demócratas. Increíblemente, a pesar del fallo del Supremo, insistían en que la ley era inconveniente para el país y que en cuanto pudieran la rechazarían en el Congreso, lo cual era una de las promesas de Romney.

El senador Marco Rubio fue rápidamente entrevistado por Fox News, y dijo ésto: "ahora el individuo estaría en guerra contra el IRS", el Servicio de Rentas Internas, en un intento de amedrentar a la población, y ganar puntos políticos. En su entrevista, el senador por el estado de la Florida usó la amenaza del pago de impuestos, sin explicar ni una sola vez que si no se cumple con la ley, quien no tenga seguro teniendo capacidad económica para comprarlo, tendrá que pagar una multa, sin que el IRS necesite perseguirlo, y sin explicar tampoco que hay muchas excepciones a esa regla.

Por supuesto que este senador y los republicanos, les interesa proteger a las empresas que deciden no dar seguro médico a sus trabajadores, protegen a las enormes compañías aseguradoras y farmacéuticas que hasta ahora fijaron sus precios sin ninguna restricción, que echaron de los seguros a los enfermos y eligieron a quien asegurar, con lo cual hicieron ganancias astronómicas sin ningún tipo de restricción. Este es el status quo que se tambalea con el llamado Obamacare.

Me molestaba muchísimo la hipocresía de los congresistas republicanos de origen latino de la Florida, o en la legislatura del estado, a los que aparentemente no les preocupa que existan 15 millones de latinos sin seguro en el país, ni les preocupa que la mayoría de los habitantes de Miami no tengan seguro médico.

El fin de semana escuché mi programa Democracia al Día, y para mi sorpresa pude entrar y expresar mi opinión. Esta vez mencioné cómo Marco Rubio estaba usando el miedo para predisponer a la gente en contra de Obama usando la Reforma de Salud. "Algún día la historia le pasaría la cuenta a Rubio", fue la respuesta del Dr. Caraballo, invitado al programa.

En agosto 21 el Nuevo Herald destapó un nuevo escándalo político en Miami, informando que el representante al congreso David Rivera había aportado dinero de manera ilegal para crear un falso candidato demócrata llamado Justin Lamar Sternad, para oponerse en las primarias demócratas a Joe García, el único demócrata cubanoamericano aspirante al congreso.

Para adicionar intriga a la historia, el enlace había sido una amiga de Rivera, Ana Alliegro, y que ahora era nada menos que la jefa de campaña de Sternad, quien se llamaba a sí misma en Twitter como "gurú política republicana y chica mala conservadora".

El FBI inicio una investigación, y citó a Alliegro para entrevistarla, pero esta desaparece de Miami y aparece más tarde en Nicaragua como una simple peluquera. Las acusaciones citaban que Sternad recibió más de $81,000 en contribuciones ilegales a su campaña en las primarias contra Joe García, entregados en efectivo y cheques por Ana Alliegro, y supuestamente pagados por Rivera.

En medio del escándalo, sucede algo muy miamense en la prensa local. Buscando un buen reportaje, el veterano periodista del Canal 10 de la televisión de Miami, Michael Putney, recibió un cubo de agua de parte de la esposa de Sternad, cuando éste le tocó a su puerta para hacerle preguntas sobre el escándalo. La señora, para evitar el asedio de la prensa, había puesto un letrero en la puerta que decía: "Respete, tengo cinco niños. Los que traspasen serán mojados". Cuando Putney desafió la advertencia y recibió el cubo de agua en la cabeza, no le quedó más remedio que reírse y sacudirse el agua de su ropa.

Al cabo de varios meses de investigación federal, Sternad se declaró culpable, y acuerda cooperar con la fiscalía. El escándalo, por supuesto, benefició grandemente a la campaña de Joe García, quien se postulaba por tercera vez por el Distrito 26. Esta no era la primera investigación hacia David Rivera, un amigo cercano de Marco Rubio con quien compró una casa que compartieron en Tallahassee cuando ambos eran congresistas estatales.

Como demócrata, yo quería que finalmente ganara un cubanoamericano en ese distrito tradicionalmente republicano, y esta noticia daría un nuevo impulso para la campaña de Joe que iba bien hasta el momento. Sería interesante ver como saldría David Rivera esta vez de la encrucijada, usando sus reconocidas habilidades de mago para salirse de inculpaciones.

∞

En el verano el presidente llevó a cabo una ofensiva de información sobre su propuesta de mantener las reducciones de impuestos de la era de Bush, con la excepción de los que tienen ganancias de más de $250,000 al año, propuesta que tenía a los conservadores muy molestos con Obama. La respuesta republicana era ésta: ¿cómo es que los que ganan más van a pagar más impuestos?, ¡sería penalizar a los triunfadores!

Los demócratas, sin embargo, mencionaba la regla de Buffet; Warren Buffet, el segundo hombre más rico del país, decía que cómo era posible que él pagara menos impuestos que el mesero que le servía el lunch, o su secretaria. Según nuestro sistema fiscal, los multimillonarios terminan pagando menos impuestos mediante subterfugios fiscales llamados *loopholes*.

Para hacer llegar su argumento a los ocho estados indecisos, la Casa Blanca invitó a ocho periodistas, y por la Florida estaba Oscar Haza, quien presumió de que había sido el único invitado del estado del sol. En el siguiente programa posterior a este viaje, a Haza no le quedó más remedio que mencionar la agenda del presidente de hacer los impuestos de los millonarios más acordes con la realidad del país, y más equitativo con los impuestos que pagan la gente de clase media. En el mismo programa, y como era habitual, continuó arremetiendo contra Obama.

Durante esta reunión en la Casa Blanca, este periodista le hizo una entrevista muy breve al presidente, en la que Oscar Haza le hizo su diaria pregunta: ¿cómo va a ser reelegido, si entre el desempleo y la inflación usted tiene una cifra de dos dígitos? Al oír aquello Obama no pudo contener una sonrisa. ¿Por qué sumar dos indicadores económicos para hacer el número mayor? Pero Obama solamente se sonrió, y le contestó citando cifras, que la economía no estaba tan mal si se le comparaba con la situación que el heredó, que hubiera podido desembocar en una depresión económica.

La tesis de algunos comentaristas conservadores era que resultaría muy difícil que un presidente con un alto índice de desempleo y de inflación fuera reelegido. Yo pensaba en el peso que este argumento tendría entre la gente a la hora de decidir por quien votar, y me parecía un razonamiento demasiado intelectual; pensaba en los que trabajan en Pollo Tropical por $7.93 la hora y en los meseros que ganan $ 4.91 más propinas, llegando a su casa cansados a atender a sus hijos y pagar sus cuentas, si tendrían tiempo de informarse. ¿Cómo decidirían por quién votar? ¿Sumarian el índice de desempleo con el índice de inflación? O simplemente verían quien es el candidato y lo que propone, y pensarían en cual es quien les ofrece más confianza. ¿Se guiaran por el índice de desempleo y los debates de los analistas, o los guiará el instinto de defender lo suyo y la noción de votar por alguien de su grupo, de sus valores, o de su raza? La gente común no tiene tiempo de análisis macroeconómicos, sino que piensan cómo les va ahora, y como les va a ir en el futuro con un nuevo presidente que les resolvería sus problemas.

Yo estaba feliz porque encontraba mucha gente que defendía a Obama, pero estaba muy decepcionada del partidismo y falta de balance que imperaba en los medios en español de Miami. Podría afirmar que el único periodista que tuvo el valor, o, como dijo Madeleine Albright, los c……, de declarar su predilección por Obama fue el controversial y agudo Jaime Bayly. En su programa de las 10 de la noche declaró desde el principio que iba a votar por Obama, y por qué: "porque me parece un tipo honesto, que ha subido por su propio talento y trabajo, porque es un hombre de una familia decente, y porque pienso que quiere lo mejor para el país" decía Bayly, moviendo las manos enfáticamente, desdeñando cualquier ataque de los "iracundos" antiobamistas.

Yo no supe de ningún otro periodista de los medios de Miami que confesara que le gustaba el presidente, y si hubo algún otro nunca lo supe, pero si vi a varios desacreditar a Obama, declarándose al mismo tiempo totalmente "independientes" sin preferencias políticas, mientras hacían lo indecible por servir a la bandada republicana, encabezada por los perennes Ileana y Mario, que aparecían hasta en la sopa, con la lanza siempre apuntada en contra del presidente.

Estos políticos de Miami, los periodistas conservadores y los "analistas" republicanos críticos de Obama pusieron en práctica la máxima de Voltaire: "calumniad, calumniad, que algo quedará", práctica que usaron más que nunca en los meses previos a la elección presidencial.

Sin embargo, Bayly, todos los días hacia sus análisis chistosos, entre risitas burlonas y amplias carcajadas, con su humor muy especial, pero honestamente abierto en este punto: "a mí me gusta Obama y voy a votar por él, yo lo siento si a alguien no le gusta, pero es la verdad" decía con picardía Bayly mientras se acomodaba el saco y su cerquillo a lo "Beatles", con una sonrisa socarrona y desafiante.

En julio de 2012 ví la noticia escalofriante de un insólito tiroteo masivo en la ciudad de Aurora, Colorado, donde un joven desquiciado entró con armas semiautomáticas a un cine y de forma premeditada ametralló a 60 personas, de las que 12 resultaron muertas. El desgraciado evento removió la corriente de sentido común y compasión hacia la necesidad de prohibir armamento semiautomático, y de nuevo los legisladores demócratas hicieron propuestas de ley para limitar las armas en la calle, pero otra vez no se consiguió ni un solo republicano que apoyara la ley. El gobernador de Colorado logró aprobar leyes en favor de una reducción de armas, por lo que perdió la siguiente reelección.

Solo dos semanas después del tiroteo en el cine de Aurora, se produjo otro caso en Wisconsin, cuando un supremacista blanco disparó matando a seis personas e hirió a otras cuatro un templo de la religión Sikh. La ola de preocupación por el creciente peligro en que viven los ciudadanos y la conmoción creada por los frecuentes casos de muertes violentas a manos de desequilibrados armados no fue más poderosa que la influencia de la Asociación Nacional del Rifle, que logró que los congresistas republicanos rechazaran los proyecto de leyes de reducción de armas y municiones.

Voluntarios en acción. La campaña por Obama en Little Havana

Cumpliendo mi compromiso de voluntaria de campaña, los fines de semana por la tarde dedicaba un par de horas a hacer llamadas a votantes, para recordarles que debían tener su tarjeta de elector al día, y para pedirles que colaboraran con la campaña. Los registrados eran demócratas de la Florida, por lo que la respuesta era mayormente favorable.

Al final del mes de julio fuí a registrar votantes en la zona de Midtown con mi vecino Henry, quien se mantuvo firme y trabajando sin descanso durante toda la campaña, y con mi amiga Nancy la maestra. Caminamos por las aceras de Midtown, frente a la tienda Target, acercándonos a la gente que pudieran tener un minuto para llenar la planilla de registrarse para votar. No fue una tarea fácil pues la gente parecía muy ocupada con su vida. Yo trataba de estudiar a los transeúntes para imaginarme quien tendría un minuto para registrarse.

El objetivo no era buscar el voto para los demócratas, ni conversar acerca de la política, sino que todo el que quisiera votar estuviera preparado el día de la votación, con su tarjeta de votar actualizada, e información del lugar donde esté su colegio electoral. Se ha demostrado que cuando la gente sale a votar en masa, ganan los demócratas. Cuando hablaba con la gente, yo trataba de resaltar la cercanía de las elecciones, y la importancia de ir a votar, de no quedarse en casa, del papel que el votante juega en una democracia.

Nunca le mencioné ni le sugerí a nadie por quien votar, mas la mayoría de las personas con quien hablé apoyaban a Obama y me lo manifestaban. Ayudé a registrar a personas de todos los estratos sociales, de todas las etnias, y de todas las edades. Muchos de los que abordé no podían votar porque no eran aún ciudadanos, o porque estaban de visita en el país. También encontré los que no tenían documentos para estar en el país, los que trataban de evadirme, o se alejaban sonriendo; algunos me lo daban a entender. También me encontré con los que no entendían inglés, por lo que generalmente invitaba a registrarse para votar hablando primero en inglés y después en español, para que no se me escapara nadie.

Al final de la jornada, habíamos logrado encontrar a unos cuantos votantes más. De Midtown decidimos irnos al Publix más cercano a seguir registrando. No hablamos con el administrador, ni nunca nos vio en acción, hasta donde yo me diera cuenta. Teníamos que tener en cuenta que nuestra presencia no molestara a nadie, que ningún cliente se quejara de nosotros, así que solo hacíamos la pregunta ¿quisiera registrarse para votar?, y decirle que tomaría solo un minuto llenar la solicitud. Si nos decían que no, le dábamos las gracias. En Publix registramos a varias personas más. Generalmente, encontramos mucha gente joven que se había mudado recientemente a la Florida y necesitaba cambiar su dirección.

Si tenía la menor sospecha de que mi pregunta no sería bienvenida, los dejaba pasar. Recuerdo a una señora gruesa, con aspecto de jefa, que me dijo: "¿y a mí no me vas a preguntar?". "Me parece que usted está registrada", le dije. Me pareció que deseaba entablar una polémica política que yo no deseaba tener. No creía que a esas alturas, después de casi cuatro años de gobierno de Obama, podría convencer a un republicano. Si su ideología era conservadora, tendría que llegar a sus propias convicciones, y una o mil conversaciones conmigo no cambiarían nada.

El calor era asfixiante ese día de julio pero logramos algunas planillas llenas. Decidí que la próxima vez que saliéramos a registrar vendríamos cerca de las 6 de la tarde, cuando hiciera más fresco. Por la noche de ese día nos fuimos a ver una obra al festival de Teatro Hispano, donde actuaba una actriz cubana recién llegada a Miami que era mi estudiante de inglés, una de los miles de exiliados talentosos que continuaban llegando de todas partes. Mi amiga Naomi que no entiende mucho español tuvo que leer los subtítulos en inglés, un ejemplo del Miami bilingüe y multicultural que yo adoro.

En agosto 2 nos avisaron de la campaña que se iba a inaugurar una oficina de operaciones de la campaña por Obama en el corazón de la Pequeña Habana, donde asistiría Marc Anthony. No pude asistir al evento, pero me alegró muchísimo que este talentoso cantante nos apoyara pues atraería a más hispanos a la lucha por la reelección.

Aun habría mejores noticias, cuando dos días más tarde estuvo en la misma nueva oficina la actriz Eva Longoria. Ese día una voluntaria me llamó muy entusiasmada para pedirme mi apoyo mientras me contaba que la famosa Eva hizo llamadas y colaboró en la campaña; yo le expliqué que ya estaba trabajando, y que lo seguiría haciendo hasta el día de la elección.

Estos eventos fueron éxitos rotundos que trajeron a unas doscientas personas a la nueva oficina, y consecuentemente más latinos hacia el activismo político. Como nota discordante, ese día unas 8 personas con carteles contra Obama se pararon en la acera de en frente a la nueva oficina en la Primera Calle en Little Havana. Este grupo de activistas recibe subvenciones económicas del gobierno federal para mantenerse protestando contra el gobierno de Cuba, y con todo el que tenga otra opinión. En contraste, cientos de voluntarios estaban allí para trabajar por Obama en la nueva oficina de OFA, lo cual era una buena señal de la marcha de la campaña.

La Pequeña Habana, o *Little Havana* es un lugar que conozco muy bien porque he enseñado inglés allí por muchos años. Una tarde decidí visitar la nueva oficina de OFA y ponerme a disposición de los organizadores. Pensaba que podría ser muy útil en esta zona por mi español y la gente que conocía.

En la oficina había tres muchachos jóvenes trabajando en la computadora, parte del personal fijo de la organización. Me entrevisté con Eduardo, el jefe del equipo, un joven muy simpático de padres cubanos que hablaba español perfectamente. Le hablé de lo que había estado haciendo como voluntaria, de mi trabajo como maestra de inglés y ciudadanía en esta zona, y de mi disposición a trabajar allí en lo que hiciera falta. También le expresé cuan preocupada estaba por el ensañamiento de los medios en la ciudad en contra de Obama. Eduardo me escuchó con atención y me agradeció mi trabajo, prometiendo que me llamarían para las actividades de esa oficina. También me explicó lo importante que era el condado de Miami Dade para ganar la Florida.

- Si no ganamos en Miami no ganaremos Florida, y eso tal vez decida la elección- dijo con convicción; lucía preocupado por la responsabilidad que tenía ante sí.

- Vamos a ganar Florida, Eduardo, ya se lo dije al Presidente Obama- le dije optimista.

Yo no tenía presente en ese momento que la población votante y demócrata de Miami Dade y Broward es la mayor del estado, y efectivamente podría decidir el resultado final en la Florida. Quedé satisfecha de haberme conectado con el *team Little Havana* y con Eduardo, con el que compartiría mis esfuerzos por lograr la victoria en esta zona.

En mi lucha por reelegir a Obama, continuaba registrando votantes y haciendo llamadas con determinación. Un miércoles del mes de agosto, decidimos ir al popular restaurant Montaditos del Midtown que se ponía lleno de gente ese día, por lo que era el sitio perfecto para encontrar más votantes, y allá nos fuimos a preguntar quién quería registrarse, con bastante éxito, pues encontramos jóvenes deseosos de votar, que recientemente se habían mudado a Miami, o que estudiaban en las universidades aquí y no estarían en noviembre en sus ciudades de origen. La mayoría de los que abordé eran seguidores de Obama y los demócratas.

Todo iba bien hasta que me encontré allí con una vecina de mi edificio y su esposo, gente muy agradable, pero que no creo que les gustara Obama. Los besé muy afectuosamente al tiempo que trate de cubrirme mi sello en la blusa que decía *"register to vote with me",* y mi t-shirt de la campaña de Obama, pues preferí no tocar el tema político con esta pareja. Tenía razones para estar casi segura que mi amiga y su esposo eran republicanos: pertenecen al grupo del exilio cubano que emigraron en las primeras dos décadas después de Castro, que en su mayoría son republicanos, su esposo tenía negocios, y sus familiares vivían en la exclusiva, católica y conservadora área de Key Biscayne. No quería echar a perder esta amistad discutiendo la política nacional, ya que hemos tenido las mejores relaciones por muchos años; yo no sabía si ellos eran como algunos cubanoamericanos demasiado vehementes en sus preferencias políticas, los que no pueden sostener un intercambio civilizado. No valía la pena sostener una confrontación con aquellos que no votarían por Obama de ninguna manera, y mi energía estaba encaminada a hacer posible que más votantes estuvieran listos en dos meses para emitir su voto.

Por suerte, el sello en mi blusa pasó inadvertido, mis vecinos se fueron, y yo terminé mi jornada de registro entregando varias planillas llenas a la oficina del Partido Demócrata en Miami Beach ya tarde en la noche. Algún día, cuando todo esto sea historia, le contaré a mi vecina mis apuros de ese día para que ella no se percatara de lo que yo estaba haciendo esa tarde en Montaditos de Midtown.

El último viernes del mes de agosto fuimos al Viernes Cultural de la Calle Ocho a registrar votantes. Era una oportunidad única, cuando se reúnen cientos de hispanos en las tres cuadras que van desde la Avenida 17 hasta la 14, en un festival donde se visitan las galerías, los artistas y artesanos exponen sus obras, hay música, bailarines locales y presentaciones artísticas en el escenario al costado del Teatro Tower. La zona se llena de actividad y música, y los latinos de todos los países se reúnen a disfrutar.

A la hora acordada allí estaban los voluntarios de la oficina de OFA de la Pequeña Habana, con la tarea de buscar a gente que deseara registrarse o actualizar su tarjeta de elector.

Fue una gran experiencia, ya que en ese lugar te puedes encontrar con todos los tipos del exilio: los jóvenes artistas, los viejitos que van a entretenerse, los que van a buscar pareja, los intelectuales, los que van a bailar, los borrachines, los profesores, los balseros, o los que están medio locos; de todo me encontré en esa tarde calurosa de agosto en la Calle Ocho, que estaba más llena que nunca.

Registré a mucha gente, y como era de esperar, encontré también a los que se oponen a Obama. Establecí conversaciones instantáneamente con otros cubanos en un tono como si nos conociéramos de toda la vida, encontrando puntos comunes de nuestra vida en la isla que dejamos, una característica que nos distingue.

Disfruté una conversación con una pareja muy simpática que aun sostenían su copa de vino, y entre su incipiente ebriedad y lo caliente del tema, empezaron a criticar al presidente. Yo traté de explicarles lo más respetuosamente que pude mis razones para apoyarlo, pero llegado a un punto el argumento se reducía a acusarlo de "liberal".

- ¡Ah, sí!, él es liberal - le dije. La señora me miró asombrada, como si hubiera dicho una mala palabra.

- ¡¿Reconoces que es un liberal?!- me dijo alarmada

-Sí, es un liberal como se puede ser conservador. Estamos en América, acuérdate- le dije. Después de este intercambio, comprendimos que nuestras diferencias partían del concepto de que ser liberal era malo, en un país donde el pueblo americano se ha dividido históricamente entre las dos tendencias. En cierto punto de la conversación, noté en estas dos personas un tono beligerante, así que preferí dejarlo ahí e irme a registrar más gente, pues sabía que esos dos votos serian para Romney.

Después encontré otra señora cubanoamericana que cuando le pregunté si estaba registrada para votar, se puso súbitamente muy seria, y me dijo:

- Yo no voto después de lo que me pasó en 1960.

- ¿Y qué le pasó en el 60 señora?- le pregunté preocupada, porque su cara denotaba una gran tristeza

- Yo voté por primera vez por Kennedy ese año, me gustaba mucho ese presidente. El día que lo mataron en Dallas, Texas, yo estaba viendo la televisión, y quedé traumatizada".

Aún tantos años después, el recuerdo del asesinato de Kennedy todavía la agobiaba, y le hizo perder la fe. Sentí pena por la señora, que había sufrido una decepción inmensa en un hecho bochornoso en la historia del país.

Encontré una muchacha muy joven que recién había cumplido la edad de votar, pero que no le interesaban las elecciones.

- ¿Tú piensas estudiar en el *college*? -le pregunté

- Sí, este año empiezo - me contestó

- ¿Tú sabes que los demócratas están tratando de mantener bajos los intereses de los préstamos de estudiantes, y los republicanos no quieren porque ésto afecta a los bancos?- le pregunté otra vez

- No, no sé nada de eso, yo no veo las noticias- me dijo un poco incrédula

- Pues la única manera de que se mantengan bajos es manteniendo a los demócratas en el poder, porque los republicanos creen que es mejor que sea el mercado el que controle los intereses y no el gobierno- le expliqué- mejor te enrolas y votas- le dijo otra muchacha que estaba a su lado, quien probablemente sería una *dreamer* [4]que no podría votar.

- Sí, dame la planilla esa- me dijo, y allí mismo la llenó. Me anoté ese triunfo con una indecisa, que era exactamente lo que más necesitaba la elección para inclinarla hacia Obama.

Otro encuentro interesante fue con una muchacha cubanoamericana y su madre, quienes acababan de mudarse a Miami desde New Jersey. Me dijo que era republicana, y que necesitaba actualizar su dirección. Después de que les llené las formas a ella y su mamá, me preguntó con candidez: ¿y por quien tú crees que debo votar? La pregunta me sorprendió, sobre todo viniendo de una republicana. "yo no puedo decirte por quien votar, pero puedo decirte las razones por las que yo voy a votar por Barack Obama para presidente, y por Bill Nelson para

[4] Se les llama dreamers a los jóvenes que fueron traídos por sus padres ilegalmente cuando eran niños, y que tienen un status especial para no ser deportados por una orden ejecutiva del Presidente Obama

senador, y por Frederica Wilson para representante". Le expliqué lo importante que era la Reforma de Salud, que el país se estaba recuperando en lo económico, y que los demócratas defenderían los programas sociales. Cuando nos despedimos, pensé que tal vez eran republicanas por tradición pero que exactamente no tenían mucha información de ninguno de los dos partidos. Yo sabía por propia experiencia que mantenerse informada de la política me estaba costando horas frente al televisor para sacar mis propias conclusiones, pero hay muchos, sin embargo, que prefieren oír lo que les dicen sus comentaristas, o sus amigos, y adoptar las ideas de alguien que les merezca confianza. Otros, no entienden de política ni les interesa, y permiten que otros decidan por ellos, porque no tienen fe en que cada voto es importante.

Volví a la mesa de OFA, donde Eduardo, el jefe del equipo, hablaba con la gente y recibía las planillas terminadas del grupo de voluntarios que trabajamos esa tarde. Todavía había música, así que pudimos bailar un poquito antes de irnos, o como decimos los cubanos, "echar un pie".

La experiencia fue distinta en Winwood durante la Noche de Galerías en un sábado, durante una inscripción de votantes organizada por OFA. Ese día el transformado distrito de viejos almacenes se convierte en un inmenso festival cultural, donde acude mucha juventud.

Invité a tres futuros voluntarios amigos míos a venir, y se mostraron muy entusiasmados en ayudar en la campaña, pero el día pasó y nadie me llamó. Alguna gente tenía la intención de dar su tiempo voluntario, pero a la hora de la hora se complicaban con su vida y su trabajo, y no aparecían. Yo fui por un rato, pero la multitud de este evento callejero, que son gente joven que van a pasarla bien, no prestaron mucha atención a nuestro llamado a registrarse para votar. Después de un rato tenía mucha sed, y pensé que los organizadores habrían traído agua, pero no tenían ni siquiera una botella para nosotros, así que tuve que comprarla. Con todo el dinero que se movía en la campaña, creo que podían haber garantizado al menos una botellita de agua para los voluntarios. Esa noche no conseguí ni una planilla llena; la gente joven en busca de diversión no estaba interesada en registrarse para votar, así que decidí que estaba perdiendo el tiempo, y regresé a mi casa.

Tampa y la convención republicana. La convención demócrata en Charlotte, NC.

En el mes de agosto, se celebraría la Convención Nacional Republicana en Tampa, Florida, reafirmando la importancia de este estado en la elección del ganador a la presidencia en el 2012. Quería saber más de la ciudad que sería sede del evento donde se reunirían los más importantes líderes del Partido Republicano, para ratificar a Mitt Romney como candidato a presidente, así que decidimos irnos a Tampa, y visitar el parque Busch Garden durante las vacaciones de verano.

Salimos de Miami y manejamos por 4 horas sin interrupción por la I-75 hasta Tampa. En la recepción de nuestro hotel nos atendió una afroamericana que había vivido en Hialeah y en Overtown, que se había ido a Tampa, donde encontró una comunidad más tranquila y más abierta a la diversidad étnica y religiosa.

La ciudad de Tampa resultó muy interesante y muy cambiada desde que la visité en 1994. Encontramos un restaurant con un animado bar, atendido por una muchacha cubano- americana de tercera generación, que todavía hablaba español y tenía su familia - donde tenía que ser - en la ciudad de Hialeah. Su compañero de trabajo, un apuesto muchacho americano de Tampa, nos contestó que se sentía bien de la diversidad de la ciudad y la manera en que había crecido en los últimos años. Me contó que se rompió una pierna trabajando, y por no tener seguro médico, tuvo que pagarlo todo con gran presión económica para él y su familia. Aunque la política no le interesaba, las recientes decisiones sobre la reforma de salud le llamaban la atención porque por su edad, él sería uno de los jóvenes sanos que tendrían que comprar un seguro o pagar una multa. En casos como el de su pierna rota, estaría cubierto por el seguro que obligatoriamente tendría que haber pagado.

Al día siguiente nos fuimos a Busch Gardens cuyos aparatos mecánicos son la atracción principal. Además vimos muchos animales en su hábitat natural en un enorme zoológico sin rejas.

Exploramos la ciudad vieja de Ibor City, que aún tiene edificios que datan del siglo XIX. Esta vieja ciudad debe su nombre a un emigrante español que trajo las fábricas de cigarros a la ciudad. Cientos de inmigrantes llegados desde Cuba vinieron a Tampa en los años 1800's en tiempos de la revolución de independencia de la colonia española, y entre los que el apóstol José Martí encontró gran apoyo en su campaña independentista.

Después de Ibor City, decidimos dar la vuelta por el centro de la ciudad, donde me impresionó la cantidad de nuevos altos y lujosos edificios de condominios alrededor de la Bahía de Tampa. Finalmente, queríamos ver el que sería centro de atención de la prensa en solo tres semanas, el imponente estadio Tampa Bay Times Forum que sería sede de la Convención Republicana a celebrarse en agosto 26.

El acceso estaba restringido frente al auditórium, pero enseguida se nos acercó un guardia de seguridad que amablemente accedió a dejarnos estacionar para tomar unas fotos. El guardia, un mulato de más de 6'4 de estatura, con una voz poderosa, y unas maneras exquisitas, nos confirmó que ya empezaban los preparativos para la convención republicana, y de ahí pasamos al tema de la reelección del presidente. Para nuestra sorpresa, nos dijo que había apoyado a Obama en el pasado, pero que por su religión no podía seguir estando de acuerdo con alguien que aceptaba el matrimonio homosexual. Muchos afroamericanos fuertemente religiosos nunca tolerarían la inclusión del derecho de los gays al matrimonio, y por esto Obama perdería miles de votos, desde el momento en que reconoció que los gays deberían poder casarse.

Respetando sus criterios religiosos, no discutimos su posición y seguimos hablando con este guardia del Tampa Bay Forum. Le dije de mi origen cubano, y recibimos otra sorpresa cuando nos contó que era hijo de una cubana y un americano, ambos de la raza negra. Se puede encontrar un cubano o descendiente de cubanos en cualquier parte del mundo, ya sea blanco, negro, chino o árabe, rubio de ojos claros, o trigueño de ojos pardos.

La madre del guardia emigró de Cuba a Tampa buscando oportunidades, yo salí huyendo del infierno comunista de los Castro, y José Martí fue desterrado por los españoles. Los cubanos estamos esparcidos por el planeta, en una diáspora que nos ha diseminado por el mundo.

Tomamos fotos del Tampa Bay Forum, con sus banderas anunciando la próxima convención. Al menos Florida se beneficiaria de la actividad económica que este evento reportaría, pues los republicanos vendrían por miles a reafirmar su adhesión a Romney y al GOP.

En el viaje de regreso, paramos en Sarasota y más al sur en el pueblito de Venecia, donde decidimos pernoctar en un hotel. A la hora del desayuno, pude oír a un señor mayor hablando mal de Obama y de su inexperiencia ejecutiva, mientras que en la otra mesa una señora muy elegantemente vestida defendía a Obama. Con mucho esfuerzo, decidí quedarme callada. El país estaba muy dividido, y comprendía que era difícil predecir qué pasaría en la elección.

En el camino tuvimos que parar en un taller de *Tire Kingdom* para revisar los frenos del carro. Allí conversamos con una señora cubana demócrata que vivía cerca de Venice, quien nos dijo que no soportaba a Miami por la cantidad de gente anti demócrata en la ciudad. Yo le conté que a mí también se me hacía difícil lidiar con cierto "totalitarismo ideológico" que imperaba sobre todo en los medios de difusión, pero afortunadamente en las calles encontraba muchos a favor de los demócratas.

En agosto 26 comenzó la convención republicana en Tampa, pero al mismo tiempo llego Isaac, la tormenta tropical que provocó inundaciones en Florida, y que detuvo la convención por un día. Vi algunas sesiones de la reunión más importante de los republicanos, entre ellas la decadente confrontación de Clint Eastwood con una silla vacía donde mandó a un imaginario Obama al carajo (*go f... yourself*) varias veces.

Los delegados asistentes, gente que parecían muy formales, estaban mejor peinados y acicalados que muchos demócratas que vería un mes después en la convención de mi partido. Reconozco las virtudes de los conservadores en cuanto a organización, nitidez, y sobre todo, perseverancia, pues cuando quieren algo no paran hasta que lo consiguen. Nunca vi a un grupo de personas tan firmemente enfocados, tenaces y decididos a sacar a Obama de la presidencia como en aquella convención, en la que Mitt Romney quedó coronado, para "recobrar América", una frase que repetían una y otra vez en sus discursos.

El 30 de agosto se cerró la convención del GOP o "*Grand Old Party*" con los consabidos globos rojos, blancos y azules cayendo sobre el futuro presidente y la primera dama. Yo celebré la clausura trabajando por los demócratas en el teléfono con la lista de votantes frente a mí, llamando con perseverancia republicana a 51 votantes latinos de Florida, Colorado y Nevada, y recordándoles que, en solamente dos meses, podrían ir a votar por Obama para darle cuatro años más para terminar lo que habíamos empezado.

Cada obstáculo me subía la adrenalina y me daba más razones para seguir trabajando; teníamos que evitar tener a un Romney derogando la reforma de salud el año que viene, o buscando un conflicto que resolver con las tropas americanas desembarcando en alguna parte del mundo.

Viniendo de la represión de un régimen totalitario, me complace la pluralidad de ideas de la democracia, y la existencia de varios partidos que la garanticen, pero tengo poquísimos puntos de acuerdo con la filosofía de los republicanos, al menos en estos tiempos en los que pareciera que se aferran al pasado. Reconozco que el gobierno es ineficiente, y demasiado grande, y que el progreso se basa en la responsabilidad individual y el trabajo duro, pero también reconozco que hay que darle oportunidades a todos por igual, y no sobreproteger a los grandes negocios.

Unas semanas más tarde, mi partido también celebraba. La Convención Nacional Demócrata cerraba el 6 de septiembre, y para verla nos reunimos en casa de nuestro líder del grupo de Midtown, para mirar juntos el cierre y la aclamación de Obama y Biden como los candidatos demócratas.

El líder del equipo de voluntarios era nuestro vecino, un señor retirado que estaba siempre activo en todas las causas del condominio; vivía con su pareja en una relación de cerca de 40 años; se habían casado en Massachusetts, el primer estado que permitió los matrimonios del mismo sexo. Cada voluntario que asistió contribuyó con un plato a la reunión, así que disfrutamos de bastante comida y bebida, en el elegante condominio del líder del grupo.

Cuando llegué ya estaba allí el organizador de *Organizing for America*, un muchacho de New York, bilingüe y de origen dominicano, quien se mantuvo bastante callado durante la noche. Conocimos a otra pareja gay, formada por un americano y un argentino que resultó un gran conversador. Allí estaba también el hijo de una famosa escritora latina muy conocida y querida por la audiencia en español de todo el país. También estaban casi todos los voluntarios del *team* Midtown que participaron en una registración de votantes unas semanas antes, como la muchacha americana de padres mejicanos que ya había conocido en otra sesión de trabajo, muy elegantemente vestida, y muy cariñosa con todos. Eran gente encantadora, y aunque estábamos por la misma causa, nos veíamos en las actividades de campaña de cuando en cuando, pero fuera de éstas, no llegamos a sostener una relación de amistad, lo cual me hubiera encantado.

Por fin empezaron los discursos de los demócratas, entre los cuales me impresionó el de Julián Castro, alcalde de San Antonio, que estuvo muy bien, y el de Jennifer Granholm, la ex- gobernadora de Michigan. Mi mayor orgullo fue que otra cubana de Miami, la que fuera la reina del

Talk Show Cristina Saralegui, estuvo allí también arengando a la gente con un sabroso "pa'lante y pa'lante" con Obama, en un emotivo discurso salpicado de frases en español que encendió a la audiencia y alegró a los latinos presentes.

Ya al final de la noche, habló Bill Clinton que fue quien levantó a todos de las sillas. Clinton llegó al estrado, empezó a hablar con suavidad, comenzó a tocar temas difíciles, jugó con las imágenes, con las palabras, y al final llegó a un crescendo lleno de emoción. El discurso fue electrizante, el mejor que le he oído, y la gente en la convención estaba fuera de sí.

Es un orgullo, y una gran suerte que un hombre de la talla de Bill Clinton sea demócrata y haya sido nuestro presidente. Su historia es la historia del sueño americano: un muchacho sureño de Arkansas criado por su madre que llega a ser presidente, y hoy es una de las personalidades políticas más impresionantes de estos tiempos. Nunca aprobé su escándalo de faldas en la Casa Blanca, pero lo considero un extraordinario líder mundial, al igual que Jimmy Carter, un hombre extraordinariamente sabio y bueno, que también estuvo en la convención.

Para el cierre tuvimos a Barack Obama. Su discurso fue normal, elocuente como siempre, pero no lo pude escuchar bien porque los muchachos conversaban entre sí y no podía concentrarme. Me juré que nunca más compartiría estos importantes eventos con demasiada gente.

Después de terminada la convención, el anfitrión quería comprometernos a un horario fijo para organizar nuestro trabajo, pero yo no podía comprometerme a horas voluntarias fijas cuando estaba trabajando. Le expresé mi disposición a ayudar, pero el trabajo era voluntario y lo haría cuando pudiera, más bien de manera independiente como había hecho hasta ese día.

Al poco tiempo este *team* líder no pudo ajustarse a trabajar con los organizadores de OFA, y desafortunadamente se desligó de la campaña. Nunca yo hubiera renunciado por problemas de personalidades; estábamos allí para reelegir a Obama, y eso era lo único importante.

El día 10 de septiembre vi la noticia de la sorpresiva visita de Obama a la pizzería Big Apple Pizza en Fort Pierce, Florida, un pequeño pueblo de la costa floridana al norte de West Palm Beach, lugar que he visitado varias veces para disfrutar de su naturaleza agreste. La noticia tomó importancia por el extraordinario "abrazo de oso" que el dueño de la pequeña pizzería le dio al presidente, y que apareció en todas partes.

En viaje hacia un mitin en Palm Beach, Obama había entrado al negocio de Scott Van Duzer diciendo "*where is Scott*?", y éste lo recibió dándole un abrazo que lo levantó en vilo a un pie del piso. Obama se dejó cargar, mientras ésto ponía en máxima alerta al servicio secreto que lo protegía. El dueño, un hombre de más de seis pies, es un republicano que votó en 2008 por Obama, un líder comunitario con muchas obras benéficas y reconocimientos por su labor para destacar la importancia de donar sangre.

Según Van Duzer, durante la visita del presidente que fue noticia nacional por el inusual abrazo, él había invitado a Obama a venir a su jornada de donación de sangre este próximo noviembre, a lo que el presidente le contestó en broma que podía ser que él no estuviera en noviembre por aquí. "Va a estar por aquí otros cuatro años", le contestó Scott.

El hecho sin precedentes, que un simple ciudadano abrazando efusivamente al presidente de los Estados Unidos como si fuera su *buddy*, su amigo de toda la vida, dice mucho acerca de la relación que el ciudadano común establece con Obama. La gente conecta con él, porque lo ve cercano, como uno más, uno de nosotros.

Scott Van Duzer es un dueño de pequeño negocio, blanco, republicano, y se sintió tan cómodo con la visita del presidente, que le nació abrazarlo como a uno de sus "bro". Mucha gente se enteró de esta noticia, que fue un punto positivo para la campaña, en especial en esta parte de Florida que es tan conservadora.

El gesto genuino y espontáneo de este americano, prueba que este presidente, aunque de la raza negra y tendencia liberal, les simpatiza a muchos ciudadanos, aún a los conservadores; yo opino que este encuentro entre el empresario republicano y el presidente liberal en una pizzería de Fort Pierce serviría para inclinar a la gente a votar por él.

Obama reaccionó con mucha naturalidad, tal y como es. Se dejó abrazar y levantar del piso como si fuera un muchacho de secundaria. Yo no creo que Romney inspire esa familiaridad a sus adeptos; se ve demasiado como un alto ejecutivo, demasiado intelectual para inspirar esa familiaridad. Romney no puede evitar proyectarse con una distancia profesional, no con una conexión personal más natural, más humana, que es espontánea en Obama.

Comenté esto con mi vecino Henry ese día, y estábamos muy contentos con el suceso. No conozco que haya otro presidente de Estados Unidos que haya recibido una muestra de afecto tan efusiva y tan franca por parte de un simple ciudadano.

Viendo la noticia por la tarde, decidí que me iría un día a visitar la pizzería Big Apple a Fort Pierce, lugar que descubrí hace tiempo y que me encanta por lo pintoresco y su estilo a lo "vieja Florida", con una playa bonita y un muelle donde la gente pasea, bares de motociclistas con bandas de rock, viejos hoteles de madera y una naturaleza agreste aún inexplotada.

Ya en septiembre, seguía acortándose el tiempo de ir a las urnas, pero la batalla en las ondas radiales, los periódicos y la televisión se hacía cada vez más candente. Los que estaban en contra de los demócratas se mantenían repitiendo sus ataques. Entonces sucedió Bengasi, Libia, donde el ataque a una residencia consular resultó en la muerte de cuatro funcionarios del gobierno americano. Este hecho triste, les dio más material a los belicosos periodistas conservadores, que esgrimirían el ataque en Bengasi cada día hasta el último día. Desgraciadamente, ahora contaban con un nuevo argumento además de lo mala que estaba la economía, a pesar de que seguían creándose trabajos todos los meses.

Los comentaristas conservadores de Miami, continuaban aguerridamente atacando al gobierno de forma más o menos abierta, asegurándose de que los oyentes se mantuvieran muy bravos contra Obama hasta el día de elecciones.

La única a quien en aquel entonces yo tenía la paciencia de escuchar era Helen Aguirre Ferre, porque tenía buenas maneras para tratar con los oyentes; pero tomó el tema de Bengasi con tanta constancia que un día decidí participar. Aunque esa misma mañana había visto las sesiones en el congreso sobre la investigación de lo que había pasado, y faltarían muchas otras, en su programa se daba por hecho que este gobierno era culpable de negligencia por la muerte de los funcionarios.

Llamé y entré en el programa, y me permitieron exponer mi punto de que todavía el hecho se estaba investigando, y no se podía culpar a nadie aún, pero Helen salió a la carga para desacreditar a Hillary Clinton, la Secretaria de Estado, como si ella fuera la única persona encargada de la vigilancia de las 168 representaciones diplomáticas americanas en el mundo, como si la CIA, el FBI, y los cientos de empleados del Departamento de Estado no hicieran nada más que esperar por la secretaria para resolver problemas, y hubiera estado en sus manos detener a los agresores.

Bengasi fue tema favorito de los republicanos, mucho más porque es Hillary la que se perfila como favorita a la presidencia en el 2016. Los republicanos saben que ese será un punto álgido para Hillary, una oportunidad de tratar de desacreditar a la más fuerte candidata demócrata, a la que reconocen como formidable.

Bill Clinton en FIU

El 11 de septiembre venia el Presidente Clinton a FIU a un acto de campaña. La organizadora de OFA en Midtown me dijo que podía contar con dos entradas y además me pidió que llevara a otra voluntaria que no tenía transporte.

Terminé de trabajar y corrí a mi casa a vestirme con mi guayabera blanca, a la que le agregué un prendedor con las banderas americana y la cubana entrelazadas, pues quería que se supiera que los cubano americanos apoyamos a Obama. Pasé por la oficina de Midtown por mis tickets y a recoger a la otra voluntaria, que resultó ser una señora afroamericana retirada, una demócrata con una larga historia de luchas en anteriores elecciones, originaria de Georgia que había venido a Miami con sus padres en los años 30's.

El tráfico entre Midtown y FIU por el Dolphin Expressway a esa hora de la tarde era pesado, así que nos tomó como una hora en llegar. Conversamos sobre la campaña, la elección, y los ataques de los republicanos que tanto nos molestaban. Después ella me pidió que pusiera el radio, y elegí una música de jazz, apropiada para dos mujeres diferentes, una afroamericana de la tercera edad, y una cubanoamericana de mediana edad, pero unidas por la misma causa.

Llegamos al estacionamiento de FIU que yo conocía bien porque había estado asistiendo a FIU por dos años y luego había trabajado allí como profesor adjunto. Encontré una universidad renovada, con tantos edificios nuevos que era difícil reconocerla en aquella del año 2002 cuando terminé mi carrera de maestra, gracias a un préstamo estudiantil que me dio el gobierno federal. El campus sur había cambiado mucho después de diez años: nuevos edificios, nuevo estadio, más estacionamientos, nueva escuela de medicina, y miles de estudiantes más provenientes de variados grupos étnicos y de todas partes del país. La Universidad Internacional de la Florida es nuestro orgullo, y cada día es más linda y más fuerte.

Llegamos al estadio caminando bajo una pertinaz lluvia. Al llegar, tuvimos que dejar las sombrillas en el lobby ya que no estaban permitidas por motivos de seguridad. Cuando entramos al estadio habría allí unas 5,000 personas, todas las sillas estaban ocupadas, así que encontramos un lugar donde estar de pie y esperamos a que empezara el evento, mientras que las organizadoras de OFA caminaban los pasillos cantando consignas para mantener a la audiencia entusiasmada, pero aquella multitud de estudiantes, trabajadores y profesores estaba muy animada.

Cuando por fin apareció Bill Clinton todos se pararon a aplaudir y tratar de tomar fotos; era la primera vez que veía un cerrado mar de brazos en alto sosteniendo cámaras, tabletas, teléfonos inteligentes y todo tipo de tecnología sobre las cabezas de los asistentes.

Vi llegar a Clinton, tal vez el demócrata más popular en América. Me impresionó cuan blanco y rubio es, luciendo muy bien en su alta estatura, y bastante delgado después de la dieta que ha seguido para cuidarse de problemas cardiacos.

El discurso, como todos los de Clinton, fue conciso y emocionante. Habló mucho sobre la legislación sobre los préstamos para la educación superior, una prioridad de la administración Obama, lo que recibió aplausos de la audiencia de universitarios. Fue por cierto la administración de Clinton la que aprobó la ley de ofrecer muy bajos los intereses bancarios de los préstamos estudiantiles, gracias a la cual yo misma estoy pagando el 2.8% de interés, que me permitió el acceso a una educación superior con un préstamo asequible. Sin embargo, hoy día, los republicanos en el congreso continúan tratando de pasar legislación donde los bancos puedan elevar los intereses tan altos como el mercado lo permita, dando prioridad a las grandes financieras y colocando en segundo lugar la necesidad de proveer una educación superior a los jóvenes que no los hunda en una enorme deuda. Esta es una de las diferencias que definen las prioridades de republicanos y demócratas.

Los estudiantes que escuchaban a Clinton asentían con aplausos al oír los programas que serían apoyados por una segunda administración de Obama. Mencionó la Ley de Salud y la posibilidad de que los hijos menores de 26 años puedan quedarse en el seguro de sus padres, lo que beneficia sobre todo a los estudiantes universitarios. El tema de los préstamos estudiantiles fue muy bien acogido, pero hubo una ovación cuando habló de la reforma al cuidado de salud. Clinton citó que la calidad del cuidado en el país es excelente pero el costo no tiene que ser el doble del de los demás países desarrollados. Clinton citó las cifras de la aplicación del Obamacare en Florida: bueno para los niños, para los que tienen condiciones preexistentes, y bueno para las compañías del sistema *Medicare Advantage*, que hoy piden participar en este programa porque les garantiza más ganancias. La reacción entusiasta de los jóvenes a las palabras de Clinton fue estimulante; allí estaba el futuro del país.

El discurso duró unos 30 minutos pero pareció más corto. Clinton es sumamente ameno y escucharlo es siempre un placer. Aquella tarde en FIU me demostró cuánta gente joven apoyaba a Obama y trabajarían para ganar la elección.

Bill Clinton ha continuado ayudando a las minorías y a los menos favorecidos en todas partes del mundo con su fundación. Es un líder muy querido a pesar de sus grandes errores como aquel famoso problema de Mónica Lewinsky que casi le cuesta la presidencia. A mí me molestó tanto que Clinton estuviera haciendo de las suyas en la oficina oval, que no quise votar por Al Gore en 2000, un error que me ha pesado mucho, porque Bush fue un retroceso de en todos los temas.

Mientras una multitud de unas mil personas se acercaba a Clinton para estrecharle la mano, yo había visto al ex alcalde de Hialeah, Raúl Martínez, vistiendo una elegante guayabera rosada, la única que vi en el local además de la mía. Me acerqué a saludar a Martínez, quien fue muy amistoso, y le pregunté si el candidato a representante Joe García estaba por allí. "Si estuvo aquí" me dijo muy amablemente.

- ¿Puedo enviarle un mensaje a Joe García con usted? - le pregunté

- Claro que sí, dime

- Por favor dígale a Joe que si quiere ganar tiene que sonreír más

Me contestó con una ruidosa carcajada. En verdad me preocupaba que García perdiera votos porque en ocasiones parecía tan serio, a diferencia de su oponente, el controversial Rivera que siempre estaba sonriente con ese aire de "jodedor cubano" que cae bien.

Yo reconocía que las elecciones no son solamente acerca de las ideas y planes del candidato; muchas veces la gente vota por la simpatía o la confianza que inspire la persona. Joe era serio y profundo, pero no sonreía mucho. Quién sabe si Martínez le daría mi mensaje a Joe, pues yo quería fervientemente que ganara. Al final de septiembre, Joe García empezó a subir en las encuestas al tiempo que al desenfadado Rivera le crecían los problemas.

En la mañana del sábado 14 de septiembre, se celebraría la ceremonia de naturalización de nuevos ciudadanos en el edificio de la corte federal en el downtown de Miami. Allí estábamos citados un grupo de voluntarios para registrar votantes.

Me fui temprano y me encontré con un grupo de voluntarios listos para estar varias horas allí. Los organizadores nos dieron las tablillas con las planillas de inscripción. En nuestro grupo había una señora cubanoamericana muy entusiasta y conversadora que vivía en Miami Beach, quien había vivido desde joven en Washington D.C. Yo me sentí muy satisfecha de encontrar a otra cubana como voluntaria allí y conversamos animadamente hasta que me oyó decir "¿quiere registrarse para votar?". Según ella la palabra correcta era inscribirse, y no registrarse. Esta señora era una purista del idioma, de esas que esperan tres años a que el diccionario de la Real Academia de la Lengua Española incorpore la palabra que ya se ha estado usando por largo tiempo. Más tarde cuando llegué a mi casa y chequeé en el diccionario UTEHA del año 1954, que traje tomo a tomo desde la biblioteca de mi padre en Cuba, comprobé que también se usaba la palabra registrar como se usa matricular o inscribir. Podía seguir usando "registrarse", y por cierto que la usamos bastante esa semana.

Mientras esperábamos por los recién ciudadanos, noté la presencia de dos señoras muy serias que nos miraban con desconfianza. Al rato llego un señor vestido con su traje y corbata, con un maletín de notario bajo el brazo, que empezó a dar instrucciones a las dos señoras. Seguramente eran del Partido Republicano, pensé, por sus caras y su actitud, y porque no nos dirigieron la palabra en toda la mañana. El señor de traje parecía ser el empleado de la campaña, y tal vez las señoras podrían ser voluntarias.

El hecho de que, a menos de dos meses de las elecciones, los voluntarios por Romney fueran solo dos personas y un miembro del personal, y los voluntarios de Obama fuéramos como siete con dos miembros del personal, daba un ejemplo de la ventaja que la campaña demócrata estaba teniendo en Miami. Éramos siete voluntarios trabajando temprano en una mañana de sábado, y ésto decía mucho del apoyo popular a Obama.

Conversé afuera con gente que estaban esperando a alguien de su familia en el juramento de naturalización, y todos apoyaban la reelección. Como a la hora y media de esperar, aparecieron los primeros nuevos ciudadanos, que empezaron a salir del edificio de la corte por decenas y allí los abordábamos para registrarlos. Eran tantos que parecían peces en la red. Uno de los voluntarios, un muchacho americano, estaba luchando por comunicarse con los que salían del edificio ya que muchos de ellos no entendían inglés. Traté de ayudarlo abordando a la gente y explicándole en español lo que queríamos; después se los pasaba a él para ayudarlos a llenar la planilla.

Esa mañana registramos más de 80 personas en menos de una hora. Salimos de allí muy satisfechos, fue una jornada muy productiva y pude ver gran entusiasmo por votar en los nuevos ciudadanos.

De la corte del downtown salí apurada, ya que a las 11 estaba programado que Madeleine Albright visitaría la oficina de OFA de Biscayne Boulevard. Yo tenía interés en conocerla, pero cuando llegué ya ella se había ido. La Sra. Albright fue la secretaria de estado en el gobierno de Bill Clinton, y se hizo famosa en Miami en el año 1996 cuando usó la colorida palabra española "cojones" en las Naciones Unidas, al condenar a los aviones militares del gobierno cubano que derribaron la avioneta desarmada de la organización anti-castrista Hermanos al Rescate, en la que cuatro jóvenes fueron asesinados. Después de derribar la avioneta, los pilotos militares cubanos dijeron "¡le dimos cojones, le dimos!". Albright en su discurso en la ONU condenando el ataque dijo "francamente, esos no son cojones, eso es cobardía" (*frankly, this is not cojones, this is cowardice")* Todos los que hablamos español sabemos que cojones significa testículos, y aprendimos que es una palabra vulgar fuerte para los cubanos y que no se dice en público, pero Madeleine Albright, la soltó en la ONU, y así se ganó el título de Mrs. Cojones. Recuerdo que en aquel momento cuando la oí por primera vez, me chocó, y pensé qué mal asesorada estaba la señora secretaria que no sabía que era una palabra soez. Pero unos años después vi una película de los años 80's, hecha en este país, donde también usaba la palabrita, y en otros programas nacionales. Descubriría mas tarde que esta acepción de la palabra testículos equivale a valor en el lenguaje periodístico y político de los Estados Unidos, y no tiene la connotación vulgar que le damos en español. Así que la gente de mi generación nos tendremos que acostumbrar, porque cuando el americano dice con su acento "*cajones*" quiere decir exactamente eso, como los de Maceo, "cojones", y para ellos no es una mala palabra.

El día de Rosh Hashanah acompañé a Naomi a la celebración de este día sagrado en el Templo de Israel del noroeste de Miami. Este día aprendí a decir en hebreo el saludo de orden para este evento, "lashana tova" que quiere decir algo como "que el señor te inscriba en el libro de la vida". Vi que los libros religiosos están escritos en inglés y en hebreo, el cual se lee de derecha a izquierda y de atrás para adelante. Aunque no era el momento para tocar el tema político esa noche en el templo, conocí a algunos judíos que después fueron voluntarios de OFA.

La mayoría de los judíos son demócratas, y apoyan los derechos civiles de todas las minorías, porque ellos mismos han sido muy discriminados como grupo religioso. Mucha gente no sabe que en los edificios de Miami Beach en los años sesenta había letreros que decían: *"no blacks, no jews, no pets"* (no negros, no judíos, no mascotas), y después, cuando llegamos, agregaron "no *Cubans*" hasta que este país, gracias a una larga lucha por los derechos civiles, hizo imposible esos letreros discriminatorios.

"Corporations are people my friend" y el 47 % de Romney

Los dos candidatos presidenciales Mitt Romney y Barack Obama seguían en campaña a lo largo del país, y yo seguía firme en mi tarea de estar al tanto de la última noticia. En uno de los actos de campaña en la feria estatal en Des Moines, Iowa, Romney fue interrumpido por asistentes que estaban muy molestos con él, quienes le criticaban su posición en cuanto a los fondos para mantener el medicare y la seguridad social. Un joven maestro se puso de pie y empezó a cuestionar al candidato a presidente, quien le preguntó su nombre, de donde era, y por quien estaba allí, a lo que el joven le respondió: "estoy aquí por mí mismo y quiero que conteste a mi pregunta". Romney, con mucho aplomo, empezó a explicar cómo él balancearía el presupuesto, cuando de pronto otra persona le interrumpió diciéndole: "¡suba los impuestos a las corporaciones!", a lo que Romney muy desenfadado contestó *"corporations are people my friend...... everything that the corporations earn ultimately goes to people"* (las corporaciones son gente mi amigo, todo lo que ganan las corporaciones va a las personas al final).

Esta polémica entre el candidato y el pueblo me fascinó; no podía estar en mayor desacuerdo con Romney y los republicanos; las corporaciones están para obtener ganancias en el mercado, y no para vivir una vida. Lo más relevante de este encuentro fue que Romney demostrara su adhesión al criterio de que estaba bien darle a las corporaciones los mismos derechos que a las simples personas. Según los republicanos, las empresas o corporaciones en el libre mercado - que ya dejó de ser tan libre – son las que van a resolver los problemas económicos de la nación, lo que históricamente no se ha comprobado, porque si bien son las que crean riqueza y puestos de trabajos, pueden crear otros problemas, como pasó con el descalabro de los préstamos hipotecarios en 2008, o irse por encima de los derechos del consumidor o de los trabajadores, o perjudicar el medio ambiente.

Las elecciones presidenciales de 2012 fueron las primeras después de un cambio fundamental de las leyes electorales, al darle a las corporaciones el mismo derecho que a las personas. El factor dinero en las elecciones se transformó de manera decisiva por la llamada *Citizens United,* una decisión de la Suprema Corte en 2010 que por primera vez establece que las corporaciones tienen el derecho garantizado por la Primera Enmienda de la Constitución de gastar ilimitadas sumas de dinero para apoyar u oponerse a un candidato político. Con *Citizens United* se modificaban radicalmente las regulaciones de la Comisión Federal Electoral.

Si las corporaciones tienen el mismo derecho que las personas, de acuerdo a esta decisión de la Suprema Corte, entonces es legal para una corporación contribuir todo el dinero que quiera, sin ningún límite, para ayudar a un candidato e influir en una elección. Esta decisión le dio un poder ilimitado a los multimillonarios de influir en las elecciones con contribuciones a través de los llamados superpacs, comités de acción política que ni siquiera tienen que informar quienes son los donantes, lo cual es un cambio dramático de la ley electoral que los demócratas rechazan. Lo único que le queda al ciudadano después de la decisión de Citizens United, es su derecho a un voto, secreto y directo, y a contribuir una limitada suma de dinero a su candidato.

A mediados de septiembre, una noticia cayó como una bomba en la campaña de Mitt Romney. Se hizo público el video del comentario del candidato republicano acerca del 47 %, lo cual fue un golpe de mala suerte para Romney.

Alguien tomó un video del momento en que Romney había dicho: "hay un 47 % los cuales votarán por el presidente de cualquier manera. Ese 47 % que está con él, que dependen de la ayuda del gobierno, que creen que son víctimas, que creen que el gobierno tiene la responsabilidad de mantenerlos".

Ocurrió en una cena privada de recaudación de fondos, donde el costo era de $50,000 por persona; Romney se veía dirigiéndose a los invitados, hablando de por qué no se preocuparía por esa sección de la población, porque de cualquier manera votarían por Obama. Esto ofendió a aquellos ciudadanos que alguna vez han usado la ayuda del gobierno para subsistir, pero que luchan cada día para buscar su medio de vida.

A mí me impactó corroborar el concepto que Romney tenía de casi la mitad del pueblo que debía gobernar, calificándolo de víctimas que piensan que el gobierno los tiene que mantener. Meses después, se vinculó al nieto del Presidente Jimmy Carter con este video, quien fue solamente el contacto para llegar a la revista liberal *Mother Jones*, que decidió hacerlo público después del Día del Trabajo en septiembre, considerado una fecha crítica para la elección. Quien grabó el famoso video del 47 % había sido un cantinero, Scott Prouty, que vive en el condado de Broward, y había trabajado en la cena de recaudación de fondos en la mansión de un inversionista republicano de Boca Ratón, Florida.

Por supuesto, Romney explicó que se le había interpretado mal, que no era la mejor selección de palabras, pero la prensa de izquierda estaba de plácemes, y la prensa de derecha trató de restar importancia al hecho.

"Crecí en un barrio de obreros en Boston, y nadie que conozco puede pagarse $50,000 por una cena. Y sentí una obligación para con toda la gente que no podían estar allí", había dicho el *bartender*, que quería que todo el mundo oyera a Romney en sus propias palabras.

El video tuvo un enorme impacto en la campaña presidencial del 2012 al mostrar la idea de Romney que el 47 % de la gente en este país no tomaban responsabilidad por sus vidas.

El inadecuado comentario de Romney demostró que no tenía ni la más ligera idea de los trabajos que pasa el americano promedio que en ciertas situaciones puede recurrir a la ayuda del gobierno si pierde el trabajo, o se enferma, o si es mayor de 65 años y no tiene suficientes ingresos.

El video encajaba perfectamente con la versión que los seguidores de Obama estaban dando acerca de quién era Mitt Romney, un tipo que no tenía contacto con la vida diaria de la gente común. No se trataba de un aviso político más, en los que ya no se puede ni creer; las palabras venían directamente de los labios de Mitt Romney, hablando en confianza a gente de su estrato social, de lo cual no podía haber ninguna duda porque existía un video.

Yo pensé que el presidente Obama usaría este comentario del 47 % en sus debates con Romney, pero él, siempre tan considerado, sólo lo usó ligeramente al final del segundo debate.

En el área de Miami, donde un porcentaje muy grande de la población recibe ayudas del gobierno, el comentario de Romney de que no le preocupaban los que se creían victimas porque de todas formas votarían por Obama, ciertamente que no ayudaba a su campaña. En el 2012, el 17.2 % de la población en Miami está viviendo bajo el nivel de pobreza, y el 14.2 % tiene más de 65 años de edad. Esta gente empezaría a pensar que Romney quitaría las "ayudas".

Como quedaba menos de un mes para la fecha límite para registrarse para votar en octubre, decidí irme un jueves de septiembre a registrar al Publix de Biscayne y la 48 Street, esta vez yo sola porque ninguno de mis compañeros podía ir. Yo tenía que esperar a la gente en el estacionamiento, donde nuestro sol floridano me golpeaba, pero valió la pena porque por suerte en apenas dos horas ya había podido registrar a cuatro personas, gente joven que recién se habían mudado a los edificios altos de Midtown y Edgewater que se estaban llenando rápidamente.

También esta vez entregaba las tarjetas de propaganda que OFA me había dado para distribuir: tarjetas para ser voluntario, para comprometerse a votar, para informar de la reforma de salud, para conocer los logros de la administración demócrata, y para aclarar la desinformación creada por los republicanos. Había tarjetas para repartir, para enviar por correo a los amigos, y para informarnos; eran tantas que siempre se me quedaban muchas sin repartir; había demasiado material, más de la que el escaso tiempo que nos quedaba después de registrar votantes y hablar con la gente nos permitía. Los voluntarios éramos gente trabajadora, que teníamos que ganarnos el pan de cada día, y yo trabajaba en la campaña en mi tiempo libre que era muy escaso, así que hacía lo mejor que pudiera.

Regresé a mi casa cuando ya el calor y el cansancio me lo indicaron, y decidí que la próxima vez trabajaría después de que el sol bajara, pero ese día, ya tenía cuatro votantes más, dos independientes y dos demócratas, que probablemente votarían por mi favorito. Mi vecindario es mayormente demócrata, y eran contados los que se registraban como republicanos.

Yo fuí una voluntaria muy independiente, vinculada a las dos cercanas oficinas de OFA que me proveían instrucciones y materiales, pero aportaba mi trabajo cuando tenía tiempo, muchas veces a costa de mis horas de descanso. Prefería salir a registrar votantes, o hacer llamadas desde mi casa usando el fantástico sistema de datos de la organización. No obstante mi autonomía, acudía allí donde hacía falta cuando los organizadores me lo pedían.

Un domingo a las 10 de la mañana me llamó Kathy, la organizadora de Midtown, para pedirme ayuda pues estaba trabajando sola en la iglesia Corpus Christi de la avenida 7ma. del noroeste y ningún voluntario había llegado. Sin pensarlo dos veces cambié mis planes y allá me fui, en un área eminentemente de inmigrantes hispanos que no entendían bien el bello inglés de Kathy, así que mi español fue de gran ayuda. Registramos a unas cuantas personas al salir de misa, y de allí nos fuimos a otra iglesia en la calle 29 del noreste donde el padre, muy cooperativo, le pidió a los feligreses que se registraran para votar, logrando algunos nuevos votantes y solicitudes de voto por correo. Allí como en Corpus Christi casi el total de los feligreses hablaban español, pero vi como Kathy agresivamente buscaba a los pocos que hablaban inglés para registrarlos.

Mi participación en la campaña se desenvolvía paralelamente en la internet, a través de los mensajes que recibía de *Organizing for America* y de otras organizaciones y líderes demócratas. Yo leía los mensajes para mantenerme al día, los respondía, difundía los enlaces en Facebook, firmaba mi nombre en las peticiones que consideraba acertadas, y apoyaba los temas que queríamos avanzar. Eran de tres a diez mensajes cada día, más las cartas por correo que trataba de responder, pero muchas veces tuve que dejar mensajes y cartas sin abrir por falta de tiempo.

Por supuesto que me pedían contribuciones en dinero constantemente, porque así son las campañas políticas, pero yo tenía cuidado de dar solamente a OFA, y a veces a alguna campaña para ofrecer mi apoyo aunque sea con 3 dólares. Si alguien del senado como el líder Harry Reid, o Chuck Schummer, quienes estaban luchando en el congreso por lo que yo creo, me enviaban una carta o un email, lo menos que podía hacer era expresar mi apoyo respondiendo a una encuesta o enviando una contribución simbólica. Mi concepto era éste: avanzar la agenda de los demócratas es un problema mío y de todos los que la compartimos, y ellos, los políticos, no podían hacerlo todo solos, también es mi responsabilidad.

El día 25 de septiembre, recibimos un mensaje de la campaña acerca de una rifa para tener un lunch con el presidente en Washington D.C. con todos los gastos pagados. Me había abstenido de participar hasta el momento, por más que me pareciera fantástica la posibilidad de tal encuentro, en el que escogerían a cuatro personas entre los miles de voluntarios del país. Así que envié $35 para entrar en la contienda, a ver si tenía suerte. Después, te volvían a pedir más, y volví a aportar, pero no estuve entre los afortunados que después vi en un vídeo.

Un viernes de septiembre era la ceremonia de naturalización de mi estudiante colombiana y me invitó a acompañarla en la emotiva ceremonia. En su familia había tres nuevos ciudadanos que votarían por los demócratas. Después de la ceremonia y las fotos, vi al salir del edificio al equipo de OFA registrando votantes. Yo no podía ayudar ese día a registrar, pero si podía ayudarlas a encontrar nuevos ciudadanos interesados en registrarse. Me dediqué a preguntarles a cuanta persona salía si querían registrarse para votar, indicándoles donde encontrar las voluntarias que estaban registrando. Ese día también ayudé a inscribir a varios nuevos votantes.

Registrando votantes en la Calle Ocho

El último viernes de septiembre volvimos a la Calle Ocho al Festival Viernes Culturales para registrar votantes con el grupo de OFA de la Pequeña Habana. Iba con mi amiga americana, que estaba fascinada por el hecho de pasar otra vez una tarde en el variopinto escenario étnico de la Calle Ocho. Tal vez ella era una de los pocos americanos que andaban por ahí esa tarde, porque en 2012, el turismo en la famosa calle estaba sólo empezando.

Además, esta vez invité a una amiga cubana a quien conocí en México D.F. Ella había tenido una participación destacada en las luchas estudiantiles de los años 50's contra el gobierno de Batista en la Universidad de La Habana, pero después de eso pasaron muchos años en que ni siquiera le interesaba votar. Sin embargo, la contienda presidencial en 2008 la motivó a hacer una excepción pues quería darle su voto a Obama. Como quería ayudar, vino con nosotros esa memorable tarde, para trabajar como voluntaria.

Encontramos la mesa de OFA al lado del Teatro Tower, tomamos nuestras tablillas, firmamos los registros y tomamos los consabidos paquetes de tarjetas con propaganda para captar adeptos y voluntarios. Yo las entregaba a la gente siempre que lo aceptaran, pero confiaba más en la conversación uno a uno; trataba de dar explicaciones de lo que estaba pasando en ese momento, sobre todo, las señales de una recuperación económica lenta pero alentadora, la creación de miles de empleos cada mes, y el paquete de estímulo económico que estaba generando demanda en la economía nacional.

Más tarde llegó otra voluntaria, que resultó ser una ex estudiante de mis grupos de inglés. Esta señora había sido miembro de la asamblea nacional y periodista en su país, Guatemala. Había trabajado en una emisora de radio local, y hoy colaboraba a veces haciendo comerciales, usando su experiencia y su bonita voz. Participaba a menudo en los *talk shows,* o programas de conversaciones en las emisoras en español. Era ciudadana y estaba registrada para votar, y tenía un gran entusiasmo por el Presidente Obama. Ella me contó cómo ayudaba a la gente a comprender las cosas buenas que el presidente estaba haciendo, de cómo el Obamacare ayudaría a la gente, y de los ataques de los enemigos del presidente, que no lo dejaban pasar una sola ley.

Así que éramos un grupo de cuatro mujeres entusiastas, el tiempo estaba agradable, y aunque no había demasiada gente ese viernes, era un día muy importante, porque quedaban solamente 11 días para registrarse para votar en el día de elecciones. Había que registrar a la mayor cantidad posible de personas, porque el tiempo se agotaba.

Empezamos a hablar con la gente y a entregar las planillas, registramos a unos cuantos, mientras saludaba a viejos amigos que habían venido a pasear. En mi búsqueda de votantes, trataba de adivinar a los que identificaba como posibles republicanos para evitar confrontaciones improductivas. Yo había tenido una dura semana de trabajo, y en lugar de quedarme descansando o irnos a comer con tranquilidad, estaba allí registrando votantes, así que no podía usar mi energía en discusiones inútiles con aquellos que tenían un gran prejuicio contra los demócratas, o una firme convicción de votar republicano a toda costa. Ya había sufrido esa experiencia el último viernes de agosto, y en aquella oportunidad gasté mi energía en dar argumentos a quienes no lo querían entender, y no logré nada con la confrontación, así que me dediqué a buscar a gente joven que quisiera registrarse, evitando los que lucían como miamenses por largo tiempo, o gente con apariencia de republicanos, lo cual me lo decía un sexto sentido que no puedo explicar.

Mi amiga Naomi estaba también registrando, y siempre venía a pedir ayuda cuando no podía comunicarse con la gente en su bello inglés de Michigan, o cuando le faltaban las palabras en su gracioso español. Muchas veces la ví conversando con señores de la tercera edad, caballeros muy correctos, que iban a la Calle Ocho a conocer damas solteras y a socializar un poco. Yo me daba cuenta del tipo de individuo, que ella por ser americana no los identificaba, y la alertaba sutilmente de que estábamos allí por una causa y había que moverse a buscar votantes, y que escapara del asedio de conquistadores para otro viernes con más tiempo.

El ambiente era encantador, la música buena, y la gente amable. Había una feria de artesanías en la Avenida 15, y en la heladería frente al Teatro Tower una fila de gente comprando helados, además de los jugadores de dominó en el parque frente al Teatro Tower.

Me encontré con una joven pareja que se pusieron serios al saber que era de Obama. Aún cuando se comportaron muy civilmente, el muchacho me dijo, refiriéndose al gobierno demócrata, que "no puede ser bueno un gobierno que abandona a Israel". Esa era otra de las tonterías que se oían en la radio conservadora. ¿Cuál era el abandono a Israel del gobierno de Obama? Yo había oído en CNN de parte de una figura del gobierno actual de Israel, que nunca había habido más apoyo y acuerdos militares entre los dos gobiernos que durante esta administración. De todas formas, aunque fueran conservadores, les ofrecí si se querían registrar, porque esa era mi deber, pero ya estaban registrados, y no me dio tiempo de dar mi punto de vista sobre lo que se esgrimía en contra de Obama con respecto a Israel. Había demasiadas calumnias en contra de este gobierno que no eran ciertas, y si alguien quería creerlas, no había remedio. "La gente cree lo que quiere creer", me dijo una vez Pearl, una inglesa millonaria a quien di clases de español, y tenía razón.

Decidimos entrar en el centro Cuba Ocho a refrescar un poco. El lugar, frente al parque del dominó, está muy acogedor, con su pequeño bar en la entrada, y sus pinturas cubriendo completamente las paredes, muchas de ellas con temas cubanos. Había bastante gente, así que tenía la esperanza de que alguien quisiera registrarse en aquel lugar. Mi amiga se sentó a disfrutar de un mojito, y yo me senté también a observar quien necesitaría registrarse para votar. Miré hacia un lado, y vi a una señora bastante mayor y muy bien arreglada, sentada en un pequeño sofá. "Otra republicana con Medicare", pensé. Decidí probar suerte, y me senté a su lado. Se llamaba Georgina, y me contó que había nacido en el campo de Cuba, que sus nietos aun hablaban español con ella, porque ella ni soñar que pudiera aprender inglés. "Está haciendo lo correcto, porque así ellos mantienen los dos idiomas, y así será mejor para ellos conseguir buenos trabajos en Miami", le dije. Le pregunté si estaba registrada para votar en las elecciones de noviembre, y me contestó que sí.

De pronto, me dijo con orgullo: "el jueves pasado estuvimos jugando dominó con Marco Rubio, en mi centro de actividades, adonde vamos los viejitos". Hmmm, causa perdida, pensé. Ella sería otra de las viejitas que adoraban a los apuestos jóvenes cubanos que andaban en la política, y a los que fervientemente les daban su voto, seguras de que, una vez elegidos, harían todo lo posible por conservarles el Medicare, y claro, lograr la libertad de Cuba a larga distancia.

"Ah, usted jugó dominó con Marco Rubio, mira que bien", le dije yo. El favorito del *Tea Party* en Florida no perdía el tiempo, trabajando duro por Mitt Romney. La estrategia electoral que todos los políticos cubanos mantienen, es visitar los centros de la tercera edad para asegurar votos de ese sector que es mayoritariamente republicano. Georgina seguramente sería uno de estos republicanos, pensé resignada. Pero no podía frustrarle su entusiasmo ni enturbiar la conversación con análisis políticos, a una señora de cerca de ochenta años. Este es un voto para Romney, pensé.

Sin embargo, algo me dijo que siguiera hablando con esta señora. "Pues a mí la verdad es que me gusta Obama señora, y estoy aquí trabajando por él, aunque ahora estoy descansando un poco conversando con usted; yo no tengo seguro médico, y él está luchando para que gente como yo tengamos seguro", le dije suavemente, porque necesitaba al menos darle a conocer que muchos en Miami teníamos razones para no coincidir con las ideas de Rubio.

La señora me miró de soslayo, como comprendiendo mi frustración porque ella se sintiera orgullosa de compartir con el senador republicano. Pareció pensarlo por un segundo, y de pronto se inclinó hacia mí, se cubrió la boca como para decirme algo en secreto, y me dijo, bajito: "a mí me gusta Obama, y voy a votar por él". ¡Por poco brinco de la alegría, porque aquella declaración me tomó de sorpresa! Lo que menos esperaba yo era que aquella viejita votaría por Obama, a pesar de que la semana pasada tal vez había tirado la ficha del doble nueve jugando dominó con el próspero Marco Rubio. Resultaba simpático que a pesar de recibir esta distinción de parte del adalid de los republicanos latinos, ella estaba determinada a votar exactamente en contra de lo que el republicano buscaba ese día en el centro de viejitos.

"En mi casa somos muchos, somos más de 20 entre mis hijos y nietos, y todos vamos a votar por Obama", añadió.

¡Aquella confesión me hizo la noche! Sobre todo porque venía de una señora cubana de la tercera edad, el público preferido de la derecha. ¡Eran varios votos para Obama, no sólo el de ella! Sentí una gran felicidad, porque me confirmaba mi certeza de que mucha gente votaría por él, aunque el *establishment* republicano de Miami no paraba de atacarlo en todos los foros, y la prensa ignorara a los que favorecíamos a Obama.

Esta anécdota ilustra cómo la gente de Miami que favorecía a los demócratas, sentían que tenían que hablar bajito cuando se expresaban a favor del presidente, en estos ambientes en los que los republicanos son mayoría, como en el área de atención de salud a los pacientes de Medicare y las personas mayores.

Me despedí de la dulce señora, a quien entretuve por un rato, y seguí en mi labor. Encontré después a una joven con tipo de artista de cine, vestida muy sexy, que resultó ser la esposa de un empresario de la zona. A mi pregunta, me dijo que su esposo no había recibido la tarjeta de votar todavía, y que ya habían pasado varias semanas desde que la pidió. Fuimos a buscar al esposo, y entre cliente y cliente, ya tenía la planilla actualizada, para asegurar que la tarjeta de votar llegara a tiempo. También eran demócratas. Los dueños de pequeñas empresas de la Calle Ocho también votarían por Obama.

Eran ya las 9 y media de la noche, y ya tenía tres planillas llenas. Me encontré con un amigo, un escéptico, al que le conté lo que hacía. Me dijo: ¿llevas tres horas aquí y solo tres planillas llenas? En sus ojos había un brillito de ironía. El comentario ni siquiera me inmutó. "Todavía me queda tiempo, ya otros aparecerán, tú veras. Además, estoy disfrutando la experiencia, es increíble. La estoy pasando muy bien, conversando con la gente, los estoy alertando de que estamos aquí por Obama, y que la votación es el mes que viene".

No me pasó nunca por la mente que estuviéramos perdiendo el tiempo, ni que nuestro trabajo fuera en vano. Estaba absolutamente convencida de que teníamos que hacer algo, que yo estaba haciendo lo correcto, y que íbamos a ganar en Miami.

Experiencias como las de la señora Georgina en el Centro Cuba Ocho, me llenaban el corazón de felicidad. Y había muchos como ella, como había muchos como yo, trabajando por la causa en la que creíamos. Con la mayor determinación, seguí hablando con la gente, caminando los dos lados de la calle, conociendo a nuevas personas, *I was having fun!,* divirtiéndome, además de pasar el mensaje de la necesidad de votar. "¡No dejes de votar!" les decía a cuanta persona hablaba conmigo.

Nos pasó por al lado una pareja de mediana edad, ella blanca, vestida muy moderna, con el pelo rojo lacio y muy arreglado, y el, un "mulatón" alto, dicharachero. Era como si estuviera caminando por el boulevard de San Rafael de Centro Habana en los años 90's. Cuando los abordé él me dijo: "Yo no puedo votar todavía mi niña, pero hay que votar por ese que tú tienes en el pulovito". Se refería a mi t-shirt, con el logo de barackobama.com y el letrerito *Fired Up Ready to Go".* Intercambiamos unas palabras, me dieron ánimo, me hablaron de sus razones para apoyar mi causa. Pensé en el racismo y los matrimonios interraciales que en un tiempo eran ilegales en este país, y hoy tenemos un presidente negro, que corona las esperanzas de tanta gente que ha sufrido el racismo en carne propia.

Mi amiga la americana seguía fascinada por la colección de personajes de la Cuba que dejamos que estaban allí esa noche de Viernes Cultural de la Calle Ocho. Era como si estuviéramos allá, en la isla. El calor era el mismo, el de la noche, el de la gente.

Tanto pregunté hasta que conseguí más votantes, así que seis personas votarían en estas elecciones por mi trabajo de esa noche, y mis amigas también hicieron su parte. Los demás voluntarios reclutados por OFA hicieron otro tanto. Fue una jornada fructífera.

Por fin, pasadas las 10 P.M. decidimos que era hora de irnos.

Entregamos las planillas llenas a los encargados de la oficina de la campaña, llenamos los consiguientes papeles con el número de planillas y otros requerimientos. Había que seguir las reglas establecidas por el estado de la Florida para registrar a los votantes.

De ahí nos fuimos a comer algo al restaurant "El Exquisito". Cuando estábamos sentadas, vi a un grupo que estaba esperando a que le buscaran una mesa. La mesera, una salvadoreña muy despierta, estaba demasiado ocupada. Les ofrecí espacio en nuestra mesa, porque no sé por qué, todo el mundo me parecía conocido ese día.

Resultó un grupo muy variado. Una pareja de ambientalistas que remaban en kayak y visitaban los parques, de origen cubano, maestros retirados de Coral Gables High, ella de idiomas y el un músico devenido en profesor de música. En el grupo estaba también una muchacha vestida muy moderna, con su sombrerito y chaleco, quien era la única que había nacido en Miami, cuyos padres eran cubanos y vivían en Coral Gables, donde viven los cubanos ricos. También otra muchacha nacida en Alemania, muy rubia pero tostada por el sol floridano, y una señora americana, la única nacida en Estados Unidos con la excepción de la miamense. Esta señora, que hablaba bastante español, fue sumamente amable con nosotros, como lo son todos los nacidos en el Medio Oeste americano; vivía en Coconut Grove, y había sido programadora y analista de una importante compañía.

A la mesa llegaron finalmente los platos de malanga, tostones y yuca frita, ensaladas y arroz con frijoles negros. En esta mesa predominaban los vegetarianos y gente a dieta, porque los "bistés" (*beef steak)* y las masitas de puerco, platos típicos del Caribe, brillaban por su ausencia. Al final, habíamos compartido nuestra mesa con ellos como si fuéramos familia, nos hicimos amigos, intercambiamos emails que nunca usamos, y pasamos un rato encantador. Por supuesto que no se tocó el tema político, estábamos compartiendo la misma mesa, y había que relajarse un poco, sin confrontaciones políticas.

Después de terminar de comer, decidimos incursionar en Alfaro's, un centro nocturno donde había muy buena música de son cubano, en especial en este día de Viernes Cultural. El lugar tiene una pista de baile y mesitas donde sentarse, como en los cabarets y clubes de La Habana que dejamos atrás hace muchos años.

La audiencia era de gente de nuestra edad, parejas bailadoras, y también alguna que otra pareja de jovencitos que bailaban con pasillos nuevos, muy diferentes a los que yo conocía. Disfrutamos viendo la gente bailar, y la música nos tentaba, así que decidimos "echar un pie" en la pista de baile por un ratito antes de irnos a nuestras casas.

Al otro día, no podía olvidarme de Georgina, la señora que jugó dominó con Marco Rubio. ¿Habrá cambiado su voto al recibir las diarias llamadas robot del senador en la última semana antes del 6 de noviembre? Si algún día me la encuentro otra vez, le preguntaré, pero me parece que esos veinte votos fueron para Obama, y Marco Rubio se quedó con las ganas.

Al siguiente día, estaba comprometida a ir a la oficina de OFA de *Little Havana* a trabajar en el banco de llamadas, pero yo estaba demasiado cansada, y mis asuntos personales demasiado atrasados, así que decidí que este día no podía manejar hasta allá, no podía seguir dejando mi vida para luego.

Me prometí que iría el domingo por la tarde a registrar votantes en mi vecindario, y allí estuve, yo sola otra vez porque nadie podía acompañarme. Ese domingo, estuve delante del Publix de Biscayne y la 48 tratando de pasar inadvertida para los empleados porque oficialmente el negocio no permitiría esa actividad frente a la tienda. Ese domingo pude registrar a cuatro votantes, y conocí a un colombiano muy conversador que se anotó como voluntario, y que estaba muy entusiasmado en ayudar a Obama.

Encontré también a una señora cubana, que no necesita registrarse porque era una votante habitual. Asumiendo que pensábamos igual, porque ese día no llevaba nada que me identificara, me dijo, "lo importante va a ser como votaran los independientes, porque este hombre - Obama - no puede continuar". "Yo estoy aquí por los demócratas, señora" le dije. Y allí la señora empezó a contarme de su legítimo pedigree republicano, desde Nixon a los Bush, y que en el año 61 un demócrata, John F. Kennedy, había evitado que la aviación de los Estados Unidos apoyara la invasión de los exilados cubanos a Cuba.

"Si Kennedy hubiera autorizado enviar aviones del ejército americano, eso hubiera sido un acto de guerra contra la Unión Soviética. Además, eso pasó hace 60 años, Obama es demócrata y el mundo ha cambiado desde entonces", le expliqué. No sé si me oyó porque se estaba subiendo en su carro, pero me pareció que en el fondo ella comprendía que esta vez el pueblo americano le daría la reelección al demócrata. Al menos esta republicana no me vino con la historia del complot del comunismo, y se mostró un poco más tolerante.

Una tarde me llamó una señora para que la ayudara con la ciudadanía así que vino para la clase el día acordado. Había venido de Perú casi 20 años atrás, y había hecho todos los trabajos que los latinos hacemos. Tenía un noveno grado de escolaridad, pero en su forma de expresarse me di cuenta de que era inteligente, pues tenía criterio propio y se expresaba con mucha claridad. Había estado trabajando como empleada doméstica en residencias de personas solventes, y su inglés oral era muy limitado, pero era capaz de entender bastante bien.

Empezamos el entrenamiento y estaba muy agradecida por la cantidad de información que le estaba dando. Sin intención de mi parte, caímos en la conversación de las próximas elecciones. Me dijo: "a mí me cae bien Obama, porque se le ve su deseo de ayudar, se le nota que es humano. Imagínese lo que hubiera logrado si lo hubieran dejado trabajar. ¡Hubiera logrado mucho! Le ha faltado el apoyo de los republicanos".

Las palabras de esta mujer sencilla me conmovieron profundamente, porque ella había llegado a esta conclusión por sí misma. No era aficionada a la política, su religión no le permitía votar, y había dedicado su vida a trabajar para enviar dinero a su madre en Lima, pero con su poca información, era capaz de discernir, en la complicada maraña de las noticias en español, que este presidente era un hombre humano a quien sus adversarios le habían llenado el camino de obstáculos y acusaciones. Su comentario me iluminó: la gente no es boba, y no se traga las mentiras de los adversarios de Obama.

Un día me dediqué a oír los comentarios de C-Span. En esta emisora hay tres líneas telefónicas, una para los demócratas, otra para los republicanos, y otra para los independientes. Ese día habían traído a una analista del Instituto de Empresarios Americanos (AEI) estudiando las estrategias de los republicanos. En el segmento de llamadas, me llamó la atención la opinión de un señor de cierta edad que se expresó así: "los republicanos han tratado de limitar el voto y repetir críticas y ataques a esta administración, sin darse cuenta de que la gente tiene un cerebro y lo usa. Los republicanos se han portado como necios, y no han hecho nada más que ser los hipercríticos de Obama. Nada más hay que ver cómo han tratado de suprimir el voto diciendo que hay fraude, cuando el fraude en las elecciones ha sido mínimo". Este demócrata lo resumió mejor que yo: sí, la gente tiene cerebro y lo usa. Lo que más quiero es que lo usen para votar en noviembre.

Una mañana salí a trabajar como todos los días, y miré por casualidad la parte del maletero de mi carro, donde noté algo extraño sobre mi *sticker* de Obama. Me acerqué y me asombré de lo que ví: habían puesto un mensaje sobre el nombre de Obama que decía en letras grandes y muy bien escrito *"SOCIALISM"*. Algún obsesionado me quiso enviar un mensaje, alguien que tuvo la paciencia y la osadía de invadir mi propiedad de esta manera. Después de un poco de análisis pude determinar quién fue la frustrada persona que puso el letrero, que no tenía ningún derecho a vandalizar mi carro. En lugar de hacer algo efectivo para expresarse, tuvo que usar un pedazo de banda adhesiva para escribir su descontento sobre mi letrerito. Pero esa no fue la única agresión que recibió el *sticker* de Obama en mi fiel Toyota Solara: más tarde me puso otra nota que decía *"SUCKS"*, y finalmente me arrancó el letrero completamente de mi carro. Este acto de vandalismo significaba además limitar mi derecho a la libre expresión en mi propiedad. Siento pena por la autora de este hecho, porque ha vivido llena de odio por el presidente legítimamente electo por millones de americanos. Después de este hecho, busqué otro sticker para sustituir al que habían quitado; lo que encontré a través de internet, fue una industria de propaganda antiobama con todo tipo de letreros ofensivos, y muchas historias de gente que habían sufrido como yo actos de vandalismo en sus automóviles.

La acusación idiota de socialismo de Obama ha sido una de las que más me molestan, es una de las más ridículas acusaciones, y carece de base en los hechos. Primero, este presidente ha hecho demasiado para salvar el capitalismo en América, como el estímulo económico para activar la economía, y salvar la industria del automóvil.

Hace tiempo que el capitalismo puro desapareció como tal, desde que el gobierno central determina los intereses bancarios, y desde que las grandes multinacionales están haciendo que desaparezca la pequeña empresa. Ya el mercado libre no es tan libre cuando monopolios controlan la competencia, o cuando el gobierno tiene que salvar a las grandes corporaciones para evitar un efecto general, o cuando se rescata a los grandes bancos porque son demasiado grandes para fallar, creando una beneficencia (*welfare*) al mundo corporativo. La beneficiencia pública como el Medicare y la vivienda a bajo costo, el *welfare*, es también una forma de socialismo, que existe hace mucho tiempo en el país; no la creó Barack Obama.

La transformación del capitalismo puro ha dado paso a un sistema en evolución que contiene mucho de socialismo de estado, como en Europa, una transformación que viene forjándose hace mucho tiempo para mantener el sistema capitalista, desde tiempos de la Gran Depresión de los años 30's.

El primer debate

Un paso importante en el camino hacia la presidencia son los debates, en los que el pueblo oye las ideas de los candidatos. Llegó el día esperado del primer debate de Obama y Romney en la Universidad de Denver, Colorado, a celebrarse en uno de los estados indecisos, y que estábamos esperando como cosa buena. El debate captaría la atención de la nación y en particular de este estado, cuyos votos electorales pudieran decidir la elección.

Las encuestas hasta ese momento mostraban una discreta ventaja para Obama que en algunos lugares eran de hasta 5 puntos porcentuales; yo creía que el debate podría aumentar esta ventaja, y a partir de allí la reelección estaría asegurada, pero nunca se sabe lo que pudiera ocurrir. Una metedura de pata, una palabra mal elegida, o un error estratégico podía costarle la presidencia al candidato. Yo esperaba que Obama saliera airoso de esta prueba, pero Romney era muy bueno debatiendo, lo que demostró en las largas y duras primarias republicanas que le exigieron dar el máximo.

Los voluntarios que trabajábamos en *Organizing for America*, estábamos expectantes y en la incertidumbre de cuánto influirían los debates en la intención del voto, y cómo saldría Obama de esta prueba.

La campaña nos invitaba a reunirnos para ver los debates, pero teniendo la experiencia del cierre de la convención demócrata que vimos en casa de mi vecino, donde perdí tantos discursos por las conversaciones en voz alta, decidí que vería el primer debate en la sala de mi casa, estudiando cada detalle y tomando notas, como siempre hacia con los discursos importantes del presidente que tanto me inspiraban. Esperaba oír de él nuevos enfoques y análisis que me guiaran en mis conversaciones con los posibles votantes para que votaran por los demócratas.

A las 8 de la noche estaba frente al televisor, y a esa hora comenzaron los analistas de CNN a hacer sus conjeturas, analistas que siempre me parecen mejores que los demás. Saltaba a las otras dos emisoras de cable: Fox News, representativa de la extrema derecha y MSNBC de la extrema izquierda. Yo decidí escuchar el debate en el más balanceado CNN, como siempre, porque no me interesaba la opinión de los extremos.

A las 9 salieron los dos candidatos y empezaron a debatir política doméstica. Obama estaba lento, un poco a la defensiva; en cambio Romney se mostró más agresivo y seguro. Esperaba que Obama mencionara el desafortunado comentario del 47 % de Romney, pero pasaba el tiempo y no lo mencionaba. En cierto punto de la discusión, Romney modificó sus afirmaciones, contradiciéndose a sí mismo en anteriores posiciones; parecía otro Romney, y Obama se notó desconcertado. Noté que el presidente miraba a Romney con cierta incredulidad, y hasta creí ver que le resultaba repulsiva la doblez de su oponente que en ese momento cambiaba fácilmente sus posiciones en varios temas.

A partir de cierto momento y ya entrando en la última media hora, inexplicablemente Obama se mostró distante, evasivo, y sin interés de presentar batalla. No era el combativo y elocuente Obama de las primarias del 2008 contra cinco demócratas, ni el de los debates con John McCain. Desde ese momento del debate Obama miraba más a sus papeles que a su oponente, mientras Romney ripostaba con energía.

El debate terminó a las 10 y media de la noche. Yo me quedé un poco perpleja, porque no sentí que el presidente había hecho lo que esperaba, rebatir a Romney con energía y con decisión. En ese debate Obama nos dejó a los demócratas con un mal sabor.

Antes del debate yo tenía la certeza de que Obama estaría magnifico; tenía confianza en el poder de su palabra y la sinceridad de sus convicciones. ¡Defender las medidas que benefician al pueblo americano y defender su gestión era lo único que necesitaba! Pero en esta materia de debates políticos en las que el público se guía por su percepción de quien "ganó" en la confrontación, comprendí que más allá de honestidad y valores, se requiere también atacar al contrario, desarmarlo, y hasta ponerlo en ridículo si era necesario.

Y ese atacante aguerrido no era Obama, quien se mostró demasiado correcto y demasiado frio con Romney, quien en cambio no dudó en repetir inexactitudes y variar posturas si era necesario, así como mostrarse inflexible y duro con el contrario. Yo creo que esa noche Obama aprendió algo, y yo también, acerca de la tradición americana del debate político.

Esa noche inmediatamente después de terminar el debate fueron los republicanos a las salas de prensa a evaluar el encuentro y a buscar ser entrevistados. El primero en llegar fue el senador por Florida Marco Rubio, quien entró corriendo al salón de prensa para ser el primero en hablar. Literalmente jadeando y radiante de contento lucía como niño con juguete nuevo, en primera plana, otra vez destacándose en el plano nacional, esta vez porque Obama le había dado esa noche a sus enemigos el gran regalo de su mal desempeño. Marco Rubio estaba que no cabía en su silla, tan grande era su emoción, comentando los errores del presidente. En su lenguaje corporal se notaba una ansiedad enorme por ganar y una alegría inmensa de que al fin, la campaña de Romney podría anotarse un importante punto a su favor. Su euforia denotaba cierta sorpresa de que Obama hubiera estado tan mal. ¡Este es el inicio del fin de Obama!, se podía percibir en las expresiones de satisfacción de los republicanos, que empezaron a llegar al lugar donde la prensa esperaba por la mejor entrevista de cada bando.

Mucho después, y hablando con mucha cautela, llegaron los jefes de la campaña de Obama tratando de defender al presidente, pero sin mucho convencimiento. Los republicanos estaban felices y los demócratas se notaban fríos y además confundidos, ante el viraje que este debate pudiera significar.

Después de oír unos cuantos comentarios, me fuí a dormir. Con la cabeza en la almohada pensé si este debate cambiaría la elección. Quedaban dos debates más y esto era solo el comienzo. De cualquier manera, mañana yo haría la parte que me correspondía: registrar más votantes en mi edificio; ningún debate me detendría.

A la mañana siguiente los periodistas comentaban el primer debate presidencial, que muy pronto empezarían a reflejarse en las encuestas que le dieron un impulso a Mitt Romney. Pero la mejor manera de lidiar con la mala actuación de Obama en su primer debate era haciendo algo por ayudarlo a ganar: registrando más votantes en mi edificio, *The Charter Club on the Bay.*

Semanas antes se me había ocurrido organizar una jornada de inscripción de votantes en mi edificio, y pensé que el mejor momento sería después del primer debate, cuando la gente empieza realmente a pensar en votar por el próximo presidente. Ya me había comunicado con la administración de mi condominio para ofrecer a los residentes la posibilidad de inscribirse después de las 6 de la tarde, que es la hora en que hay más tráfico en el edificio. Afortunadamente y en aras de facilitar la vida de los votantes, la administración y el presidente del condominio accedieron, pues mi trabajo no sería partidista, aunque ya mi inclinación por Obama era evidente porque el *stick*er que mostraba en mi Toyota Solara hablaba por sí solo.

Yo había preparado una nota informativa para ponerla en la pantalla digital del condominio invitando a los votantes, que decía así:

A: Todos los residentes del edificio

De: Su vecino ciudadano

¿Está listo para votar?

Jueves Octubre 4

6 P.M. a 8 P.M. – Salón de juegos

Registro de votantes para nuevos votantes y actualización de su tarjeta de votante

VOTE EN NOVIEMBER 6

En Nov 6, habrá elecciones para Presidente, Senador de U.S. por Florida, su Representante, fondos para la Junta Escolar para mejorar las escuelas, y muchas otras decisiones

Requisitos: ser Ciudadano Americano con al menos 18 años de edad en Nov 6 de 2012, y ser residente de la Florida.

¡La inscripción toma solamente 1 minuto!

Esta es la última semana que usted se puede registrar antes de las elecciones de Noviembre 6

¡Regístrese para VOTAR!

Octubre 4 – de 6 a 8pm- en el Salón de Juegos

Había estado viendo la nota en la pizarra electrónica por una semana, esperando que fuera lo suficientemente visible y explícita como para entusiasmar a la gente a participar en las elecciones. La nota enfatizaba que la inscripción tomaba solamente un minuto, porque ¡siempre todo el mundo está tan apurado! Esperaba recibir nuevos votantes y confiaba en que algunos de estos se inclinarían por los demócratas.

Al salir del trabajo ese día fui a buscar las planillas de registro de votantes a la oficina de OFA de Midtown, pues no podíamos mantenerlas en la casa, por los controles legales. Esta iba a ser por supuesto una inscripción no partidista, sin hacer campaña directa por el presidente, así que no traje ninguna de las tarjetas para reclutar voluntarios ni propaganda demócrata, ni siquiera mis t-shirts o mis sellos.

A las 6 en punto estaba en el salón de conferencias del lobby del edificio con mis planillas, mis plumas y mi inseparable botellita de agua. Allí estaba puntual mi compañero Henry, vecino de mi edificio e incansable luchador de esta campaña, que se había comprometido a trabajar juntos ese día. Henry estaba muy elegante con una bonita camisa de vestir de un color coral, y su sellito pegado en ella que decía solamente "Obama".

Después de un rato, me atreví a pedirle que no usara el sellito, ya que esto era una inscripción no partidista. Suavemente, con sus maneras exquisitas, me dijo: "no Carmen, estoy ejerciendo mi libertad de expresión garantizada en la primera enmienda".

Tenía tanta razón que acepté su argumento, porque en el fondo me gustaba que hiciera valer su derecho, y el sellito no significaba que alguien que viniera a registrarse como republicano no pudiera hacerlo, sino que alguien como Henry, que prefería a Obama como candidato, lo ayudaría a registrarse, en un gesto de democracia.

Esa tarde Henry estaba muy disgustado con la actuación de Obama la noche anterior, pues desde que me vio me comentó.

-¿Cómo es posible que haya estado tan muerto? ¡Yo estoy muy deprimido!

- Bueno, Henry, sí, estuvo mal, podía haber tenido mejor desempeño, pero no me voy a deprimir por esto, sino a empeñarme más en registrar votantes hoy. ¡Mira lo que estamos haciendo tú y yo en el día de hoy! Exactamente lo correcto. ¡Él no lo puede hacer todo solo!

- Si, ¿pero tú lo viste? ¿Qué le pasó? ¡Hoy las encuestas mostraban a Romney arriba!

- Así es la política, así le dará más fuerza a esta campaña en cada lado, hoy le toca a los republicanos. Mira, hablando tú y yo, se nos está escapando la gente que pudiera registrarse. Vamos a preguntarles - le dije, y salí en el acto detrás de un muchacho a quien le pregunté si necesitaba registrarse para votar, pues la gente joven es la que usualmente no se había registrado.

No quise confesarle a Henry que anoche después del debate había dormido mal, que estaba decepcionada, que esperaba que hubiera sido un rotundo triunfo para Obama y no lo fue, ni que me moría de miedo de que Romney tomara fuerza; pero no quería abrumar a mi amigo sino sacarlo de su preocupación, y la mejor manera de contrarrestar esta transitoria ventaja de Romney era continuar con nuestra obra, votante por votante, sin tregua.

Empezó el movimiento de gente registrándose, pues hubo un constante ir y venir de personas a esa hora en el lobby de mi edificio. Hubo varios que bajaron de su apartamento solamente para registrarse porque habían leído el anuncio, y otras a quienes abordé, subieron a hacer sus cosas y volvieron a bajar al lobby para llenar su planilla.

Recuerdo una muchacha que venía con su hijo cargado, y no podía en ese momento detenerse, y mucho menos llenar la planilla, pero subió a dejar su niño, y bajó al lobby a llenarla. Meses después de la elección le pregunté a la misma muchacha si había votado, y para mi satisfacción me dijo que sí y me agradeció por ello.

En cierto momento, Henry y yo nos movimos para un lugar más visible, cerca de la puerta de entrada del lobby, donde conseguimos hablar con algunas personas más. Solamente si venía al caso hablábamos de los temas políticos del día, o de lo importante que era conseguir el triunfo de los demócratas, y siempre agradecíamos la atención, o la simple negativa a detenerse.

Ese día entre Henry y yo, registramos a unas 9 personas, de las cuales había 7 demócratas, un independiente y un solo republicano. Ese pequeño logró nos compensó el revés transitorio del descalabro del primer debate. Esta era la manera más efectiva de responder.

Después de varias horas de hablar con nuevos votantes, de ayudar a la gente a actualizar inscripciones, y de informar repetidamente que las elecciones comenzarían en pocas semanas, nuestra misión estaba cumplida por hoy, misión que había sido mucho más sencilla que la misión de Obama el día anterior, quien tuvo que debatir a un experimentado, tornadizo y tenaz adversario como Romney durante hora y media ante una audiencia de sesenta millones de americanos.

Esa noche devolví las formas llenas a la oficina de OFA de Midtown donde noté que todo el mundo estaba muy ocupado trabajando duro, pero siempre tomaron el tiempo para agradecer el trabajo que Henry y yo habíamos realizado.

Al día siguiente registré a dos personas más en mi edificio, los últimos que registraría en mi campaña para facilitar el voto. Desde que empecé registrando votantes en febrero, quería por lo menos llegar a 100 votantes para el 9 de octubre de 2012, la fecha tope para solicitar la tarjeta para votar el día de la elección del presidente. ¿Habría llegado a mi meta? Si cada uno de los miles de voluntarios de la campaña lo lográbamos, íbamos a ganar por seguro, porque cuando los americanos salen a votar, casi siempre ganan los demócratas.

A la mañana siguiente sintonicé los *talkshows* para entrar al programa a dar mi opinión. En la mañana de este viernes podía oír a Bernadette Pardo en la emisora 1140 AM, en la que generalmente los invitados habituales eran, ¡republicanos por supuesto!, como la analista Ana Navarro, invitada fija con Bernadette, y algunas veces el comentarista demócrata Freddy Balsera que participaba pocas veces.

Siempre pensé que era necesario que se oyera una voz a favor del presidente, así que esa mañana llamé y por suerte pude entrar en el programa. Comenté que mi experiencia real era que la gente en la calle apoyaba a Obama aunque las encuestas dijeran que Romney ganaría en Florida. Bernadette me dio las gracias y siguió recibiendo llamadas, las que por lo general eran bastante balanceadas, reflejando el tono establecido por esta periodista que siempre trata de mostrar las dos caras de la moneda.

Otra mañana, tuve la suerte de oír lo mejor que he oído en el programa de Haza en Radio Mambí, cuando oí la más notable participación de una señora cubana que llamó. De acuerdo a datos que oí de las encuestas de audiencia, aproximadamente una 3,000 personas mayores oían a Haza por la mañana. En su mayoría se expresaban mal del presidente, y, para usar una de nuestras expresiones caribeñas, "le tiraban con el rayo a Obama". Ya faltaba menos de un mes para las elecciones, y se notaba una mayor presión entre los que demonizaban al presidente por convencer a los votantes.

Después del aluvión de ataques a Obama de esa mañana, esta señora entró al programa, y con voz nerviosa y alterada, como de niña rebelde, solamente dijo:

- ¡yo voy a votar por Obama, gústele a quien le guste y pésele a quien le pese! ¿oyó? - e inmediatamente colgó el teléfono. El periodista, con una risita conciliadora, le contestó muy políticamente: "está bien señora, ¡usted vota por quien usted quiera, ja ja ja!".

Podía imaginarme el dilema de esta mujer, que decidió atreverse a llamar para declarar que votaría por Obama, quien era el anticristo de los oyentes en este programa frecuentado por sus detractores, en su mayoría cubanos de la tercera edad. Paradójicamente, son las mismas personas mayores que disfrutan del Medicare, reciben sellos de alimentos y viven en casas del Plan 8, o sea los planes sociales defendidos por gobiernos demócratas y recortados por los republicanos.

Quién sabe a cuántos republicanos a ultranza habría enfrentado la señora por confesar sus preferencias políticas, y quien sabe cuántas veces habrá estado en desacuerdo con los ataques que se oían a diario en ese programa, hasta que decidió hacer pública su adhesión a Obama, para disgusto de muchos oyentes.

Esta espontánea ciudadana reclamando su derecho a votar por quien ella prefería, me afirmó aún más en mi convicción de que una cosa era lo que se decía en los medios, y otra cosa era el diario contacto con los habitantes de Miami. Más gente de la que parecía simpatizaba con los demócratas aunque no lo expresaban, en una censura autoimpuesta para sobrevivir en el ambiente adverso que se vivía en la ciudad. En los automóviles, sólo unos pocos nos atrevimos a poner los *stickers* pro Obama, y en los jardines, sólo en ciertos barrios más diversos, como Morningside, Miami Shores, y North Miami, vi tanto unos como otros letreros a favor de candidatos.

Por la tarde después del trabajo, ví nuevamente las noticias y los debates presidenciales en C-Span, donde podía verlo sin interrupciones y sin opiniones de ningún comentarista, pues quería ver por mí misma como pintaban las cosas un mes antes de la elección. Hasta ahora las encuestas de opinión en los distintos estados parecían muy apretadas y cualquier cosa podía suceder, pero mi optimismo se mantenía más fuerte que nunca a medida que se acercaba la elección. Yo tenía fe en que el pueblo americano reconocería que mi candidato sería un mejor presidente para la gente promedio.

Durante el último día para registrarse para votar en esta elección, me senté a llamar a todo el que podía para avisarles e indicarles donde podían encontrar las planillas de inscripción, cómo llenarlas y a donde enviarlas, si querían votar en noviembre 6.

Habíamos trabajado incansablemente por casi dos años para registrar votantes, habíamos estado por horas, bajo el sol, la lluvia o el calor, en centros comerciales, tiendas, esquinas, extraños barrios con extraña gente que nunca habíamos visitado antes, estaciones del metro rail, edificios, exposiciones de cultura, ferias... ¿Dónde no habíamos estado? Yo había registrado tal vez a cien nuevos votantes, la meta que me había impuesto, había hablado por horas orientando a muchas personas de las fechas de elecciones, y argumentando sobre los logros de Obama.

Ahora, cambiaríamos la meta de nuestra lucha, que sería sacar a la gente hacia los centros de votación, tal vez la tarea más ardua. Faltaba solamente un mes para saber si lograría mantener a un hombre bueno por cuatro años más dirigiendo el país. Yo tenía confianza en lograrlo.

Creo que nunca he estado tan concentrada en un objetivo, con la excepción de mi lucha por salir de Cuba, en la que batallé por 8 largos años hasta que logré dejar atrás el oscuro sistema comunista.

Una tarde me llamó un miembro del personal de *Organizing for America* que quería escribir la historia sobre mi participación en la campaña. Yo empecé a contarle, pero estaba manejando hacia Kendall a mis clases de español, y la llamada se caía constantemente. No pude esperar a que me llamaran de nuevo porque empecé mi clase y tuve que desconectar el celular. Cuando terminé, llamé de vuelta al número de teléfono, pero nadie contestó. Llamé a Curtis y le comenté de la llamada, y me dijo que probablemente querían escribir sobre mi historia en el sitio de internet barackobama.com, donde periódicamente salían historias de voluntarios que estaban trabajando en la campaña. Me hubiera gustado compartir mi historia, y de este modo ayudar al presidente, pero tuve que cumplir con mi trabajo y no pude esperar la llamada del escritor, quien seguramente habrá encontrado otra historia que contar, de los muchos voluntarios que habíamos en el país.

Un sábado cayendo la noche estaba en la cocina lavando los platos, cuando decidí pulsar cómo estaba la situación con los enemigos de Obama, y ¿dónde podía encontrarlos si no en Radio Mambí?, así que sintonicé la estación y tal como esperaba encontré a un señor llamado Tito a quien nunca había oído. Estaba hablando mal del presidente, acusándolo de estar actuando contra la constitución; también dijo que "el socialista Obama tiene vínculos con personas negras de Chicago que son criminales", que sus vecinos en esa ciudad eran rojos,- refiriéndose a los comunistas- y que Obama tenía relación con gente que está escondida en Cuba, entre otros sabrosos disparates de este estilo.

Un señor mayor entró al programa, y con cierta ironía en su cascada voz, le dijo al comentarista "yo no he oído nada de eso que usted está diciendo en ninguna otra estación de noticias ni en ninguna parte". Era una manera de sugerir que las serias acusaciones contra Obama no eran ciertas porque de otro modo serian noticia nacional.

Decidí meterme en la boca del lobo y llamar al programa, no sin antes prepararme para grabarlo. Por suerte entré enseguida – tenía poca audiencia - y el dialogo brevísimo fue así:

- Yo voy a disentir con usted así que espero que me deje expresar porque así es la democracia.

- Bueno, la democracia es para construir la democracia no para destruirla- me contestó amenazante.

-Yo voy a apoyar al presidente Obama porque contrario a lo que usted dice él no ha hecho nada ni ha tomado ninguna medida ni socialista ni comunista.

- Déjeme decirle señora....

- Quiero que me deje terminar mi idea porque usted tiene todo su programa para ello y...

Pero esto fue lo último que pude decir porque desde ese momento trató de cortar mi llamada sin ningún miramiento.

- Radio Mambí....Radio Mambí –empezó a repetir al tiempo que trataba de desconectarme sin el menor protocolo y entraba la siguiente llamada. Pero fue cómico porque se enredó con los botones del control de audio y no lograba cortarme, aun se oía mi voz mientras entraba otro oyente en el momento que yo reclamaba mi derecho a hablar.

- ¡Pero déjeme hablar!

- Radio Mambí, usted está en el aire... seguía diciéndole a la siguiente llamada al tiempo que seguía apretando botones visiblemente nervioso y apurado por cortar mi llamada, hasta que finalmente me sacó del aire.

No me sorprendió esta reacción, sino que fue peor de lo que esperaba, pues no sabía que iban a silenciarme tajantemente. Este señor no permitió que me manifestara a favor de Obama con un argumento real que no pudo soportar, eliminando la posibilidad de tener un intercambio de ideas.

Este personaje es un exiliado de los que han escapado de una dictadura comunista, pero que han importado a Miami las mismas tácticas contrarias a la libertad de expresión que ha usado el régimen totalitario que hoy impera en Cuba. Era uno de los cubanos que guardan un Fidel Castro adentro, un pequeño dictador totalitario que no admite disidencia. Todavía no han aprendido que la oposición política es necesaria en una democracia, y no saben lo que es la pluralidad de ideas.

Después encontré información en el internet que este fue el mismo que al siguiente año acusó sin ninguna base a Yoani Sánchez de ser un instrumento del gobierno cubano, cuando Yoani es una disidente cubana que ha tenido el enorme coraje de vivir enfrentándose al régimen arriesgándolo todo. Por fortuna, estos "luchadores por la libertad" que aún tienen los micrófonos en Miami, están cada vez más solos, y el exilio cubano es cada vez más plural y diverso.

El fin de semana decidí hacer un alto en mi trabajo por la campaña para pasear un poco. Quise realizar mi sueño de visitar la famosa pizzería donde el dueño cargó en andas a Obama como si fuera una pluma, en la pequeña población de Fort Pierce.

Salimos en la mañana del domingo con rumbo norte por la I-95 y en unas dos horas estábamos allí. Big Apple Pizza estaba semivacía a las 11 y media de la mañana, lo que nos permitió poder conversar con el administrador y tomarnos fotos. El encargado, un muchacho joven muy conversador y amistoso, nos explicó que Obama conversó con los empleados, y fue sencillo en el trato; *"the man is down to earth"*, nos decía en inglés. El personal, todos jóvenes americanos blancos, se veían gente buena y agradablemente, e impresionados por la visita del presidente.

Descubrí allí quien es Scott Van Duzer, el dueño del negocio que se hizo famoso con su abrazo al presidente. En una esquina del comedor estaban los premios que Scott ha recibido por su labor altruísta con organizaciones comunitarias, lo cual llamó la atención del presidente.

Nos contaron también los empleados del lugar que tuvieron reacciones buenas y malas de la comunidad después de la visita de Obama; habían recibido felicitaciones de los locales, así como un par de amenazas de los contrarios a los que no les hicieron mucho caso. Una pareja de Hawái que andaba por la Florida vino a conocer el lugar, igual que nosotros.

El administrador del lugar, tuvo la idea simpática de tomarme una foto levantándome en vilo como mismo le pasó a Obama. Después de la foto nos comimos una pizza riquísima y una ensalada muy bien servida. Salimos de allí con promesas de volver, porque la verdad es que nos gustó el lugar.

Después nos fuimos al famoso muelle de Fort Pierce en el llamado *Jetty Park,* donde paseamos a todo lo largo, batidos por la brisa del mar. Es un bello lugar donde la gente del pueblo viene a pescar, a tomar el sol, y a tomarse su traguito. Allí Naomi entabló conversación con mucha gente, como habitualmente lo hace, con esa facilidad que tiene para conectar con las personas, y así conocimos a esta pareja que viven allí desde hace tiempo, quienes resaltaban por sus gorras de colores con la bandera americana. Le contamos que apoyábamos a Obama y habíamos ido a visitar la pizzería famosa por "el abrazo de oso". El silencio que siguió me indicó que ellos eran de Romney, pero eso no fue obstáculo para seguir conversando animadamente.

Disfrutamos del hermoso y renovado largo muelle, donde la gente pescaba, otros miraban a los manatíes, y otras simplemente disfrutaban del sol. Me llamó la atención que había bastantes latinos, muy diferente de cuando vinimos a Fort Pierce en el 2000 y todavía estaba el viejo puente de madera. En aquella ocasión montamos a caballo en una playa adyacente a un parque estatal. Doce años más tarde, el pequeño pueblo estaba creciendo y ya varias edificaciones nuevas indicaban un desarrollo futuro en esta parte de la bella costa de Florida muy frecuentada por los *snow birds,* visitantes del norte del país durante el invierno.

Dejamos Fort Pierce atrás bordeando la costa por la carretera A1A para llegar a Boca Ratón, la tranquila ciudad donde se encuentra *Lynn University*, la cual surgió en el mapa para mí y para mucha gente, únicamente porque sería la sede del último debate presidencial en octubre 22, que debía ser el más visto y el más importante. *Lynn University* es una institución privada, con un estudiantado internacional, situada en un paraíso de vegetación tropical al oeste de las playas de Boca Ratón, al sur de Palm Beach, el área donde radican los multimillonarios.

El hecho de que el último debate tenga lugar en Florida, muestra cuán importante es este estado para las elecciones. El moderador seria el conocido periodista Bob Schieffer del Canal 4. Lo que más deseaba es que Obama saliera muy bien de este último enfrentamiento con Mitt Romney, un rival siempre peligroso.

Después de visitar Lynn *University* y tomar algunas fotos, manejamos de regreso hacia Miami en esa tarde de domingo, pasando por Fort Lauderdale en el condado *Broward*, que es el lugar donde hay más demócratas en el sur de la Florida.

Manejamos por la I-95 hacia Miami con bastante tráfico para ser domingo, señal de una ciudad que se torna mayor, más cosmopolita, y más importante. En la I-95 vimos otra vez la gigantesca valla en la que se veía a Obama haciendo una reverencia a un príncipe saudita, y anunciando el altísimo precio de la gasolina, para implicar que la culpa era del presidente, lo cual era otra de las grandes mentiras repetidas por sus enemigos.

Regresé feliz a Miami. En mi gran deseo de ayudar a Obama, me daba más energía y más confianza en el triunfo visitar los mismos lugares de Florida donde él había estado, o donde sería el último debate. Ya faltaban cuatro semanas, y ahora más que nunca había que darlo todo.

Obama en la Universidad de Miami

Supe que Obama vendría a Miami para un mitin en la Universidad de Miami en Coral Gables e11 de octubre. Yo tenía que estar allí con los partidarios del presidente, así que rápidamente llamé a mi organizadora de OFA para obtener entradas, quien me dijo que los tickets se repartirían en el Wolfson Campus del Miami Dade College, así que me fui a recogerlos lo más rápido que pude. En una mesa larguísima allí estaban entregando tickets todos los organizadores de OFA con los que había trabajado y también alguno de los lideres voluntarios, lo que me pareció una pérdida de horas de trabajo, porque no había tanta gente ni largas filas para concentrar a tanto personal en una actividad, cuando era el penúltimo día para registrar votantes. Al entrar ví a una estudiante del colegio que estaba allí trabajando recibiendo a las personas; era buena noticia que contáramos con la participación de los estudiantes del colegio, que fueron parte importante de la reelección de Obama en Miami.

Obtuve los tickets con rapidez y saludé a mi gente de OFA Midtown y a Curtis, el jefe de la campaña en Miami, quien continuó supervisando el trabajo con su habitual sencillez.

Decidí comprarme una buena cámara para documentar este rally en UM, pues no quería repetir la experiencia de junio en el aeropuerto donde dejé de tomar fotos por falta de una. Planeé mi itinerario de ese día para recoger a mis amigas y estar en el campus de Coral Gables temprano anticipándome a las filas de espera; pero lo que encontramos allí ese día sería mucho más de lo que yo esperaba.

Con dos entusiastas amigas, mi nueva cámara, y los tickets que había conseguido en el Wolfson Campus, llegamos con dos horas de anticipación al vasto y verde campus de UM para ver a Obama que estaría aquí en lo que sería un gigantesco mitin de campaña.

Como el *rally* sería en una universidad privada, la más cara de Miami, y en el medio de Coral Gables, me sorprendió la enorme cantidad de gente que encontramos al llegar: en una interminable fila de varias cuadras de largo esperaban organizadamente miles de jóvenes y también gente de todas las edades. Estacionamos en un lugar bajo cierto riesgo de que nos llevaran el carro en la grúa, y caminamos al final de la cola a cerca de 10 cuadras de distancia de la entrada del *Bank United Center*, un estadio de 8,000 asientos.

Un flujo constante de entusiastas seguidores de Obama continuó llegando mientras la fila caminaba bastante rápido hacia la instalación, cuando atravesamos un edificio en el que estaba una mesa de la campaña por Romney y Ryan atendida por un joven, la cual me dediqué a observar; no ví que ningún simpatizante se acercara por largo rato, hasta que llegó un estudiante. El joven voluntario por Romney no dirigió su mirada ni una vez hacia la interminable fila de personas ansiosas por entrar al estadio a ver a Obama, sino que miraba fijamente sus papeles de propaganda pro-republicana. Este contraste era un buen vaticinio de que la victoria seria nuestra, pues Romney tendría su mitin en el mismo lugar unos días más tarde.

Seguimos acercándonos a la puerta de entrada en ese esplendoroso día del mes de octubre en aquellos jardines perfectamente diseñados, de los que disfrutamos por horas mientras caminábamos hacia el estadio. Yo había estado en UM por un par de eventos de los maestros de ESOL y algún examen que he tenido que tomar. La Universidad de Miami, fundada en el mismo año del famoso huracán de 1926, me pareció bellísima esa tarde, especialmente por estar en la compañía de miles de seguidores de mi líder mientras esperábamos por horas para expresarle nuestro apoyo.

Avanzábamos y ya estábamos más cerca de los controles de seguridad de la puerta cuando ví pasar a uno de mis preferidos, Joe García, el candidato demócrata que volvía a la carga por tercera vez a aspirar al congreso. Del corazón me salió un grito efusivo de "¡Joe!" como si fuera un amigo que hubiera almorzado en mi casa ayer; yo solo quería saludarlo y darle mi apoyo. Cuando lo llamé, él fue tan humilde que dió un giro de 90 grados y caminó hacia mí como un viejo amigo, me saludó y le dí un beso, y le volví a dar mi mejor consejo: "Joe, para ganar esta elección tienes que sonreír más". El solo se sonrió y me agradeció, y volvió a tomar su rumbo hacia las actividades que tendría Obama en Miami esta tarde. Mis amigas se quedaron encantadas de mi familiaridad con Joe, quien seguro que se estaría preguntando donde había conocido a esta señora, pero yo sé que lo impresionó la alegría y el entusiasmo que proyectaba mi voz y mi anhelo por su victoria, pues si ganaba Joe sería el primer cubano americano demócrata por Miami en el congreso de los Estados Unidos.

Ya estábamos casi a la entrada cuando avisté a mi organizadora de OFA, quien después de horas bajo el sol no cesaba de orientar a la gente que no se podían entrar sombrillas de ningún tipo. Por fin después de casi dos horas llegamos a la entrada, fuimos revisados por agentes de seguridad, y después corrimos hacia una puerta de entrada al tiempo que ya oíamos la voz de Obama dirigirse a la multitud.

Nos pasaron a un campo de baloncesto aledaño al estadio, un lugar donde podíamos oír el discurso aunque no ver directamente al presidente. Comprendí que el estadio ya había llegado a la máxima capacidad, y para no detenernos después de tanta espera nos dirigieron a este lugar, donde varios cientos de personas escuchaban y esperaban ver a Obama en algún momento, algo confundidos porque no se podía ver mucho más que una tarima vacía adornada con banderas.

El discurso terminó, y al rato entró al lugar Debbie Wasserman Schultz, quien anunció al presidente. La gente gritaba "*four more years*" con gran entusiasmo, pero yo no podía ver nada, pues estaba como a cuatro filas atrás y la gente cubría mi vista, pero allí estaba Obama dando la mano, saludando sonriente mientras la gente enloquecía por saludarlo. Por fin pasó delante de mí, y yo solo alcance a levantar la mano y tomar algunas fotos. En una de ellas se puede ver un pedacito de la frente del presidente, que finalmente se fue, dejando a los cientos de personas mirando sus fotos y retirándose del lugar. Pensé cuan dichosa yo había sido cuando pude darle la mano en el aeropuerto tres meses atrás.

Al salir saludé a Eduardo, mi organizador de Little Havana, muy elegante en su traje azul, quien siempre cariñoso me saludó con un besito, y a Curtis, el jefe de los organizadores, que me preguntó cuántas personas estaban en aquella área aledaña al estadio. "Como unos 500, o tal vez más", le dije. Curtis estaba calculando la asistencia al evento en la que la gente de OFA había trabajado por varios días; se habían reunido aproximadamente unas 9,500 personas, en un ambiente totalmente de victoria. Aquel mitin era el de un triunfador, no había manera de que Obama no triunfaría en la elección.

Después de salir nos subimos en un pequeño autobús de la universidad que nos llevó hasta el estacionamiento, donde esperamos por largo rato para poder salir del campus, debido a la cantidad tan grande de personas presentes. En el autobús conversamos con un grupo de muchachos afroamericanos, estudiantes, que estaban eufóricos por haber estado allí. Pensé lo felices que se sentirían de tener un presidente de su misma raza, y pensé que ya era hora de que lo tuvieran, ¿y quién mejor que Obama?

Después de este mitin Obama se fue a otro evento en la ciudad. Por supuesto que la prensa local en español prácticamente ignoró el evento como ya era habitual, pero las emisoras en inglés lo reportaron completamente.

Ese día viviendo el entusiasmo de la gente en este acto de campaña, corroboré que Miami es mucho más que los cubanos que escuchan la radio en español, y que el entusiasmo por Obama en esta ciudad era tan grande como el mío. Después busqué los videos puestos en YouTube sobre el mitin en UM, los vi y leí los comentarios. Escribí mi propio comentario sobre mi experiencia, que decía:

"Yo esperé por 2 horas para entrar en una línea de 10 cuadras y más de 9,500 personas. ¡El entusiasmo fue increíble! No hay manera - ¡NO HAY!- que Romney gane, ¡olvídate de eso! No más guerra en Iraq, estamos retirando las tropas de Afganistán, Bin Laden está muerto, y no empezamos una nueva guerra, ¡gracia a Dios! Estamos en el rumbo correcto: hacia adelante”.

Sí, yo estaba muy segura. *There is no way- no way! - that Romney wins, ¡forget about it!*

Frente a la oficina del senador Barack Obama quien se encontraba al inicio de su campaña presidencial en 2007

Vista del Capitolio desde la Corte Suprema de Justicia en mi primera visita a Washington DC

admirando la efigie del Presidente Abraham Lincoln en una de las salas del capitolio

el día de la ceremonia de naturalización de mi estudiante Lorenzo en el Teatro Auditorium de Miami Dade en la calle Flagler. Ya empezaba a verse la primera propaganda de la campaña de Obama.

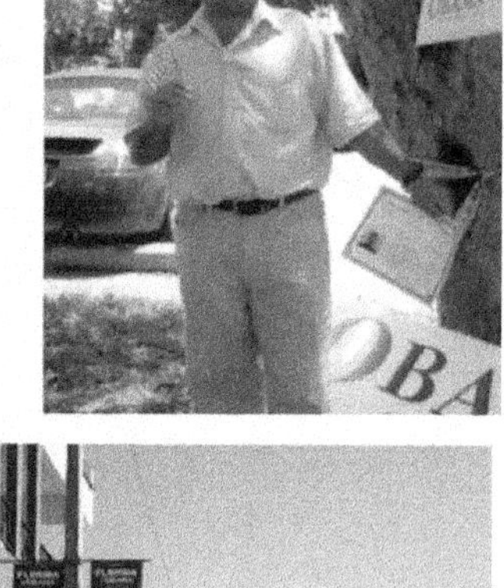

pacientes esperando regalos frente al quiosco de Radio Mambi, la emisora de los republicanos, en una de las fiestas que se organizan conjuntamente con clínicas que usualmente sirven a las personas de la tercera edad con beneficios de Medicare

la oficina de campaña del 2012 por Obama (Organizing for America), situada en el corazón de la Pequeña Habana (la 1ra Calle del Suroeste y la Ave 21), en la que trabaje por muchas horas

el lema de la campaña "FORWARD" (adelante) en un edificio de la Pequeña Habana

mi encuentro con Barack Obama en el aeropuerto cuando vino a Miami por una recaudación de fondos en junio de 2012.

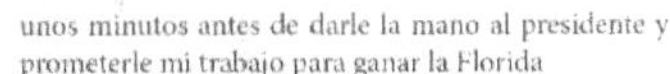

unos minutos antes de darle la mano al presidente y prometerle mi trabajo para ganar la Florida

el dia que recibimos a Obama en el aeropuerto con la representante al congreso Fredericka Wilson y la comisionada Gwen Margolis

la interminable fila para entrar al Bank United Center de la Universidad de Miami en Coral Gables para el meeting de campaña de Obama en octubre 11 de 2012

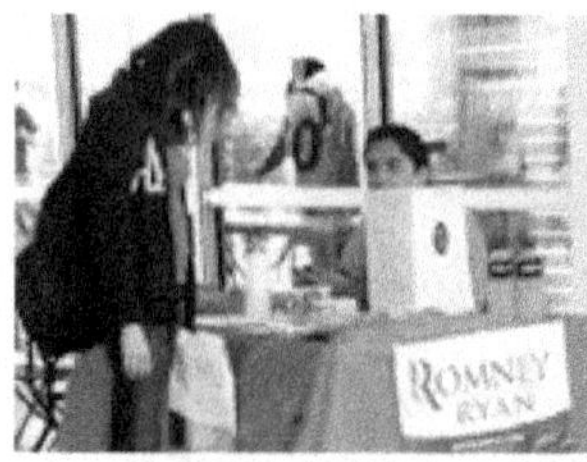

un voluntario por Romney en un pasillo de la Universidad de Miami mientras miles de seguidores esperábamos para entrar al estadio para escuchar a Obama

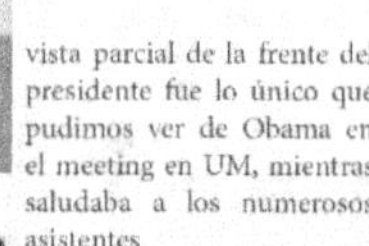

vista parcial de la frente del presidente fue lo único que pudimos ver de Obama en el meeting en UM, mientras saludaba a los numerosos asistentes

anuncio del último debate presidencial con Mitt Romney en los terrenos de Lynn University, Boca Ratón, Florida

invitación a reunirse con Obama que la campaña envió a los voluntarios de Organizing for America. En la foto aparece Scott Van Duzer, dueño de Big Apple Pizza en Fort Pierce, Florida, dándole un sorpresivo abrazo al presidente al recibir su visita en su pizzería en septiembre de 2012

vidriera con los numerosos premios que Scott Van Duzer ha recibido por su trabajo en la comunidad

en una visita días después a la pizzería de Fort Pierce, el manager me da el mismo abrazo que Scott Van Duzer le dio a Obama

III. CONTEO REGRESIVO AL DÍA DE ELECCIONES

Cuando faltan tres semanas para el día cero

Estábamos ya a mediados de octubre y se acercaba el momento de la verdad, el día decisivo donde se contarían los votos. Cada día era valioso y yo sentía que tenía que hacer algo que nos acercara al menos a un votante, pues un voto sería importante en esta elección; aquí en Miami nadie sabía lo que iba a pasar.

Totalmente enfocada en el trabajo para lograr la victoria de Obama, empecé a llevar un conteo regresivo hacia el seis de noviembre, día de elecciones. Mi plan era estar en contacto directo con los votantes en esta etapa final y hacer lo que yo pudiera directamente allí, en el campo de batalla con los que elegirían al próximo presidente.

Esta elección se decidiría con la participación de los que apoyaban a Obama. Eso fue lo que le oí a un experimentado activista el día de mi primera reunión de voluntarios un año atrás en su casa en Coral Gables: "just *make sure voters vote*" (asegúrate que los votantes voten), y eso exactamente había sido el objetivo de la campaña. De nada serviría que la gente estuviera informada de la verdad, que se escuchara nuestro mensaje, y se hablara de la justeza del plan y defendiéramos las acciones del presidente, si el apoyo no se traducía en el voto y Obama no ganaba la reelección.

Tan importante fueron para mí estos días finales, que empecé a llevar una especie de diario con notas de lo que hacía y lo que ocurría, lo cual me dio la idea de compartirlo en un libro algún día. La mejor manera de describir lo que pasó en esas vibrantes tres semanas, es contarlo en tiempo presente, así como mismo ocurrió. Es por eso que, para decirlo mejor, hablaré del día de hoy en tiempo presente como si estuviera narrando la realidad en el mismo día de los hechos.

Martes 16 de octubre. Faltan 21 días para el Día de Elecciones.

Hoy llegué de mi trabajo entusiasmada, porque a la 9 P.M. se celebra el segundo debate de Obama con Romney, que se va a celebrar en *Hofstra University,* New York. La moderadora va a ser mi favorita del domingo en CNN, la señora Candy Crowley, quien según he leído está registrada como republicana; una periodista auténtica, de las que informa los distintos aspectos de la noticia sin intentar crear una opinión en la audiencia. No me perdía su programa *"State of the Union"* de los domingos a las 9 A.M. y esta vez era ella la que estaría preguntándole a Romney y a Obama.

Había grandes expectativas del papel que haría Obama en este segundo debate, ya que el primero había sido un gran fiasco para los demócratas, por la forma inexplicablemente ausente en que el presidente respondió a los enérgicos ataques de Mitt Romney.

Tuve que descansar un poco para estar lista para la jornada nocturna de noticias además del debate de esta noche. Había reservado el día sin hacer citas con mis estudiantes de ciudadanía para poder disfrutar del evento a plenitud, conociendo la importancia que los debates tienen durante la campaña. Esperaba ansiosamente que Obama se portara más agresivo esta vez, porque otro debate sin vigor sería altamente negativo para la causa.

El pueblo americano espera con atención estos debates presidenciales, que tienen una trascendencia muy grande. Se ven estos encuentros televisados como una pelea entre púgiles, donde el más fuerte ganaría las simpatías de los votantes indecisos, y tal vez sería el elegido en las urnas. Sin duda que este debate, ya tan cerca de la elección, podría inclinar la balanza hacia uno u otro candidato entre los votantes que aun dudan de por quién votar, que no son pocos.

Como ejemplo en la historia de las elecciones, se menciona el debate entre Nixon y Kennedy que fue decisivo para la elección del primer presidente católico, pues Kennedy lució muy tranquilo y convincente, a diferencia de Nixon que no convenció a la audiencia, quien estuvo visiblemente nervioso y sudando a mares.

Ya a las 8 empecé viendo las opiniones de los expertos, que "tiraban sus piedras", una expresión que para los cubanos significa tratar de adivinar los resultados. Como es habitual, prefería el balance periodístico de CNN donde no se inclinan abiertamente para ningún lado, sino que presentan un panel de expertos de ambos partidos. Sintonicé por un momento los programas de análisis políticos en español de mi ciudad de Miami, con la perenne esperanza de hallar algo distinto; pero allí estaban los mismos invitados que había estado viendo por un año, con un rictus de odio en la cara al hablar contra Obama, y repitiendo las mismas líneas que Fox News, en medio de las preguntas del mismo periodista conduciendo la opinión hacia el lado deseado a favor de Romney, el cual nos iba a salvar de todos los males. Así que regresé a informarme en inglés, en CNN, aunque siempre me daría un brinquito por CBS, NBC, y ABC, para tener otras perspectivas que enriquecieran.

Este debate lo vi en mi casa, sola frente al televisor, declinando la invitación de OFA a reunirnos para verlo con el grupo de voluntarios del *team* Midtown. Después de la experiencia de casa de mi vecino, donde apenas había podido oír los discursos debido a la constante conversación de los invitados, veía los eventos en la tranquilidad de mi hogar, tomando notas e ideas centrales por si algún día lo necesitaba para escribir. Aprovechaba además para aprender alguna palabra sofisticada para buscarla después en el diccionario. Estos debates presidenciales me encantaban y me instruían mucho.

A las 9 puntualmente empezó el debate, donde Obama se batió como los valientes, y para ser objetiva, Romney no se quedó atrás, pues estuvo magnífico dentro de su habitual manera de debatir, que consistía en cambiar de opinión si así lo requería el momento, y por supuesto, no ajustarse a la verdad o cambiar lo que había dicho si era necesario, luciendo como un eficiente ejecutivo convenciendo a sus accionistas.

Romney no desperdició el momento para criticar a Obama por el ataque a Bengasi; en cierto momento del debate dijo que no se había calificado el ataque como terrorista, pero Obama le contestó que sí lo había hecho en sus declaraciones desde la Casa Blanca; entonces la moderadora, Candy Crowley, tuvo que intervenir para citarle a Romney que el presidente se había referido a terrorismo en esa comparecencia. Era típico de los conservadores hacer afirmaciones falsas y dar por sentado hechos que aún estaban en investigación, como el caso del ataque en Bengasi.

El debate fue bastante parejo y esta vez sí Obama salió bien parado, y no creo que origine ningún cambio dramático en el estado de opinión pública hacia uno u otro. Esta noche pude dormir mejor y no tuve las pesadillas de la noche del primer debate.

Miércoles 17 de octubre. Faltan 20 días.

Hoy, las opiniones de la gente con quien hablé que vieron el debate de anoche eran favorables a Obama, y a los que no lo habían visto yo les contaba. Ahora se espera el último encuentro como cosa buena.

Recibí varias llamadas en este día para completar encuestas sobre las elecciones. Ya en el mes de octubre, casi diariamente yo recibía varias llamadas de compañías encuestadoras para saber mi opinión, pues evidentemente mi teléfono estaba en todas las listas, ya que yo me tomaba el trabajo y el tiempo de responder a cuanta encuesta me enviaban, cosa que no era siempre fácil, por la complejidad de las preguntas y el tiempo que tomaba contestarlas. Quería que la opinión de una mujer de mi edad, mi afiliación política y mi nivel académico quedara plasmada en las encuestas, para que mi opinión se contara. Yo era un encuestado poco usual debido a que estaba muy informada, oyendo siempre a las dos partes y llegando a mis propias conclusiones.

Cada encuesta telefónica tomaba unos 15 minutos, y algunas respuestas exigían una evaluación del 1 al 5, o expresada como muy de acuerdo, algo de acuerdo, en contra, muy en contra, etc. etc. lo cual era un trabalenguas y un ejercicio de la memoria no apto para cualquiera. Algunas preguntas en la encuesta preparaban al encuestado para dar una respuesta determinada, ya que contenían afirmaciones, no preguntas, como la de afirmar "la economía está deteriorada desde que Obama está en la presidencia", lo cual no es una encuesta sino un anuncio encubierto, ni es veraz tampoco, sino que es la mentira más repetida de los conservadores. Recibí más de una de esas encuestas, pero cuando me daba cuenta de que no era seria, me negaba a responder y ahí terminaba la llamada.

Hay encuestas de organizaciones de derecha y de izquierda, y aunque deben hacerse bajo ciertos reglamentos de análisis estadístico no están desprovistas de prejuicio, lo cual disminuye la validez de los resultados; por eso las constantes referencias a las encuestas en las que Romney estaba arriba no me preocupaban demasiado. De todas maneras, me alegraba sobremanera cada vez que me encuestaban, y me tomaba el trabajo de contestar a todas las preguntas con cuidado de no dejarme llevar por manipulaciones y poder decir mi verdad. A veces, si me preguntaban, me identificaba como independiente, ya que cuando voto me interesa más el candidato y su propuesta que el partido a que pertenece. Hacía unos años que había votado por los republicanos, y en ciertos temas como es el exceso de paternalismo en las ayudas del bienestar social, coincido con el ideal republicano de que el ciudadano debe forjarse su vida a base de esfuerzo personal sin esperar ayuda del gobierno. Tampoco apoyo el otro tipo de ayuda del gobierno a las corporaciones, el llamado *corporate welfare,* que ha sido una solución de ambos partidos para salvar a las corporaciones grandes de irse a la ruina producto de sus excesos, cuando estas son "*too big to fail*".

Participar en las encuestas era otra forma de ayudar a la campaña de los demócratas, ya que hay gente que se deja llevar por la información que proyectan las encuestas. La gente se pega al vencedor, al que está ganando. Para los que estábamos firmes y trabajando en la campaña, no había resultado de encuesta que nos desanimara, pues dijeran lo que dijeran, los voluntarios seguíamos tocando puertas, haciendo llamadas, y registrando votantes.

Yo seguía llamando a los programas de radio, escribiéndole a los periódicos, y hablando con cuanto indeciso podía, así como rebatiendo los mensajes que me enviaban por internet, muchos de ellos con ideas francamente idiotas, como el complot de Obama para hundir América, cuando lo que él ha estado haciendo desde que tomó el poder ha sido trabajar por el América.

En octubre del 2012, recibí una cantidad considerable de propaganda política de ambos partidos por todos los medios posibles. Dedicaba a veces horas a responder, y sobre todo, lo que más tiempo robaba, era leer los mensajes de los demócratas, apoyar a campañas de candidatos y peticiones en Florida y en otros estados, y considerar enviar una contribución. En internet, parecía que todo el mundo estaba apoyando una causa o una elección; la actividad en línea era bastante abundante, a veces excesiva. Yo tenía que ser paciente porque había demasiado en juego, y había que ayudar a los que querían una victoria de los demócratas en el congreso, pues no sólo elegir al presidente era importante. Deseaba la victoria de Bill Nelson, de Debbie Wasserman Schultz y de Joe García y los apoyaba en lo que podía. También respondía diariamente en Facebook, Twitter, y a veces en los periódicos digitales, discutiendo los temas del día y rebatiendo a los conservadores. Esto era también parte de la campaña.

Jueves 18 de octubre. Faltan 19 días.

En la tarde después del trabajo, decidí irme a la oficina de OFA de Little Havana donde recogí algunas tarjetas de propaganda, pero como siempre ocurría, había más papel impreso que tiempo para leerlo y repartirlo. Creo que se malgastó mucho dinero en impresiones que se quedaron sin llegar a su destino. No sólo debíamos repartirla, sino que esperaban que mandáramos por correo a los amigos y familiares; los voluntarios estábamos tan ocupados en hablar con la gente y trabajar para ganarnos la vida que no nos alcanzaba el tiempo para repartir propaganda. Cuando salía hacia las casas en Little Havana, repartí lo que pude, pero siempre me quedé con muchísima propaganda que no tuve tiempo para repartir. Muchas horas de los voluntarios se emplearon en contar y manejar la propaganda impresa que iba llegando en mayor volumen según avanzábamos hacia las elecciones. Si algo cambiaría de esta campaña seria la cantidad excesiva de material impreso que había disponible, que nunca pudimos distribuir, y que la gente no se molesta en leer, propaganda que costó mucho dinero.

Estuve ayudando por unas dos horas en la oficina de Little Havana donde Eduardo, el organizador, parecía un loco atendiendo a todo el mundo. Llamé por teléfono a votantes, y regresé a la casa a descansar después de un día de trabajo que había culminado con el trabajo voluntario. Como siempre me senté a comer y ver las noticias, y después, me senté frente a la computadora, abrí el programa de las llamadas a votantes, y empecé a llamar. Mientras caía la tarde, completé 45 llamadas, y esta vez logré hablar con bastantes votantes y avisarlos de la proximidad de las elecciones adelantadas en Florida que empezaban el día 27. Cuando no me contestaban, dejaba un mensaje de que teníamos que participar en esta votación.

Creo que este ha sido el día en que más llamadas he hecho. El programa me permitía ver las estadísticas de otros equipos de voluntarios, así que revisé las cifras de los demás. Había voluntarios que tenían hasta 150 llamadas en un día, lo que me alegró muchísimo; éramos muchos trabajando por lo mismo, y algunos voluntarios eran verdaderos campeones. Pensé que tal vez los más eficientes serian invitados a la inauguración del presidente, pero yo no tenía esperanzas de ser una de los escogidos, pues aunque estaba haciendo lo mejor que podía en mi tiempo después del trabajo y la casa, el tiempo que yo dedicaba era limitado en comparación con gente que no trabajaban y tenían más tiempo que yo.

Viernes 19 de octubre. Faltan 18 días.

Entramos en el tercer fin de semana antes de las elecciones. Cada vez sentía más inquietud de cuan cercano estaba la elección y la importancia de lo efectivo que fuéramos en estas tres semanas. Mucha gente decide su voto a última hora, y yo estaba muy enfocada en que se decidieran por mis candidatos para presidente, senador y representante.

Este viernes me tocaba trabajar en *The Palace,* el lujoso hogar para retirados en el centro de Kendall. Debía atravesar la ciudad desde mi casa en Edgewater, frente a la Bahía de Biscayne, hasta la Avenida 107 del suroeste, un viaje de mucho tráfico a través de las vías rápidas del Dolphin y el Palmetto Expressway.

Durante el viaje de casi una hora sintonicé el radio pues quería saber cómo estaba el ambiente de las elecciones en una ciudad tan polarizada como Miami, y con una población republicana tan grande entre los hispanos de ascendencia cubana, la mayor concentración de latinos republicanos de todos los estados de la unión. Recientemente comprobé que hay 265,000 republicanos registrados para votar en el condado de Miami Dade, la mayoría de ellos cubanos de la tercera edad. Escuché un par de programas de participación en los que el vaticinio era que Romney sería el vencedor aunque en la nación se mostraba un empate.

Para aprovechar el viaje a Kendall y ahorrar gasolina que por cierto estaba ya por encima de cuatro dólares, en camino a The *Palace*, visité una librería en el centro de Miami cerca del *Palmetto Expressway* y la 76

Avenida pues quería vender mi curso de ciudadanía allí. Llegué a la librería donde empecé a hojear los libros por un rato. Observé en el lugar más visible, el libro de Marco Rubio, quien se había apurado a escribir su biografía después de que otro escritor también había publicado una sobre él. La señora que parecía la dueña, me atendió muy amablemente, hablamos de mi curso, de la competencia con otros cursos y del precio para venderlo. Cuando estaba más entusiasmada tratando el negocio, de pronto, la dueña, que era la primera vez que me veía, me dijo con mucha confianza: "¿tú vas a votar por Romney, no?"

Me quedé helada, o como decimos en el argot cubano, me cayó un cubo de agua arriba. No me asombró que una desconocida estuviera sugiriéndome por quién votar en las elecciones, porque así somos nosotros: conectamos con otro cubano al instante, como si nos conociéramos de toda la vida.

Yo tenía gran interés en vender mi curso en aquella librería, y en este momento, con esa pregunta a quemarropa, la política de Miami se estaba interponiendo en mi medio de subsistencia, pues yo necesitaba vender mi curso en aquella librería. Enseguida comprendí que si me identificaba como demócrata con esta señora, perdería la posibilidad de vender el producto de mi trabajo allí, y ella preferiría vender otros cursos que competían con el mío. Decidí entonces salir del paso diplomáticamente.

- Oh no, yo soy independiente- le contesté para evitar una confrontación innecesaria con un caso perdido.

- ¡Pero si seguimos con este hombre vamos al desastre!

-Bueno, ¿por qué usted dice eso?- me atreví a preguntar con cautela

-Porque con él hemos perdido muchísimos trabajos en la economía.

La miré con atención, pesando que debía hacer. Claudicar a mis principios y seguirle la corriente y decirle que votaría por Romney, o identificarme demócrata y echármela de enemiga, con lo cual podía perder la posibilidad de vender mi curso, pues ella sería quien lo iba a promover en su tienda, compitiendo con otros cursos parecidos.

- Bueno, no sé si le diga lo que pienso del problema del desempleo, porque usted y yo vamos a empezar a tratar de negocios vendiendo mi producto, pero realmente a mí no me gusta Romney, porque es una persona que un día está aquí y otro día se cambió para allá, lo que le decimos un cambia-casaca, ¿usted sabe? – le dije, refiriéndome a los sucesivos cambios de posición del candidato, con lo que lograba ser honesta conmigo sin informarle demasiado de mi pasión por Obama.

Afortunadamente, en ese momento llegó un cliente, y la señora tuvo que atenderlo, por lo cual la conversación quedó truncada, y yo quedé contenta de salir bastante bien de esta encrucijada de la política y los negocios con alguien a quien no iba a convencer nunca de que el desempleo no es responsabilidad del presidente sino de una recesión económica que empezó mucho antes de que él llegara.

Esta situación me mostró cuán difícil es para los demócratas subsistir en el medio empresarial de la ciudad de Miami en este momento, donde la mayoría de las personas con poder y dinero son republicanos a ultranza, que no toleran que exista otro partido, otras ideas políticas, y donde la palabra "liberal" es casi una mala palabra. Pareciera que la pluralidad de ideas religiosas o políticas que constituyen los Estados Unidos de América no ha sido claramente entendida por este grupo intransigente de cubanos que salieron de Cuba precisamente huyendo de una dictadura represiva impuesta por Fidel Castro después de que tomó el poder en 1959.

Finalmente logré dejar mis cursos en consignación, le firmé un recibo a la señora, y salí de allí feliz. Han pasado muchos meses, no salió electo Romney, y ni un curso se ha vendido en aquel lugar.

Regresé al estacionamiento y solamente entonces puse otra vez mi letrerito magnético de Obama 2012 en la puerta de mi Toyota Solara, y salí manejando a mi trabajo en Kendall en el intrincado tráfico de *Bird Road*. Al llegar al centro de personas mayores *The Palace,* y pasar por la garita de entrada, saludé al guardia de seguridad y esperé a que levantara la barrera. El custodio, un señor americano que me ha estado abriendo la entrada por cuatro años y con quien jamás he cruzado nada más que un saludo, advirtió mi magneto de Obama en la puerta del carro y me dijo,: "usted tiene el *sticker* correcto". Le agradecí el comentario pensando: otro más que no lo parece y es un partidario de Obama, vamos muy bien. La mayoría de las personas mayores que conocía se inclinaban al conservador Romney. Me gustó la espontaneidad del comentario de este reservado partidario de Obama, quien me hizo el día después del difícil intercambio con la dueña de la librería.

Yo seguía confirmando que el apoyo a los demócratas que recibía en la calle era notable, a pesar de los ataques en la radio y la televisión local en los medios en español.

Sábado 20 de octubre. Faltan 17 días.

Hoy tenía la tarea de tocar puertas en mi edificio para pedirles a las personas que emitieran su voto por correo o salieran a votar adelantado a partir del día 27, una tarea encomendada por la oficina de la campaña que me había provisto de las listas de votantes demócratas. Salí a los pasillos y traté de hablar con alguno de mis vecinos para asegurarme de que irían a votar lo más pronto posible. Empecé a tocar puertas, pero comprendí que a la gente no le gustaba que los interrumpieran en la mañana del sábado para asuntos políticos. No quise enemistarme con mis propios vecinos, así que después de hablar con algunos que no lucían contentos por mi interrupción, decidí parar esta tarea e irme a otro lugar a trabajar por la campaña. Después de todo, comprendo y respeto a las personas que no les atraen ni las elecciones ni la política, o que creen que no les afectan sus vidas, cuando lo cierto es que ambas cosas afectan directamente sus bolsillos, su familia, y su vida.

Antes de salir, decidí estar en mi casa un rato para organizarla y atender mis relegados asuntos. Mientras recogía y limpiaba, recibí una significativa llamada que me hizo cambiar de planes.

- ¿Puedo hablar con la Señora Iglesias? preguntaron en inglés.

Le contesté intrigada, pensando que era alguien vendiendo algo, u otro anuncio político, pero resultó ser un voluntario de la campaña de Obama que llamaba desde Texas, y quería saber si yo iba a votar por adelantado. Era un voluntario como yo, quien desde un estado "rojo" o mayormente republicano, llamaba a los votantes de mi estado indeciso de la Florida. En Texas se esperaba que ganara Romney y los candidatos republicanos, así que no había mucho por hacer. El día anterior había visto un debate de los contendientes para senador de Estados Unidos por el estado de Texas: un candidato de apellido Cruz hablando con grandilocuencia, que parecía no saber nada de nada, otro hijo de inmigrantes, de ascendencia cubana y canadiense por nacimiento, quien se oponía a otro señor llamado Sedles, un ex senador estatal por muchos años, hombre inteligente, humano, con mucha experiencia y sentido común. Le pregunté al voluntario que me llamaba, Steve, sobre la contienda por senador en su estado, y me dijo que Texas era mayormente republicano y que se esperaba que saliera electo Cruz.

La llamada del texano Steve fue una llamada de atención. Comprendí que por vivir en la Florida, yo tenía el privilegio de influir en la elección de manera decisiva .Si estuviera en Texas o en California, mi papel no sería tan crucial, porque para los estados definitivamente azules o rojos, o sea, que están definidos hacia un partido, los resultados ya estaban predichos: votarían como siempre habían votado. Pero Florida es uno de los 9 estados indecisos que vota para un lado o para otro, y aquí en este estado se podría decidir esta elección, como ocurrió en 2000 con Gore vs. Bush, cuando después de un largo y cuestionable reconteo de votos, la Corte Suprema decidió en una decisión de 5 a 4, que George W. Bush, el hermano del entonces gobernador de Florida, había ganado la elección en este estado otorgándole los 25 votos electorales para ganar en el país, gracias a una diferencia de 537 votos en la Florida. Algo parecido podría volver a pasar si la gente no iba a votar el día 6 de noviembre, pero para que eso volviera a ocurrir con la reelección de Obama, habría que pasar por encima de mi cadáver, pues yo trabajaría hasta el último segundo.

Gracias a la llamada de este voluntario tejano comprendí la urgencia de salir a hacer algo en la calle *right now*, así que terminaría rápido con los asuntos de mi propia vida, y me iría a trabajar por la campaña para una vida mejor y más justa para todos.

Mientras me vestía me llamó mi hermano para contarme que a mi mejor amiga le habían robado en su apartamento de la barriada de *Sweetwater*, un área que hace un tiempo era mayormente de nicaragüenses pero donde hay latinos de todas partes. Como ella es la persona más dulce y suave del mundo, pensé que estaría asustada ante la situación del robo, y decidí ir a prestarle mi apoyo, y después seguiría con mi misión.

En el camino puse el radio para ver qué tal estaba el ambiente a sólo dos semanas de las elecciones. Noté que dos estaciones de las de mayor alcance y más populares emisoras en español, la WQBA 1140 AM, recién cambiada a Univisión América, y Radio Mambí en 710 AM, estaban dando un programa donde personalidades del Partido Republicano despotricaban sin descanso contra Obama y los demócratas. Al mismo tiempo nuestra emblemática representante al Congreso por 22 años, Ileana Ros Lehtinen, estaba hablando en la también popular Radio Caracol, 1260 AM, predominantemente escuchada por los colombianos, que transmite noticias diarias sobre Colombia como si estuviera transmitiendo desde Bogotá, lo mismo que hace Radio Mambí con Cuba. Allí estaban los republicanos, en medio de la tarde del antepenúltimo sábado antes del día 6 de noviembre, gastándose astronómicas sumas de dinero a la hora de mayor audiencia para convencer a los votantes de Miami Dade de que votaran por Romney, que era quien nos salvaría de todos los males económicos creados, según ellos, por el inexperto Obama, el cual era el único "totí" responsable de todo lo malo que estaba pasando en la economía. "Él no tiene ni la menor idea" decía el representante Mario Díaz Balart, repitiendo la palabra *"clueless"*, su epíteto preferido para calificar a Obama.

El representante Díaz Balart, ha sido elegido varias veces en su distrito de Hialeah, compuesto por alrededor de 250,000 habitantes en 2013, cuya población, 94 % hispana, detenta uno de los más bajos indicadores económicos del estado de la Florida. Este republicano, como todos en esta zona, está acostumbrado a que en Miami Dade los republicanos se lleven la victoria en los tres niveles de gobierno: local, estatal y federal. Pero en 2012, el electorado era más amplio que los miles de cubanos que tradicionalmente votan por los republicanos. Ahora existía un electorado diverso con muchas nacionalidades diferentes, y una juventud interesada en votar por nuevas ideas de justicia social y libertad individual. Díaz Balart lo sabría el día de la elección, pero el que estaba en ese momento realmente *"clueless"*, sin la más ligera idea de cómo votarían los miamenses era él, pues no se imaginaba que solamente 17 días más tarde, su audiencia latina de aquella tarde estaría votando en masa por Obama, y que su pueblo de seguidores republicanos de hueso colora'o que viven en estos soleados lares de la Florida, se quedarían cortos en los votos para Mitt Romney.

Mientras en la radio oía por enésima vez los ataques a Obama como un presidente inexperto, indeciso, e ignorante, yo reafirmaba que estos ataques eran injustos y totalmente políticos. Todo el mundo se da cuenta de que Obama es un hombre muy inteligente, que se ha rodeado de un grupo de asesores cuidadosamente elegidos. La elección de Joe Biden ha sido genial, ya que pocos senadores tienen la experiencia legislativa y el carisma de Biden, que es un hombre muy querido y respetado. Si bien la experiencia de gobierno de Barack Obama es corta, su gabinete es poderoso, formado por personas experimentadas. Una de sus mejores desenvolvimientos es su visión del papel de Estados Unidos en el mundo, donde ha elegido las alianzas, la acción conjunta y la diplomacia antes que la intervención militar, la prepotencia y la fuerza. La mejor prueba de sus aciertos está en la forma en que ha sorteado cuidadosamente las tentaciones a guerras interminables en

Libia, Afganistán, Siria, y Corea del Norte.

Si hubiéramos tenido a un presidente republicano, probablemente estaríamos ya envueltos en la secuela de muerte y destrucción de costosas guerras; para muestra de esto, basta mirar atrás a Bush, quien como un gallito de pelea, siempre estaba dispuesto a envolvernos en una guerra hasta que nos metió en el interminable problema que ha significado la intervención en Iraq.

En mi ciudad de Miami, la derecha contaba con toda la prensa, los micrófonos, y el poder económico y político para que la propaganda anti-Obama se diseminara por todas partes. Hoy día, a sólo 17 días del día de elecciones, se arreciaban los ataques con mayor fuerza que nunca. La estrategia republicana era la mentira mil veces repetida, el ataque sin veracidad para lograr captar la opinión del público y aterrorizarlos. La propaganda republicana seguía al pie de la letra la famosa cita atribuida a Voltaire: "calumniad, calumniad, que algo quedará".

Cansada de oír ataques sin sentido, apagué el radio, porque era mejor ignorar la forma en que se tergiversaba la verdad, y la repetición de ataques que yo sabía que eran falsos. Estaba manejando, y mejor me mantenía tranquila mientras iba por la carretera 836 hacia *Sweetwater*, en medio de construcciones y desvíos por mejoras que se estaban haciendo a estas super carreteras.

Los fondos para esta obra monumental por la que manejaban miles de miamenses cada día provenían del estímulo económico del gobierno aprobado por las administraciones de Obama para detener la gran recesión, pero de ese detalle nadie en la radio miamense hablaba. El gobierno de Obama continuó con el estímulo económico que estaba inyectando dinero y creando trabajos en la construcción de infraestructura, la misma táctica usada por la administración de F.D. Roosevelt para estimular la economía americana después de la depresión de los años 30's. Pero en los programas de análisis, nunca encontré un economista que pudiera traer este argumento a la discusión, sino los que resaltaban la enorme deuda que este estimulo originó, aumentando la deuda creada por los recortes de impuestos de W. Bush y la guerra en el Medio Oriente.

Llegué a *Sweetwater* a pasar un rato con mi amiga y ayudarla con su problema del robo, perpetrado aparentemente por personas que entraron al edificio y forzaron la puerta a la luz del día. Cuando llegué, ya mi amiga había hecho su reporte policial y estaba tranquila aunque preocupada, así que decidí irme a trabajar a la oficina de OFA en Little Havana.

Aunque no era la oficina más cercana a mi casa, me gustaba más trabajar en esta zona que conocía mejor, donde había estado enseñando inglés a tantos inmigrantes latinos, que no conocían mucho del proceso de votar y tendrían muchas preguntas. Pude apreciar que la gente necesitaba orientación, alguien que les contara la otra parte de la verdad que era difícil oír en Miami, sobre los logros de la administración de Obama, y su plataforma para el futuro. Llegué allí en esa tarde de sábado, donde había varios voluntarios trabajando, más el personal de la campaña dirigido por Eduardo, quien cada día trabajaba más largas horas y lucia más agotado.

Empecé mi trabajo llamando a unos cuantos votantes registrados, informándoles cuán importante era votar y las fechas y lugares de votación. Me tocó conversar con un independiente, un señor muy sensato que acertadamente me comentó: "yo le voy a dar otros cuatro años a este hombre, porque el problema que el heredó no se resuelve tan rápido". Me encantaba escuchar razonamientos tan brillantes entre mis votantes latinos.

En la oficina conocí a Norma, una señora cubana que estaba haciendo llamadas a votantes, quien sólo podía hablar español, así que las llamadas en inglés me las pasaba a mí. Conectamos enseguida, como si nos conociéramos de toda la vida pues el hecho de ser idealistas, capaces de regalar nuestro trabajo por la causa, nos hacía confraternizar de inmediato.

Al rato me llamó Naomi, mi amiga americana, y me dijo que tenía tiempo para ir a trabajar en la campaña, pues quería poner su granito de arena aun cuando su español es limitado. Al tener una compañera yo podría ir a tocar puertas por las calles de Little Havana. Pedí en la oficina que me dieran listas de votantes, y salí hacia la avenida novena del suroeste, donde me encontraría con Naomi.

Llegamos al campo de batalla en pleno este de la Pequeña Habana, en la esquina del edificio de la organización *Light for the Blinds*. Vestida con mi blusa con el lema de *Fire Up Ready to Go*, mis sellitos de "*Register to Vote With Me*", y armada con mi tablilla con la lista de votantes registrados, un pequeño mapa, y mi botellita de agua, empezamos en la calle cuarta del suroeste. Estábamos trabajando para sacar a todo el mundo a votar, bajo el lema *Go out to vote*, "Salga a Votar". Teníamos que tocar puertas y hablar sobre la votación temprana.

Cuando llegué al lugar, recordé que mi amiga Isabel vivía muy cerca, y la llamé para que nos acompañara. Isabel es una peruana de Lima, otra entusiasta de Obama y los demócratas, que vive con su esposo, empleado del Hospital South Miami desde hace 14 años cuya familia completa había venido de Perú. Resultó que Isabel vive exactamente en la misma cuadra donde yo tenía que tocar puertas. Nos reunimos las tres, la americana, la peruana y la cubana, y empezamos a buscar las direcciones de las listas.

Yo tenía conocimiento de que el barrio era malo, pero no sabía que era tan malo. Primero entramos en un edificio bastante destruido en busca de dos apartamentos que aparecían en nuestra lista de votantes. El pasillo estaba oscuro, las paredes descoloridas, los buzones de correo llenos de herrumbre, las puertas tenían el número pintado a mano, y otras puertas no tenían número ninguno. Lo primero que vino a mi mente fue algún edificio que vi en la Habana Vieja en los años 80's, pero mi amiga americana, oriunda de Detroit, Michigan, nunca había estado expuesta a tanta miseria. Me pregunté cómo la ciudad permitía un edificio de renta en tan deplorables condiciones.

Toqué a una puerta y me salió un joven que parecía centroamericano, a todas luces un indocumentado, con el recelo reflejado en el rostro y listo a salir corriendo. Le pregunté por el votante que estaba en mi lista, y me dijo que la persona por quien preguntaba no vivía más allí. Por suerte, solo dos apartamentos estaban en la lista, porque no me sentía segura en aquel lugar. Al salir, vi un borracho en la puerta, en el balcón del segundo piso, a un hombre mirándonos con cara de libidinoso, y en el piso siguiente otros dos hombres tomando cerveza. Después vimos entrar a dos sujetos, uno que según Isabel parecía que era el "*drug dealer*", el que distribuía la droga. Era un mulato con el pelo largo hecho trencitas. Al poco rato salió una mujer que se abrazó con él, la única mujer que vi salir de aquel edificio. Él y otros tres hombres se sentaron en un gran carro viejo con las puertas abiertas, aparentemente dedicados a nada bueno ni honrado.

Me sentí insegura en aquel lugar, pensé que me podían robar mi carro, y tuve miedo de este mal elemento cerca de nosotros. Isabel me contó que la policía hacía redadas, se los llevaban presos y después los devolvían a la calle. No observé ninguna presencia policial ese día en una cuadra donde era evidente el tráfico de drogas.

Ese fue el peor edificio que visitamos en la zona. Dejamos este lugar, cruzamos la calle y entramos en otro edificio. Tocamos algunas puertas, pero algunos no nos abrían. Encontramos a una muchacha con su niña de días de nacida. Ella si quería votar y puso mucha atención a la información que le dimos, "sería un voto seguro" pensé. Luego, tocamos otra puerta, una familia con un apellido anglo, uno de los pocos en aquella zona. Nos abrió un muchacho alto, afroamericano, que tenía los ojos muy rojos, quien nos dijo amablemente que la persona que buscábamos no estaba en la casa. Eran cerca de las seis de la tarde de un sábado; seguimos tocando puertas, pero casi nadie nos contestaba en aquel edificio.

Terminamos nuestra lista de votantes registrados allí y fuimos a encontrar otra dirección en el edificio de al lado. Al llegar a un apartamento de la lista, salía una mulata de avanzada edad caminando con dificultad con la ayuda de un bastón, que nos dijo que iba apurada, pero que votaría por Obama.

Teníamos en la lista al apartamento siguiente, y tocamos a la puerta. Se trataba de una señora cubana, Mirta, que nos dijo que sí votaría por Obama, y que "ojalá que Dios lo ayude a salir exitoso en las elecciones". Yo le respondí´ "pero usted tiene que llamar a toda la gente que conozca y pedirles que voten, porque sucede que el votante latino lo deja para luego y no le da importancia a votar.", Me contó que había sido del Partido Auténtico, un partido político de la Cuba de los años 40. Nos contó que cuando tenía sólo 14 años, se paraba en un camión en un terreno vacío cerca de su casa en las afueras de La Habana, para dar discursos a favor de Ramón Grau San Martín, quien después fue presidente de Cuba desde 1944 a 1948.

"Usted se refiere a Grau, el que hacia el pollito con la mano al hablar" le dije, refiriéndome a lo que había oído cuando era niña, de la costumbre de este presidente de mover la mano con los dedos juntos, y recordé la imagen del flaco Grau San Martin con su bigotico fino que había visto en fotos y viejas películas.

Disfruté la conversación con Mirta, quien había sido una experimentada activista política, y me encantaron sus historias de la Cuba de mis padres, que yo conocía por los cuentos que había oído y los libros de historia. Después de conversar un rato, le dije: "usted es el tipo de cubano del que yo me siento orgullosa, señora" " Y yo tengo que darle las gracias por lo que ustedes están haciendo por Obama, porque yo estaría con ustedes ahora haciendo lo mismo si no fuera porque no puedo dejar a mi esposo enfermo", nos dijo.

"Es un honor y un deber" le contesté. "Tenemos que hacerlo, porque Obama no puede hacerlo él sólo". Fue un momento precioso; me parecía que nos conocíamos de toda la vida. Por lo visto había simpatizantes de los demócratas en esta empobrecida vecindad que había sido el destino de cientos de miles de cubanos a partir de los años 60's, pero donde ahora vivían más centroamericanos.

Este encuentro me dio fuerzas para continuar. Se hacía de noche, y nos fuimos rápidamente a otro edificio a seguir tocando puertas. La lista de electores parecía interminable.

Al salir a la acera hablé con un señor que había nacido en el bello lugar de Viñales, Pinar del Rio, quien dijo que estaba indeciso por quién votar. "Si usted está indeciso, por favor vote por Obama, para que continúe el apoyo del gobierno a la educación, y yo pueda continuar teniendo trabajo, y para que todos podamos tener seguro médico. El solamente se sonrió, no me prometió nada; quien sabe por quién votaría.

Llegamos al cuarto edificio de apartamentos de esa tarde. Este edificio estaba tan bien conservado que parecía salido de un pueblito europeo o de un estado de Nueva Inglaterra. En los pasillos tenían muebles pasados de moda y algunos cuadros, como si fueran de tiendas de segunda mano. Tocamos una puerta diciendo el nombre del elector, y nos salió la señora del apartamento del frente. "Ella se mudó" nos dijo. Al ver un símbolo de la religión hebrea en la puerta, mi amiga quiso iniciar conversación con ellos. Se trataba de un matrimonio de judíos cubanos, él era de Pinar del Rio, pero originalmente emigrado de Alemania a Cuba en la Segunda Guerra Mundial, y ella era camagüeyana. Al identificarse como judíos, se cruzaron unas frases en hebreo con mi amiga Naomi, como ella acostumbra a hacer con todo el judío con quien se tropieza.

Según nos dijo la señora, ya habían votado por correo, y por Obama además. Después de un rato de conversar, el señor me preguntó por los trillones de la deuda que teníamos con este gobierno. Esto me sonó a los que se informaban a través de Radio Mambí o Fox News, enemigos acérrimos de Obama. "Bueno, usted sabe que hemos pagado las últimas guerras a crédito, y que tuvimos que sacar a los bancos del hoyo en que estaban" le dije. El me miró incrédulo, y en ese momento intervino la esposa, agarrando rápidamente al esposo para dentro de la casa y diciéndonos "hasta luego" con mucho apuro. Me imaginé que el esposo no estaba en sus cabales. ¿Le habría ayudado ella a llenar su boleta, como hizo mami con papi cuando él quería votar por Al Gore?

Siempre recuerdo lo que le ocurrió a mi padre con mi madre en el año 2000. "Yo voy a votar por Gore", decía él con convicción, pero ya muy debilitado por la edad, cuando lo llevaron en una lujosa camioneta del Partido Republicano al que Mami había llamado, para que los llevaran al precinto a votar. Mi madre había arreglado todo, y creo que ella quería votar por Bush. Entraron al centro de votación los dos, pero yo me quedé afuera, pues en aquel entonces no sabía que podía haber entrado a ayudarlos a votar, ya que la ley electoral en Florida reconoce que las personas pueden recibir ayuda de otra persona para llenar la boleta, siempre que no se trate de un miembro de la unión o del lugar donde trabajan.

Me imagino cómo mi mamá ayudó a mi pobre viejo a llenar la boleta. Nunca supe si su voto fue por el demócrata como él quería, pero esa elección la perdió Al Gore por 537 votos en Florida, y por el famoso fallo de la Corte Suprema. La gente votó por el más carismático y desatinado George W. Bush que resultó tan mal presidente, cuyo mérito es que nos mantuvo seguros después del 9/11. Al Gore perdió, siendo un hombre tan inteligente y preparado, aunque no tan carismático, lo que llamamos los cubanos un poquito pesado. Hubiera sido un buen presidente, pero la vida no le dio la oportunidad. Sin embargo ganó un Premio Nobel años después por su trabajo a favor del medio ambiente.

Después de dejar a la pareja de judíos cubanos que nunca sabré si votaron por Obama, tocamos más puertas sin éxito en el mismo edificio, y fuimos al siguiente que aparecía en la lista por visitar. Este tenía la puerta principal de entrada con llave. En la puerta había un letrero escrito a mano en inglés, que decía más o menos así: "si viene a fumar su *porquería* de droga aquí mejor se va al *diablo* a hacerlo en otra parte porque le voy a llamar a la policía y se lo van a llevar a la *maldita* cárcel". Por supuesto que la nota contenía un florido lenguaje lleno de insultos en el más vulgar inglés del bajo mundo, el cual he tenido que "dorar" subrayando la palabra porque no lo puedo repetir. Aparentemente, la entrada al edificio había sido el sitio preferido para consumir drogas, y algún vecino había decidido ahuyentar a los drogadictos con el crudo mensaje.

Me impresionó cómo la droga pulula en esta zona, sin mucha atención por parte de la prensa o las autoridades de Miami. Yo llevaba trabajando en el área por muchos años, y el fenómeno era nuevo para mí. Nunca había oído a ningún comisionado mencionar que combatiría el crimen en la zona, ni a ningún alcalde, ni a ningún representante. En las reuniones comunitarias los vecinos si están preocupados por este problema, pero no es algo que suena mucho para los que no vivimos allí.

Esperamos un rato para entrar en ese edificio, pero sin éxito. Solo salió una visitante, otra "fan" de Obama, una de las pocas que hablaba inglés, que nos pidió información de cómo conseguir transportación para llegar al centro de votación, lo que le dimos con gran entusiasmo.

Llegamos a otro edificio donde logramos entrar. Allí teníamos un solo apartamento que visitar. Era de una señora mayor, a la que le tocamos repetidamente a la puerta sin obtener respuesta.

"Ella no le abre a nadie más que a su enfermera" nos dijo la vecina de al lado. Casi nos íbamos cuando del otro lado de la puerta oímos una vocecita tenue: "un momento por favor". Se había hecho un milagro, porque a los pocos minutos nos abrió la puerta una señora casi inválida, que nos explicó que estaba en el baño cuando llamamos.

¿Usted es de Managua?, le dije reconociendo su acento nica. "Yo soy de Masaya" me contestó. "Queríamos saber si ya había votado por correo, y si le gustaría votar por el Presidente Obama", le dije. "Si, yo voto por Obama", nos dijo. La señora se llamaba María, y había trabajado de tabacalera en Nicaragua. Nos enseñó orgullosamente sus fotos de juventud y nos contó que había sido propietaria de una casa en su natal Masaya. "Lo malvendí todo para venir a este país cuando mis hijos me lo pidieron", explicó. "Llegaron esos, los sandinistas de Daniel Ortega, y hubo que salir corriendo". "Si, yo voto por Obama, pero no sé cómo voy a votar m'ijita, porque yo no camino", nos decía. "Usted tiene que llenar este papel para pedir su voto por correo, María", le expliqué, y diciéndolo la ayudé a llenar su solicitud de voto ausente, y después la firmó.

"María vive sola, la hija nunca viene a verla, el hijo alguna vez", nos dijo otra vecina que apareció frente a la puerta. Esta vecina se enfrascó en una conversación interesante con mi amiga Naomi. Se llamaba Araceli, y antes de emigrar de Cuba trabajaba en la Compañía de Teléfono de Águila y Dragones, una esquina habanera por donde yo pasaba cada día en la ruta 15 cuando iba a mi trabajo en la Habana Vieja.

Como Araceli también defendía a los demócratas, y también era cubana, Naomi quiso que ella hablara con mi hermano para que le diera su punto de vista, así que lo llamamos para contarle que habíamos encontrado a una cubana que apoyaba a Obama.

"¿Que tú quieres, que nos metan en más guerras? le decía Araceli a mi hermano, cuyo fervor republicano me había costado más de un altercado con él. "Obama es un hombre de paz", le decía Araceli a mi hermano para mi satisfacción.

Yo me alegré tanto que esta ex empleada de la Compañía de Teléfonos hiciera este simple y magnífico análisis. Se envolvieron en una candente conversación, mientras yo hablaba con María, que tenía una foto preciosa de sus mejores tiempos, con un peinado de moño a lo María Caracoles muy usado en los años sesentas. Nos despedimos de la señora nicaragüense y de Araceli, quien se quedó muy feliz de conocernos.

Decidimos que ya era muy tarde y estaba anocheciendo, así que no era prudente permanecer de noche en aquel lugar. Nos despedimos de Isabel, que nos había ayudado muchísimo, quien quedó muy contenta del trabajo que hicimos. Sin ella, no sé si hubiera sido capaz de estar horas tocando puertas en ese barrio. Ella me dio la seguridad para caminar allí, en un barrio tan pobre y donde había tanto delincuente. Como era su vecindario, conocía los tejemanejes del lugar, y si ella se movía allí a diario, no veía por qué nosotras no.

Antes de irnos, me entregó un DVD que le había llegado por correo a todos los vecinos, con otra teoría para desacreditar a Obama, llamada "*Dreams from my **real** father*" en el cual se describe la tenebrosa trama de cómo el presidente de Estados Unidos no es hijo de un keniano sino de radicales que a través de él convertirían al país en una sucursal del comunismo. Este, pensaba yo, era otro sueño de opio de ciertos masculinos caucásicos: me los imaginaba comiéndose las uñas mientras veían al negrito presidente sacando la hoz y el martillo del saco para colgarlos en la Oficina Oval al lado de una pintura de George Washington. La única forma en que puedo lidiar con tan estrafalario cuento es tirarlo a broma y sentir pena por sus creadores, que invirtieron buen dinero en el DVD difamatorio para distribuirlo justamente antes de las elecciones. Desgraciadamente, la industria del odio a Obama es extensa.

En total, esa tarde tocamos 27 puertas, y hablamos con mucha gente. La jornada en la calle 4 fue fructífera, pero corrimos peligro al hacer trabajo voluntario allí, porque tocar puertas en aquel lugar fue arriesgado, aun cuando Isabel, quien ha vivido allí mucho tiempo, nos aseguraba que allí nunca había habido asaltos. Únicamente la entrega a la causa de la reelección nos mantuvo firmes, porque el área era riesgosa para tres mujeres.

Cuando llegamos de vuelta a la oficina de OFA, un nuevo miembro del personal, una muchacha muy joven recién llegada de Nueva York, fue la encargada de recibir los papeles que serían tabulados en la computadora. Eduardo estaba en ese momento con una periodista de Canadá, que estaba reportando la campaña para un medio de su país. Había gente de todo el mundo reportando. La oficina de OFA, casi a las 8 de la noche, estaba llena de voluntarios, jóvenes y viejos, haciendo llamadas, llenando tarjetas, o preparando propaganda. El momento se estaba acercando, la contienda se estaba poniendo más y más caliente. Sentía que mi trabajo estaba cobrando más relevancia a medida que eran más personas con las que hablaba, los que serían probables votantes en esta elección. Yo pensaba que no había nada mejor que hacer en estos momentos que trabajar para lograr la victoria. Faltaban sólo un poco más que dos semanas para el gran día, y después ya habría tiempo para seguir con mi vida.

En la oficina de OFA todo el mundo estaba haciendo algo. Había allí un señor afroamericano que trajo pollo a la barbacoa para todos. Otro señor, un cubano con cierta limitación física, contaba tarjetas, otros entraban información en la computadora. Eduardo trataba de atender a todos lo más rápidamente que podía. Se le notaba el cansancio y la tensión de manejar tantas cosas a la vez. Todos allí teníamos una consigna y no podíamos descansar: había que ganar Miami Dade y ganar la Florida.

Por fin entregamos las listas requeridas a la pequeña neoyorquina que resultó ser la segunda al mando. Ella no dejó de indicarnos algún detalle que nos faltó por llenar, y finalmente nos fuimos, cansadas pero contentas. Realmente ese día hicimos un gran trabajo en el campo de batalla.

No vimos a ningún voluntario del otro partido por la zona. Habíamos llevado el mensaje de la campaña a las calles de Little Havana, y el mensaje era este: salir a votar. La jornada de hoy había sido larga y llena de peripecias, y además había descubierto una cara desconocida de la ciudad donde he vivido por más de veinte años.

Decidimos ir a comer a algún lugar, y quise probar un nuevo restaurant de pasta cerca de mi casa en Midtown en la segunda del noreste. El salón era acogedor y la comida fresca. La dueña en persona nos atendió, quien resultó ser una cubana.; "probablemente republicana", pensé. Pero no, también se inclinaba por el presidente. Siempre que conozco a un cubano simpatizante de Obama, me da una gran satisfacción. Su historia era parecida a mi historia de exilio, solo que habían crecido en Nueva York, y vinieron a Miami como tantos neoyorquinos. Ahora vivían en una de las zonas más republicanas de Miami: *Bird Road* hacia el oeste, donde había visto varios letreritos que decían "Romney-Ryan", donde vivía la vieja guardia cubana, los exiliados que estaban aquí cuando Playa Girón y nunca le perdonaron a la administración de Kennedy que no continuó con los planes de la CIA de bombardear Cuba en apoyo a la invasión, en mi opinión un descabellado plan que desataría la guerra con la Unión Soviética. En eso consistía su razón para no ser demócratas.

En el restaurant, hablamos de muchas cosas con esta empresaria. Era de las que no se sentía intimidada por el centro-izquierdismo de Obama, y estaba inclinada a votar por él. Más bien ella estaba más preocupada por dar un buen servicio a su clientela que por culpar al gobierno de que se vendieran menos pizzas. Tuvimos una buena charla, la comida estuvo deliciosa y la charla interesante y le prometimos regresar.

Por la noche, cuando cerré los ojos para dormir, daban vueltas en mi mente las caras, los lugares, las situaciones. María, la viejita de Masaya, Mirta, la cubana del Partido Auténtico de Grau San Martin, Araceli, la empleada de la compañía de teléfonos, el edificio destruído, los traficantes de droga, nuestra amiga Isabel. Finalmente, me dormí.

Lunes 22 de octubre. Faltan 15 días.

Hoy faltan solamente 15 días para el Día Cero, que será un día sumamente importante para el futuro del país. Ojalá que la gente entienda esto y salga a votar. Pero la vida sigue en Miami y yo tengo bastante trabajo: mis clases en la mañana, y un estudiante de ciudadanía en la tarde. Esta vez es un hondureño de más de 60 años que trabajó toda su vida en el área de cargo del aeropuerto para mandar dinero a su familia. Como nunca ha ido a una clase de inglés, tiene muchas deficiencias y dudo que pueda pasar el examen si no estudia intensamente. Es uno de los pocos estudiantes de ciudadanía que he tenido que quiso ser franco conmigo y me dijo que siente como republicano. Si pasa el examen y se hace ciudadano, votará por los conservadores, que es su derecho.

Después me fui a mi casa a prepararme para esta noche, pues a las 9 p.m. empieza el tercer y último debate presidencial que se celebrara a unas 60 millas de mi casa, en Lynn University, Boca Ratón, el lugar que visité hace poco. Los voluntarios de la campaña teníamos dos opciones para ver el debate por televisión esta noche: en el Teatro Olympia del downtown de Miami, un teatro precioso de principios del siglo XX, donde estará animando una figura cubanoamericana de la radio en español de la ciudad, o la opción de ir a ver el debate televisivo en la casa de Iván, uno de los líderes del equipo de voluntarios de OFA en Midtown, mi oficina de base. La mamá de Iván es una persona muy destacada en los medios de comunicación hispanos, a quien yo respeto mucho por la mucho que ayuda a la gente. Como quería conocerla, decidimos irnos a su casa para ver el último debate en compañía de otros entusiastas del presidente.

En cualquiera de los dos lugares compartiríamos con otros voluntarios entusiastas que al igual que yo sienten por la causa de reelegir a Obama. Yo estaba segura de que hoy el presidente iba a hacer un buen papel y demostraría otra vez que es la persona adecuada para dirigir este país en los próximos cuatro años.

Preparé una ensalada de tuna para llevar, y me fui con Naomi hasta la casa de Iván. No encontré el número de la casa, pero sí comprobé que los carros estacionados tenían los *stickers* de la campaña de Obama, así que a las 8 y 55 estaba tocando la puerta. La casa está en uno de los lugares más bonitos del noreste de Miami, muy cerca de mi apartamento. Me recibieron con mucho cariño, saludamos a todos y puse mi ensalada de tuna en la mesa con muchas otras cosas que la anfitriona había preparado para nosotros. Había más comida de la que podríamos comer en dos días, y todo estaba delicioso, en especial un arroz imperial que es el mejor que me he comido en mi vida.

Allí estaba un grupito muy variado de voluntarios por Obama, la mayoría de ellos americanos, que habían estado trabajando en campañas demócratas por muchos años, a diferencia de mí que empecé recientemente. Ya había visto a alguno de ellos en reuniones y eventos, como la maestra retirada que conocí desde el principio de la campaña, el muchacho británico que era personal fijo, quien tenía toda la pinta de convertirse en representante al congreso en un futuro cercano. Estaba también Andy, el voluntario que registraba votantes en el metro rail en el downtown, y casi fue detenido cuando un agente de la seguridad del condado se lo prohibió. Andy siempre fue muy creativo para encontrar gente a quien registrar, y a mí me caía muy bien, porque sabía exactamente lo que había que hacer.

A las 9 en punto empezó el debate cuando llegó el moderador de esta noche, Bob Schieffer de CBS News, del programa *Face the Nation* del domingo por la mañana, y al rato llegaron Romney y Obama, los dos radiantes y listos para el combate. Hoy encuentro a Romney más interesante y guapo que nunca, pues hay que reconocerle este talento.

Empezaron a debatir y rápidamente noté que Obama estaba en su mejor momento. Fue decisivo cuando Romney mencionó a la Armada de los Estados Unidos diciendo que se había reducido en esta administración. Esa fue una de las inexactitudes de Romney en la noche. Al día siguiente le darían varios pinochos[5] a Romney por esto, ya que la armada de hoy tiene más barcos que cuando George W. Bush. Obama también le dijo esta rápida línea: "el tiempo de las bayonetas y los caballos en la guerra han terminado y hay más tecnología hoy en día". Ese era el Obama rápido y agudo que necesitábamos. El otro tema candente fue cuando Romney le mencionó que él había dado un tour de apologías alrededor del mundo, frase favorita del otro partido. Una de las mejores cosas que Obama ha hecho fue mejorar las relaciones internacionales reconociendo errores del gobierno desafiante y vocinglero de Bush que nos ganó tantos enemigos; este presidente cambió este estilo estableciendo alianzas con las primeras potencias sin arrastrar a los Estados Unidos a otra guerra tonta como la guerra de Iraq, país que aún después de tantos muertos sigue en un estado de caos político. A esta política de paz los conservadores le llaman

[5] Pinocho es como la unidad de medida que algunos noticieros televisivos le dan a los políticos para medir las mentiras

"apología", ya que ellos prefieren actitudes beligerantes y la invasión de tropas americanas, más que la búsqueda del consenso y las alianzas que Obama ha elegido. Ésta en una de mis mayores razones para ser demócrata, la política anti-bélica y de paz de este presidente.

En la sala, mientras veíamos el debate, los asistentes expresábamos nuestras ideas con moderadas expresiones; había que conocer cuál era la posición de los dos candidatos para después poder conversar con los votantes en la calle. También, siguiendo la última moda tecnológica, mandábamos mensajes de texto a través del celular acerca del debate.

Yo estaba deseosa de que el presidente mencionara la cita del 47 % que Romney había usado, algo que cayó muy mal a los norteamericanos, pues quería ver cómo Romney saldría del apuro. Pero contrario a lo que se esperaba, Obama ni lo mencionó, perdiendo el chance de atacarlo.

Obama es un hombre noble, que sostiene las peleas con sus enemigos políticos, pero no los acosa. He visto esto desde los encuentros con los republicanos para estudiar la Ley de Salud, en los debates presidenciales, en las luchas con el Partido del No a lo largo de estos cuatro años, y lo seguiría viendo en su segundo término. A veces pienso que no quiere hacer sentir mal a nadie, ni siquiera a su máximo adversario Romney, el hombre que quiere desplazarlo como presidente.

Finalmente, cerca de las 10 y media de la noche el debate llegó a su fin. Los dos estuvieron parejos, aunque la fuerza moral de los argumentos de Obama se impuso; pero como siempre ocurre, los seguidores de Romney lo vieron ganar, y para los voluntarios que estábamos allí esa noche fue un triunfo para Obama.

Si noté después, cuando las dos familias fueron a saludar, la forma seca en que se portó Ann Romney, quien no tuvo ni el más mínimo acercamiento de cortesía para la Primera Dama, Michelle Obama. Para mí es evidente que la Sra. Romney no soporta tener a una familia negra en la presidencia, si leemos su lenguaje corporal. Me extrañó que ningún periodista notara esto como lo noté yo.

Los que estábamos en la casa, celebramos el último debate con una copita de vino, y nos dedicamos a planear qué hacer mañana por la campaña, y a terminar el banquete con el resto de la comida en la suntuosa casa de Iván y Elizabeth. Ella insistía en que nos lleváramos la comida sobrante, así que vino con los consabidos rollos de papel de aluminio para empaquetar un poco de comida para cada asistente. Elizabeth es verdaderamente muy especial; si en la radio es buena, en persona es mucho mejor.

Los anfitriones fueron maravillosos, gente muy relevante y exitosa pero con una humildad, naturalidad y un amor por el prójimo dignos de admiración. Son personas generosas que quieren ayudar a los que menos tienen, que han tenido un gran éxito profesional que se ha traducido en gran prosperidad. Es un orgullo que este tipo de cubano sea demócrata, y lo bueno es que cada día somos más.

Finalmente, nos fuimos a nuestras casas felices y llenos de energía, con nuestros platos de arroz imperial para el día siguiente, muchos planes de trabajo y el corazón confiado en que el último debate había sido exitoso y pondría las renombradas encuestas a favor de Obama. La suerte estaba echada. Los últimos quince días que faltaban serian intensos, estábamos decididos a ganar en las urnas y el futuro se pintaba rosado para los demócratas.

Cuando faltan dos semanas para el día cero

Martes 23 de octubre. Faltan 14 días.

Hoy las encuestas siguen a tres o cuatro puntos de diferencia en la mayoría de los estados indecisos, lo cual quiere decir que cualquiera puede ganar ya que tres puntos caen en el margen de error de la encuesta. Pero yo sigo sintiendo que Obama tiene apoyo y va a ganar. Que se vayan al diablo las encuestas, pensé.

En esta mañana tuve muy baja asistencia a la clase, tal vez porque la mayoría de mis estudiantes trabajan. Al final de la clase se quedó conmigo una de mis alumnas, una hondureña que tiene dos hijos nacidos aquí, cuyo esposo trabaja de jefe de una cuadrilla de constructores gracias a un permiso de status temporal.

Esta muchacha, que ha estado en el país sin papeles por más de ocho años, apoya a Obama y está hablando con la gente de su barrio sobre la necesidad de apoyar al presidente por su posición de resolver la situación de los millones de indocumentados como ella misma. Me contó muchos detalles de la vida de este sector de la población que se cuenta en las decenas de miles en Miami. Me contó de una amiga a la que fueron a buscar del *Immigration and Customs Enforcement* (ICE) para deportarla, y cómo la escuela de sus hijos envió cartas para interceder por ella hasta lograr que no la deportaran. Me contó que conocía algunas mujeres que vienen a Estados Unidos cruzando la frontera y al poco tiempo tienen un hijo aquí, y entonces solicitan todos los beneficios de protección del gobierno y viven de lo que reciben, en lo que se le llama *"anchor babies"*, situación que tanto irrita a los contribuyentes. Muchas de esas madres no trabajan, porque les resulta mejor vivir de lo que reciben, o tienen trabajos temporales que no declaran al servicio de rentas internas para no pagar impuestos. Desgraciadamente, estos son los abusos que provocan la indignación de algunos en contra de los inmigrantes indocumentados, porque creen que gente como ésta constituye la mayoría de los inmigrantes. También me contó que en su edificio vive otra hondureña que trabaja para los republicanos, quien se había disgustado mucho cuando ella puso un letrero a favor de Obama en su ventana. La inmigración ilegal, ha sido tolerada por demasiado tiempo, para beneficio de los empleadores que les pagan poco. La solución de auto deportación de Romney es demasiado simple, mientras que la de amnistía no es tampoco lo que el pueblo americano quiere.

Miércoles 24 de octubre. Faltan 13 días.

La noticia de hoy es la tormenta Sandy, que amenaza a Cuba y produce fuertes vientos en Miami, los que ya sentí esta mañana en mi balcón.

Esta tormenta viene a poner un paréntesis en el combate político, ya que podría paralizarlo todo, mientras los dos candidatos siguen viajando por el país, y las encuestas están muy apretadas.

Muy temprano recibí una llamada de mi amiga uruguaya Lora, pidiéndome consejos sobre los candidatos e información de la votación temprana; ella me había dicho que no era muy inclinada a la historia ni al gobierno, pero parece que ahora sí le interesa la política nacional. Lora es un voto seguro por Obama, y está empujando a sus amigos a votar. Le expliqué lo mejor que pude de cada candidato, y le di las fechas y lugares de la elección anticipada. Me llena de orgullo que pueda ayudar a la gente a participar en esta elección.

Después sintonicé la radio de Miami, donde los comentaristas conservadores mencionaban encuestas favorables a Romney y seguían recordándoles a los oyentes la mala situación de la economía, sin mencionar por supuesto los pequeños y tímidos logros, como los miles de trabajos creados, o el despunte de las ventas de casas. La gente que llamaba a los programas generalmente coincidía con el periodista.

Pensé que en estos días finales yo iba a tratar de convencer a los indecisos y a los apáticos que tenían que votar, usando como argumento a favor de Obama los datos reales y esos pequeños pasitos que daba el país hacia la recuperación económica.

Los que rechazaban a Obama no van a modificar su opinión aunque los números estén mostrando que la economía se está recuperando, ni creen que en 2009 estábamos en el camino hacia una depresión que se logró detener gracias al estímulo económico que se inyectó en la economía. Los republicanos sólo miran el déficit fiscal acentuado por esta política monetaria, y se niegan a ver los excesivos gastos militares y la reducción de impuestos a los más ricos. No hay peor ciego que el que no quiere ver, o como decía sabiamente la británica Pearl Kapur, una de mis alumnas de español, "la gente cree lo que quiere creer". Más tarde comprendería que la realidad es una interpretación.

Después del trabajo traté de hablar por teléfono con la mayor cantidad de gente que conozco, mis amigos y conocidos, para preguntarles si iban a votar, y si apoyaban la reelección. Tuve algunas conversaciones interesantes, y con los que hablé hoy estaban de acuerdo con Obama; tal vez algunos no querían contradecirme, pero recibí una buena respuesta, y no encontré a nadie entusiasmado por Romney.

Muchos de ellos no tenían ni idea de que habría votación adelantada, alguno me explicó que no votaba por su religión, o porque no les interesaba. Comprobé que mucha gente no tenía tiempo de informarse, así que me hacían preguntas ya que saben que estoy muy informada de los temas nacionales. Yo quería que sacaran sus propias conclusiones, pero en base a la realidad y no a la propaganda contraria.

Al caer la tarde me senté frente a la computadora con el teléfono al lado, entré en el programa de llamadas de OFA, y no paré hasta que había hecho 36 llamadas, esta vez a votantes en Florida. Después de las nueve de la noche no se debía llamar a nadie, así que empecé a llamar a los votantes en otro estado clave, Nevada, donde era tres horas más temprano por la diferencia de horario. Como siempre, algunos me contestaban, otros no respondían, otros teléfonos ya no existían, pero la persistencia daría frutos. Yo repetí a los que llamé que el día seis se votaba y cuán importante era votar.

Jueves 25 de octubre. Faltan 12 días.

En mi constante búsqueda de información, decidí hoy sacar tiempo de ver la película “W” en la que se cuenta como George W. Bush y su gabinete discutió y decidió la guerra de Iraq. El director, Oliver Stone sostiene la teoría de cómo este país buscaba el control del Medio Oriente y la producción de petróleo, mostrando al general Colin Powell, Secretario de Defensa de Bush, reacio a aprobar la invasión, mientras Dick Cheney la defendía. Esta mañana, este mismo General Colin Powell declaró en una entrevista que endosa al presidente Obama, algo muy importante por el gran prestigio que tiene este republicano. Si todos los republicanos fueran como el, ¡que distinto seria nuestro congreso!

Otra novedad a nuestro favor es que Ohio estaba como 49 a 45 a favor de Obama, lo que es una excelente noticia porque ese estado podría influir grandemente en el resultado final.

A las 4 y 15 de la tarde de hoy, el presidente Obama entró en el precinto de votación del distrito de Chicago donde tiene su residencia, para emitir su voto adelantado en las elecciones presidenciales. Es la primera vez que un presidente en ejercicio ha votado antes del día de las elecciones.

La emoción me embargó al ver a Obama votar. Allí estaba el candidato por cuyo triunfo había estado trabajando por tanto tiempo que en este momento, como cualquier ciudadano de los Estados Unidos, estaba depositando su boleta. Dentro de exactamente 12 días, se contarían millones de votos a favor de este hombre, o a favor de Mitt Romney, y así se decidiría quien sería presidente del país por cuatro años más. ¡Cuánto deseaba que llegara ese momento! ¡Cuánto habíamos trabajado millones de voluntarios como yo para ver a Obama como presidente otra vez!

Al mismo tiempo, las campañas por la Cámara de Representantes iban al rojo vivo, como la de Allen West, el abogado afroamericano que iba a la reelección como favorito del TEA *Party* por el distrito 18 de Florida, que comprende los condados de Palm Beach, Martin y Port St. Lucie. El sábado 27, una organización de demócratas fletaría un ómnibus que saldría de Miami para hacer un mitin de campaña en contra del teapartino, quien ha sido muy activo en denunciar al Presidente Obama como socialista, y a los miembros de la Cámara como activos comunistas. West ha sido apoyado por toda la legislatura del Estado de la Florida, incluida la fiscal estatal, Pam Bondy. Su oponente demócrata es el abogado de 29 años, Patrick Murphy, con muy pocas contribuciones, a diferencia de los 5.5 millones de West.

En cuanto a Miami, he oído que las encuestas están favoreciendo a Joe García contra David Rivera, a quien persiguen sus turbios manejos de las elecciones primarias que alcanzaron gran notoriedad. Pienso que esto le va a ayudar a Joe esta vez.

Hoy se sigue hablando con temor de la super tormenta que amenaza los estados del Noreste. ¿Afectará esto la votación? En el noreste están los estados tradicionalmente demócratas, como Nueva York, Nueva Jersey, Connecticut, cuyos votos electorales son muy importantes para alcanzar los 270 requeridos. ¿Será peor la tormenta meteorológica que la tormenta política por la Casa Blanca?

Esta mañana recibí una llamada robot de la mismísima Ann Romney, diciéndome que su marido es lo mejor para el país. La recomendación viene de demasiado cerca, como dice el dicho, porque ¿qué va a decir la esposa? Lo que percibo de ella es de una señora elitista que no me simpatiza, y que está disgustada porque su esposo después de años de intentarlo, no está aún en la Casa Blanca.

Además, me llegaron por correo cuatro panfletos a todo color de Romney que no sé por qué me los mandan a mí, que estoy registrada como demócrata. O están mal informados, o tienen demasiado dinero para gastar y no quieren descartar ningún voto, o están alcanzando a todos los nacidos en Cuba, pero lo cierto es que conmigo botaron su dinero.

Hoy vi a los periodistas de Univisión María Elena Salinas y Jorge Ramos con Anderson Cooper en CNN, analizando el fracaso de Partido Republicano con los latinos. Las encuestas en Nevada y Colorado, dos estados indecisos, daban una estrecha ventaja a Obama entre los latinos. Opino que la ventaja de Obama es mayor entre los latinos en esos estados, y dudo que estas encuestas estén reflejando la realidad, ya que muchos latinos no responden a las complicadas preguntas y el complicado sistema de respuestas, o a veces prefieren hablar español. La mayoría de las encuestas se hacen en inglés, y casi ninguna admite una simple respuesta de sí o no. Hay muchos votantes que no toman encuestas, pero si van a votar.

Se espera que 12 millones de latinos voten. María Elena Salinas dijo que este año debe haber el mismo entusiasmo de la elección del 2008, y que los latinos pudieran decidir las elecciones en Colorado y Nevada, lo cual me parece una predicción acertada.

Un excelente anuncio con Cristina Saralegui apoyando a Obama está en los canales de televisión hispana, ahora que los del otro partido han puesto varios anuncios que lo atacan. Me causó una gran alegría el apoyo de Cristina, quien fue una de las primeras celebridades de la comunidad latina que apoyan a Obama, junto a Marc Anthony y Eva Longoria. Después le siguieron Ricky Martin, Pitbull, y casi al final Jennifer López.

En Miami, el escritor y comediante de origen peruano Jaime Bayly, habla todos los días de cómo está la batalla por la Casa Blanca, y explicaba en detalle por que le gustaba Obama, y por qué lo apoya. Me imagino que a sus vecinos de Key Biscayne no les hiciera mucha gracia su preferencia, siendo uno de los lugares más católicos y conservadores de Miami. Bayly es un tipo controversial, un periodista y escritor peruano, tal vez un poquito descarado para mi formación católica, pero demasiado sincero, un poco cínico a veces. En general, es un buen tipo y muy sagaz. Mi alumna María, una hondureña que trabaja de madrugada en una tienda de conveniencia en la zona de Key Biscayne me ha contado que Bayly es habitual cliente allí, y que en las pasadas navidades le regaló un billete de $50, lo cual es casi lo que gana María en un día entero. Con este gesto, demostró que es un hombre generoso, y su inclinación por Obama lo confirma. No supe de ninguna otra personalidad en los medios de Miami tener las agallas para declarar su inclinación por Obama, solamente Jaime Bayly. Lo admiro por eso.

Viernes 26 de octubre. Faltan 11 días.

Hoy asistí a una sesión de entrenamiento para maestros de adultos. Allí me encontré con mi colega Ellen, una maestra de muchos años de experiencia, demócrata y entusiasta del Presidente Obama. Como muchos neoyorquinos, se mudó a Miami hace más de 30 años, y vive en el área de Kendall, área suburbana de Miami donde viven muchos cubanos que llegaron en los años 60, que se mudaron a Kendall, después de lograr tener un nivel de ingresos como para comprar en esa área, dejando las modestas casitas de la llamada "sagüesera" al centro de la ciudad; es por eso que en ese área de la ciudad se puede encontrar a los cubanos de cierto nivel económico, anti-Obama, republicanos a ultranza y opuestos a todos los demócratas desde John Kennedy. Ellen me contó que puso su letrero de Obama-Biden en el jardín de su casa, mientras que sus vecinos alrededor tienen los letreros Romney-Ryan. Pero Ellen es una persona de firmes convicciones y sabe lo que es luchar, pues como judía ha tenido que luchar contra la discriminación. En su trabajo de maestra de adultos, la vi como ayudaba con amor y dedicación a estudiantes de los barrios más marginados.

Ese día en el seminario hablamos de las elecciones. Me expresó sus temores de que los republicanos, con su poder económico, pudieran interferir en el resultado.

"¿Tú quieres decir fraude?". "Sí, tengo miedo que esto pueda pasar". "Ellen, eso no va a pasar". Yo no podía concebir que aquí también se arreglaran las elecciones, como si estuviéramos en la América Latina de la corrupción y el caudillismo. Me asombró que Ellen me dijera esto, porque ella no era una emigrada como yo, que vengo de un país como Cuba donde la corrupción del gobierno es cosa habitual. Ellen pertenece a la tercera generación de judíos americanos, nació en Brooklyn, New York, una gran conocedora de la historia que ha participado en muchas elecciones presidenciales que yo solo puedo leer en los libros. Me sorprendió que admitiera la posibilidad de que los enemigos de Obama llegaran al extremo de tratar de cometer fraude en estas elecciones.

Realmente, los intentos de supresión del voto, el acortamiento de las elecciones adelantadas, las purgas de listas de votantes, todas las maniobras que los gobiernos estatales de Florida y muchos otros, dominados por republicanos, habían fraguado mucho antes de noviembre del 2012, eran intentos de manipular el voto para no perder las elecciones.

-Eso no va a pasar, Ellen, él va a ganar - le contesté tranquilizándola -. Tú estás trabajando de voluntaria, ¿verdad?, eso es lo que tenemos que hacer- le dije con seguridad.

-Sí, ya he trabajado varias veces en Kendall llamando a los votantes.

- Me imagino que no sea fácil trabajar en esa zona, con tanto anti-Obama que vive allá- le dije.

- Solamente algunos pocos me dicen que son republicanos- contestó. Por supuesto que las listas de votantes con las que trabajamos son de demócratas.

El seminario terminó y yo me fui apurada, no sin antes mirar si los carros de los maestros en el estacionamiento tenían letreros de apoyo a Obama o a Romney. Encontré sólo uno: "Romney-Ryan", más el de mi carro: "Obama"

A las 6 de la tarde de ese día, estaba citada para un fórum en el internet para entrenarnos sobre la campaña de *Go to Vote.* Disciplinadamente, entré en internet y recibí la orientación y comprobé que estaba haciendo lo correcto cuando hacia llamadas o tocaba puertas. Yo estaba tan entusiasmada y envuelta en el proceso que no era necesario mantenerme encendida, que era el propósito de los fórums y los encuentros que organizaba la campaña.

El pronóstico sobre el Huracán Sandy de hoy era alarmante, pues dicen que tomará un camino inusual entrando en Virginia y Nueva York el domingo 28, con vientos de 70 millas por hora en muchas ciudades del noreste del país. Por eso Biden canceló un mitin en Virginia Beach, y Romney hizo lo mismo en el área amenazada por Sandy.

Mañana se irán para Ohio los republicanos, estado donde la victoria pudiera decidirse, y Barack Obama estará aquí en Florida. Los estados indecisos estaban recibiendo la mayor atención.

En Ohio los jóvenes y los menores de 50 años se inclinan a favor de

Obama, y Romney es favorecido por los mayores de 50. Los votantes más constantes son las personas mayores, por eso hay que trabajar para que los jóvenes voten en esta elección. Las decisiones estarán en manos de los que vayan a votar, de los que comprendan que es su responsabilidad elegir al presidente.

Me perseguía la amenaza de que se repitiera lo que pasó en el año 2004, donde fueron 537 votos en Florida los que decidieron que Al Gore perdiera y tuviéramos a George W. Bush por cuatro años más. Esto no podía repetirse. Las cartas que recibía de las campañas demócratas mencionaban este hecho histórico y nos alertaban de la importancia de que todo voto cuenta. Me acuerdo en particular de una carta de David Axelrod que recibí recientemente. "No te quieres levantar el miércoles 7 de noviembre con Romney de ganador y pensando ¿qué pude haber hecho yo pero no hice para evitar este resultado?" Había demasiado en juego, y había que hacer algo efectivo ahora.

Vi la noticia de que Harry Reid, el líder de los senadores demócratas, tuvo un accidente en Nevada y me preocupó que el venerable veterano senador que tanto había luchado junto con Obama para lograr tantas victorias legislativas tuviera un accidente, pero por fortuna, ya está bien. Reid es un tipo con mucho coraje e integridad a quien admiro profundamente. Mucho después sabría que cuando estaban juntos él y Obama en el senado, él fue uno de los que lo alentó a postularse para presidente.

Sábado 27 de octubre. Faltan 10 días.

Hoy dio comienzo la votación adelantada que se extenderá hasta el día 3 de noviembre, así que hay que lograr que la gente vote. Son solamente 8 días, desde las 7 de la mañana hasta las 7 de la noche, de acuerdo a las nuevas leyes de este estado, aprobadas por la legislatura en Tallahassee que redujo los 14 días anteriores que había aprobado previamente el gobernador Charlie Chris, el mismo que perdió la elección de senador contra Marco Rubio y Kendrick Meek.

Me enteré hoy por internet que *The Miami Herald* endosa a Obama, pero asombrosamente el Nuevo Herald, su versión en español, no informa ni una palabra de esto ni tampoco endosa a Romney. Creo que el periódico está cuidando no irritar a sus suscriptores en español, la parte de la comunidad cubana que es republicana, que le teme a un Obama liberal, y que no quiere a los demócratas. El periódico más importante de la ciudad, Miami Herald, endosa al futuro presidente, y los lectores del diario en español no se enteran. ¿Qué es esto? Por lo pronto, parece oportunismo y falta de transparencia.

A pesar de su parcialidad, no me quedaba más remedio que leer el Nuevo Herald, en mi necesidad de informarme y siguiendo la tradición que me inculcó mi padre, el escritor y lector. En esta ciudad, estamos en diferentes mundos de acuerdo al idioma en que nos informamos. Si usted vive en Miami y se informa sólo en español, tiene una versión de la realidad, pero si se informa en inglés, son otras las noticias, los enfoques, los titulares, como si viviéramos en mundos paralelos, lo cual no ayuda a integrarnos al país. Es como si el Nuevo Herald fuera el diario oficial de la República de Miami, la que existe en la mente y la vida cotidiana de algunos exiliados que viven aislados del resto de los Estados Unidos de América.

La campaña empezó el día avisando de que empezó la votación adelantada, a través de un mensaje de texto en el celular de todos los voluntarios, para recordarle a todo el mundo que ya se puede votar. Estoy segura de que mucha gente lo desconoce, así que busqué números de teléfonos de mis conocidos de los últimos años, y desde mi viejo celular que aún funciona muy bien, escribí y mandé el texto a unos sesenta contactos. Algunos me respondieron que ya habían votado por correo, y otros me preguntaban lugares y horarios. Algunos me contaron que las filas eran demasiado largas y querían saber que otras opciones tenían. Estos serían más votos para Obama, o tal vez para Romney, así que envié el texto a los que probablemente votaran por los demócratas, pues decidí que los republicanos se informaran entre ellos.

Me he convertido en la asesora de elecciones de mis amigos y creo que sí estoy haciendo la diferencia, y estoy segura de que muchos votos se producirán gracias a mi trabajo, a la información que estoy dando, a la pasión que he puesto en mi misión de reelegir a Obama. Somos miles los que estamos haciendo esto en Miami, y en todo el país.

Al mismo tiempo pensé en qué podía hacer hoy para movilizar votantes: ¿ir a pararme en una calle del *southwest* con un letrero por Obama? Seguramente saldría algún patriota republicano, probablemente cubano a expresar su condena, y me llamaría comunista e infiltrada. Pudiera intentarlo, pero mejor no me arriesgaba, y de todos modos, había muchas otras cosas por hacer que no implicaban una confrontación directa, como era comunicarme por teléfono.

Encendí el televisor y busqué los canales en español para ver si informaban sobre las votaciones que empezaron hoy, pero no había ni siquiera un anuncio político. En el Canal 8 un mercader de cursos de inglés tenía su anuncio asustando a la gente con la tesis de que si no hablas con perfecto acento no te entienden, una premisa falsa porque el acento no importa. En el Canal América Tevé pasaban un programa pagado de cirugía estética, para tener las curvas de Sofía Vergara a golpe de silicona y cuchilla, en una sociedad donde la belleza física se equipara al éxito. En Mega TV, un programa de terapia médica para portadores de la tarjeta de Medicare, y en Univisión, un programa sobre comida mejicana. En CNN en español, Mercedes Soler hablando en NotiMujer sobre el premio Mark Twain y el juicio a la cantante española Isabel Pantoja, y en NTN24 daban noticias científicas sobre los tumores cerebrales. A 10 días del día de elecciones, en esta mañana del sábado solamente encontré programas ligeros. En los canales locales en inglés también ignoraban la política a esa hora con deportes, programación infantil, la salud, y más entretenimiento sobre cocina.

Yo cambié a CNN donde estaban esperando el discurso de Romney en Pensacola, Florida, donde será presentado al público por Marco Rubio, que se ha convertido en una especie de jefe de campaña de los republicanos. El norte de Florida vota como los demás estados del sur, así que seguramente Romney gana en esa zona. Al fin Romney subió a la tarima, con Rubio a su lado tratando de evitar que el viento destapara su incipiente calvicie. A su lado estaba Connie Mack, aspirante al puesto de senador, quien le ganó las primarias republicanas de la Florida a George Lemieux.

Frente a su público de conservadores en Pensacola, dijo su más aplaudida línea del día: "los demócratas repiten *four more years* (cuatro años más), pero nosotros decimos *ten more days* (diez días más), porque vamos a ganar el 6 de noviembre". ¡Oh no! no creo Romney, me dije, tal vez en Pensacola ganes, pero no aquí.

Hoy, en el canal más izquierdista de cable, MSNBC, apareció como invitado Víctor Curry, líder religioso y de la NAACP en Miami, quien se refirió a la votación anticipada que se acortó en Florida de 14 a 8 días, así como a los intentos de requerir identificación con foto, con la intención de desalentar a la gente a votar, para suprimir el voto de los afro-americanos y los latinos. En ese programa exhortaron a la gente a votar en los reducidos 8 días que Rick Scott y su legislatura nos dieron. El Reverendo Al Sharpton dijo en el programa: "The *lines would be longer and maybe stronger"* (las líneas serán más largas pero más fuertes).

Esta frase se haría realidad esa tarde cuando fui a ver lo que estaba pasando en el precinto de Lemon City, a media milla de mi casa, donde la fila para votar era bastante larga ¿Que sería más fuerte: las trabas para votar o la decisión de votar? ¿Quién se llevará la victoria? Nadie lo sabe y comprendía que cualquier cosa puede suceder, aunque yo mantenía confianza en la victoria.

Mientras tanto los republicanos continuaban atacando con su tema predilecto: el ataque terrorista en Bengasi y la muerte del embajador y tres americanos. Este desafortunado incidente es uno de los temas más usados por los enemigos políticos de Obama para atacarlo, no solamente a él sino también a la posible candidata en el 2016, Hillary Clinton.

En una estación hispana oí a alguien que recomendaba que aviones militares debieran penetrar en la ciudad libia a proteger la embajada americana; así es la ignorancia de cierta gente. Tamaño disparate me recordó las arengas de Fidel Castro contra "el imperialismo yanqui y la soberanía nacional". Fidel, aunque un dictador de su propio pueblo, sabía lo que es inaceptable en derecho internacional. ¿Cómo se les ocurre que aviones de Estados Unidos puedan entrar en Libia sin pedir permiso, como si Bengasi fuera territorio americano? La repercusión de esta mentalidad y esta política injerencista en el mundo ha dado terribles resultados, en el mundo árabe en especial, donde odian a los americanos. Pero por desgracia hay un sector de los conservadores que consideran adecuado una invasión del espacio aéreo de un país independiente del Medio Oriente sin pensar en las consecuencias.

Ya cerca de las 7 de la noche, me fui al centro de votación más cercano, la biblioteca de Lemon City, a ver cómo estaba el primer día de votación adelantada. A 15 minutos del cierre de la votación, había unas 200 personas esperando en línea para votar, la mayoría de la raza negra, y muy pocos blancos, lo que refleja la composición demográfica de los residentes de la zona al oeste de Biscayne Boulevard. El lugar estaba completamente lleno de letreros políticos, era un hervidero de personas esperando, otras haciendo campaña por dos comisionados condales, Edmonson, y su oponente Hardemon, ambos morenos, lo que añadía más pugilato a la elección en esta área.

Conversé con el empleado de elecciones quien me dijo que su función era ser el último de la fila a las 7 en punto para cerrar por el día, y que la cola se mantuvo de dos cuadras de largo desde temprano. Puedo calcular que allí la espera fue de tres o cuatro horas. Había un solo letrero de Obama-Biden en los alrededores, ¿para qué? , lo más seguro es que Obama ganara allí.

En este primer día de votación adelantada, una fila tan sorprendentemente larga me dice que hay una determinación a ser contado, una firmeza de que el voto cuente, una seriedad en emitir el voto. La lucha por los derechos civiles de los afroamericanos ha sido muy cruenta, y esa es la razón por la que los votantes negros toman el asunto del sufragio muy en serio. Cuando llegué a este país, yo ignoraba que el derecho al voto de los negros fue históricamente suprimido en el pasado, a pesar de las enmiendas 14va. y 15va. de la Constitución que lo garantizaba. Tampoco sabía que después del fallo del Tribunal Supremo a favor de la integración en las escuelas, el gobierno de Arkansas y los racistas no permitían entrar a la escuela a jóvenes negros. El Presidente Eisenhower tuvo que enviar las tropas nacionales a Little Rock, Arkansas, en 1957, para permitir que estos jóvenes negros pudieran matricularse en una escuela secundaria, después de la decisión *Brown vs. Board of Education of Topeka* a favor de la integración racial en la educación. Fueron tiempos difíciles y tristes para América.

Las personas de color en Estados Unidos aprendieron de sus padres y de sus abuelos la importancia de ir a votar, porque el voto a veces es su única voz. Una vez oí la historia de una señora de Kentucky que está luchando por lograr que se le restituya el derecho a votar, el cual perdió al cometer una felonía. Ella explicaba como su madre la llevaba con ella a votar cuando era una niña, y le explicaba así: nuestra voz se oye cuando votamos.

En esa biblioteca de *Lemon City*, en un barrio donde los negros son mayoría, vi la fila más grande que vería en esta elección. Esperaron horas en las líneas en el primer día de la votación adelantada; días más tarde comprobaría que durante los ocho días que el estado de la Florida designó con la clara intención de desalentarlos a votar, esperaron de pie, estoicamente, bajo el sol floridano, para que su voz se oyera.

Salí del noreste y manejé hasta el downtown de Miami, donde había otro centro de votación bastante grande. A las 7 y 5 minutos no había nadie afuera y el centro había cerrado. De ahí me fui al ayuntamiento de Miami Beach donde la votación ya había terminado a las 7 y 20 de la noche. Vi los letreros de mi representante al Congreso, Debbie Wasserman Schultz, y Gwen Margolis, una veterana líder política del sur de la Florida que aspiraba a mantenerse como senadora estatal. Ambas líderes judías, son muy populares en Miami Beach donde la comunidad judía ha vivido durante muchos años. Los votantes judíos acostumbran a ir a votar en alta proporción, pues los judíos al igual que los negros, también han sufrido discriminación.

De la manera en que están diseñados los distritos electorales, los votantes eligen a un representante que pertenece a su mismo grupo étnico: los judíos en Miami Beach, los afroamericanos en Lemon City. Días más tarde, cuando estuve en Flagler y la 50 Calle, el fervor era por los hispanos en un barrio eminentemente hispano.

Viniendo de Miami Beach por el *Venetia Causeway* oí otra vez el anuncio en la voz de Marco Rubio, en la emisora de los colombianos, Radio Caracol en la 1260 AM, que decía más o menos así "todos tienen que votar y si necesitan transporte, llamen al número tal". El dinero del "superpac" de los republicanos, o la campaña de Romney pagaría por el transporte. No oí ningún anuncio parecido de los demócratas, lo que me preocupó muchísimo y decidí alertar a Curtis, el jefe de OFA, para que nuestra campaña ofreciera lo mismo.

Mientras manejaba hacia el downtown, mi amiga Elia, la uruguaya, me llamó para contarme que su hijo se va hoy a una reunión para organizar apoyo a la campaña, con otros jóvenes del Miami Dade C*ollege*, en la casa de uno de ellos en Kendall, que es hijo de un inmigrante iraquí y una americana. Mañana su hijo y los amigos van a votar adelantado y después van a celebrar en *The Knife,* el restaurant argentino en Bayside Marketplace en el downtown. Muchísimos argentinos y uruguayos de Miami, así como los colombianos, apoyan a Obama y los demócratas. Me dijo Elia también que estaba muy confundida con la votación con tantos candidatos diferentes. Traté de ayudarla y me dijo que mañana mismo votaría. Le repetí que es vital para la victoria demócrata que todo el que pueda vote, y celebré que su hijo estuviera activo en la campaña.

También me llamó mi amiga Olga quien vive en Miami Beach, para contarme que había ido a votar al ayuntamiento de la ciudad, pero que las colas eran tan largas que se fue desanimada. "No te puedes desanimar, vuelve a ir mañana a las 6 y 30, habrá menos personas a esa hora" le dije. Yo había acabado de visitar el lugar y no había nadie después de las 7 de la noche.

Al llegar a la casa me senté al teléfono e hice 29 llamadas a votantes en diferentes pueblos de la Florida. Después de las nueve de la noche, busqué teléfonos de electores en Nevada y Colorado, estado donde todavía era temprano.

Recibí otro email de la campaña animándome a trabajar, y otras solicitudes de contribuciones; por supuesto colaboré con algún dinerito, comprando 3 botones de propaganda de la campaña que dicen "I love Obamacare", con la esperanza de que lleguen antes del día de las elecciones. En este primer día de elección adelantada, las cosas estaban pintando bien para los demócratas.

Más tarde en la noche estuve viendo en la televisión el programa por los 50 años de Sábado Gigante, el show de Don Francisco. Por cierto que éste le hizo una entrevista muy buena a Obama al principio de su mandato, en la cual no ocultó su predilección por el presidente.

En el programa pusieron la canción "Carnaval", que canta Celia Cruz. Le puse atención a la letra de esta canción, que tiene una onda demócrata, en especial las estrofas "para aquellos que nos contaminan, fuá, para aquellos que nos matan, fuá, para aquellos que hacen la guerra, fuá" No vi nunca en Celia ningún rasgo de republicana, pero ¿quién sabe cómo sentiría? Por lo pronto era amiga de gente como Maya Angelou, y Patty LaBelle. Una vez que Celia visitó un país africano, lo primero que hizo al bajar del avión fue besar la tierra de sus ancestros esclavos. Si Celia estuviera viva, me pregunté, ¿votaría por Obama?

Domingo 28 de octubre. Faltan 9 días.

Hoy es el segundo día de las elecciones adelantadas. Empecé la mañana mirando a Candy Crowley en State of the Union como cada domingo.

Mientras miraba la televisión, al mismo tiempo revisaba mis cuentas y organizaba mis papeles de las clases.

Decidí escribir una explicación detallada de la boleta de Miami Dade para distribuirla entre mis amigos, que no tienen tiempo de informarse y que confían en mi juicio; de hecho, muchos de ellos me han dado las gracias por lo que estoy haciendo por esta campaña. Así que escribí dos páginas cubriendo toda la boleta, desde el número de páginas hasta el tipo de elección, y las implicaciones de cada enmienda, y lo envié por email a mis amistades pro-demócratas, comenzándola con esta frase: "estas son las recomendaciones de un demócrata, usted sabe que usted vota de acuerdo a su conciencia". Yo quiero que ganen mis candidatos, pero respeto el derecho de cada cual a su propia opinión. Muchos de ellos me respondieron agradeciéndome mi ayuda, porque entender la boleta es ya un trabajo complicado que puede intimidar a la gente.

Hoy tuve que recibir otro seminario de la campaña para enseñar cómo hacer llamadas a votantes. Yo he estado haciendo llamadas desde hace un año, pero hay voluntarios que empiezan ahora a pensar en las elecciones; no había nada nuevo que aprender, con la excepción de hacer la pregunta de esta manera: ¿podemos contar con usted para votar por los demócratas? Usualmente seguía las normas de la campaña, aunque en ocasiones ponía de mi propia cosecha en las conversaciones con la gente. Lo importante era ser auténtico, y yo tenía mucho que decir para animar a la gente a votar.

La tormenta Sandy ya está entrando con vientos devastadores e inundaciones por todos los estados del Atlántico desde Virginia a Connecticut, que están en estado de emergencia. Por fortuna, la Florida se salvó de esta. Este domingo después de asistir a la iglesia, el presidente Obama se fue a discutir con la agencia federal FEMA para coordinar los planes de ayuda a las áreas afectadas por la tormenta.

Una de las principales virtudes de este presidente es la forma en que reacciona a los desastres naturales y tragedias que se han dado en el país, pues rápidamente expresa sus condolencias y además, viaja a las zonas de devastación. Allí lo he visto hablando directamente con los damnificados, ofreciendo su apoyo y a veces prestando su hombro para el que llora su perdida. Lo ha hecho con los tornados en el centro del país, o las balaceras de Aurora y Newtown, o con el atentado en Boston, o el huracán en el noreste. Este presidente es un hombre profundamente humano, que siente el dolor de los demás y se apresura a tratar de dar ayuda y consuelo. Eso es algo que no se puede fingir, que no se puede representar, sino que se hace visible en sus gestos de apoyo. Este es uno de los más palpables aspectos de su carácter, su profunda humanidad. Lo mejor de todo es que la gente se da cuenta de que es un hombre sincero que quiere ayudar a sus semejantes.

Por la tarde decidí ir a la biblioteca de West Flagler a ver si había mucha fila, así que me fui hasta Flagler y la calle 50, un barrio muy latino, donde todo estaba muy organizado y donde la gente seguía votando casi a las 7 p.m. Las cuadras aledañas a la biblioteca estaban llenas de propaganda de Ileana Ros-Lehtinen, Alex Díaz de la Portilla, Bruno Barreiro, y la proposición para bonos para las escuelas.

Al rato de llegar cerraron la votación porque eran las 7 de la noche. Alcancé a ver salir del precinto a un joven hispano, visiblemente contento, que le dijo a alguien en español en el celular: "voté por Obama". ¿Por Obama?, ¡esa si es buena noticia!, pensé. Esta era muy buena señal, siendo este un barrio eminentemente hispano y mayormente cubano. El precinto lucía muy organizado y tranquilo y estaba cerca de mi trabajo, así que pensé que era un buen lugar para votar adelantado, sin largas colas, así que decidí venir en un día entre semana.

Cuando regresé a la casa le envié un mensaje a Curtis alertándolo del anuncio de Marco Rubio en el radio de proveer transportación a los votantes, pero él me contestó muy tranquilo que OFA y los demócratas floridanos no planeaban usar costosos anuncio de radio, aunque si alguien necesitaba transportación para ir a votar podía pedirla a la oficinas.

Hoy dediqué tiempo a escribirle una carta al Herald sobre lo parcializada y desinformante que está la primera plana del Nuevo Herald en estos días cruciales de elecciones. La carta la dirigí al director general del Herald, David Landsberg, donde me refería a lo incoherente y prejuiciado que estaba mi periódico favorito en español en estos meses. La escribí tan apurada que no la revisé bien y estoy segura que no era un ejemplo de buena redacción, pero apreté el botón de "*send*" sin pensarlo mucho, porque si no la enviaba hoy, no lo haría nunca, tan ocupada estaba con mi trabajo y la campaña. Mi propósito era expresar mi opinión de que la inclinación del periódico a atacar a los demócratas y promover a los republicanos no pasaba inadvertida por lectores como yo, ya que la prensa debería ser más imparcial y objetiva.

El señor Lanberg me contestó inmediatamente esa misma noche del domingo, agradeciendo mi opinión y diciendo que había pasado mi queja al director del diario en español, Manny García. Este señor me llamó el lunes siguiente dejándome un mensaje que lo llamara, lo cual hice sin ningún éxito, ya que me salió la secretaria que me escuchó cortésmente, me agradeció y se disculpó que su jefe no estaba, y ahí terminó el incidente. El Nuevo Herald ha sido lo suficientemente balanceado como para publicarme 10 artículos de opinión en la sección de Perspectivas, pero en la misma sección o en el resto del diario siempre se puede encontrar ataques desproporcionados y tendenciosos hacia la administración de Obama y loas a los políticos republicanos en el Congreso, Díaz Balart, Ros-Lehtinen, y sobre todo Marco Rubio, a quien le han dedicado páginas y más páginas, y hasta dos fotos en la misma edición, muchas veces en la primera plana, dándole una relevancia de ídolo a este político. Los oficiales electos demócratas, sin embargo, nunca son mencionados.

Esa noche me llamó mi amigo Laureano, un cubano recién hecho ciudadano que trabaja manejando una rastra por los cincuenta estados chapurreando su inglés de rastrero. Me contó que a unos conocidos se les había aparecido un gato negro en su casa. "¿Tu sabes cómo le pusimos al gato negro? ¡Obama!". ¡Me imagino al pobre gato negro con un nombre tan controversial! Los dueños del gato no pueden votar aún porque hace menos de cuatro años que son residentes. Laureano me contó también que está muy frustrado porque tampoco le dio tiempo a registrarse para votar, ya que jura su ciudadanía el día de Halloween, ya pasado el día límite para recibir la tarjeta de elector.

A este grupo de exiliados que han llegado en los años 2000 es lo que algunos extremistas llaman "los comunistas infiltrados", porque vivieron bajo el régimen de Castro, y algunos de ellos tuvieron cargos importantes en el régimen. Miami está lleno de estos comunistas arrepentidos o no, y nosotros tenemos que perdonarlos y aceptarlos; la otra opción sería una guerra civil donde nos ajustemos las cuentas entre los cubanos exiliados, una opción absolutamente no viable.

En CNN dieron una encuesta de toda la nación donde Romney está por encima por solo 1 punto. Los números de las encuestas nacionales no significan nada, las encuestas importantes son la de estados indecisos como Ohio, Virginia y Florida, que serán los que decidan la elección, porque es la matemática de los votos electorales lo que decide el ganador. Por eso es tan importante ganar este estado, y por eso es que estamos trabajando.

Fareed Zakaria de CNN trajo un estudio del Fondo Monetario Internacional que dice que la economía de EEUU va a ser la mejor del mundo en 2013, con un 3% de crecimiento, gracias a la política monetaria de la Reserva Federal y las medidas del gobierno de Obama como el estímulo económico. Sería una paradoja si Romney toma el poder y entonces se le atribuyen los éxitos dejados por las políticas económicas de Obama. Pero la vida no va a ser así de caprichosa, pues Romney no será presidente.

Manejando por Miami, vi en la defensa de un carro un letrero con la cara de Bush diciendo: *"aunque fui yo el que arruiné la economía, gracias por culpar al tipo negro"* (*"although I was the one who ruined the economy, thanks for blaming the black gay". George W. Bush)* Por otro lado vi un jeep en Miami Beach que tenía pintado la cara de

Obama con el bigotico de Hitler y la cara blanca como de un payaso, la pintura favorita de los del TEA Party.

El presidente recorrió New Jersey Shore junto con el gobernador Chris Christie para evaluar los daños dejados por el huracán, daños que ya se calculan en miles de millones de dólares. Christie recibió un aluvión de críticas de sus colegas republicanos por haber acompañado al presidente buscando apoyo federal para New Jersey, y por haber dicho que el presidente había apoyado al estado, y que le había dado su teléfono para que lo mantuviera al tanto de lo que estaba pasando en New Jersey. La lógica de Christie de reconocer que su papel es proteger su estado le costaría caro con los extremistas del Partido Republicano, que lo empezaron a relegar hacia atrás perdiendo la condición de favorito. Si Christie se postula como candidato en el 2016, sería interesante ver como se defiende de los ataques de los republicanos por este incidente. No lo conozco bien, pero Chris Christie es el tipo de republicano que yo prefiero, y con el que me sentiría cómoda si es el que gana la elección, pues hace lo que tiene que hacer por su estado dejando a un lado consideraciones electorales.

Lunes 29 de octubre. Faltan 8 días.

Hoy me fui a devolver la película “W” a la Biblioteca Hispánica, que como siempre, estaba llena de gente desocupada de una de las más pobres zonas de Miami, la Pequeña Habana. Debería haber visto esa película hace mucho tiempo, y recomendársela a la gente, para que vieran cuantos disparates cometió la administración Bush, y que guerra tan tonta fue la guerra de Iraq.

Esta biblioteca está siempre llena de gente, usando el internet, generalmente para ver videos o simplemente navegar en la red. También puedo apreciar cuantos retirados y deshabilitados de todas las edades viven por la zona y pasan horas en la biblioteca. Estos centros de educación y cultura están bajo amenaza de desaparición por los recortes del presupuesto de mi condado.

Yo tenía varios *bumper stickers* (etiquetas adhesivas para poner en la defensa del carro), que quería distribuir a mis amistades. Una decía "*I love Obamacare*", la otra "Obama 2012", otra de "Obama Biden", la otra "*Women for Obama*". Me tomé el tiempo de manejar hasta la casa de un par de amigos que seguramente pondrían los *stickers* en sus carros. Uno de ellos era Luisito, un cubanito que no para de hablar y usar modismos habaneros que solo los cubanos entendemos. Una amiga común le dice Obamita porque es mulato, alto y delgado. Cuando Luisito hablaba me parecía que estaba en las calles de la Habana Vieja, pues nunca ha perdido el gracejo único del mulato cubano. Su abuela emigró a Estados Unidos cuando el éxodo de Mariel, y mucho después vino el con su madre. Trabajaba largas horas en el supermercado Sedanos, descargando mercancía. En Cuba era electricista, y aquí no para de estudiar para lograr su sueño: trabajar de electricista en la FPL. Es muy trabajador, y siempre le digo que estoy orgullosa de él, porque aunque es de los nuevos inmigrantes que dejaron Cuba hace pocos años, es trabajador, estudioso, un ejemplo de joven. Su mamá también quiere estudiar, y es una familia ejemplar, tres generaciones de inmigrantes que han contribuido a esta nación.

Mientras manejaba a la casa, oí en la radio los nuevos anuncios de Anitere Flores, una de las republicanas en Tallahassee elegida en Hialeah. En el anuncio abogaba por Romney esgrimiendo el terrorismo religioso, en el que decía que los católicos habían sido agredidos en sus creencias anti-aborto por el Obamacare, y por eso había que salir de Obama. Esta tergiversación obtusa de la verdad fue una de las más usadas para ayudar a Romney, usando la fe religiosa como arma. Se refería a la inclusión de los anticonceptivos en las coberturas de la nueva ley de salud, al igual que las mamografías y los chequeos de cáncer. Las organizaciones religiosas que desaprueban el aborto, protestaron porque tenían que pagar el seguro a sus empleados en los que se incluía acceso a anticonceptivos. Obama se percató del problema y trató de arreglar este detalle. Yo personalmente vi la noticia cuando Obama encargó a la secretaria de Salud, Katherine Sibellius, que considerara que las empresas dirigidas por organizaciones católicas, como el Hospital Mercy por ejemplo, no fueran forzadas por la nueva ley de salud a proveer control de natalidad dentro del seguro médico requerido por *Affordable Care Act*, sino que esta cobertura la hiciera directamente la aseguradora, para de este modo no ofender creencias religiosas.

El anuncio de Anitere Flores intencionalmente ignoraba el cambio, y era un intento más de enemistar a los católicos con Obama. En mi opinión, los católicos otra vez estaban confundiendo la iglesia y el estado, ya que el gobierno no tiene por qué hacer ley las creencias de la iglesia católica o de ninguna religión sobre el aborto ni sobre ningún tema. El gobierno de Estados Unidos es independiente de la religión, y los empleados que no son religiosos no tienen por qué seguir la religión de los dueños de la compañía donde trabajan. El seguro médico definido por la nueva ley de salud debe incluir la cobertura de prevención de natalidad porque es un problema de salud más. Pero el estilo de los anuncios políticos republicanos en esta zona del país es aterrorizar y repetir la calumnia hasta el cansancio. Ya sabíamos los demócratas que su estrategia era "calumniad, calumniad, que algo quedara".

Cuando por fin llegué a mi casa, los anuncios contra Obama me habían puesto demasiado nerviosa como para siquiera sentarme a descansar, así que me senté en la mesa a hacer algunas llamadas a electores, y a ver las noticias para ver como pintaban las cosas. Los periodistas no paraban de hacer comentarios y citar encuestas, al tiempo que mostraban por donde andaban los candidatos Romney y Obama en toda la nación.

En Miami Dade, el ambiente estaba caliente por las contiendas para comisionados condales y representantes estatales, enmiendas a la constitución estatal, proposiciones como la de parar la eutanasia a los animales, y crear un bono para la modernización de las escuelas. A nivel nacional había importantes elecciones, como la de Elizabeth Warren en Massachusetts, y Tammy Baldwin en Wisconsin, quien si resultaba ganadora sería la primera senadora abiertamente gay al congreso. Esta era una elección que había que seguir de cerca, pues el tema gay estaba fuerte en el candelero, uno de los temas que decidieron a mucha gente a votar, e hicieron de la elección del presidente una decisión en temas sociales, no sólo en los temas políticos o económicos.

Cuando falta una semana. El día en que yo voté

Martes 30 de octubre. Faltan 7 días.

Seleccioné hoy martes para votar, pues calculé que no habría grandes filas. El precinto era la biblioteca de West Flagler que había visitado el domingo, en el centro del área hispana de Miami. El día no podía estar más lindo, soleado y fresco. Les había ofrecido a dos amigos de Little Havana que iba a llevarlos en mi carro a votar, Diosdado, un hondureño, y Jaime, un colombiano, el esposo de mi amiga costurera.

Terminé de trabajar, y nos reunimos para ir al lugar. Como sabíamos que estaba disponible el transporte, llamamos a una activista que conozco que estaba trabajando en la campaña del comisionado Bruno Barreiro para usar el transporte que ofrecía, pero después de esperar más de media hora, nunca llegaron, así que decidimos irnos por nuestra cuenta.

Manejé hasta Flagler y la 50 calle del suroeste, en la pequeña biblioteca de un barrio predominantemente de cubanos de clase trabajadora, muy cerca de donde yo viví con mi familia cuando llegué a Miami en 1991. Casi nunca se oía hablar inglés en esa área, y encontrabas gente pintoresca, emigrados cubanos de todos los tipos y colores, como si la isla se hubiese trasladado a este pedazo de Miami.

Me había comprometido a ayudar a Diosdado, un nuevo ciudadano que votaría por primera vez. Él había sido contador en Honduras, y me contó que había estado envuelto en política allá. Aquí había vivido en Nueva Orleans por muchos años trabajando haciendo limpieza y luego en una firma de contadores. A Diosdado le había sido difícil conseguir su ciudadanía, porque cuando fue a pasar su entrevista en inglés no pudo hacerlo bien, lo cual lo deprimió mucho. Uno de mis estudiantes me contó esto y yo lo llamé un día para animarlo a seguir insistiendo, a seguir estudiando. Volvió a las clases, pero entonces su clínica le ofreció ayudarlo haciéndole exámenes médicos que probaran que no podía hacerlo en inglés debido a problemas de salud, una tendencia muy de moda entre las clínicas de Miami que de esta manera atraen a pacientes de Medicare. Finalmente, la clínica le hizo todo el trámite y pudo obtener su ciudadanía. Yo lo ayudé a llenar la solicitud de votante, y ya mostraba con orgullo su tarjeta de elector antes del 6 de noviembre.

El otro señor que iba conmigo era un colombiano retirado que llevaba más de 30 años aquí, quien actualmente maneja un taxi a tiempo parcial, cuya esposa, una señora de Bogotá, conozco desde hace tiempo.

Llegamos al lugar y busqué donde estacionar. La cuadra completa estaba llena de letreros y activistas repartiendo propaganda electoral, pero la colita de personas esperando para entrar a votar era de solo unas diez personas. ¡Perfecto! pensé, no tendríamos que esperar mucho para votar. Entrando en la 50 calle, un carro se cruzó con el mío y noté que el hombre que manejaba me dirigió una mirada desdeñosa; era un hombre latino de unos 40 años, y su cara reflejaba odio. Me di cuenta entonces que este señor había notado mi letrero de Obama 2012 que yo orgullosamente llevaba en la puerta de mi carro. ¿Esa cara de odio porque prefiero al otro candidato? Por suerte vivíamos en una democracia, donde había varios partidos y candidatos, estábamos en año de elecciones, como cada cuatro años, afortunadamente. Aquí no tendríamos las dictaduras que dejamos atrás, donde el mismo hombre gobernaba por décadas, como en Cuba con Fidel Castro y en Santo Domingo o en Nicaragua. En Estados Unidos nunca había pasado eso, ¡gracias a Dios! ni nunca pasaría. ¡Qué suerte que estábamos en la democracia más vibrante del continente americano!

Me olvidé del tipo con cara de malo al momento y seguí manejando en busca de un espacio. El lugar estaba lleno de carros, era una cuadra residencial sin mucha área para estacionar, pero al fin encontré un lugar para mi Toyota Solara lleno de letreros de apoyo a Obama, y nos dirigimos caminando a la biblioteca.

En el camino, los activistas nos ofrecían material de propaganda de Ileana Ros-Lehtinen, del candidato estatal Alex Díaz de la Portilla, de la proposición 222 "*Better Schools*, y de las demás enmiendas. Yo le dije a una activista que vino con una tarjeta: "no pierdas tu tiempo, ahórrate las tarjetas, ya yo sé por quién votar". La jefa del grupo de activistas enseguida salió a investigar: "¿qué fue lo que te dijo esa señora?", a lo que su empleada le contestó: "creo que es demócrata". Evidentemente era personal pagado por las campañas, pues no parecían ser voluntarios, una diferencia que puedo percibir en la actitud de la persona que cobra por lo que hace en una campaña política. Seguimos caminando a paso firme y dejé atrás rápidamente a los activistas que nos perseguían para darnos su propaganda, un trabajo muy bien remunerado según me han contado.

Al llegar al precinto, no vi a ningún activista por Obama-Biden. Pensé que estaban manteniendo un perfil bajo en ese barrio tan tradicionalmente cubano. De acuerdo a los medios de difusión, Romney era dado ganador en toda Florida, cosa que yo no creía aunque tuviera mis dudas, a pesar de las encuestas y los análisis de los expertos.

Llegamos finalmente a la fila de votantes y nos dispusimos a esperar. No hubo ninguna conversación durante la espera; la gente en la fila no intercambió ni una palabra, ni siquiera nos miramos, aunque yo con mucha discreción observé a una señora de cierta edad con evidentes cirugías plásticas, un señor con su cabello mal teñido para cubrir las canas, otro señor alto con su bastón, otra señora elegante usando joyas caras un poco inapropiadas para el lugar, otros con aspecto de americanos que no supe si lo eran o no, y unas cuantas muchachas jóvenes. Me atrevo a afirmar que el 95 % eran latinos, aunque seguramente habría algún americano o de otro origen. Como nadie hablaba, no podía saberlo. Tanto silencio me extrañó.

Esta privacidad inusual, este silencio pertinaz me resultaba curioso, porque generalmente los latinos creamos animadas conversaciones en las filas de espera, y hasta hacemos nuevas amistades. En esta fila, era como si nadie quisiera problemas, como si el voto necesitara mantenerse en la más estricta reserva, evitando una confrontación ideológica que venía gestándose en el país desde que este presidente tan controversial había llegado a la Casa Blanca con su promesa de cambio y esperanza. Sin embargo, yo no recuerdo haber notado la misma reserva en los votantes en las elecciones de Bush vs. Gore en 2000, ni en la de Bush vs. Kerry cuatro años después. Creo que esta vez la gente no quiere ni siquiera admitir que les gusta Obama por temor a la represalia de los que se muestran "iracundos", los que podías encontrar en cualquier parte, como el comentarista de Radio Mambí que me cortó la línea, o el de Allapatah que me sacó un manifiesto comunista del siglo dieciocho para relacionarlo a Obama, o la dueña de la librería en la calle 8 que asumía que yo votaría por Romney.

Observé otra vez a los votantes. Casi todos blancos, en su mayoría de edad madura, tal vez sólo habría una persona de color. En el centro de votación, todo estaba muy organizado, y los empleados - todos latinos- fueron muy profesionales, lo cual me causó orgullo. Yo llevaba mi sellito de Obama en mi blusa, uno muy curioso que tiene una carita negra con las peculiares orejas de Obama y los ojitos rojos en el fondo negro, pero nadie pareció notarlo, excepto una muchacha del personal de elecciones que estaba ya dentro de la biblioteca, quien sonrió complacida al verlo, pero sin hacer ni el más mínimo comentario.

Cuando nos tocó el turno de pasar, vi salir a dos señoras que yo conozco, una de ellas con su hijo joven quien yo sé que tiene algún tipo de limitación mental y está deshabilitado. La otra señora, activista republicana, me ofreció el transporte del comisionado Bruno Barreiro para regresar a donde trabajo. "No, gracias, yo vine en mi carro y traje a dos personas más", le dije. Este comisionado que lleva muchos años en el condado había estado llenando ómnibus con gente hacia las urnas durante todo el periodo de votación. Fue una de las campañas más activas y con más recursos que vi en esta elección. No pude apreciar en esta parte de la ciudad ninguna actividad de su oponente, el demócrata Luis García.

Después de esperar por un rato más, por fin entramos a la biblioteca. Cuando llegué a la oficina de controles de votación, buscaron a que precinto yo pertenecía, y detectaron que yo había recibido la boleta ausente. ¡Buen trabajo! Yo expliqué que no la había pedido, que quería votar personalmente. Me dieron mi boleta, así como la de Diosdado, y caminamos hasta las casetas de votar. Mi otro acompañante era un experimentado votante y no necesitaba ayuda, pero el votante primerizo me seguía un poco desorientado. Le indiqué que necesitábamos usar una caseta individual para votar. En el salón de la biblioteca se alineaban cerca de 20 casetas, que en ese momento estaban ocupadas por gente que silenciosamente leían y marcaban los óvalos. Las únicas voces que se oían era la de los empleados del precinto dando indicaciones, con una organización excelente. Mientras esperábamos nuestro turno, pensé que habíamos escogido el lugar correcto. Por fin, hubo casetas disponibles y pasé a la mía, mientras mi acompañante iba a otra.

Cuando por fin estuve sola con mi larga boleta, empecé a leer. La primera selección era para presidente. Este era un momento importante en mi vida, en una votación crucial en la historia de esta nación por la que había luchado tanto. A la derecha de Barack Hussein Obama y Joseph R. Biden llené el pequeño ovalo bien rellenado, como para que no hubiera la menor duda, y respiré profundamente. ¡Qué orgullo y que emoción marcar aquel ovalo! Al fin, ejercí mi derecho a votar. Pero ¿cuánta gente votaría como yo? Esa era la disyuntiva por la que estaba luchando.

Después de votar por el presidente, volví a leer esta sección, en la que el primer nombre que aparecía era el de Mitt Romney y Paul Ryan; después Barack Hussein Obama y Joseph Biden. Me pregunté por qué estaba el nombre de Romney primero que el de Obama, si alfabéticamente la O está primero que la R. Pienso que Romney estaría tan deseoso de ser presidente que se registró primero. Para ser justos, Obama estaba tan deseoso como Romney. Los dos tienen diferentes motivaciones, que puedo resumir en dos palabras que son opuestas: más y menos. En Romney nunca noté vocación de ayudar a los que **menos** tienen, sino de ayudar a los que **más** tienen; para Barack su prioridad siempre ha sido ayudar a los que menos tienen. Esta es la mayor diferencia entre los dos candidatos.

La boleta de Miami Dade en el 2012 ha sido la más larga en la historia de Florida; no solo era larga, pero también complicada. No recuerdo haber visto nada igual en los años que llevo votando. Continué en mi tenaz tarea de revisar completamente la interminable boleta. Leí y traté de interpretar el lenguaje legal enrevesado y tedioso que usualmente se usa en ellas, a veces con toda la intención de distraer al votante. Ya yo había revisado anteriormente la kilométrica boleta, leído los comentarios de los periodistas, oído los argumentos en pro y en contra, y hasta había hecho un resumen para enviarle a mis amistades. El resultado de esta votación me tocaría directamente, así que dedicar tiempo a estudiarlas era el único camino para saber qué decisión tomar, pues no puedo dejarme llevar por la opinión de periodistas ni políticos.

Eran 12 páginas de más de 14 pulgadas de largo, impresas en letra pequeña por los dos lados, y escrita en los tres idiomas más comunes que se hablan en el sur de Florida: inglés, español y creole, lo cual hacia la boleta aún más larga y más confusa. En esta confusión, resultaba fácil que el votante no viera los óvalos de votar, o que decidiera simplemente pasarlos por alto y no expresarse a través del voto. Me tardé aproximadamente una media hora en leer y completar la boleta.

A continuación de los candidatos a presidente, que eran como ocho, la boleta contenía las 12 enmiendas constitucionales del Estado de la Florida, una de ellas eliminada previamente por inconstitucional. La enmienda # 1 estaba destinada a detener la aplicación de la Ley de

Salud, en otro intento de la legislatura de Tallahassee que persistía obstinadamente en su intento de rechazarla. Las enmiendas # 2, # 9 y # 11 pedían reducciones de impuestos para los veteranos, las personas mayores, y los cónyuges de militares. La enmienda # 6 y la # 8, apoyadas por las archidiócesis católicas, buscaban prohibir que fondos públicos financiaran abortos o seguros de salud que incluyeran el pago de estos. La enmienda # 8, definida torcidamente como "libertad religiosa", perseguía facilitar la financiación estatal a ciertas organizaciones religiosas. De aprobarse, sería derogada la enmienda Blaine, aprobada hace 127 años, la cual establece que fondos del estado no irían a financiar instituciones religiosas. Analizada más profundamente, esta derogación limpiaba el camino para otorgar más dinero a las escuelas católicas llamadas chárter, una vía que inició el gobernador Jeb Bush para reducir la educación pública y otorgar financiamiento a la educación semiprivada de las escuelas chárter. La enmienda # 5 buscaba ampliar los poderes de la legislatura estatal y limitar las funciones de la corte suprema estatal. Esta era una reacción de penalidad a algunas decisiones importantes de los jueces en contra de intentos de la legislatura estatal por pasar leyes inconstitucionales. La enmienda # 4 les daría exenciones de impuesto a los compradores de propiedades en la Florida que no eran residentes floridanos, lo que traería que los residentes del estado vieran sus impuestos incrementados para balancear el presupuesto.

La legislatura dominada por los republicanos en Tallahassee y dirigida por Rick Scott, dedicó grandes esfuerzos en largos meses de premeditada labor, para incluir en la votación su agenda ultra conservadora, anti Obamacare, anti aborto, promotora de la injerencia de la religión en el gobierno, protectora de la empresa privada y dirigida a restringir el poder de las cortes y los jueces. No sólo incluyeron en la boleta su agenda conservadora sino que con esto complicaron la boleta de la elección presidencial.

Como si las enmiendas estatales fueran pocas, el condado de Miami Dade tenía otras once, en las que se discutían asuntos tan variados como si subir los impuestos a la propiedad para aumentar servicios a los animales abandonados, hasta si debíamos aprobar que la compañía Sony Open arreglara el centro de tenis de Key Biscayne.

Estando allí, en mi caseta de votar, pensé en la gente trabajadora con bajo nivel escolar; cuan complicado seria para ellos entender el lenguaje legal, y escoger el ovalo correcto para votar sí o no. Por suerte para los demócratas, la elección presidencial era la primera sección en la pesada boleta, y mucha gente estaba allí solamente para votar por Obama o por Romney.

Seguí completando pacientemente mi boleta. Voté que no por casi todas las enmiendas del estado y de la ciudad, voté por el comisionado de mi nuevo distrito, por los jueces de la Florida, y por todo lo demás, oponiéndome a los intentos de Rick Scott. Rellené los óvalos con mucho cuidado, para que no hubiera error que conllevara a la anulación de mi boleta. Había muchas decisiones que afectarían mi bolsillo, mi calidad de vida, y la de la gente de mi condado. Esta era mi oportunidad de decidir qué camino tomaría mi comunidad, mi estado, y mi país.

Me tomó unos treinta minutos completar las doce páginas, más tiempo del que imaginé, y al final, respiré aliviada. Entregué mi boleta, la pasaron por la máquina electrónica, y me advirtieron que había dejado un ovalo vacío, que no marqué a propósito porque no tenía suficiente información para decidirme. A la salida, el empleado me dio mi sellito de papel que dice *I voted today.* Aún conservo ese pequeño sello por el que tanto luché y por el que tantas horas trabajé. Que satisfacción cumplir con mi deber ciudadano, ejercer mi derecho al voto, un derecho por el que tanta gente en este país había luchado. Votar, para una cubana que huyó del comunismo, es un regalo, un privilegio que no existía en mi país.

Ahora era el momento en que podía ayudar a Diosdado, que estaba absolutamente abrumado con tanta información y clamaba por mi ayuda. Cuando me acerqué a él, una empleada me indicó que no podía estar allí, pero yo sabía mis derechos. "yo estoy con él porque lo voy a ayudar a votar", le dije. Entonces me dijeron que tenía que registrarme como ayudante, lo cual es el único requisito que existe, así como cumplir con la limitación de que quien te ayude a votar no puede ser ni tu jefe en el trabajo ni un empleado de la unión. Volvimos a la primera oficina, nos registramos, y regresamos al salón de las pequeñas casetas individuales. Diosdado oyó mis explicaciones sobre cada asunto que se estaba votando, y cómo marcar sí o no. A veces él me preguntaba cómo votar. Yo le dije "si no sabes, déjalo en blanco, o vota que no, tú decides". No le dije por quién votar, ese no era mi papel, si bien ya habíamos hablado y discutido nuestras opiniones políticas. Aunque nadie me estaba mirando, eso era lo correcto, lo honesto, lo que mis padres me enseñaron; no es correcto influenciar a nadie a hacer nada que no le nazca. Además, Diosdado es un demócrata de convicciones, que emigró hace más de tres décadas y ha trabajado mucho para cuidar a su familia en todo tipo de trabajos duros. Por fin llenó sus ovalitos, empezando por el de Obama y Biden, entregó su boleta y recogió su primer sellito de *I voted today*, el cual se puso orgullosamente en la camisa. Era su primera votación en los Estados Unidos y estaba muy feliz. "Estoy orgullosa de ti", le dije. Se sonrió, y miro de nuevo su sellito. Él era un ejemplo de lo que podemos alcanzar los latinos en este país.

"¡Ya cumplimos nuestro deber cívico, vámonos a celebrar con un café!", le dije.

Al salir, me sentí con más valor de usar mi mejor sello de Obama, el que tiene su foto de pulgada y media. Si algún extremista me atacaba ya podría darle la espalda e irme, pero no quería otro show como los que ya había tenido con algunos. Debo confesar que sentía temor de ser atacada por demostrarme en favor de Obama en aquella zona de cubanos.

A poca distancia de la salida de la biblioteca, por fin encontré a la gente de *Organizing for América*, y decidí ir a apoyarlos por un rato. Ellos tenían solamente un letrero de Obama Biden que no estaba muy visible. Quise hablar con ellos para aliviarles la larga espera bajo el sol de la tarde. Les dije que recién había votado pero que no había oído ningún comentario de nadie acerca de por quién votaron. Eran los únicos demócratas en el grupo de activistas en ese lugar. Se trataba de un joven latino que había venido de Chicago, personal de campaña, y Greg, un señor que luego supe que había venido desde New Jersey. Los saludé en español, porque en Flagler y la 50 Street no esperaba encontrar a nadie que no lo hablara, pero al ver que no entendía, Greg, con humildad, me pidió disculpas por no hablar español. Tuve que decirle: "*are you kidding me? We are in America after all, you don't need to apologize for not speaking Spanish*" (¿estás bromeando? estamos en América, tú no necesitas disculparte por no hablar español), le dije sonriendo a este americano rubio y corpulento. Me contó que sus ancestros eran de origen alemán, que él era descendiente de inmigrantes como todos los que vivían en este país con excepción de los indios americanos. Pregunté cómo había estado la gente en este centro de votación. "Ha estado bien, la gente se nos acerca para pedirnos *stickers* y letreros". Le pregunté cómo serían las elecciones en New Jersey. "Allí todos saben cuál va a ser el resultado porque es un estado demócrata, pero aquí en Florida puedo sentir la energía", me dijo Greg sonriendo. Comprendí que mi estado, por ser un estado indeciso, puede darle los votos lo mismo a un demócrata que a un republicano, y la expectativa aquí es grande porque el resultado puede variar. Me alegré muchísimo de vivir aquí, porque si viviera en New Jersey estaría trabajando haciendo llamadas a votantes en Florida. Estábamos exactamente en el campo de batalla.

Seguimos hablando de Miami y de las elecciones. "Me gusta mucho vivir en Miami Beach y me ofrecí de voluntario", me dijo Greg. Comprendí que como él, mucha gente bohemia y progresista había venido a esta ciudad para trabajar en la campaña, y además disfrutar del sol y las playas maravillosas, y Greg era uno de estos.

Les agradecí que estuvieran allí bajo el sol inclemente, y me ofrecieron más tarjetas de propaganda; "tengo bastantes" les dije, pero acepté una botellita de agua, y nos despedimos, contentos y dispuestos a empezar mañana de nuevo a trabajar por los demócratas. Me alejé pensando en las disculpas de este americano por no saber español. Es curioso como muchos visitantes en Miami se sienten incómodos porque creen que tienen que hablar español, y en su intento de agradar se disculpan, cuando en realidad somos los hispano-parlantes los que debemos darnos a la tarea de aprender el idioma del país, el que nos unifica como nación, aunque coloquialmente podemos hablar cualquiera que sea nuestra lengua materna. Me acordé de unos americanos de Kansas que había conocido en el Restaurant Islas Canarias, que me dijeron que venir a Miami era como visitar un país de América Latina sin necesidad de usar pasaporte.

En la acera de en frente a donde estaban Greg con el letrero de Obama-Biden, alguien había puesto un letrero escrito a mano, que decía "Obama socialista, hay que recuperar a América". Ese era el tipo de letrero que más me molestaba, por lo injusto y lleno de prejuicio. Sí, hay que recuperar a América, pero no del socialismo ficticio que le endosaban al presidente, sino del montón de avaros y egoístas que lo arruinan, pensé. "Como me gustaría quitar ese mensaje", les dije a los de OFA, pero me contestaron lo que ya sabía: "No, eso sería un delito federal" Con letrero o sin letrero, estaba confiada en el triunfo, podía sentirlo en el aire, podía verlo en los que estaban trabajando por los republicanos, que tenían la derrota retratada en sus caras. Obama iba a ser el presidente por cuatro años más, y yo iba a seguir trabajando para lograrlo hasta el último minuto antes de cerrarse la última urna el día 6 de noviembre, momento que ya estaba cada vez más cerca.

Salimos de allí cerca de las 4 y media de la tarde, y fuimos Diosdado y yo a celebrar tomándonos un café en un lugarcito muy acogedor de Biscayne Boulevard, La Provence, donde hay unos dulces deliciosos y muy buen café. Yo estaba muy apurada porque tenía un foro comunitario virtual con Obama, en la página de voluntarios de OFA, pero el mitin era a las 4 y 45 p.m. y ya eran más de las 5 cuando por fin entré en internet. Esto me frustró un poquito, pues la oportunidad de oír a Obama era siempre buena, ya que sus constantes palabras de reconocimiento al trabajo que estábamos haciendo no tenían precio, y necesitábamos la carga de energía y de esperanza que nos daba, en medio de las noticias desalentadoras y confusas de las últimas encuestas, y sobre todo, la inquietante incertidumbre. Lo único seguro era seguir batallando.

Terminamos el café, mientras que mi amigo el nuevo ciudadano americano seguía más que contento por su proeza de haber votado por primera vez. Me confesó ilusionado que en la noche llamaría a su hija, que era policía de New York, para darle la buena noticia de su primer voto en los Estados Unidos.

Cuando por fin llegué a mi casa, revisé mi email y como esperaba, tenía muchas comunicaciones de la campaña; entre ellos, un mensaje de la Unión de Maestros de Miami-Dade, que confirmaban mi asistencia al precinto electoral de mi barriada el día 6 de noviembre.

Esa tarde, teníamos otro mitin *online* con el Vicepresidente Joe Biden y los dirigentes de la Asociación Nacional de Educadores (NEA) y la Federación de Educadores de Florida (FEA). Yo estaba en la lista de los demócratas del sindicato de maestros, y también en la de voluntarios por el Partido Demócrata. Quería saber qué estaban haciendo las uniones de maestros por Obama, y qué nos diría Biden al respecto. Me aventuraría a afirmar que la mayoría de los maestros en Miami Dade somos demócratas y estamos afiliados a la Unión de Maestros, UTD, que ha sido bastante pasiva y condescendiente con la dirigencia política de la ciudad, predominantemente republicana, aunque si sabía que la unión apoyaba la reelección de Obama.

A las 8 y 30 p.m. de la noche puse mis altavoces en la computadora para poder oír bien a Biden hablándoles a los maestros de la unión. Su mensaje fue muy claro y accesible, así como es el mismo Biden. Nos pidió que nos envolviéramos en la campaña, que hiciéramos algo que yo he estado haciendo por meses, que es explicarme a la gente por que necesitábamos reelegir a Obama, y resaltó la importancia del trabajo del educador, como su esposa la Dra. Jill Biden, también educadora. A mí me gusta mucho nuestro vicepresidente Biden, y creo que los éxitos de la administración de Obama también se le deben a él. Como bien dijo Bill Clinton, cuando Obama eligió a Biden para acompañarlo en la boleta del 2008, “la bateó de jonrón”. Si es que la popular Hillary no se decidiera a aspirar, ojala que Biden sea el sucesor del presidente.

Esa noche del día en que voté me fui a dormir muy satisfecha de mi misma. No solo había votado, sino que había ayudado a otras personas a votar. Así como yo había votado por los demócratas y en contra de la agenda extremista de los republicanos en mi estado, estaba segura de que igualmente iban a votar la mayoría de los electores de esta ciudad. Estaba llena de confianza en que se lograrían los 270 votos electorales necesarios, a pesar de todo lo que se hablaba en los medios de Miami.

Los republicanos no lograrían que éste fuera un presidente de solo cuatro años, como le ocurrió a Jimmy Carter en 1980. *“Obama will be a 4 year president”,* había sido siempre el grito frenético de Michelle Backman a su gente del *TEA Party*. Se quedaría solo en eso, gritos, como mismo se quedó su candidatura, y Obama seria reelecto, a pesar de la recesión, del racismo y de los miles de millones gastados en su contra. Ese era mi sueño, y el sueño de miles de voluntarios como yo, y lo que me empujaba cada día a hacer algo para ganar esta elección.

Miércoles 31 de octubre. Faltan 6 días.

Hoy es el día de Halloween, y si no fuera porque en 6 días se decide esta elección, yo estaría preparando mi disfraz para irme a una fiesta con mis amigas. Pero el día de las brujas va a ser real el 6 de noviembre si sale elegido Romney, así que no hay Halloween este año y me voy a trabajar en la campaña.

El país celebra esta fiesta y algunos se disfrazan de los candidatos. Según las noticias, las ventas de caretas representando la cara de Obama y de Romney pueden predecir el resultado de las elecciones del siguiente martes, Día de Elecciones. Se dice que las caretas que más se venden son las del candidato que ganará, y hasta este momento oí en CNN que las caretas de Obama han sido las más vendidas.

En las primeras noticias de la mañana oí en Radio Mambí que Romney estaría en Universidad de Miami hoy por la tarde, acompañado de Ileana Ros-Lehtinen y Mario Díaz Balart. ¿Tendrá la misma respuesta que Obama el 11 de octubre allí en UM, cuando 9,500 personas se reunieron? No lo creo, aun cuando la radio conservadora le esté dando propaganda gratis al evento, y el de Obama fue ignorado.

Durante mi clase, expliqué el vocabulario de la boleta electoral, el tema del momento, un tema que por su vigencia les interesaba mucho, interés que facilita el aprendizaje del idioma. Después hicimos un bingo de palabras para practicar el nuevo vocabulario. La ganadora resultó ser mi nueva alumna, una actriz cubana recién llegada al exilio, quien se llevó un diccionario como premio. En este día durante una de mis clases de ESOL, una estudiante de El Salvador, me contó que su esposo planea votar por Romney porque la pastora de la iglesia cristiana a la que asisten está endosando a Romney por el tema del aborto y la boda homosexual. Era de esperar que muchos religiosos seguidores de la Biblia lo rechazarían, después de que Obama reconoció que las personas gays tienen tanto derecho a casarse como cualquier otro ciudadano.

Yo traté de explicarles a todos los estudiantes de esa clase, que las leyes del gobierno no pueden incluir ninguna creencia religiosas, que el presidente no puede hacer una ley que proteja a los homosexuales porque ese no es su papel en el gobierno; pero los creyentes religiosos esperan erróneamente que el gobierno dicte leyes de acuerdo a su libro sagrado, sea este la Biblia u otro, que de acuerdo a lo que delinearon los padres fundadores en la Constitución, debe existir una separación entre el gobierno y la religión.

Los inmigrantes desconocen mucho acerca de este país, por eso disfruto mi papel como maestra de inglés, al explicar a los recién llegados aspectos de la cultura norteamericana que los acerca a su nuevo país y los hace mejores ciudadanos.

Tocando puertas en Little Havana

Después del trabajo, quería trabajar voluntaria algunas horas, así que primero fui a la dulcería de la calle Flagler a tomarme un cortadito con un pastelito de guayaba para tener energía. Llevaba puesto en mi blusa mi pequeño botón de Obama, el de la cabeza de Obama pintada como negrito prieto con los ojos rojos, el mismo que usé cuando voté. La dueña del negocio, una señora cubana, lo observó y luego me miró con gesto adusto: estaba desaprobada en su materia. Sin embargo, traté de ser agradable y conversar con ella, sin ningún éxito. Sabía que aquel era territorio de Romney y no recibí un 'ramalazo' de rechazo solo porque allí yo era una clienta de los pastelitos, votara como votara.

Llegué a la oficina de *Organizing for America* de Little Havana a ver qué podía aportar. Allí estaba Eduard el organizador jefe, muy atareado pobrecito; se le notaba bajo una gran tensión; la elección seria en una semana y él estaba trabajando largas horas organizando a los voluntarios para cubrir el área. Yo trataba de simplificarle las cosas a Eduard: pedía lo que necesitaba y me iba a trabajar independiente.

En la oficina había algunos voluntarios haciendo llamadas, entre los que conocí una señora cubana de más de 80 años que había venido desde Chicago con su hija a colaborar en la campaña. La señora me impresionó; se me parecía a Lolita Ramírez, mi profesora de piano en La Habana, pues lucia como salida de su apartamento en la Calle Calzada del Vedado, muy educada y elegante, con su pelo blanco ensortijado, su blusa fina y su collar. Conversamos sobre como ella y su hija también se volvieron republicanas después del descalabro de Bahía de Cochinos, cuando Kennedy no envió el apoyo de la aviación a los exiliados que fueron a liberar a Cuba, pero después se cambiaron de nuevo al Partido Demócrata. Eran entusiastas de Obama, e iban a estar en Miami trabajando como voluntarias hasta el día de la elección. Eduard les explicó qué hacer: la madre se puso a hacer llamadas y la hija se fue a tocar puertas en la barriada. Esta señora me dijo que el apoyo de los cubanos americanos a Obama es mucho más amplio de lo que mucha gente piensa. Su familia llegó al exilio en los 60's, provenían de un alto estatus económico, ni siquiera viven en Miami ya, pero no dudaron en tomar un avión hasta aquí para colaborar en el triunfo de los demócratas. Otra vez la tesis que le he oído a los republicanos de que en Miami solo los trabajadores pobres, los afroamericanos y los deshabilitados son demócratas, se probaba falsa. Cualquier persona de cualquier estrato socioeconómico, raza u origen puede ser demócrata, como puede ser republicana.

Eduard me indicó que fuera a tocar puertas junto con Isbel, la subdirectora de la oficina, quien había venido de New York recientemente, una muchacha que no llega a los 23 años. Me armé de suficiente propaganda escrita, entre ellas tarjetas de José Javier Rodríguez, el demócrata que se opone a Díaz de la Portilla en la legislatura estatal. Llamé a su oficina para brindar mis servicios, pero nadie me respondió, lo cual me indicó que no tienen mucho dinero para pagar personal a esta hora de la tarde. Esa elección iba a ser muy importante, porque era un demócrata retando nada menos que a uno de los tres hermanos que por años han estado en la política local, incluyendo al preferido de mi mamá, Miguel, que quiso ser alcalde de Miami.

Salimos a caminar hacia la calle 10 del suroeste, e hicimos como 30 casas en apenas dos horas. Entramos a un edificio de bajos recursos, con muchos residentes de la tercera edad, donde mucha gente apoyaba a Obama en ese lugar. Tocamos la puerta de un viejito cubano que me dijo: "los republicanos son la gente más mentirosa y sinvergüenza que existe". "*Give me five*", le dije porque lo había dicho muy clarito. Honestamente, no todos son sinvergüenzas, pero últimamente se han vuelto más exclusivos que nunca, y por las mentiras, son los campeones de los "pinochos" que les da la prensa, porque para atacar a Obama no han parado de mentir.

Entre los apartamentos que visitamos, solamente una señora nos dijo que aunque estaba en la lista de demócratas ya no lo era. Con mucho tacto nos dijo "es que yo soy republicana". "Gracias por su tiempo" fue la respuesta y nos fuimos, que era lo único que podíamos decir. Otro señor que nos abrió la puerta no quiso decir por quién votaría cuando le preguntamos si contábamos con su apoyo por Obama. "Lo decidiré en el día de la elección", nos dijo.

Mientras tomábamos el elevador hacia otro piso, la joven de New York me pidió que me quitara mi sello de Obama de la blusa. Yo le dije "la gente necesita conocer que apoyamos a Obama para que pierdan el miedo y se den cuenta de que no es como lo pinta la televisión y el radio de Miami". No entendí que a pocos días de las elecciones, y visitando a los electores demócratas, fuera necesario ocultar nuestra afiliación política cuando existe el derecho al activismo político. La personalidad de Isbel era un poco difícil, ni siquiera me agradeció mi ayuda con el idioma español lo cual fue definitivo esa tarde, porque con excepción de solo dos o tres personas, nadie en las viviendas que tocamos habló una palabra en inglés.

Los empleados de campaña de OFA estaban aquí haciendo su trabajo y creando buenos contactos para su futuro. Con la excepción de Isbel, que resultó un poco inmadura, todos los miembros del personal de OFA fueron siempre cariñosos y agradecidos conmigo. Pasé por alto la actitud de esta muchacha porque mi norte era uno solo, el triunfo de Obama y los demócratas, y nada ni nadie me iba a hacer desistir de este propósito.

Cuando caminé de regreso pasé por frente a la casa de la 19 y la 4 Calle del SW donde vivió Ángeles, mi compañera de trabajo en los 90's, cuando llegué a Miami. Era muy simpática, y me decía, "no me gusta el brócoli, no me gusta hablar inglés, pero aquí estoy hace 40 años". En su fiesta de jubilación, yo le había conseguido unos mariachis, así que Ángeles terminó bailando jarabe tapatío con el único mejicano que trabajaba con nosotros en aquella agencia de viajes. Cuando se enfermó de Alzheimer, yo la visité varias veces en su casa llena de gatos. Miré ahora a la casa que alguien habría heredado cuando ella falleció: dos hombres jóvenes que parecían indocumentados arreglaban su carro en el patio; "estos no pueden votar", pensé. Observé mucha pobreza, muchos centroamericanos, muchas casas rentadas en donde antes vivían familias de cubanos emigrados que ya se habían ido de la zona. De un edificio muy pobre, vi salir a un enfermero manejando un carísimo Mercedes Benz, quien seguramente estaba visitando a algún anciano con beneficios del Medicare, que es el tipo de cubano que abunda en la Pequeña Habana de hoy: inmigrantes de Centroamérica, personas de la tercera edad mayormente cubanos, y adultos deshabilitados que viven de la ayuda del gobierno. Los cubano-americanos de clase media y alta ya hace tiempo que no viven en este barrio pobre donde el índice de criminalidad es uno de los más altos del estado.

Volví a la oficina de OFA, y me despedí de Eduard y del grupo de muchachos jóvenes que estaban allí. Cuando iba manejando de regreso a casa por la Avenida 22 del suroeste, cruzó la calle un hombre hispano, que miró mi bello magneto de Obama 2012 que tenía puesto en la puerta de mi carro. Me sonrió, y dijo ¡Obama! señalando a mi puerta, con orgullo y satisfacción, lo cual me llenó el corazón de alegría. Éramos muchos, y yo no estaba sola, ¡oh no! Si la dueña de la dulcería me desaprobó, este transeúnte me aprobó. Ojala que este hombre pueda votar, y que todos los que visité hoy salgan y voten.

En el camino recibí la llamada de uno de mis estudiantes de ciudadanía para recibir una clase, pero le expliqué que yo estaba trabajando por Obama, y no quiero perderme ni un día de esta semana para aportar mi granito de arena, ya tendré tiempo de seguir con mi trabajo.

En la radio, oí el anuncio de Marco Rubio otra vez ofreciendo transportación para votar, y nos pedía, con esa voz suplicante y lastimosa que siempre usa para dirigirse a su pueblo de Miami, mayormente a cubanoamericanos republicanos, que votáramos por el único que nos salvaría, su amigo, el inefable Mitt…. Los anuncios del senador estaban en todas las estaciones de radio de Miami, y en todas las estaciones de televisión local. Trabajó muy duro el joven de West Miami grabando anuncios para su partido, y viajando a los mítines de campaña de Romney en todas partes del país, demostrando su dedicación – no al pueblo que lo eligió- sino a ganar campañas políticas.

Una amiga me llamó decepcionada porque le informaron del Dpto. de Elecciones que no le podían enviar su tarjeta de votar, ya que la dirección donde vive pertenece a una zona comercial, ya que ella reside en el local donde trabaja. Ella estaba indignada porque alcanzó su ciudadanía con la ilusión de votar por el presidente y ya no podría hacerlo. Otra amiga me contó que había llenado la solicitud pero nunca le llegó la tarjeta, pero en general no había mayores problemas.

Hoy alguien me repitió la misma pregunta que me han hecho varias veces: ¿cuánto usted cobra por esto de registrar votantes, cuánto dinero le paga la campaña? Nunca cobré ni un solo centavo, por el contrario, he dejado de ganar dinero por dedicarme a esta tarea y lo explicaba una y otra vez. Pero a la gente le cuesta trabajo creerlo, tal vez porque los niveles de gasto de las campañas en el 2012 han sido descomunales, o porque en Miami son famosos los casos de "boleteras" y ayudantes de campaña que cobran a $ 20 y más por hora.

Al llegar a la casa, vi un nuevo anuncio de televisión con Cristina Saralegui, hablando con Michelle Obama sobre la necesidad de salir a votar. Cristina fue la primera de las celebridades latinas de Miami que se decidió a trabajar para Obama, demostrando otra vez que es una mujer de convicciones. Nunca olvido que Cristina fue una pionera de la tolerancia cuando celebró una boda gay en su programa en los años 90's, provocando el repudio de los fundamentalistas religiosos de esta ciudad. Otra celebridad latina, Jennifer López, a siete días de las elecciones, anunció su apoyo a Obama, una gran noticia, ya que hay mucha gente que se influencia por las preferencias de sus artistas favoritos.

En el Canal 41, AmericaTeVe, vi un anuncio pagado por un "superpac" republicano en el que se decían que Hugo Chávez y Mariela Castro, la hija de Raúl Castro, eran partidarios de Obama, en un intento de identificarlo con regímenes socialistas. Por suerte más tarde vi otro anuncio en el que Manny Díaz, ex alcalde de Miami, quien siempre ha apoyado a los demócratas, desmentía tan ridícula afirmación. La realidad es que Obama nunca ha transigido con el régimen cubano ni con el venezolano, y se ha mantenido en pro de cambios democráticos en los dos países. Otro anuncio tenebroso con música de espanto mostraba a un líder chino que le habla a una multitud diciendo que gracias a Obama se apoderan de Estados Unidos. Yo me pregunto, ¿habrá gente que se impresione por estas tonterías?

El Senador Bill Nelson nos envió un email a sus electores para pedir apoyo en las elecciones. Por supuesto que estoy trabajando también por él, y espero que salga reelecto también; hasta ahora está arriba en las encuestas. En la elección estatal está Gwen Margolis, senadora por mi distrito, quien se disputa el puesto con el brillante abogado republicano John Couriel, a quien he visto porque es nieto de una vieja amiga. Margolis, que es una veterana política con apoyo de la comunidad judía, afroamericana y anglosajona, y con una larga historia de defensa de los derechos de los gays, tiene todas las de ganar y me parece que John D va a tener que esperar a que la señora se retire.

No sé si me lo han dado los santos, como dicen los santeros, o lo leí en las estrellas, pero hoy por hoy, yo creo que el presidente va a ganar las elecciones por un margen del 6 %, a pesar de que los seguidores de Romney lo dan como ganador. Hoy las encuestas daban a Romney con 50% del voto y Obama con 49% en la Florida. "¡Salgan a votar señores!" arengaban los adoctrinadores conservadores en la radio, arengando a su audiencia a decidir la elección, porque sabían que estaba muy apretada. Una amiga me decía; "no te preocupes, cualquiera que gane, el país va a estar mejor". Era una frase de consuelo, pero no estará mejor, no quiero que gane Romney, no quiero que este país que amo se convierta en otro fiasco como muchos en Latinoamérica, donde el dinero compre las elecciones, y un grupo de multimillonarios controlen el gobierno. Lo que hace diferente y grande a Estados Unidos es la fuerza y poder que tiene la clase media, y Romney no la representa.

Por eso, yo seguía aplicando mi lema preferido: "a Dios rogando y con el mazo dando", que es decir que le seguía pidiendo a Dios, pero no me iba a quedar con las manos cruzadas, sino que con el "mazo" del activismo político, iba a seguir moviéndolo para lograr la victoria, hasta el último minuto, así que antes de las 9 de la noche me senté a hacer unas cuantas llamadas a votantes.

Había caminado más de dos millas tocando puertas, así que esa noche dormí mejor no solo por el ejercicio sino por el trabajo realizado; había trabajado todo el día hasta la noche. Me fui a la cama temprano, mañana prometía ser aún mejor que hoy. En las calles de Miami, todo pintaba bien.

Jueves 1ro de noviembre. Faltan 5 días.

Hoy es el Día de Todos los Santos en la religión católica, así que yo les pido a todos los santos que la gente salga a votar y que voten por Obama.

En el Nuevo Herald de hoy leí los comentarios de lectores, gente sencilla que se expresaron a favor de Obama. Un señor hablaba del voto étnico, refiriéndose a que cada candidato arrastra a gente de su grupo, y el otro acerca de darle cuatro años más a este presidente. Me sentí feliz al leer estas opiniones.

Los periodistas que encauzan la opinión a favor de Romney siguen regalándole el aviso político anunciando que estaría en la Universidad de Miami hoy, junto a Mario e Ileana. Sin embargo, cuando Obama estuvo en el mismo lugar el mes pasado, y asistieron 9,500 personas, la radio en español ni siquiera hizo mención del evento. Viven en una realidad alternativa, en un mundo paralelo donde no existe lo que no les gusta. Traté de entrar en el programa para señalar este contraste informativo, pero no pude. Esto me causa una gran frustración, la que resuelvo trabajando más duro por Barack.

Durante esta semana las encuestas de opinión sobre las elecciones, quien quiera que las haga y cualquier método que se use, en Florida se da por ganador a Romney, nunca a Obama, aunque algunas están pegadas por un punto, que es lo mismo que empatados. Sin embargo, las encuestas que cita CNN varían según el estado pero están bastante parejas. En Miami, nadie se ha quedado en la casa, porque las votaciones adelantadas siguen a todo dar, y las largas filas continúan.

Otro importante endoso al presidente se anunció hoy, el del Alcalde Bloomberg, de la ciudad de Nueva York. Mientras tanto Romney se ganó cuatro pinochos por decir en Ohio que Obama llevaría las fábricas de Jeeps a China. Hasta la misma fábrica Chrysler negó esto.

Me habían enviado algunos stickers para pegar en el carro con lemas como Obama-Biden, I love Obamacare, y carteles de Hispanics for Obama, LGTB for Obama, Women for Obama, y quería dárselos a alguien que los usara. Me comuniqué con algunos amigos que apoyan la campaña, me monté en el carro y les llevé la propaganda a su casa, esperando que las usaran. Llamé también a mi amiga la colombiana que había venido a mi primera reunión con Curtis, y me dijo que estaba haciendo llamadas por Obama y horas voluntarias en la oficina de Miami Gardens.

Otras amistades mías, aunque no eran voluntarias como yo relacionadas con OFA, hacían lo que podían por conversar con las personas indecisas sobre la necesidad de votar por Obama. Vilma, una guatemalteca muy inteligente, me contó de sus esfuerzos tratando de convencer a las personas mayores que estaban solamente preocupadas por mantener su Medicare, que fue objeto de discusión en toda la campaña, pues los republicanos decían que Obamacare lo recortaría, y los demócratas que los republicanos quieren convertirlo en un programa de cupones.

En el supermercado cerca del Templo Israel, en la avenida 2da. del noreste, una señora colombiana me identificó por el botón en mi blusa con la foto de Obama. La señora era una entusiasta demócrata, y me felicitó por mi trabajo. Yo le regalé un *bumper sticker* que decía "Hispanos por Obama Estamos Unidos".

Yo seguía manejando en Miami con los *stickers* de apoyo a Obama, sobre todo el magneto de la puerta que decía Obama 2012. En los semáforos, cuando paraba por la luz, notaba que alguna gente le echaba una mirada, algunos que me mostraba aprobación, pero también alguna vez me miraban con seriedad, pero sin decir palabra.

Yo hablaba con todo el mundo de la elección y les pedía que no dejaran de votar. Así descubrí otra cubana demócrata que trabaja en mi condominio. En su niñez había vivido en Connecticut cuando emigró de Cuba con sus padres, y me contó que siempre estuvo muy involucrada en la política con su madre que era maestra. Cada vez me daba cuenta de que habíamos más cubanos demócratas de lo que se piensa, pero no tenemos micrófonos en la radio ni nos sacan en televisión, donde aparecen solamente los republicanos conservadores, creando la impresión de que no existimos.

Uno de los temas en discusión en esta elección es la ayuda del gobierno a gente que no trabaja. En la agencia comunitaria donde trabajo, todos los días llegan cerca de cien personas diariamente solicitando distintos tipos de ayuda del gobierno federal, estatal y local. Todos los que trabajan allí comprenden que hay muchos que abusan de las ayudas, bajo el pretexto de que no pueden trabajar. En este sentido los republicanos tienen razón, y muchos demócratas pensamos lo mismo, que hay que limitar el acceso a estos fondos de ayuda del gobierno que salen de nuestros impuestos, para dárselo al que lo necesite de verdad. Pero Obama no creó estas ayudas. Lo único que se incluyó en el paquete de estímulo económico fue la extensión del seguro de desempleo.

Miré el programa de análisis político de la noche, donde estaba Luis Lauredo y Lincoln Díaz Balart, una discusión bastante pareja, en la que se trataron con mucha diplomacia. La principal arma de ataque contra el presidente era responsabilizarlo totalmente del estado de la economía. Esto me llenaba de coraje, porque un presidente no puede determinar las fuerzas económicas diversas, y de hecho las políticas de Obama habían detenido una depresión inminente, pero no había un solo republicano que reconociera esto, ni nada positivo en estos cuatro años.

En otro programa de televisión, el hermano Mario Díaz-Balart, decía que Obama no ganaría, pues no pasa del 48 % de intención de voto, y lo acusó de faltar a su promesa de bajar la gasolina. Pocas veces he oído a un político alejarse tanto de la verdad, en particular la cuestión del precio de la gasolina que está hecha para tontos. Quien tenga dos dedos de frente sabe que el presidente de un país capitalista no puede subir ni bajar el precio de nada, eso sólo puede ocurrir en países como Venezuela o Cuba; pero no era solo el representante del área de Hialeah quien lo decía, eran todos los republicanos, cuya capacidad de exagerar, tergiversar e inventar falsedades se ha acrecentado a límites nunca vistos bajo el gobierno del primer presidente afroamericano.

El próximo jueves estará Michelle Obama en el James L. Knight Center del downtown de Miami en un acto de campaña, para lo cual se repartieron invitaciones gratis en las oficinas de OFA en Miami Gardens, Carol City, y barrios predominantemente afroamericanos. Me gustaría verla, pero no puedo ni pensar en ir porque estoy demasiado ocupada.

Viernes 2 de noviembre. Faltan 4 días.

Esta mañana se dio la noticia de la creación de 170,000 empleos nuevos en el período, pero el porcentaje de desempleo continua en 7.8 %. Este número es sumamente desventajoso para la reelección de Obama, y es el argumento fundamental en su contra entre los que apoyan a Romney.

Hoy por primera vez pensé que es posible que el día 7 no se sepa quien gane la presidencia y haya que esperar más de un día, porque veo las votaciones difíciles en los estados que sufrieron la embestida de la supertormenta Sandy. Además, la votación adelantada ha sido muy concurrida, y las filas tan largas, más los problemas de la gente que no recibieron boletas ausentes a tiempo, todo lo cual demoraría el conteo. Pudiera ser que tengamos que esperar hasta el miércoles.

Mientras preparaba mi clase de esa tarde, pude oír el programa de Bernadette Pardo, en el que se entrevistó a un analista republicano que no fue capaz de responder por qué se recortaba la votación temprana en la Florida, sino que por respuesta, insistió en el repetido discurso de que estamos muy mal en la economía. Los republicanos no quieren ver que la economía se está recuperando, la confianza del consumidor subió, el empleo en Florida subió, la venta de casas subió, pero ellos siguen hablando de lo mismo, de los 16 trillones de deuda y de Bengasi, cuando aquí el que no es tonto sabe que las guerras nos han costado miles de millones de dólares y no había dinero para ella, por lo cual nos endeudamos, además de lo que costó salvar a los grandes bancos, con el llamado *bail-out* firmado por George W. Bush.

Traté de entrar en el programa, pues iba a contar el entusiasmo que vi en la gente en el mitin en la Universidad de Miami con Obama, pero tampoco tuve suerte esta vez y no pude cortar la escalada de mentiras del invitado, como ocurría la mayoría de las veces.

Oír mentiras y no poder desenmascarar al mentiroso me producía una enorme frustración. Sufría de pensar que la gente se quedara confundida; pero estaba subestimando a los miamenses, porque la mayoría estaban más claros de lo que yo pensaba, como se vería después de las elecciones.

La Unión de Maestros de Dade me había dejado el material de propaganda para el trabajo el día de la elección en la oficina de mi escuela. La compañera de trabajo que tenía los materiales me avisó y hablamos un poco. Me dijo que ella iba a votar demócrata y que me agradecía lo que yo estaba haciendo, porque ella no tenía el tiempo para ayudar, así que muy amablemente me ofreció traerme los materiales a mi casa para cooperar con la causa, lo cual me pareció un bonito gesto. Hablamos un poco de lo que promete Romney y lo que el haría por el país. ¿Qué clase de experiencias de vida traería Romney a la presidencia? Las dos discutimos sobre eso, y sobre las experiencias personales que ha llevado Obama a su mandato. La diferencia es tan enorme, que es como decir de la noche a la mañana.

Esa tarde trabajé en el centro de retirados en Kendall. Pasé frente al televisor del salón comedor, donde Fox News repetía imágenes del consulado de Bengasi envuelto en llamas, en su perpetua tarea de mantener a los republicanos llenos de ira contra este gobierno. Pude sintonizar CNN, que mostraba una encuesta en Ohio, un estado decisivo. Los hombres blancos apoyaban más a Romney en una proporción de 55 % a 42 %, las mujeres menores de 50 años en Ohio se iban en un 56 % por Obama, asa que la contienda seguía muy apretada.

Esa tarde impartí mi clase de español en *The Palace* y quería salir temprano pues tenía mucho que hacer, pero mi alumna Elizabeth me invitó a escuchar un poco de música de un pianista que anima las tardes de viernes. Como Elizabeth es muy especial no pude negarme a quedarme por un rato con ella y otras damas para disfrutar de una serie de canciones de todo el mundo que las deleita cada viernes. Escuchamos la canción tema de la película “Casablanca” que vi tantas veces en la televisión en mi niñez, y siguió con “Drume Negrito”, del cancionero tradicional cubano, seguida de música de Israel para complacer a los judío-americanos. Después el pianista volvió a La Habana de los años 40’s con “El amor de mi bohío”, “Me gustas tú”, la mejicana “La última noche que pasé contigo” y la italiana “La donna e mobile”. Algunos residentes bailaban, otros disfrutaban de la música sorbiendo una copa de vino, y yo pude relajarme un poquito de mi trajín electoral en su última fase con un rato de buena música.

A mi mesa se acercó una señora muy elegante tarareando una canción cubana, y enseguida nos conectamos. Me dijo ser la madre de una famosa abogada, y que votaría por Obama aunque era republicana. ¡Sorprendente que le gustara Obama! Era una de las cubanas que siguen hablando español y recordando con nostalgia las calles habaneras, pero muy al día de la política nacional.

Seguí mirando de reojo las encuestas en CNN, tan cercanas, y pensé “no hay manera de que ganes Romney, vamos a ganar” mientras que en la pantalla chica salía una imagen del senador Ted Kennedy. No importaban las encuestas, si lo que recibía en la calle era una corriente a favor de Obama, esa era la mejor encuesta.

Cuando salí de la clase de español, manejé por la 92 avenida hacia Bird Road, pues necesitaba ir a Walmart de la 87 Avenida. Por el camino vi varios letreritos de Romney-Ryan, y algunos de los detestables letreritos escritos en fondo negro que decían "Fire Obama". Evidentemente, estaba en territorio conservador. En Walmart sin embargo todo seguía igual, con cero efervescencias políticas y muchas compras a bajo precio.

Mientras tanto en Miami pasaban otras cosas. Mi hermano me contó que iba manejando por Kendall Drive y vio a un muchacho de color en la calle sosteniendo un letrero que decía:" Obama le ha fallado a los negros", cuando en ese momento pasaba un carro que manejaba un cubano calvo con varias cadenas en el cuello que le gritó al muchacho negro: ¡Viva Obama! Para ser objetiva, Obama ha sido muy cuidadoso de ser el presidente de todos los americanos en su primer mandato, y no dedicar su tiempo a ninguna raza en particular.

Entre noticia y noticia los noticieros locales repetían anuncios a favor de Romney, diciéndonos que el futuro de nuestro país está en juego. No puedo estar más de acuerdo, el futuro está en juego, pero si es Romney quien nos guía ya sabemos qué futuro nos espera: decir bye bye a lo poco que queda de la clase media en Estados Unidos y que las corporaciones, que son ahora personas, rijan el país libremente.
Las emisoras nacionales seguían prestando atención a la votación en Florida, mostrando las largas filas de la votación temprana en Plantation, al noroeste de Miami, donde la espera era de varias horas. Parece que se repiten los problemas de desorganización de las elecciones anteriores.

Yo nunca he visto tanto entusiasmo para votar en este estado, a pesar del intento de reducir el voto. Cuatro años atrás teníamos 14 días de votación temprana, este año solo tenemos 8 días; eliminaron el último domingo antes del día de la elección, que es cuando habitualmente votan los afroamericanos después que salen de la misa del domingo, buscando que las personas de color tengan menos oportunidades de votar.

Además de su abierto intento de supresión del voto, Scott y su legislatura incluyó en la boleta una enmienda para limitar los poderes independientes de los jueces de la corte suprema de la Florida que habían declarado que algunas de sus leyes violan la constitución. Scott quería crear leyes que permitieran sustituir a esos jueces, o sea, limitar el poder judicial. Los demócratas estaban a favor de rechazar estas enmiendas que limitaban el poder independiente de las cortes.

Esta tarde tuvimos una reunión virtual con el presidente y los voluntarios de OFA, en las que Obama nos pidió apoyo en estos últimos cuatro días. Humildemente nos agradeció nuestro trabajo, y nos explicó cuántos cambios positivos en la vida de la gente ha logrado esta administración, como la ley de salud, rechazar la ley *don't ask don't tell,* y la recuperación de las fábricas de automóviles. Ahora más que nunca necesitaba su mensaje de apoyo y su agradecimiento en estas últimas jornadas.

Uno de los logros más importantes de esta administración fue mantener la industria automovilística de Detroit funcionando, y los autos Chrysler y General Motors, emblema de la industria de los Estados Unidos desde principios del siglo XX, lograron sobrepasar la crisis después del 2008, gracias al paquete de rescate que la administración de Obama le otorgó.

Hoy, la industria automovilística americana se ha recuperado, se mantuvieron miles de empleos a lo largo de todo el país, 35,000 de ellos en Florida. Sin embargo, este evidente acierto ni siquiera fue reconocido por los enemigos políticos de Obama, ni por ninguno de los periodistas conservadores de Miami, que además, se dedicaron a menoscabar el hecho. Muchas veces Romney y Ryan se valieron de inexactitudes y utopías en sus discursos de campaña. Si no estás bien informado puedes creerte las mentiras de los políticos deshonestos, pero yo veía los noticieros diariamente, y podía identificar las exageraciones y las medias verdades que decían para criticar al presidente. La falta de información hace que los políticos muchas veces manejen la verdad a su conveniencia con total impunidad.

Al pasar por el lobby de mi edificio para recoger el correo, me encontré con mi vecina Nora, una cubana que está en este país desde los años sesenta. Hablamos de la elección y me dijo que era demócrata y votaría por Obama lo cual me asombró otra vez. Yo tenía la impresión de que los cubanos como ella eran republicanos, pero me equivoqué. Me contó que al llegar los cubanos en los años sesentas casi todos eran demócratas pero después decidieron ser republicanos cuando se convirtieron en ricos, y después del chasco de la invasión de Bahía de Cochinos en tiempos de Kennedy.

Cuando por fin llegué a la casa este viernes por la noche, tenía 7 mensajes de los republicanos. Entre ellos una invitación a un mitin en un "chabad", un centro judío en Aventura; un mensaje de Mitt Romney, otro del Comité Nacional Republicano, otro de Crossroads GPS, el poderoso comité de acción política conservador, más otro mensaje de Marco Rubio rogándonos que votáramos sin falta por Mitt Romney. Por los demócratas solamente tenía dos mensajes: de la Liga de Mujeres Votantes, y del Comité Nacional Demócrata.

En la televisión en español, María Elvira trajo a su programa al abogado nicaragüense, Mario Lobo, para hablar de la reforma migratoria y su repercusión en las elecciones. El abogado comentaba que reconocía el racismo subyacente en el rechazo a los inmigrantes, que en una economía mala se busca un chivo expiatorio, y comentaba que si no votamos, los latinos no contamos. "Vote por quien quiera, pero si no vota no proteste", decía con mucha razón. Romney había dicho que el problema de los indocumentados se resolvía con la auto deportación, lo cual complace a los extremistas del TEA Party y aleja a los hispanos. Además Romney tiene como jefe de campaña al creador de la ley anti-inmigrante en Arizona. Hay muchos latinos que cruzaron la frontera hace mucho tiempo, y hoy en día, gracias a la amnistía que otorgó Ronald Reagan, son ciudadanos y votan, y van a simpatizar con el pobre indocumentado con cuya historia se pueden identificar. Por otro lado todo el mundo comprendía que el presidente le es imposible pasar la reforma migratoria sin apoyo del congreso. Obama ha sido muy criticado por no cumplir su ingenua promesa de la reforma migratoria, una crítica muy injusta si se considera que su mandato presidencial ha sido el de mayor oposición por parte del congreso, y que abundan los antiinmigrantes en la Cámara de Representantes.

La guerra de anuncios en la televisión hispana continuaba. Para seguir la campaña de difamación contra Obama, salió el anuncio en español de una foto de un coche de caballos en una calle en Cuba con una foto del Che en el fondo, usada por un empleado de una oficina del gobierno federal para anunciar el mes de la hispanidad. El mensaje subliminal negativo era este: que el gobierno de Obama aprueba al Che, cuando la realidad es que probablemente el empleado del gobierno sentado en su buro en Washington D.C. ni siquiera notó la foto del Che, o tal vez ni siquiera sabe quién fue el Che cuando transmitió la foto en un email. Cualquier cosa era válida para confundir al electorado.

Por supuesto que uno de los ataques más repetidos era al Obamacare. Con tanto negocio de salud en Miami teniendo ganancias estratosféricas, sobraban los fondos para pagar anuncios en contra de la reforma de salud la cual sin duda limitaría las ganancias de los negocios de la salud y defendería a los pacientes.

Cambié los canales hacia noticias nacionales y vi que Obama estaba en un mitin en Ohio. Nunca he visto al presidente tan ardoroso, con tanta pasión, pidiéndole a su audiencia que votaran por él. Después saludó al público, dedicándole un tiempo a cada asistente. Una niñita esperaba por un rato con su mano en alto para que Obama la saludara, hasta que él llegó a ella y entonces "chocó los 5" con la mano, en un encuentro espontáneo con el público que me parecía encantador.

Aunque yo trato de ser lo más imparcial posible, y oír la otra parte de la historia y a los que piensan diferente, lo cierto es que siento un gran cariño y respeto por Barack Obama, por la comunicación inmediata que tiene con su audiencia, y el genuino interés que demuestra hacia los seres humanos a su alrededor, su fraternidad con el ciudadano simple, aun cuando es un hombre de dimensión universal. Y esta misma afinidad la veo en el pueblo que lo sigue. Esto se reconoce al instante, es algo que no se puede fingir, Obama es un hombre auténtico. Sin embargo, no percibo ésto en Romney, a quien veo demasiado tieso cuando se encuentra con su gente.

Por la noche nos fuimos al restaurant Soyka de Morningside a relajarnos un rato escuchando a dos músicos que nos deleitaron, pero no pude evitar sentirme un poco ajena; estaba demasiado ensimismada en lo que estaba pasando en las elecciones, y aún más importante, en lo que iba a pasar el próximo martes.

Sábado 3 de noviembre. Faltan 3 días.

Hoy es el último día de la votación temprana, así que tengo que recordárselo a todo el que pueda, porque después de hoy, solo quedan las doce horas del día 6 de noviembre para votar, y si la vida se complica ese martes se pierde el voto. Con el teléfono en una mano y viejos celulares y libretas de teléfonos en la otra, llamé a todo el que pude. La elección próxima me tiene ansiosa, y me parecía poco lo que hacía para lograr la victoria de los candidatos demócratas en Florida y de Obama en la nación.

Hasta hoy se ha informado que ya ha votado el 25 % del electorado del estado en la votación temprana. Los demócratas generalmente votan adelantado, así que este número es alentador. En este último fin de semana antes del día de elecciones, el trabajo se centra en tratar de que la gente salga a votar.

Me puse a oír un poco la radio en español, donde pululaban los constantes anuncios políticos pagados. La parte positiva es la cantidad de dinero que estos anuncios insuflaron en la economía local. Después de escuchar un rato preferí no frustrarme oyendo más sobre política, así que mientras llamaba a la gente, esta tarde escuché música de las zarzuelas españolas que le gustaban tanto a la generación de mis abuelos y mis padres, junto con el punto guajiro y los programas religiosos. Para muchos miamenses, la vida seguía igual, como si no hubiera elecciones y en solo tres días podrían cambiar demasiadas cosas en América.

En el periódico Nuevo Herald hoy se publica una encuesta con el resultado que los cubanos republicanos quieren. En primerísima plana salió que Romney ganaría en la Florida con una ventaja de 6 puntos por arriba de Obama, según la encuesta de ese periódico realizada por la compañía encuestadora Mason-Dixon. Me puedo imaginar a la mayoría de los suscriptores del Nuevo Herald saltando de gozo al abrir el periódico por la mañana al ver la encuesta, pero para mí, esa noticia es para espantar a cualquiera. Me cuesta trabajo creerlo; pensé en cuanta encuesta con respuesta "dirigida" yo he contestado. ¿A quién están encuestando? Este estimado no está ni cercano a lo que he visto en CNN y la mayoría de las encuestas, que dicen que están prácticamente empatados, con diferencia de un punto.

Estos 6 % de diferencia para Romney, una ventaja tan amplia, viniendo del Nuevo Herald me pareció poco confiable, pues ya sé yo de que pata cojea mi periódico en cuanto a su parcialidad conservadora complaciente de su clientela. Pero sea o no confiable esta encuesta, hay que seguir pa'lante, pues aunque no ganemos Florida, vamos a ganar el país.

Por un email que recibí de la campaña, supe que Obama estará mañana domingo día 4 en Hollywood, en la escuela secundaria Mc Arthur de Broward. Yo quiero estar allí, así que enseguida fui a internet e imprimí mi ticket para entrar, pues Hollywood está muy cerca de mi casa. Mañana domingo la oficina de la campaña me había programado hacer llamadas, pero también es importante estar en el mitin apoyando al presidente. El condado de Broward es el que más votantes demócratas tiene en todo el estado de la Florida, así que se espera una gran asistencia al evento. En estos últimos cuatro días, el presidente Obama está visitando cuatro estados indecisos por día.

La Unión de Maestros de Dade me envió un email recordándome mi compromiso de trabajar en mi precinto, para lo cual estoy más que lista.

Mis compañeras de la escuela me han agradecido el trabajo que estoy haciendo voluntariamente por la campaña de los demócratas, algo que muchos trabajadores no tiene tiempo para hacer. La gratitud de mis amigos por mi trabajo en la campaña, fue un estímulo invaluable.

El día 6, estoy muy entusiasmada por estar en mi precinto de Cameron House en la 21 calle del noreste de 1 a 4 de la tarde; allí estaré repartiendo mis tarjetas de endoso de la UTD, vestida con un t-shirt de la unión de maestros, y me pondré orgullosamente mi sello con la foto de Obama, *I am so excited*! (estoy tan entusiasmada). Faltan solamente 72 horas para el día final y estoy ansiosa porque llegue el momento de saber que hemos ganado.

Mi amiga Conchita me sigue enviando emails que recibe de alguna de sus amigas republicanas, parte de los ataques anti Obama a través de internet, con mensajes que escribe alguien y se riegan como si se tratara de información fidedigna. Esta vez me mandó copia de un mensaje sobre Bengasi, el tema número uno del momento para los adversarios. Cada vez que recibo uno de esos mensajes, no puedo evitar responderle con la información que yo tengo, para "desinflar el globo", rebatir la mentira con hechos, y cuidando de que la respuesta llegue a todo el mundo. Cuando revisé los destinatarios del mensaje, casi el 100 % eran apellidos latinos

Pero mi amiga hoy está más interesada en sus novelitas que en quien saldría electo presidente; el próximo capítulo de su novelita preferida, "Rosa Diamante", es lo que le entretiene y la mantiene entusiasmada tanto como a mí las elecciones. En casi todas las telenovelas mejicanas siempre pasa lo mismo: la buena es siempre bella pero muy pobre, y al final se casa con el rico, mientras la pareja siempre está rodeada de malos y envidiosos; todos son bonitos, adinerados, y con cuerpos perfectos, pelos perfectos y casas de millonarios, y nadie tiene que irse a trabajar nunca, o sea, se refleja la vida del 1 %. Mucha gente en esta ciudad vive de novela en novela como principal entretenimiento; a algunos les sirve para evadir la realidad que los circunda, a otros los entretiene.

Para algunos, no existen ni la política ni las elecciones, y ciertamente que tienen todo su derecho. Votan sin mucho análisis si es que deciden votar. En la Florida, solamente el 60 % de los que tienen edad para votar están registrados. Los latinos se destacan por no votar, con la honrosa excepción de los cubanos que votan en un 67 %.

En los noticieros nacionales se menciona constantemente a Florida por ser un estado indeciso. Hoy dijeron que en la Florida los judíos son el 3.5 % de la población pero representan el 8% del electorado, una participación muy alta en las elecciones, pues toman su derecho al voto muy en serio. Los judíos no votan solo por el tema de Israel, sino por todo lo que les atañe, incluida la libertad religiosa y los derechos civiles, derechos por los que han tenido que luchar en el pasado, ya que han sufrido la discriminación en carne propia. Los republicanos no han dejado de repetir que el presidente no apoya a Israel, pero cada vez que un representante del gobierno israelita es entrevistado, dice todo lo contrario; esta es otra de las tergiversaciones de los enemigos políticos de Obama.

La comunidad judía es fuerte en el sur de la Florida, y una de las más grandes del país. Son muy unidos y tratan de mantener y atraer a otros judíos aglutinados alrededor de la religión. En Miami Dade muchos judíos ocupan lugares prominentes en todos los campos. En la política local, tenemos oficiales electos que son judíos, como Debbie Wasseman-Schultz, quien fue mi representante al congreso hasta que se rediseñaron los distritos. Como Debbie es la jefa nacional del Partido Demócrata, siempre recibo cartas firmadas por ella. He cooperado enviando pequeñas y modestas contribuciones a su campaña, porque la considero una de los políticos honestos, y ha luchado mucho al lado de Obama por todas las leyes que nos benefician.

Mucho dinero de los super PACS anti-Obama se empleó en socavar el voto judío en la Florida. Todavía están las vallas gigantescas a lo largo de la carretera interestatal I-95 donde atacaban a Obama con anuncios negativos, acerca de que no se reunió con Benjamín Nehtanyahu, o que sirve a los jeques de Arabia Saudita manteniendo el precio de la gasolina alta. El primer ministro de Israel se ha reunido muchas veces con el presidente, y cualquiera con solo un poco de instrucción sabe que el presidente no puede fijar los precios de nada en ninguna economía de mercado.

Se anunció que el Departamento de Justicia supervisará las elecciones en algunos estados, y por supuesto, Florida está entre ellos, lo cual me parece muy conveniente, porque del gobierno estatal se puede esperar cualquier golpe bajo. Casi todos los comentaristas políticos coincidían en que la legislatura de Florida había aprobado leyes que van en detrimento del acceso al voto.

Como a las 5 de la tarde fui a Publix a comprar mis mandados y en la fila para pagar entablé conversación con un muchacho joven originalmente de California. Me contaba que había estado en la cola del precinto electoral de Lemon City por 3 horas, en las que había estado hablando con un señor afroamericano con quien había aprendido mucho. Él apoyaba a Obama y no tenía duda de que iba a ganar. Cuando salí de Publix, me fuí al centro de votación de la biblioteca de Lemon City. Había más de 500 personas esperando, y la fila era de dos cuadras de largo.

Después pasé por casa de mi hermano, para dejarle un letrero político que decía: "*Republicans for Obama*" que no creo que use nunca, pero quería hacerle una broma. Aunque no le gusta Obama, tampoco le gusta Romney, y está convencido de que Obama va a ganar.

En el camino pasé por un local que ha estado rentado por negocios que se han ido a la quiebra, y ahora estaba vacío, que tenía un gran letrero que decía: "si Ud. quiere que un negocio esté aquí vote por Romney". Me prometí que cuando volviera a pasar por aquí le tomaría una foto a ese letrero tan pro-Romney.

Volví a ir al edificio Steven Clark del downtown, donde está uno de los más grandes centros de votación. Hoy a las 7 de la noche, ultima hora de la votación temprana, se mantenían las largas esperas para votar. Allí en la semioscuridad, había una larga fila de muchas personas, mayormente gente joven, latinos, personas de color, que habían hecho un gran esfuerzo por llegar allí porque el transporte al downtown es lento, y el estacionamiento difícil. Allí pude ver a los organizadores de OFA ofreciéndoles pizza a los votantes. Tomé unas fotos, conversé con algunos en la fila, y vi que estaban muy animados y no parecían muy preocupados por la espera.

Me admiré de que la determinación de la gente a hacer oír su voz no se detuvo por nada, ni por las horas de pie esperando, sin comer, sin ir al baño. Los votantes están muy firmes en su decisión de votar, y se han mantenido en las filas de votación por largas horas. Es estimulante que la gente esté usando su derecho más importante, votar.

Del downtown me fui manejando en camino hacia Miami Beach. Noté que casi nadie en esta ciudad tiene letreros en las defensas de sus carros en apoyo ni a los demócratas ni a los republicanos. Yo podía comprender cierto temor a declararse demócrata, porque si tu jefe es republicano, como la mayoría de los dueños de negocios, directores y jefes en Miami, te puedes buscar un lio y una enemistad innecesaria ¿Es que la gente tienen miedo? ¿O es que no compraron los stickers? Los precios estaban sobre los $5. Yo tenía un letrero muy bonito en naranja y azul, que decía solamente Obama, y también tenía mi magneto de Obama 2012 para la puerta del carro, el cual tenía cuidado de quitar y poner cuando estaba en el estacionamiento de mi trabajo, donde hay una clínica muy próspera que no quiere ningún cambio en la salud. No quería que un fanático me lo quitara, o me dañara el carro, como pasó después, cuando una supremacista blanca me lo arrancó, y otro iracundo del exilio le ofreció veinte dólares al muchacho que estaba limpiando mi carro para que me quitara el *sticker* de mi carro. Hay quienes no soportan que otro piense diferente.

Por fin llegué a Miami Beach a casa de mi alumna de ciudadanía Lola para llevarle un T-shirt que ella había encargado, que dice "Latinos por Obama", pues se lo va a poner el mismo día de las elecciones. Lola me contó que recibió un email del senador Bill Nelson, y ella y su esposo, estaban muy orgullosos de su papel activo en la campaña, pues apoyaban la elección de Nelson. Ellos que llegaron de Colombia llenos de sueños hacia menos de diez años, hoy día son dueños de un negocio y todos en la familia ya pueden votar. Yo me sentí feliz de poder ayudarlos a convertirse en ciudadanos, y de ayudarlos a entender cómo funciona el gobierno en este país.

Por la noche encendí el televisor para ver si había algo nuevo. Los republicanos siguen repitiendo que Romney tiene una ventaja de 52 puntos a 45 entre los que ya han votado en el país. El índice de desempleo, según ellos, aumentó, aunque los números del Dpto. de Trabajo dicen que se mantiene igual. Todos los programas de comentaristas conservadores mantienen que va a ganar Romney y ven las cifras que lo confirman. Eso es la realidad alternativa de las ondas radiales y la televisión, pero algo muy distinto se percibe en la calle hablando con la gente, donde se ve que el entusiasmo es por los demócratas; en el área de la escuela donde trabajo en Little Havana todos me dicen en voz baja que votarían por Obama, en voz baja para que no los oigan los "anti Obama rabiosos" ya que desgraciadamente, estos personajes gritan mucho y a veces son agresivos, así que es mejor no discutir con gente incivilizada.

Los demócratas por su parte, continúan repitiendo que se aumentaron 171,000 empleos más, de 800,000 empleos mensuales que estaban perdiéndose al principio del gobierno de Obama, pero los republicanos repiten lo contrario y lo repiten el doble de veces que los demócratas lo defienden. Esto me molesta mucho, ¿pero qué puedo hacer? No puedo llamar a todos los programas; lo único que podemos hacer es lo que estamos haciendo: lograr lo votos a través de miles de llamadas, y tocando puertas para hablar con la mayor cantidad de gente.

Mientras veía la televisión, hacia algunas llamadas más. En cada llamada que hacía, cuando no podía hablar con la gente, dejaba un mensaje grabado diciendo que Obama era la opción para la clase media, y que no dejaran de votar. Mi esperanza era mantener vivo el entusiasmo por votar a favor de los demócratas, y movilizar a los apáticos, los indiferentes, y los que no tienen fe.

Los analistas conversaban que pudiera suceder otra vez que un candidato ganara en la Florida por solamente 537 votos, como sucedió en el año 2000 con Bush vs. Gore. Esta idea me aterraba, a mí y a muchos demócratas. Recordaba la carta de David Axelrod, el jefe de campaña, en la que nos decía: "tu no quieres que ésto pase en tu estado otra vez". Lo que yo y los voluntarios estábamos haciendo durante más de 18 meses, era precisamente para que eso no volviera a suceder, y lograr que la victoria de Obama fuera contundente. Estábamos decididos a lograr la victoria y no podíamos permitir que una situación como la de Bush vs. Gore ocurriera en Florida otra vez.

En el noticiero nacional de Univisión, María Elena Salinas comentaba que las encuestas no estaban midiendo el voto latino que en Colorado es de 11% y en Nevada es de 13 % del electorado. Yo trataba de participar en cuanta encuesta podía, aun cuando me robara tiempo, porque sé que es importante, pero muy pocas de ellas son en español. Muchos latinos no quieren o no pueden responder encuestas en inglés. El votante que trabaja está muy ocupado durante el día para dedicar tiempo a una encuesta y romperse la cabeza por quince minutos respondiendo preguntas que a veces son difíciles de entender y difíciles de responder, pero yo tomaba el reto porque necesitábamos mostrar que éramos muchos los que apoyábamos a Obama.

Los periodistas hispanos promovieron el derecho de votar a lo largo de la campaña, pues son los latinos los que menos votan. Cómo se comportarán los votantes latinos en esta elección es una interrogante, aunque se espera el apoyo a los demócratas. Aquí en Miami, la asistencia a las urnas ha sido tradicionalmente alrededor del 60 % en las elecciones para presidente, destacándose los cubanos que son los latinos que más votan.

Después de este noticiero, la televisión en español volvió a los habituales programas ligeros y de farándula que son los que más abundan, lo que yo llamo la banalización de las masas latinas. La programación en inglés ofrece una variedad enorme de temas y se puede escoger, pero los cuatro canales latinos ya no tienen casi nada que me interese.

Ya casi es el día cero. Las oficinas de la campaña están llenas de voluntarios, y el fervor continúa. A esta hora, todos los periodistas están tratando de predecir y hacer todas las permutaciones posibles de estados, votos electorales y segmentos de la población para estimar los escenarios que se pudieran presentar en la elección. A la larga va a ser una cuestión de números, de alcanzar los 270 votos electorales que se necesitan. Las encuestas están muy apretadas, a menos de tres puntos de diferencia, pero yo sigo con fe en la victoria aunque con dudas por la Florida.

Desde que cerró la inscripción para votar, la campaña ha estado trabajando en la movilización del electorado hacia las urnas. Es una elección muy polarizada, con dos candidatos que representan dos avenidas muy diferentes para el futuro del país.

En el ámbito nacional las cosas pintaban bien para los demócratas. Vi en un panel en CNN a una de mis comentaristas preferidas, Donna Brazile, a quien admiro mucho por ser una mujer sumamente justa e inteligente, y por ser negra y haber salido adelante a pesar de los prejuicios. Ella citaba que la campaña de los demócratas ha registrado ya 1.8 millones de nuevos votantes. Se quedó corta, pues después de la campaña, *Organizing for America* reportó que 2 millones de nuevos votantes habían sido registrados. En ese número podía decir orgullosamente que estaban mis casi cien votantes registrados.

En ABC, Canal 10, sacaron un video de la cantante Katy Perry presentándose para ayudar a la campaña en los estados indecisos, donde Ohio es uno de los más sonados, y son los que al final decidirán esta elección. Esta cantante logró que Obama se hiciera popular entre la juventud, saliendo a cantar con un vestido muy ajustado que representaba una boleta de votación con los nombres de Barack Obama y de Joe Biden marcados con una cruz, un apoyo muy efectivo para la causa. Por su lado Romney también tenía a algunos cantantes famosos de *country music,* mayormente de los estados del sur donde se esperaba que ganara.

Viendo los anuncios políticos pagados de esta última semana, donde se arrecia la lucha y abunda la publicidad negativa, vi un anuncio contra Joe García, donde se decía que está bajo investigación y además, como nota negativa, que está apoyado por la líder de la Cámara Nancy Pelosi, quien para los republicanos, es una especie de enemigo mortal.

Desde mi punto de vista, Nancy Pelosi es un gran ejemplo para muchas mujeres, la primera mujer vocera de la Cámara de Representantes, una luchadora por los derechos de las mujeres y las minorías. He disfrutado viéndola decirle las verdades a los republicanos en la cámara con una diplomacia y un coraje impresionantes. Y por supuesto que su apoyo es importante para Joe García.

Yo hubiera querido darle algunas horas como voluntaria a la campaña de Joe García, y de hecho recibí una llamada de su ayudante respondiendo a mi mensaje de ayer. Nada me habría hecho más feliz que trabajar por Joe, cuya victoria deseaba fervientemente, e iba a ser una gran victoria para los cubanos demócratas. Pero la oficina de Joe quedaba como a 20 millas al suroeste de la ciudad, y tenía que manejar demasiado hasta allá, así que era más efectivo seguir llamando a los votantes desde mi casa, que era mi principal tarea en estos momentos.

Durante el día recibí una llamada muy simpática que me ilustró que piensa el pueblo de la elección. Me llamo mi ex alumna nicaragüense, María, que es muy cómica y expresiva, y con un tono de desesperación me dijo: "maestra, ¡que no vaya a ganar Romney maestra, que no vaya a ganar, ruéguele a Dios!" María era una veterana de mil batallas políticas, desde las luchas de los años 80's en el congreso para pasar la Ley Nacara, y las batallas para evitar las deportaciones de centroamericanos en aquellos años.

Naomi me contó que estuvo hoy sábado por la tarde en un lujoso centro comercial de Miracle Mile en Coral Gables, vistiendo su pulóver de la campaña. En el elevador unos hombres que venían del gimnasio la miraban, observaban su innegable aspecto de americana, y acto seguido le preguntaban si simpatizaba con el presidente,"*yes, of course*!" les contestaba, a lo que los curiosos no le comentaron ni palabra.

Otra amiga, Tania, una cubana que vivió en Puerto Rico muchos años, me contó que en esta elección se votará la estadidad de Puerto Rico y tiene gran curiosidad por ver el resultado. Su hija es demócrata, el esposo de esta es republicano, así que decidieron como pareja no discutir de política por el bien del matrimonio. Su hijo, un académico de una universidad de Massachusetts, escribe todos los días en contra de Romney en Facebook. Su jefa, una hija de cubanos de 42 años que creció aquí, es tan fervientemente republicana que no se puede hablar con ella ni de política ni de Obama. Tania me cuenta que tuvo problemas con el novio de su hermana por este tema, ya que este señor es del tipo de oponente que no te permite hablar, grita hasta que se le salen las venas del cuello y no es capaz de escuchar al contrario. Es del grupo de los intolerantes, con los que discutir puntos de vista políticos significa pelearse a muerte y estar al borde de un ataque al corazón.

Hable con una muchacha portorriqueña que me dijo que votará el día de la elección porque había mucha fila en la biblioteca de Lemon City durante la votación temprana. En el último día de votación, a las 7 de la noche en que se cerraba el precinto, quedaban tantas personas esperando en fila como para tres horas de espera. En el downtown de Miami también las filas continuaban.

Por su parte Paul Ryan volvió a la Florida. El posible vicepresidente estaba en Panamá City, al norte del estado en la zona llamada el *Panhandle*, donde casi todos son republicanos que votan como mismo vota Georgia y Alabama, y el resto de los antiguos estados sureños que constituían la Confederación. Creo que Ryan fue una buena elección para Romney, al menos es consecuente con su posición conservadora, y no como Romney que se movió como una veleta según necesitaba los votos. Romney estará mañana en el centro de Florida, en la ciudad de

Orlando y en Sanford, donde las encuestas le favorecen 51 a 45. Lo que puede pasar en Florida depende también del voto portorriqueño que es considerable en el área de Orlando, donde se espera que apoyen a los demócratas como históricamente lo han hecho en Nueva York.

A las 11 y 30 de la noche estaba Mitt Romney en Englewood, Colorado, otro de los nueve estados oscilantes, en su último mitin del día. No parecía cansado, y mantenía ese aspecto perfecto de presidente que mantuvo a lo largo de sus más de dos años de campaña. Muy tarde en la noche vi al presidente Obama en un mitin en Bristow, Virginia. Luce tan cansado de tantos mítines de esta última etapa de la campaña, en la que ha visitado como promedio a cuatro estados indecisos por día. Su voz esta ronca, tiene ojeras bajo sus ojos, pero se llena de energía cuando entra en contacto con la gente. Al subir al estrado se sopló las manos del frio de Virginia, al tiempo que salía a saludar con Bill Clinton y el candidato a senador por Virginia Tim Kaine. En el discurso decía que lucharía por nosotros. Yo sé que esa promesa es verdad porque es lo que ha estado haciendo hasta hoy.

Domingo 4 de noviembre. Faltan 2 días.

Dentro de dos días cambiará mi vida, pues se acabará mi trabajo de voluntaria por la campaña de Obama. Desde hace más de un año mi tiempo y mi mente han estado conectadas a la tarea de ganar esta elección y a lo que ha estado pasando en la política nacional.

Hoy amanecí con un poco de fiebre, por lo cual no voy poder ir a ver a Obama en Broward ni salir a la calle en todo el día. Tengo que estar bien para trabajar el día de elecciones. Aunque tal vez al cabo del tiempo me parezca pura tontería, yo estoy preparándome sicológicamente para trabajar en el precinto electoral el día 6. No sé lo que me voy a encontrar allí, no sé cuántas horas tendré que trabajar ese día. El día de elección es feriado y casi nadie trabaja, pero la semana es una semana normal de trabajo, y yo tengo que seguir enseñando ingles al día siguiente. Esperamos un bonito sol y temperatura fresca este martes de elecciones. Aunque hoy se termina la hora de verano en Estados

Unidos, el sol se mantiene la mayor parte del día en Miami.

Según el noticiero a las 10 de la mañana ya hay personas esperando para entrar en la escuela secundaria MacArthur de Hollywood, y la multitud es enorme a las 11.30 a.m. Entrevistaron a una mujer quien contó que esperó casi 6 horas para votar en el día de ayer, pero que hoy tenía energías para levantarse a las 6 y media de la mañana e ir a ver al presidente a Hollywood. El entusiasmo de la gente es impresionante, y no es que me lo cuenten porque lo he visto más de una vez. Lo vi en la Universidad de Miami, lo vi cuando Obama vino a Miami en junio, lo vi en FIU para ver a Clinton, Este entusiasmo por Obama choca con ese 6% de ventaja que anunció la encuesta del Herald junto con el Tampa Bay Times. Yo me sigo cuestionando ¿a quién están encuestando?

Más tarde en el día vi el reportaje del evento de Obama en Hollywood, Broward, donde la asistencia fue alta. Entre los asistentes vi al ex gobernador Charlie Crist, que ahora es independiente; gracias a su gestión cuando fue gobernador yo pude tener seguro médico por unos meses, lo cual tengo que agradecer siempre a Charlie Crist, uno de los pocos políticos en Florida preocupados por la salud de los floridanos que carecemos de cobertura médica.

En estos tres últimos días antes del gran día he estado recibiendo mensajes de la campaña para recordar la importancia de seguir trabajando fuerte, de hacer llamadas, de ir a trabajar a los centros de votación. Uno de ellos decía: "¿quieres levantarte el miércoles y decir que tú ayudaste a reelegir al presidente? ¡Éste es tu ultimo chance de trabajar como voluntaria y ganar Florida!" Y entonces te indicaban qué trabajo había que hacer. Esta es la campaña mejor organizada que este país pueda ver. Agradezco los mensajes, pero yo estoy corriendo, como "montada en patines" trabajando cada día como si esta elección dependiera de mí, y confío en que la voy a ganar.

Lo primero que busqué en el periódico de hoy fue si habían publicado el artículo que envié sobre los bonos escolares, y allí estaba. En el yo exponía los problemas que tenemos los trabajadores de este condado, de reducciones de ingresos, aumento de trabajos a tiempo parcial, ausencia de cobertura médica, y congelación de salarios desde hace muchos años, y no como dicen los del GOP, que estos problemas surgen con el Obamacare. También hago una crítica al gobernador Scott y la legislatura del estado por cortar fondos para la educación. Aunque ésto es una cuestión local, también es una cuestión de ideologías, pues los republicanos del estado promueven las escuelas privadas, y para eso se recortan los fondos para las escuelas públicas. Siempre espero que alguien lea mi artículo y le ayude a formar su criterio. Publicar mi opinión en el diario es parte de lo que puedo hacer como ciudadano en una democracia, es algo que ni pensarlo en la dictadura de Cuba que afortunadamente dejé atrás.

Mientras pasaba los canales en busca de lo último, en el programa *"Face the Nation"*, Bob Schieffer, el mismo periodista de Florida que moderó el debate presidencial en Lynn University, entrevistaba a dos mujeres, una demócrata y otra republicana. Esta última estaba tratando de probar que las mujeres estaban inclinándose más hacia Romney, a lo cual la demócrata decía que los números reales contradecían esto. Cada instante veía más claro como los republicanos vivían en un mundo imaginario y alejado de la realidad. Las mujeres estaban muy ofendidas por la forma en que los derechos de la mujer han sido tratados por líderes republicanos y todas estábamos indignadas de la forma machista si no cavernícola en la que algunos republicanos se expresaron, como el que habló de "la violación legitima", razonamientos sin sentido que demuestran que muchos conservadores consideran a la mujer como un objeto. Otro ejemplo de desdén a la mujer es la referencia de Romney a los *"binders of women"* (carpetas de mujeres) que tenía para elegir a ejecutivas a posiciones de gobierno.

Otro relevante periodista del canal 10 de Florida, Michael Putney tenía una entrevista con Lemiux, uno de los candidatos republicanos en las primarias de la Florida, y el Representante Alcee L. Hastings del distrito 20, un político veterano de la raza negra. Según el periodista Putney el voto adelantado y los votos por correo suman 2 millones hasta hoy en el estado, de los 9 millones registrados para votar, lo cual es bastante para este estado. Por otro lado una encuestadora de prestigio, Rasmussen, predijo un empate a 48 % en el país en este momento, lo que me parece más racional que la ventaja del 6 % a favor de Romney que publicó el Herald de ayer.

Como tenía que quedarme en casa por mi salud, hoy domingo era el día perfecto para hacer llamadas. Me senté a la computadora, entré en el programa del banco de llamadas, y empezaron a salir los nombres. Hice muchas llamadas ese día, pero también me frustraba muchísimo cuando el número estaba desconectado, o no era el teléfono correcto, o cuando nadie me contestaba. Yo dejaba mensajes, recordando el día y hora de la votación, y mencionando que estábamos por los demócratas con mucho entusiasmo. Al menos el que oyera el mensaje tendría que pensar en ir a votar. Increíblemente, a muchos se les olvida el día de elecciones.

Los números de teléfonos en las listas de votantes no estaban actualizadas, y eso atrasaba mi trabajo. Mucha gente ya no tiene teléfono en la casa con la llegada del teléfono celular. Yo actualizaba las listas, pensando en el futuro, cuando vinieran las elecciones del 2014, o las del próximo presidente, y tuviéramos que hacer este trabajo otra vez, porque aunque esta contienda es muy especial para mí, ha sido una más de tantas contiendas electorales en la historia del país. Aun así, creo que ésta es distinta, porque demasiado está en juego, y porque Obama puede continuar haciendo tremendas cosas en beneficio de la clase media.

Ya muy tarde en la noche del domingo las noticias de los estragos por la tormenta Sandy eran muy desfavorables. Se contaban más de 110 muertes y cerca de 50 miles de millones de dólares en pérdidas materiales. Este es otro dolor de cabeza para la nación y otro problema que atender para Obama. Cualquier paso en falso en esta nueva crisis les serviría a sus enemigos; pero el presidente tiene experiencia en cómo manejar los desastres, y siempre había estado allí inmediatamente en el lugar donde más la gente sufría, en contraste con el presidente Bush que lució muy mal cuando prácticamente ignoró a Luisiana después del huracán Katrina.

Lunes 5 de noviembre. La víspera del día de elecciones.

Estamos ya en la víspera del gran día. Como siempre, los trabajadores vamos a trabajar, y para mí es un día normal de trabajo.

Hoy se han reportado quejas de votantes frente al departamento de elecciones de Miami Dade porque las boletas ausentes no han llegado a las casas de los votantes. La gente está muy determinada a votar en Miami y reclaman su derecho con firmeza. Esta elección presidencial sí ha despertado mucho interés, nadie quiere quedarse sin emitir su voto.

Expliqué la boleta a todo el que me preguntaba. No era fácil entender que se estaría votando por el presidente, por los senadores al congreso federal y al congreso estatal, por enmiendas estatales, por enmiendas de la ciudad, por comisionados del condado y de la ciudad y por tantas cosas a la vez; la boleta de Miami Dade era tan larga y complicada que entenderla era una tarea difícil, había que ser una activista como yo para entenderla. Lo que si era claro para todos era que el voto más importante en la boleta era uno: o votabas por Obama o por Romney.

El grado de complicación de la boleta de elecciones de Miami Dade en 2012 se confirma en la experiencia de mi vecina Linda, una activista demócrata que trabajó con el candidato Dukakis y las campañas para gobernador en California. Con toda su experiencia en la política, Linda me contó que estuvo leyéndola por una semana para entender su lenguaje enrevesado y confuso. Al final de la semana Linda estaba casi decidida a votar únicamente por presidente y senador, pero hizo el esfuerzo y completó la kilométrica boleta para que llegara a tiempo. Hacer difícil votar ha sido una estrategia de los republicanos, que saben que cuando la gente vota, ganan los demócratas.

En cuanto terminé mi trabajo hoy, decidí que yo tenía que estar en el campo de batalla, allí donde los votantes estaban. Era crucial que todos salieran a votar mañana, así que del trabajo me fui directamente a la oficina de OFA a brindar mi tiempo para ir puerta a puerta a buscar votantes, una ardua tarea. Tenía que orientar e informar al votante demócrata en mis listas donde y como votar. No era decirle por quien votar, sino explicarle quien era quien y por quien estaban votando, y a la vez, expresar que yo apoyaba a Obama y a los demócratas. Si estaban indecisos y querían tener una conversación inteligente sobre el tema, podríamos conversar.

A las 3 de la tarde en la oficina de OFA de Midtown, había un grupo de voluntarios trabajando en un ambiente de expectativa y optimismo. Tal vez la más tensa del grupo era yo. Allí estaba la señora americana que había sido maestra, la muchacha afroamericana que caminaba con ayuda de un andador, otro muchacho americano que había conocido en el grupo del *team* Midtown, más los muchachos del personal de OFA. Las jefas de la oficina estaban en una reunión a puerta cerrada, probablemente recibiendo las últimas orientaciones para el gran día. Antes de irme, guardé mi laptop en su oficina, en cuya puerta aparecía un jocoso letrero: *The Situation Room*, usando el nombre de la oficina de la Casa Blanca donde el gabinete y el presidente se reúnen cuando hay una crisis en el país. Hoy era la víspera de un día de crisis, pero un día grandioso para los Estados Unidos de América, cualquiera que fuera el resultado, porque se iba a votar pacíficamente para elegir a nuestros gobernantes.

Cuando obtuve la lista de los votantes que debía visitar ese tarde, me fui sola en mi carro, porque nadie más estaba disponible en ese momento, y porque francamente, siempre preferí trabajar independientemente en esta campaña.

Revisé mis planillas de votantes que OFA me entregó, y vi que el lugar era en plena Allapatah, un barrio empobrecido en la avenida 27 del noroeste y la calle veintitrés. Di varias vueltas para encontrar la dirección, estacioné mi carro frente a una pequeña tienda que tenía un letrerito de “Romney Ryan”, y busqué la primera dirección. Cuando me dirigía al primer apartamento, noté que estaba entrando en un parque de casas móviles. En la entrada había un edificio y allí encontré las tres primeras direcciones de mi lista. Toqué en las primeras puertas pero nadie contestó. Miré mi lista para ver quien seguía, y me di cuenta que para encontrar las direcciones tenía que entrar dentro del parque de casas móviles. Evalué la situación, y no me pareció un sitio seguro para entrar yo sola. En este parque de casas móviles, podía encontrar gente de todos tipos, gente trabajadora y decente pero también pudiera encontrar delincuentes, así que era mejor no arriesgarse a irse sola a tocar puertas adentro de un parque de "*trailers*" donde habría poca visibilidad desde el exterior. Pero no me di por vencida y traté de buscar otra manera en que podía acceder al lugar, así que salí a la calle aledaña para ver si había acceso a través de la calle, y vi que efectivamente se podía tocar las puertas sin necesidad de entrar al parque.

Empecé a caminar hacia la primera casa móvil, o *tráiler,* y llamé por el nombre del votante registrado. Otra vez, no encontré respuesta. El votante estaría seguramente trabajando, pensé. Seguí a la siguiente, y entonces oí una voz femenina que me llamaba desde el lugar donde ya previamente había llamado. Era una señora gruesa que primero me miró con desconfianza, pero cuando le expliqué que quería saber si tenía toda la información para que votara al día siguiente, me trató con respeto e interés. Le expliqué el lugar, la hora, y que necesitaba llevar consigo su tarjeta de elector y su identificación. Me dio las gracias por la información y siguió tendiendo su ropa recién lavada en su enorme tendedera. Había logrado otro voto más.

La siguiente dirección tenia puerta a la calle, así que toqué a la puerta y me contestó una niñita, que fue a buscar a su tía, la votante en mi lista, quien vino a verme, tomó todos los datos, y me dijo que sí iría a votar. En estas situaciones, si el votante no trae la conversación sobre por quien votar, no resulta fácil entrar en detalles, pero hablamos un poco más y pude asegurarme de que votaría demócrata. No obstante, las listas que los voluntarios recibíamos eran de demócratas registrados, así que lo más seguro es que favorecerían a los demócrata esta vez. Yo estaba con mi t-shirt de *Fired Up Ready to Go,* y mis sellitos que me identificaban como demócrata, usando mi derecho a la libre expresión y mi derecho a abogar por mi partido y mis convicciones.

Seguí tocando varias puertas, ofreciendo información, y animando a votar, con bastante buena, respuesta, hasta que por fin llegué al final de la calle donde encontré la siguiente dirección y llamé otra vez, sin respuesta. Seguí insistiendo, y de momento, de la casa de al lado, donde yo ni siquiera había tocado, me observó un hombre bastante joven con la cabeza rapada, y un acento que no reconocí. Caminó hacia mí con un papel en la mano, y sin más preámbulo empezó a leerme su papel. Era sobre un comunista inglés del siglo XIX, cuyo nombre no recuerdo, explicando la plataforma comunista. Ya sabía yo por dónde venía. "Eso no tiene nada que ver con las elecciones ni con el partido demócrata señor", le dije. "ni tampoco tiene nada que ver con Obama". Por supuesto que sabía con quién estaba tratando, con uno de los que acusaban a los demócratas de comunistas, y a Obama de conspirador de la Internacional Socialista que quería solapadamente convertir el país al comunismo, tesis tenebrosa de unos cuantos ignorantes que ni siquiera están seguros de lo que es comunismo.

"Sí, Obama es comunista, y usted está haciendo algo ilegal aquí" me dijo. ¿Qué? ¿Ilegal? ¡Nada más esa palabra necesitaba yo para confrontarlo!

"Mire, - le contesté- para su información, me parece que el comunista es usted, porque asume que aquí hay un solo partido, al que usted parece que pertenece, pero sepa que en Estados Unidos que es un país democrático, existen dos partidos grandes, el republicano y el demócrata, y muchos otros más, y yo puedo trabajar por el candidato de mi partido, y eso es perfectamente legal y es parte de mi libertad de expresión, pero si usted piensa que estoy haciendo algo ilegal, ¿por qué no me llama a la policía? Yo he sido certificada con todos los requisitos que exige el estado de la Florida para registrar votantes, y no hay nada malo en lo que estoy haciendo, llevando la información al votante. Así que los comunistas son ustedes los que no aceptan la democracia y no toleran que la gente tenga una opinión diferente".

El hombre no esperaba esta respuesta, pero siguió con su perorata anticomunista, aunque a partir de ahí bajó la voz y su actitud cambió. Noté que la palabra "policía" no le había resultado agradable. Pero yo, algo molesta, seguía repitiéndoles que aquí había dos partidos, no como en Cuba que existía uno solo, el comunista, donde estabas con Fidel y el comunismo, o en contra de Fidel, y que él estaba implantando el totalitarismo aquí.

El hombre y yo estábamos en el medio de aquel callejón, las únicas voces que se oían eran la de él y la mía, que ya estaban un poco fuera de su nivel normal. Un grupo de gente que trabajaban en un taller en la calle de enfrente empezó a observarnos, pero no dijeron palabra. Decidí terminar el altercado, porque ya yo había cumplido mi misión en aquel lugar, y comprendí que la situación se podía tornar volátil en cualquier momento. De cualquier forma tenía yo las de perder: yo no era más que una señora de edad madura en una calle intransitada de un barrio pobre del norte de Miami, hablando con un hombre que me acusaba de estar haciendo algo ilegal porque estaba ayudando a la gente de mi partido a votar por quien él consideraba el bolchevique de Obama.

Al retirarme, aproveché para decirle a mi oponente, el cual, ante mi apasionamiento, se había tornado un poco más cauteloso: "y para que usted lo sepa, vamos a ganar las elecciones", y di la espalda caminando hacia la avenida. No sé si lo oí bien, o fueron ideas mías, pero el tipo dijo por lo bajo algo como "si si..., ya lo sabemos que va a ganar". Aun entre sus detractores, había un convencimiento íntimo de que Obama ganaría, y eso lo podía sentir hasta cuando conversaba con los seguidores de Romney.

Esa tarde me había encontrado con el tipo de persona que acusa de comunista a todo el que no sea de la extrema derecha conservadora, y que no acepta diferencias de opinión. Probablemente este señor escucha los medios republicanos a diario, los que están plagados de tergiversaciones y mentiras, lo cual es muy común en esta ciudad. Para personas como él hay dos caminos, o eres republicano, o eres un comunista más y estás del lado de Fidel y Raúl Castro. No conocen otra alternativa, no saben qué es democracia ni usan la libertad de opinión, tan acostumbrados están a los caudillos y las dictaduras. Se debaten entre el fanatismo religioso y la falta de opciones políticas fuera de lo que conocieron en las dictaduras de donde proceden. No conocen los derechos que la constitución nos da, ni la libertad de palabra que disfrutamos aquí. No son capaces de una confrontación civilizada para discutir ideas, sin acusar al que difiere de sus ideas de ser el demonio, o de pertenecer a una tenebrosa conjura internacional en contra de Estados Unidos. Pensé que mañana, día de elección en los Estados Unidos, se sabría cuál es la fuerza que tienen aún los intolerantes, los dogmáticos, y los absolutistas que piensan de esta manera en esta ciudad. Mañana con el voto, el pueblo de Miami hablaría.

Al fin llegué a mi carro y salí de allí. Como si fuera a propósito, al regresar por la Avenida 27, doblé en una calle donde había un letrero que decía: "en el nombre de Jesús te exhorto para evitar muchos males, no votes por quien apoya el aborto y los matrimonios homosexuales". El que puso el letrero quería adicionar el cristianismo a la constitución, y además escogía ciertas partes de la Biblia. Siempre me ha parecido hipócrita que otros pecados que también se condenan en la Biblia, como el adulterio, la avaricia, el egoísmo o la mentira, son tolerados más fácilmente en la sociedad que el pecado de la homosexualidad. Nunca he visto a uno de estos bíblicos condenar el adulterio con la misma vehemencia con que condenan la homosexualidad. Regresé a la oficina de Midtown de OFA, donde un grupo de voluntarios repasaban las tareas para mañana, el día cero. Allí todo el mundo estaba alegre y positivo de que íbamos a ganar, y que Obama sería el presidente electo.

Quise tomarme unas fotos con los otros voluntarios que estaban allí esta tarde y el personal de OFA, porque tal vez era la última vez que estaríamos juntos. Disfruté el pequeño ratito que estuve allí, observando como a escasas horas del día de elecciones llegaba la gente pidiendo información, y tomando fotos. Llegó un muchacho que venía de Francia, visiblemente emocionado y ofreciéndose para hacer algo por Obama. En su actitud demostraba que estaba viviendo momentos históricos; yo también lo sentí así. Tomé algunas fotos de la oficina de OFA, una oficina que no tendría razón de ser después de mañana.

Allí estaba una de las voluntarias, la muchacha afro-americana que venía muy a menudo a ayudar aunque tenía su dificultad para caminar. Ella me había contado que estuvo en la inauguración del presidente en enero de 2009, y en aquella ocasión, ella estaba con miles de personas tratando de entrar a ver la ceremonia; los policías cuidaban las barreras hasta que decidieron quitarlas y dejar pasar a la multitud, la que en ese momento empezó a gritar *"free at last, free at last"* (al fin libres) como la famosa línea de la canción de los esclavos que Martin Luther King hizo famosa en su discurso *"I have a dream"*. Para muchas personas negras en Estados Unidos, el primer presidente negro fue una liberación, un sueño hecho realidad.

Aquella tarde en la oficina de Midtown fue la última vez que estuvimos juntos como equipo, pero no será la última vez, porque en el 2014 tendremos trabajo otra vez, y espero que volvamos a encontrarnos.

Al salir de la oficina y manejar por Biscayne Boulevard hacia mi casa, pasé por un terreno vacío frente al Walgreen's que estaba literalmente lleno de letreros políticos. Vi el letrero de la oponente de Debbie Waserman-Schultz, Karen Harrington, y verdaderamente sentí deseos de quitarlo, pero eso es considerado un delito y no se puede hacer. Nada les hubiera gustado más a los enemigos de Obama que Debbie, la presidenta del Partido Demócrata, perdiera la elección. También vi un letrero que decía Obama Biden, pintado a mano, hecho por algún artista que se había tomado el trabajo de pintar ese letrero e ir a clavarlo en una valla en la calle. Nunca antes ni después he visto un letrero político pintado a mano por algún artista.

Cuando al fin llegué a mi casa tenía varios mensajes en el teléfono. Hablé con Giordana, mi amiga colombiana, que necesita información para votar mañana, pues iba a tener el privilegio de votar por primera vez. Me puse muy contenta cuando algunos amigos a quienes había enviado mensajes de texto para que votaran me contaban que ya habían votado. Además, tenía varias llamadas políticas pagadas: del ex alcalde de Nueva York, Rudy Giuliani, hablándome bastante bien en español sobre mi voto para Romney, de Catholic Associations para que vote mi conciencia religiosa contra el Obamacare, y de Romney for President Inc hablando bien de Romney y mal de Obama. Por los demócratas tenía solo una llamada del superpac *People for the American Way* explicando el impacto negativo de una elección por Romney para seleccionar un nuevo juez del Tribunal Supremo.

Llamé a la única prima demócrata que vive en Miami para que votara, pero no estaba interesada para nada en las elecciones; los únicos que son ciudadanos en su casa son su hijo y su esposo y le pedí que por favor no dejaran de votar. Ella aún no se ha hecho ciudadana porque no habla ni papa de inglés, y es muy joven aún para pasar la entrevista de ciudadanía en español, un caso común en esta ciudad, pues como ella, desgraciadamente, hay muchos inmigrantes que se han resignado a no aprender el idioma, a menudo sin siquiera intentarlo, y viven en el gueto latino que existe aquí en la ciudad de Miami que es altamente bilingüe.

Como faltan menos de 24 horas para el gran día, estoy ansiosa de tener información acerca de cómo va la campaña, así que después de comer me senté frente al televisor para ver cómo iban las cosas.

En la televisión local, María Elvira Salazar tenía al ex alcalde Maurice Ferre, demócrata, con la representante republicana por el área de Hialeah Anitere Flores, una de las responsables de la reducción de la votación anticipada y de la más larga boleta de la historia de Florida. Ferré estaba dando datos numéricos para tratar de avalar su afirmación de que la economía estaba en el camino a la recuperación. La representante atacó a Obama lo más que pudo sin ninguna base estadística, a diferencia del demócrata Ferré. Flores fue una de los representantes estatales que votó para adoptar el sistema de pago por resultados en la educación que no toma en cuenta la diferencia en la composición socioeconómica de los estudiantes al evaluar a los maestros. Con este sistema, si la maestra trabaja en la escuela del barrio más pobre y los resultados de sus alumnos son malos, ganará menos que la maestra que trabaja en las escuelas de niños con alto status económico que tienen mejores resultados académicos.

En otro programa estaba el profesor de FIU Daniel Fernández con el vocero de OFA en Miami, Freddy Balsera, el miembro de la Junta Escolar Carlos Curbelo, y el representante republicano Eric Fersen, otro que trabajó por limitar el voto en Tallahassee, y por aumentar las asignaciones a las semiprivadas escuelas chárter a costa de fondos a las escuelas públicas. Los republicanos seguían con los comentarios sin base y un notable odio a Obama que no podían ocultar, situación que en ocasiones me era difícil ver, porque no entendía cómo no reconocían las obras positivas de esta administración para salvar la economía y ayudar a la gente.

María Elvira también tenía en su programa a Ricardo Brown y a otro periodista español invitado quien opinó que no ve ganando a Romney el próximo martes. Preguntado Brown, se abstuvo de predecir un resultado, como casi todos los periodistas. Sin embargo, nunca le oí a Brown tratar de inclinar la opinión de su audiencia y ha sido muy mesurado en sus análisis.

Me enteré que la campaña de Obama terminará en Iowa donde su camino a la presidencia empezó cuando en ese mismo estado le dieron el apoyo en 2008, en las primarias contra Hillary Clinton. Iowa es uno de los nueve estados indecisos que decidirán al ganador.

En un entrevista con Pier Morgan en CNN, vi a David Plouffe, uno de los asesores de Obama, quien dijo que piensan que pueden ganar en los nueve *battleground states* (estados de batalla) y alcanzar los 270 votos electorales requeridos, lo que incluye ganar en Florida, que en este momento lo mismo puede ir para un lado que para otro.

El último mitin de campaña de Barack Obama

Mañana es el día de las elecciones. Esta noche no quisiera irme a dormir, tan emocionada estoy, y al mismo tiempo preocupada por lo que va a pasar mañana. Quisiera ver lo que está ocurriendo en el país, ver a los dos candidatos en sus últimos discursos y en los últimos mítines de campaña.

Demasiado ansiosa como para acostarme, ya tarde en la noche me decidí a ver las noticias en vivo sin interferencia de periodistas en C-SPAN, donde a esa hora pasaban el último mitin de la última campaña por la presidencia de Barack Obama en Des Moines, Iowa. El cantante Bruce Springfield es el invitado en este mitin en Iowa, estado del medio oeste americano, cuyos votos electorales podrían decidir quién es el vencedor mañana.

Bruce Sprinfield le estaba dando un decidido apoyo a Obama, porque ¿quién no conoce al famoso rockero Bruce Springfield? Hasta nosotros en la aislada Cuba de los 80's oíamos sus canciones en "la dobliú", la única emisora de música americana que entraba en La Habana de los 70's y 80's. El cantante explicó que había compuesto una canción sobre Obama y la empezó a cantar, mientras una multitud escuchaba y aplaudía mientras esperaba el discurso del líder.

A la misma hora, vi que el candidato Romney estaba en una arena en Manchester, New Hampshire, en el estado que marcó el inicio de sus triunfos en su campaña por la nominación republicana. Su esposa Ann Romney, dijo: "*the America that we all love is sliping away*" (la América que amamos se nos está escapando).La multitud de seguidores de Romney gritaba ¡USA USA USA! que era como un grito de añoranza, un clamor de rechazo ante tantos cambios. Esta América de hoy, con un presidente negro, los gays en la milicia y gente alrededor hablando español, ¿ésto es USA?, se preguntarían los que no aceptan los cambios. Los Romneys, y los que votarán mañana por Mitt, no quieren una familia negra en el Jardín de las Rosas de la Casa Blanca, ni homosexuales en el ejército, y mucho menos más latinos en el país.

Romney habló de lo imposible que sería la vida si seguíamos con Obama mientras la multitud entusiasta lo vitoreaba, al tiempo que abucheaba cada vez que el líder mencionaba al presidente.

"I know how" (yo sé cómo), decía Romney, "yo sé cómo recuperar América". Estaba lleno de ganas de resolver los problemas de la nación, así como había resuelto los problemas económicos de tantas empresas, por decreto de CEO, de máximo ejecutivo en juntas de directores donde la meta es la ganancia. ¿Cómo tendrá en cuenta Romney las necesidades de la gente que se enferma y no tiene con qué pagar las enormes cuentas médicas, o las de los que se quedan sin trabajo, o las de los jóvenes que necesitan préstamos para estudiar una carrera? ¿Cómo cuidará el medio ambiente, como manejará el racismo, la discriminación a los gays, los derechos de las mujeres al mismo salario? ¿Mandará jóvenes soldados a morir para resolver los conflictos en el Medio Oriente? ¿De verdad que Romney sabe cómo tratar problemas de la gente promedio? ¿Cómo lo va a saber si nunca los ha vivido, inmerso en el mundo empresarial y rodeado de millonarios donde la prioridad es acumular fortunas?

Mientras, en Des Moines, Iowa, y al aire libre, bajo un frío de 40 grados que a nadie parecía importarle, hablaba Michelle Obama, quien dio las gracias a la multitud de seguidores, que se calcularon en casi 20,000 personas, y anunció a su esposo.

A las 11:05 p.m. apareció Obama en la tarima para dar su último mitin de campaña, el último de toda su carrera política, en la misma ciudad donde había celebrado su primera victoria importante cuatro años atrás. Cuando llegó al estrado, le dio un largo abrazo a Michelle, quien lo abrazó diciéndole "*I am proud of you*" (estoy orgullosa de ti).

Su discurso estuvo especialmente bonito y fue muy emocionante. Sus mejores palabras fueron: "*I will fight for you and your family every single day*" (pelearé por tí y por tu familia cada día). "No nos pueden parar, no podemos renunciar ahora, tenemos que terminar lo que empezamos". "Ellos gastaron millones para detener la ley del cuidado de salud, para parar la reforma de Wall Street, pero Iowa ustedes me enseñaron; los que necesitan ayuda son los americanos que me escriben las cartas que leo todas las noches", refiriéndose a las diez cartas que lee cada día, seleccionadas de entre las miles que le escribe la gente del pueblo. Visiblemente cansado, pues estaba finalizando una larga y difícil campaña e innumerables discursos en toda la nación, Obama hablaba con voz tan ronca que parecía que en cualquier momento se le iría el último hálito de voz.

Pero Obama seguía hablando con pasión. Contó la anécdota en Greenwood, North Carolina. "El pueblo quedaba lejos y había que manejar varias horas para llegar. En el carro, yo estaba molesto y soñoliento, y cuando entramos al local del mitin habrían solamente unas veinte personas. Yo estaba saludando, apretando manos, cuando oí esta voz *"fire up, ready to go!"* (encendido y listo para empezar). Allí vi a esta pequeña mujer sonriendo, feliz, cantando aquello de *fire up*, y la gente contestando *"ready to go"*. Era una concejal de la ciudad, y por los próximos minutos, esta mujer estuvo destacándose en el mitin. Después de un rato de esto, como que me siento encendido, a pesar de todas las dificultades, del cansancio, de la poca asistencia, me empecé a sentir también *"fire up"*.

Y siguió diciendo Obama: "Esta mujer, llamada Edith, se convirtió en una celebridad. Cuando decidimos venir a Des Moines en el último mitin llamamos a Edith y la invité a venir a Iowa, pero Edith nos dijo, no puedo, tengo cosas que hacer, tengo que ir a tocar puertas en Carolina del Norte, porque pensamos que podemos ganar allí. Esta historia demuestra como una voz puede cambiar un salón, una ciudad, un estado, la nación, el mundo, y Iowa, ustedes cambiaron el mundo, así que traigan a sus amigos a votar, vayan a votar. *Are you fired up*?" a lo que la gente le contestó: *ready to go*!

A este punto, Obama había logrado esa simbiosis, esa singular conexión con el auditorio que solo los líderes natos pueden alcanzar, solo los que sienten por el pueblo que representan. Para cerrar, les dijo: "let's go vote, let's keep moving forward, God bless you and God bless the

United States of America".

Este sería el último discurso de su campaña política. Bajo un frio que pelaba la piel, la gente gritaba: ¡*four more years*! Por fin Obama, exhausto y feliz, se bajó a saludar por última vez a sus seguidores. Observé que abrazó a una señora que le devolvió el abrazo con todo su corazón, y siguió saludando, disfrutando del contacto con la gente, dándole la mano a todo el mundo.

En ese momento un televidente llamó a C-SPAN, y dijo "*the country is going to the right direction*" (el país está yendo en la dirección correcta). Increíblemente, había mucha gente que llamaba justamente a pocas horas de abrirse las urnas, para comentar que todavía no sabían por quién votar. ¡Qué lástima que yo no podría convencerlos!

Mientras, volví al mitin de Manchester, donde Mitt Romney, con su cara sonriente y su habitual falta de pasión seguía hablando. Sin embargo, en ese momento se veía emocionado por el entusiasmo de la gente y la cercanía de la victoria. "*Tomorrow we begin a new tomorrow*" dijo Romney. Si, pensé yo, precisamente un nuevo mañana con Romney donde yo no tendría el mismo chance que sus amigos empresarios, los dueños de las empresas de salud, los banqueros o los magnates de las petroleras.

En Manchester, dentro de la arena, la gente aplaudía y gritaba. Mañana, millones de gente saldrían también a votar por Romney, un republicano cuyas ideas no comparto, pero a quien admiro por el coraje de luchar dos veces por la presidencia, un hombre decente, exitoso, que lo tiene todo y lo arriesgó todo porque sinceramente piensa que el país lo necesita.

Los comentarios de los analistas coincidían en que Mitt Romney no tuvo ese fuego dentro de sí en su discurso final, ese "efecto incendiario en su discurso", como dijo Pierce Morgan de CNN.

Hubiera querido estar toda la noche enterándome de lo que ha pasado hoy en el país, pero mejor me voy a tratar de dormir porque mañana es el gran día de la elección del presidente de los Estados Unidos, y yo voy a estar trabajando en los precintos electorales representando a la unión de maestros y a *Organizing for America*.

Ha sido una larga jornada y ya son las doce de la noche. Ya es 6 de noviembre, el día cero. Ahora no queda más que ir a descansar. Mañana será un gran día para mí y para los miles de voluntarios que hemos trabajado en esta campaña para reelegir a Obama.

Aunque hace más de diez años que mi papá se fue, esta noche simbólicamente me despedí de él antes de dormir, como hacíamos cuando vivíamos en nuestra casa de la Víbora en La Habana: "Hasta mañana mi'jita, "hasta mañana Papi" le contestaba, y entonces nos íbamos a dormir.

Esta noche pensé que si he tomado parte activa en esta campaña es gracias a las enseñanzas de mi padre en primer lugar, y en segundo lugar a los principios cristianos de generosidad. Mi padre me enseñó a defender al infeliz, a tener compasión con el prójimo, a tratar de actuar con justicia, a ser honesta, y a vivir con sencillez. "Yo soy una continuación de ti, y tú sigues viviendo a través de mí. Te quiero mucho Papi".

Allí donde él está, debe estar feliz hoy, y si hubiera estado aquí, también hubiera sido un voluntario por Obama.

Seis de noviembre de 2012: día de la elección presidencial en los Estados Unidos

Hoy es el día cero, el gran día, el que he estado esperando por año y medio. Empecé la mañana con mi habitual café con leche sin el cual no hay comienzo. Sería un día largo, de mucho trabajo, pero al fin, el día esperado cuando América decidiría si seguir con Obama o empezar con Romney, una histórica disyuntiva.

Era un día feriado por las elecciones, no hay trabajo ni escuela. ¿Por qué un martes? En el año 1845 fue establecido el martes por el tiempo que tomaba ir a caballo a los precintos de votación, ya que el domingo no se podía viajar porque era considerado el día sagrado para orar e ir a la iglesia o al templo, y el lunes los votantes viajaban todo el día a caballo o en carretas para ir a votar. Hoy en día podemos votar por correo y se puede caminar al precinto electoral.

En pie y lista a las 8 de la mañana, ya tenía una llamada en mi celular. Era mi amiga Patricia, la señora que vivía en el edificio de viejitos del downtown, que había ayudado tanto a la campaña.

- ¿Tú crees que me puedas llevar a votar? , no puedo caminar bien, he estado con dolores de espalda- me pidió.

-Hoy tengo que estar en los centros de votación, pero claro que puedo llevarte, y así veo cómo andan las cosas por tu zona - le contesté, pues me pareció que podía emplear la mañana en aquellos centros donde votarían mis alumnos y tanta gente que conocía, y más tarde venir para mi centro de votación en Midtown, a donde la unión de maestros y OFA me habían asignado. Me puse el t-shirt rojo que me había dado la unión, más toda mi parafernalia de campaña, y una botellita de agua que me haría mucha falta. Hoy si podía lucir mi sello con la foto grande de Obama, haciendo uso de mi libertad de expresión garantizada por la Primera Enmienda.

Antes de salir de mi casa, recibí también la llamada del organizador de la oficina de OFA de Midtown, para chequear que cumpliría mí turno en el centro electoral, a quien le expliqué, ya caminando hacia el elevador de mi piso, que allí estaría a la hora convenida, pero que ahora trabajaría en otros centros. Me gustó que la gente de OFA estuviera alerta en el día de hoy; yo siempre confié en que ellos estaban haciendo un gran trabajo.

Pasé a recoger a Patricia, y nos fuimos al centro Jack Orr de la calle 5ta. y la avenida 5ta. del noroeste, cerca de Overtown, muy cerca del Rio

Miami. El lugar es un edificio para personas mayores de bajos recursos, en cuya oficina se instala un centro de votación en días de elecciones. Alrededor del edificio había unos cuantos activistas de los comisionados condales repartiendo material. No vi a nadie por Romney-Ryan sobre la calle 5ta., pero ya al retirarnos por la avenida 5ta., vi a dos señoras que lucían latinas con su letrerito de apoyo a Romney, muy cómodamente instaladas con sillas y sombrillas.

La fila para votar en este centro era corta, de menos de 20 personas, pero se mantuvo así por las dos o tres horas que estuve allí. Cuando me acerqué para tomar una foto, vino un empleado del centro de votación que me advirtió que me mantuviera a 100 pies de distancia, como lo establece la ley. Tomé algunas fotos, y hablé con todo el que pude, para explicarle a quienes endosaba el sindicato de maestros, que en general coincidía con los candidatos del Partido Demócrata, aunque no totalmente. Tenía mis tarjeticas con las indicaciones de por quién votar, y le di varios a Patricia que se puso en su fila para votar. Hasta el momento, noté que los activistas de ambos partidos coexistimos amistosamente. Allí había gente del comisionado republicano Bruno Barreiro, y de su oponente demócrata, Luis García, cuya campaña en esta zona de Miami se notó muy floja. Un carro de la campaña de García nos dio botellas de agua a todos los que estábamos allí. Allí conocí a los demás activistas, a una señora peruana cantante, que tenía una hermosa voz; otra señora joven cubana, que estaba trabajando por el demócrata Luis García, a quien no vi dar una sola tarjeta ni mover un dedo, ganándose su dinerito con bastante facilidad.

Yo empecé a reconocer a algunos de mis ex alumnos entre los que entraban al edificio. Casi todos ya habían votado, algunos por mi candidato, y otros no me dijeron por quién.

Mientras no llegaba nadie a votar, me dediqué a pegar letreros en mi carro, usando todos los carteles de la campaña que tenía conmigo. Tenía uno de Hispanics for Obama, otro de Women for Obama, otro de LGTB for Obama, los que mañana ya serian obsoletos.

Como a la hora salió mi amiga Patricia. Estaba muy feliz porque había votado, y porque además había ayudado a varias señoras que no tenían ni idea por quien votar, y a quienes ella les había indicado los candidatos demócratas. "¡Muy bien hecho!" le dije. Yo estaba tratando de ayudar a Bill Nelson, me aterraba la idea de que perdiera y que ganara Mack y tener a dos republicanos por Florida en el senado. El senador Nelson había nacido en el Hospital Victoria en el centro de lo que ahora es Little Havana, y había vivido en la calle 25 de Edgewater, cerca de mi casa, cuando era joven. Yo necesitaba a mi senador demócrata Nelson en el Congreso abogando por la conservación del medio ambiente, por la reforma de salud, por un juez demócrata en el tribunal supremo. No podíamos perder la mayoría demócrata en el senado.

De allí nos fuimos al centro en el Parque Martí. Las calles estaban vacías a esa hora de la mañana y el sol rutilante. "Hay una calma chicha" observó atinadamente Patricia, y yo observé lo mismo. Era como una espera de un huracán, un huracán político para ambos lados del espectro. Veríamos quien quedaba en pie después de la arremetida de votantes en las urnas.

Llegamos al estacionamiento del parque que estaba bastante lleno. Allí me encontré a otra amiga, Isabel, la que me había ayudado a tocar puertas en la Pequeña Habana. Con estas dos acompañantes, la jornada iba a ser divertida. Yo estaba feliz de estar trabajando ese día en el campo de batalla, ¿Dónde mejor que aquí? Isabel me dio la buena noticia que su amiga Teresa, una de mis estudiantes de inglés, le había contado que finalmente su esposo había votado por Obama. El esposo, un salvadoreño muy religioso, asistía a una de las iglesias cristianas que abundan en la Pequeña Habana, donde la pastora había dicho en sus sermones que no era de Dios aceptar los matrimonios de homosexuales, y por tanto, Obama no estaba con Dios. Ajá, pensé, no leyó la parte de la biblia donde Jesús dice que el que esté libre de pecado que tire la primera piedra.... A pesar de esto, su esposa logró convencerlo y finalmente había decidido no votar por Romney y darle su voto a Obama. Un voto más.

No había fila de espera para votar en el centro del Parque Martí, al lado del Rio Miami, pero llegaba la gente poco a poco. La zona es una de las más pobres de Miami, con más indocumentados, y un índice de criminalidad del 40 %, más alto que en toda la ciudad y que en Florida. Me imaginé que mucha gente ya habría votado adelantado o por correo.

Igual que en el centro del edificio de viejitos, varios grupos de activistas estaban allí. Los más activos eran los que trabajaban para los comisionados locales, y para la enmienda del bono para las escuelas, que sin duda tenia bastantes fondos para publicidad electoral. Casi al llegar nos abordó una activista con propaganda para Barreiro, una señora muy simpática con la que enseguida hicimos amistad, pero le explicamos que nuestro objetivo era apoyar a Obama, y le enseñé la propaganda que tenía a favor de los demócratas. "Bueno, dijo mirando a un lado, yo estoy aquí por el comisionado".

Busqué a la gente de Obama, y allí estaba mi voluntario por OFA con sus letreros de Obama-Biden, un muchacho muy joven hijo de cubanos, conversando animadamente en inglés con otra muchacha joven también, hija de nicaragüenses, que sostenía un letrero de Romney-Ryan. Quise acercarme a ellos, conocerlos, así que me puse a hablar con la muchacha de Romney, estudiante del *college* de Miami Dade. "¿Por qué apoyas a Romney?", le pregunté. "porque no vamos a tener derecho a elegir nuestro médico si gana Obama, y a los viejitos los van a desconectar y dejar morir". Me asombró que una estudiante de *college* también cayera en el hoyo del sin sentido. Recordé la frase "calumnien con audacia que siempre algo queda" de los audaces enemigos de la reforma de salud, pero también recordé aquella que dice que no hay mayor mentira que una verdad mal entendida. Le expliqué que la reforma no implicaba que te impusieran un médico, ni desconectar a los moribundos, esas fueron dos de las mil calumnias que los republicanos arrojaron en contra de la ley de salud, y nunca se incluyó en la propuesta inicial de la ley lo que se dio en llamar "paneles de la muerte". La muchacha parecía sorprendida por mis palabras, como si fuera la primera vez que oyera a alguien decir algo diferente. Le expliqué que muchas personas como yo, sin seguro, tendrían la oportunidad de acceder a un seguro que pudieran pagar, que gente con condiciones pre-existentes tendrían que ser aceptadas por los seguros. Si te enfermabas, no habría una cantidad tope que limitara lo que la compañía de seguros pagaría para la atención médica. Se quedó pensativa, escéptica, como si le hubieran movido el techo, pero no dijo una palabra. La mayoría de los nicaragüenses son la gente más dulce que he conocido, y nunca dirán nada que pueda molestarte.

Había allí unas señoras apoyando a algún comisionado del condado, que huelga decir que casi todos son republicanos. Eran firme y abiertamente cubanas conservadoras, de las que al final de cualquier conversación tienen que referirse siempre a Fidel, el comunismo, y lo que les había pasado en Cuba. Sin embargo resultó que yo las estaba subestimando porque para mi sorpresa, conversaron razonablemente, y no citaron a Fidel Castro, sino lo agradecidas que estaban a este país.

Me sentí muy bien de encontrar a republicanos con los pies en la tierra y tratándome como un ser normal y racional. Seguimos conversando, tomé algunas fotos, y al rato salieron dos votantes contando por qué votaron por Obama. "él cogió tremenda candela, y está haciendo lo que puede", dijo una mujer en un argot muy popular. Me di cuenta que no había mucho por hacer allí, porque en ese precinto, a menos que el voto ausente lo cambiara, estaba ganado por los demócratas. Había también allí un señor tomando muchas fotos, otro cubano demócrata, que había venido en los años 60's. Estábamos en todas partes, afortunadamente.

Me extrañó notar que hasta ese momento, no me encontré a nadie beligerante o defendiendo a Romney. Todas las personas que ví en los recintos electorales estaban muy cautelosas, muy calladas, o muy razonablemente intercambiando opiniones con gran civilidad. Era la hora de la verdad, y en las horas que estuve en esa zona donde viven tantos cubanos de la vieja guardia, no me tropecé con ninguno de los ardorosos republicanos que llamaban a la radio a atacar a Obama a lo largo de sus casi cuatro años de mandato. Siempre me mantuve en guardia esperando algún ataque, porque yo estaba muy identificada con mi sello con la foto de Obama, pero nunca encontré ninguna confrontación desagradable, que vendría unas horas después muy cerca de mi casa.

La gente seguía llegando uno por uno al Parque Martí, donde estuve un rato más repartiendo mis tarjetas hasta que decidimos irnos a comer. Fuimos hacia el carro, cubierto con mis letreros de la campaña, y al salir, nos paró la señora que estaba por el comisionado Barreiro. "Mira, tengo algo para ustedes porque yo soy también una infiltrada !ja ja ja!" dijo riéndose al tiempo que nos daba una tarjeta de propaganda de Save Dade, la organización que defiende la igualdad de derechos de los gays de Miami. En la tarjetita estaban los candidatos Debbie Wasserman-Schultz, Bill Nelson, y Joe García, y la congresista Ileana Ros-Lehtinen, que era una de las pocas republicanas que ha apoyado a los gays.

Me hizo gracia que esta activista usara la palabra "infiltrada", para expresar que aunque ella estaba trabajando por un republicano, también apoyaba a los candidatos de Save Dade y la agenda de apoyo a los gays, una de los temas a los que se oponen los republicanos, con la excepción de Ileana, Dick Cheney, y algunos más. La señora actuaba como si se hubiera infiltrado en las filas enemigas, porque las tarjetas de Save Dade las tenía fuera de la vista, entregándolas lejos de la mirada de sus compañeras de equipo.

Del Parque Martí, mis amigas se fueron a su casa, y yo me fui a la mía a comer algo para después ir a cubrir mi turno en Cameron House, el centro electoral de mi vecindario, donde tendría que estar por dos horas. Me sentía más llena de energía que nunca, y además estaba pasándola muy bien. La gente conversaba amigablemente conmigo cuando le daba las tarjetas de los candidatos endosados por la Unión de Maestros, y no había sufrido ningún ataque. Por supuesto que no estaba en el medio de las zonas mayoritariamente republicanas y de más alto nivel económico, que están más al oeste de Miami, por Bird Road o Kendall.

Cada vez estaba más optimista de la victoria a nivel nacional, pero no tenía ninguna duda; podía sentir en el aire que íbamos a ganar, aunque no podía garantizar los resultados finales en el estado de la Florida, principalmente después de aquella encuesta traumatizante con un margen de 6 % que había salido en el Herald.

En la calle seguía la calma chicha que observó Patricia, la calma de la espera tras la batalla de tantos meses, por ver qué candidato prevalecería. Las calles estaban semivacías en Midtown y Edgewater, mi barrio del este de Biscayne Boulevard. Me fui a Cameron House, que está detrás de la iglesia Unity on the Bay, con mis papeles para repartir y mis botones de Obama muy visibles. Esta vez tenia muestras de la boleta para explicarle a la gente como votar para apoyar a Obama y al Partido Demócrata. Esta zona es de mayoría demócrata, y mucha gente joven recién mudada a los rascacielos nuevos que se construyeron después del 2003, que han cambiado una zona de alta criminalidad, prostitución y droga, a una de las zonas más de moda de Miami.

En el centro de votación me encontré con mi amiga argentina, una de las que había perdido su apartamento después de la ola de ejecuciones hipotecarias que siguieron después de la explosión de precios de bienes raíces del 2006-2007. Entregó el condominio por el que dejó de pagar, tal vez con una segunda hipoteca que le dio mucho dinero en efectivo, y ahora vivían rentando en uno de los edificios nuevos de Midtown. Era una de estas argentinas que parecen cubanas, no por el acento sino por la cantidad de malas palabras y dicharachos que usan. Ella iba a votar por los demócratas, así que no tenía que hacer nada. También me encontré con otro voluntario como yo, un señor americano que vivía en Edgewater desde hace tiempo.

La fila era como de 30 personas, avanzaba muy rápido, así que en 40 minutos ya mi amiga estaba entrando a votar. Y allí estaba mi vecina de los bajos, la que me dijo que votaría por Romney porque era un empresario y la economía estaba "taaaan" mala que solo él podía arreglarla. Me extrañó que esta señora tuviera esta opinión, porque era una persona muy informada, y tenía que saber que la economía estaba mejorando; pero en materia de opiniones políticas todo es posible. Es la percepción, o la emoción, y no la razón la que nos inclina hacia un líder, y ella confiaba en Romney.

Cuando terminé mis dos horas de trabajo allí, salí hacia Biscayne Boulevard. En la esquina de la calle 23, a una cuadra del centro de votación, estaba una muchacha delgada muy joven que sonreía sosteniendo un letrero que decía "todavía tiene tiempo de votar; por Obama! en el concurrido tráfico de la tarde en Biscayne Boulevard. ¡Dios bendiga a esta muchacha que tuvo esta fantástica idea! Cuánta gente votaría gracias a ella. Estaba solita parada en la acera con el letrero sobre su cabeza, lo cual requería un buen esfuerzo de brazos. Hubiera querido conversar con ella, pero aún había mucho por hacer; di la vuelta otra vez frente a ella para tomarle una foto y sonar el claxon en señal de apoyo; ella sonrió con picardía, satisfecha de mi respaldo. Pensé de nuevo que no hay manera de que perdamos, con ese entusiasmo de la gente, en especial de la gente joven. Honestamente, también encontré entusiasmo por el otro candidato, y lo encontraría en los próximos quince minutos.

Más adelante pasé por el terreno en la Calle 33, donde habían puesto muchos carteles políticos, y me pregunté quiénes serían los vencedores de entre todos los candidatos. Seguí mi camino a visitar al centro de votación de Shorecrest en la calle 76 del noreste. Al pasar cerca de Morningside vi a un joven alto portando un letrero muy especial. Por un lado decía, pintado en azul "VOTED OBAMA IN 2008 FORGIVE ME", y por el otro lado, pintado en rojo "VOTING ROMNEY 2012 STILL ABOUT THE ECONOMY, o sea, que había votado por Obama en el 2008, pero que votaría por Romney ahora en el 2012. Pensé en bajarme y tomar fotos, pero sentí temor de su reacción. Decidí seguir mi camino, pero volvería para tomarle fotos, aunque fuera de lejos.

Pasé por Biscayne y la 72 Calle, y me llamó la atención un gran letrero en un local donde hubo por muchísimos años un KFC, local por el que después han pasado varios negocios sin éxito. El letrero era la expresión de la esperanza de los seguidores de Romney. Decía *"get this business open, vote for Romney",* (haga que este negocio se abra, vote por Romney). Me estacioné para tomar la foto. Estacionado allí había un lujoso gran SUV negro. Vi aparecer a una señora rubia, aparentemente anglosajona, joven y elegante, que miró con atención como yo tomaba la foto, pero no me dijo una palabra después de que observó mi carro con sus letreros de Latinos por Obama, y Women for Obama. Tal vez, si sale electo Obama, esta manifestación de apoyo a Romney le limite los clientes, o viceversa. Salga quien salga de presidente, dentro de unos meses saldremos de la recesión y otro negocio vendrá al lugar, y si sale Romney, dirán que fue gracias a él, pero si sale Obama, dirán que fue gracias al arduo trabajo del dueño del negocio. Pero la realidad fue diferente. Meses después de que Obama tomara el poder en 2013, un inversionista compró la propiedad completa. Así estaba la enorme acumulación de dinero en efectivo de los empresarios que preferían invertir en bienes raíces. Varios negocios nuevos se han abierto en esta zona renovada de MiMo, entre el Restaurant Soyka y Shorecrest.

Me fui rápidamente hacia mi próxima parada, el centro de la iglesia de la 76 y Biscayne, frente a la entrada a Belle Meade. Allí en aquel centro, poco antes de las 6 de la tarde, ya casi no había nadie. Todos habían votado en las enormes masas de votación adelantada de esta zona en la biblioteca de Lemon City. El barrio está dividido entre anglosajones, y miamenses originales de familias que han vivido aquí por décadas, algunos afroamericanos y muchos haitianos que empezaron a emigrar después de los 80's y han seguido llegando a la Florida constantemente hasta el día de hoy. Solo algunos hispanos como yo y mi hermano nos aventuramos a vivir en esta zona de Miami al este de Biscayne Boulevard durante los años 90's, cuando era una zona que tenía la mala fama de reunir prostitutas y drogadictos. La zona ha pasado a ser MiMo, Miami Moderno, y hoy es un lugar más seguro, con nuevas construcciones y negocios importantes.

Después de chequear que en aquel centro yo no tenía nada que hacer, me dirigí de regreso a mi casa, para lo cual tenía que pasar de nuevo frente al estoico partidario de Romney con su letrero rotatorio. Me armé de valor y decidí acercarme para oír la historia de este hombre que se había tomado el tiempo de construir el sofisticado cartel e ir a sostenerlo por horas.

Estacioné mi Solara lleno de consignas pro-demócratas, y crucé Biscayne para hablar con el activista. Era un hombre alto y atlético que parecía americano. Calculé mi pequeña humanidad de 5 pies y 3 pulgadas y me encaminé hacia él que ya me miraba por debajo de la gorra. Sabía que estaba tomando un riesgo pero quería conocer a este ciudadano que tenía el valor (o los "cajones", en imperfecto español.....) de pararse allí a decir su verdad. Parecía un hombre educado, así que me le acerqué, pero tuve cuidado de situarme a cierta distancia por si acaso.

-¿Podemos tener una conversación? ¿Le puedo preguntar por qué no va a votar por Obama este año?", le dije.

-No, no puedo volver a votar por él. Obama nos tiene la economía muy mala- me dijo con calma. Empezó a explicarme sus puntos de vista, entre los cuales citó que no quería más gente con sellos de alimentos, ni más *welfare* o ayuda del gobierno para los pobres, ni más gente llegando ilegal.

-Pero ¿por qué relacionas a Obama con el *welfare*? Él no ha cambiado nada con eso - le dije.

- Si, pero él apoya a la gente que no quiere trabajar, y este país no soporta más eso.

Me di cuenta de que este muchacho era cubano como yo, y que estaba muy molesto con Obama.

-Hay que tener muchos cojones -me dijo literalmente-...... para pararse aquí donde estoy hoy, porque no quiero a este hombre de presidente otra vez, aunque haya apoyado a los gays, pero yo estoy mucho peor que cuando este hombre empezó- me decía, al tiempo que su indignación iba in crescendo.

-Sí, es verdad que hay que tener valor para pararse aquí. Pero si quieres oírme, yo veo que la economía está mejorando- le contesté.

-La economía está más terrible que nunca, y siguen llegando más ilegales viniendo aquí, para tener que darles educación a los hijos que paren aquí, y sellos de alimentos a las gordas mujeres que no hacen nada más que pedir y pedir, ya no se puede aguantar eso, y este hombre no los va a parar- me decía apasionadamente, y seguía hablando de lo mal que estaban las cosas en este país, de la deuda de 16 trillones, de Bengasi, y de todos los puntos de conversación de la derecha anti-Obama.

Traté de reclamar mi derecho a la réplica, quería decirle mis razones, pero me percaté de que ya no podía haber un diálogo porque estaba demasiado emocionado, demasiado lleno de odio hacia este gobierno, y demasiado opuesto hacia las ideas de Obama. Parecía muy molesto, y muy necesitado de expresarse, y yo era su oportunidad. Al decirme que no quería ilegales me mostraba su punto de vista diametralmente opuesto al mío. Yo tampoco quería más ilegales, pero al mismo tiempo comprendo la necesidad de emigrar como yo lo tuve que hacer, y la de regularizar a los que han trabajado aquí por muchos años, y por eso quiero una reforma que miles querían también. Este hombre no podía ver ningún avance en la economía, lo que era común en la gente que apoyaba a Romney. Me di cuenta que era de los que no quieren ver, porque no me parecía que le faltara información. Al final, él tenía derecho a su propia interpretación de la realidad.

-¿Quieres escuchar mi punto de vista? Hay una mejora en la economía, se están vendiendo más casas, se han creado algunos trabajos, se detuvo la crisis, él hace lo que puede- le decía. Pero ya aquel hombre estaba envuelto en un monólogo sin regreso; incapaz de oírme daba rienda suelta a su indignación, en la que creí ver algún problema personal.

Decidí despedirme, y allí lo dejé sosteniendo su pesado cartel y defendiendo su verdad, tan diferente a mi verdad. Yo también ganaba menos dinero que hacía dos años, y el gobierno federal no tenía nada que ver en eso, sino el gobernador republicano Rick Scott y su legislatura que cortó los fondos de la educación de adultos; era el gobierno de Obama y los demócratas los que estaban defendiendo mis intereses en Washington, y no podía culparlo de mi cheque recortado. Yo también estaba indignada contra los abusos al *welfare*, pero eso ha sido así por mucho tiempo antes de que Obama fuera presidente. La única ayuda que este gobierno aumentó fue el subsidio por desempleo.

La conversación con este muchacho fue reveladora para mí. Él tenía sus propias convicciones entre las que estaba ésta: si a mí me va mal, la culpa es del gobierno de Obama, y además, no quiero que le den ayuda a los pobres, ni que vengan ilegales. Comprendí que él tenía parte de razón: hay pobres que pueden trabajar y no lo hacen, hay ilegales que esperan que el gobierno resuelva sus vidas y crean más problemas de los que resuelven. Además, el sistema migratorio es inoperante pero al mismo tiempo nadie puede violar la ley impunemente.

Este país se pasa de bueno con cierta gente. Hay que modificar el sistema de beneficios a los pobres para evitar abusos. Hay mucha gente que logran vivir del gobierno, mintiendo y cometiendo fraude y el gobierno no busca una solución a ésto, pero no hay razón para identificar a los demócratas con esta situación, mucha gente está en un error al pensar así. Fue un presidente demócrata, Bill Clinton, quien trabajó para reformar el sistema de bienestar social para incorporar a los beneficiarios a la vida laboral. Fue él quien valientemente discutió con los líderes afroamericanos para enfrentar este problema.

Habría mucho que hablar con este muchacho que tuvo la energía suficiente para pararse por horas en Biscayne Boulevard el día de las elecciones, en un distrito mayormente demócrata como es el mío. Yo lucho por el líder demócrata, él lucha por el republicano, tenemos ideas diferentes, y esa es la maravilla de la democracia. Ninguno de los dos teníamos esta libertad de expresión en el país donde nacimos y que dejamos atrás para siempre en contra de nuestros deseos. Ni pensar en pararse con un letrero en contra del gobierno en Cuba, donde no se tolera a los disidentes.

Ese día de elecciones no era el día adecuado para debatir puntos de vista político, pero ojalá que algún día me lo encuentre de nuevo, y podamos hablar otra vez de la economía, de los derechos de los gays, de la inmigración ilegal y de cómo arreglar las ayudas sociales. Por lo pronto, los dos luchamos por enviar a Washington a quien nos represente mejor, y eso es lo que importa. Fue por eso que luchamos por salir de Cuba a pesar de las trabas que la tiranía nos impuso para retenernos.

A las cinco de la tarde me llegó al celular un mensaje de Organizing for América para pedirme seguir haciendo llamadas, que era exactamente lo que pensaba hacer. *"You're one of our best callers, and voters need to hear from you today. Can you make 44 calls for 4 more years for our 44th President? Barack's counting on you!* decía el texto! Me decían que yo era una de los mejores haciendo llamadas y que los votantes necesitaban oir de mi hoy, haciendo 44 llamadas por el presidente, que contaba conmigo ¡Por supuesto que oirían de mí ahora mismo! Me maravilló que la gente de OFA supiera de mi trabajo haciendo llamadas, a través de su fantástico sistema de computación.

Cuando llegué a mi casa eran casi las 6 de la tarde, faltando una hora para que cerraran la votación en Florida, no había minuto que perder de esta última hora, así que me senté a seguir hacienda llamadas a posibles electores en la Florida. Abrí la computadora y llamé a un teléfono que me dio la lista. Era de la zona de Boynton Beach, al norte de Miami. Me contestó una señora que me dijo: "ya yo vote por él". Comenzamos a hablar un poco; me dijo que se llamaba Kathleen, y que había nacido en New York. "Yo creo que él va a ser uno de los más grandes presidentes de todos los tiempos" (*I think he is going to be one of the greatest president of all times)* me dijo. *"I am from New York, and I am proud of what you are doing. People like you make things happen"* (soy de Nueva York, y estoy orgullosa de lo que estás haciendo, personas como usted hacen que las cosas pasen). Viniendo de una neoyorquina que habría votado tantas veces, este reconocimiento hacia una latina casi novata en cuestión de elecciones, fue muy alentador. Había mucha gente en el país que no podían trabajar como voluntarios, pero que admiraban nuestro trabajo y lo agradecían, porque ellos también querían que Obama fuera presidente por 4 años más.

"Todos mis amigos judíos de esta zona van a votar por él también", me dijo Kathleen. En la zona de Boca Ratón y Boynton Beach viven muchos judíos que emigraron de Miami Beach y Miami cuando los latinos empezamos a ocupar el sur de Florida.

Más tarde hablé con una puertorriqueña de Polk County que estaba muy contenta de que la hubiese llamado e iba a votar antes de cerrar. Hice llamadas a todas partes en Florida, en pueblos de los que no había oído nunca, tratando de completar las 44 llamadas que me habían pedido.

Sin darme tregua, seguían mis amigos llamando y continuaba recibiendo textos de la campaña. Cinco minutos antes de las 7 de la noche sonó el teléfono de mi casa, y oí otra vez y por última vez la voz lastimera de Marco Rubio que continuaba desarrollando su gran talento electoral rogando el voto para Mitt Romney. Decía que él sería la solución para todos los problemas, como si hubiera soluciones mágicas, como si gobernar el país fuera gobernar una empresa, repetía la misma fantasía para ganar votos. Lo siento, mi 'jito, lo siento, esa no es la solución para mí ni para mucha gente como yo, fue lo que pensé, y seguí buscando teléfonos de otros floridanos para que fueran a votar. Fue la última llamada política que recibí de la campaña del 2012.

Yo seguí marcando números telefónicos sin tregua y cuando dieron las 7 empecé a llamar votantes en Nevada, otro estado de batalla, que tiene la hora del Pacifico. OFA me envió un último mensaje cerca de las 9 para llamar a votantes en los estados del oeste que continuaban votando a esa hora. Me imaginaba lugares recónditos a donde yo nunca iría, tan grande es América. Muchos de los que llamaba ya habían votado, otros no contestaban. Mientras tanto, veía las noticias en CNN en inglés, vi que las cosas lucían bien. Pero me preocupaba la Florida, solo por esos pronósticos de las encuestas publicados en la prensa local. De todas formas, con Florida o sin Florida, íbamos a ganar, aun sin los 29 votos de mi estado.

Una amiga que vive en Kendall me llamó para contarme que las colas por allá eran de hasta 250 personas de largo. Según las noticias, la mitad de los votantes de Miami Dade ya habían votado en votación adelantada. En el área de Brickell, el noticiero local mostraba un caos total en un recinto donde las largas colas no disminuían ya pasadas las 7 de la noche. Varias máquinas de votar no trabajaban pero la gente se mantenía firme, esperando de pie por su turno.

Decidí revisar mis mensajes de texto de esta mañana, en los que mi amigo Robertico me decía que ya había votado en Broward en 1 minuto. Dayaris, una nueva ciudadana a quien le había ayudado a prepararse para el examen, me envió un texto: "mucha suerte en el día de hoy", porque sabía cuán importante era para mí el triunfo de Obama. Me había contado como convenció a su abuelo, un cubano de Hialeah, de que fuera a votar por Obama. El señor, reticente y después de mucho rogarle, por fin accedió a complacer a su nieta. ¡Un voto más! Estos pequeños triunfos me llenaban de felicidad, porque sabía que voto a voto, si muchos hacíamos lo mismo, ganaríamos, y yo sabía que éramos miles de voluntarios en todo el país por la misma causa.

Mientras continuaba marcando números de la lista, supe que la Universidad de South Florida en Tampa, realizó una encuesta donde dice que la mayoría de votantes están a favor de Obama. Si Obama gana también en el centro del estado, ganamos la Florida.

La organización OFA tenía un sistema de computación muy sofisticado para llegar al votante, y se decía que sabían quién había votado ya. Muchos jóvenes expertos en computadoras trabajaron en la campaña demócrata, y se sabía que la compañía Google apoyaba a Obama. La tecnología fue de primera importancia en la campaña de los demócratas, que hicieron un trabajo innovador y formidable, por lo que el otro partido quedo rezagado.

No puedo afirmar cómo fue la campaña de los republicanos, pero en lo que a mí concierne, que estoy registrada como demócrata, me abordaron usando sistemas tradicionales como el teléfono con las llamadas robots y el correo. Recibí muchas encuestas con un sesgo evidentemente conservador, pero solo recibí un par de llamadas de voluntarios republicanos durante toda la campaña. Tal vez, como buenos negociantes y promotores de las leyes del mercado, había pocos dispuestos a regalar su tiempo sin recibir nada a cambio, como hicimos los demócratas, y por eso estoy segura de que Obama tuvo muchos voluntarios más que Romney.

Al mismo tiempo que llamaba a los votantes en Nevada, escuchaba a Wolf Blitzer de CNN, que estaba dando la información más completa del país del proceso electoral. Ví a John King con su mapa mágico sacando cuentas de votos electorales y oía al coro de expertos opinando, entre los que estaba la joven abogada nica de Miami, Ana Navarro y el habanero Alex Castellanos, con mi admirada profesora Donna Brazile, Gloria Borgen y otros expertos. Nadie pronosticaba a la Florida para Obama, se mostraban escépticos y cautelosos, pero cualquier cosa podía suceder.

Seguí llamando a votantes en Nevada hasta que dieron las 9 de la noche. Solo entonces decidí que ya era tiempo de parar mi trabajo y descansar. El trabajo de miles de voluntarios cesaba al cerrar la última urna en la costa oeste y ahora solo quedaba esperar por los resultados.

A las dos horas de cerrarse los precintos en el este del país, Romney iba a la cabeza debido a los conteos en los estados que votan mayormente republicanos. Mi amiga argentina, que llevaba solo un año en el país, me mandaba textos muy preocupada, porque veía la ventaja de Romney en los votos electorales y estaba consternada. Yo le expliqué que cuando contaran los estados azules, o demócratas, cambiarían los números, y así fue. Recibí un texto de María, la nicaragüense que había luchado por la ley Nacara, que estaba muy asustada por los números de las noticias. En el mensaje que me dejó me decía, con voz muy consternada: "que no vaya a ganar Romney maestra, que no vaya a ganar Romney". Cuando pude la llamé y le expliqué que cuando empezaran a contar a los estados demócratas los números iban a cambiar. Yo estaba confiada en el triunfo, pero me temía que tal vez la decisión iba a tomar algún tiempo, o tal vez un día más.

Le daba una vuelta a las noticias en MSNBC y FOX News, pasando por CNN que mostraba siempre más balance. Me mantuve hablando con mis amistades por teléfono, observando los números y prestando atención a los estados indecisos.

De pronto, un poco después de las 11 de la noche, la cadena de televisión, NBC, había dado la noticia de la proyección de Obama como ganador en Ohio, cuyos 18 votos electorales tornaba los números a su favor, sobrepasando los 270 votos requeridos, lo que significaba la victoria. Fue mi amiga argentina, quien me llamó para decirme que la prensa local ya lo había dicho, tomando la noticia del canal NBC que fue el primero en proyectar a Barack Obama como el ganador.

Unos minutos después CNN confirmaba la victoria. Había ya 292 votos electorales por Obama, después de que Ohio diera sus 18 votos para Obama. Eran las 11 y 20 de la noche.

Yo no cabía dentro de mí de la emoción. ¡Obama ha sido reelecto como presidente! ¡*Four more years*! Salí a mi balcón a celebrar con mi botellita de champagne. En ese momento de euforia no vi los numerosos mensajes de texto que estaba recibiendo de todo el mundo.

Una amiga y yo hablábamos en el momento de la victoria y compartimos simbólicamente una copa de champagne. Juanito me envió un texto desde D.C.: *Four more years Carmita!*

Llamé a Eduardo, el organizador de OFA en Little Havana. Nos felicitamos mutuamente. "Gracias Carmen, gracias", me dijo con voz ronca de gritar y celebrar. Detrás de su voz una algarabía de su gente. ¡Ganamos!

En la televisión se veían las imágenes de los seguidores de Obama en

Chicago. ¡Era una ola de alegría! La gente saltaba, reía, se abrazaban, lloraban. ¡Habíamos trabajado tan duro! ¡Habíamos vencido tanta oposición! Era un merecido triunfo después de una larga y dura lucha.

¿Y cómo estábamos en la Florida? En La Florida los votos estuvieron muy pegados, con una diferencia de 1,200 votos en un punto del conteo, y casi casi se volvían los números a favor de Romney, pero poco después se despegó el conteo para ampliar la ventaja por Obama. Por ahora Florida no estaba definida, pero ya no hacía falta, Obama ya tenía los votos electorales requeridos después de ganar Ohio, y la victoria definitiva era nuestra.

El pueblo americano ha hablado, la mayoría ha sabido reconocer a Obama como un buen presidente que ha hecho un buen trabajo, como un luchador por los derechos de su pueblo, de la gente común, un hombre valeroso que supo decir que no a los que defienden y protegen al *Big Oil* y *Big Wall Street,* las grandes empresas del petróleo y de las finanzas que dominan la política en este país. Obama se mantuvo firme defendiendo a la clase media y a los más necesitados, y por mucho que trataron los grandes poderes económicos, no pudieron derribarlo. Hoy es un día grande y justo para la mayoría, y también un día de decepción para los que votaron por Romney.

A mi pequeño teléfono celular seguían llegando los mensajes de mi gente, mientras yo no sabía cómo celebrarlo ni que hacer. Quería salir a la calle pero no tenía con quien y eran casi las doce de la noche. Quería ver qué estaba pasando en todo el país, pero hubiera querido salir a visitar los barrios cercanos para ver que estaba pasando. No se me ocurrió mirar a los canales locales sino seguir mirando las noticias de cable.

Después de anunciada la victoria numérica, se esperaba el discurso de aceptación de la elección. El presidente y su equipo de campaña estaban en uno de los hoteles de Chicago, esperando la llamada de Romney aceptando el resultado. Se ha dicho que a la primera persona a quien el reelecto presidente llamó fue al Presidente Clinton, el otro demócrata que lo precedió en la Casa Blanca, y quien lo había ayudado grandemente durante la campaña. Obama es ahora, como Bill Clinton, otro presidente demócrata reelecto. Romney finalmente llamó a Obama, como es la tradición de este país, para conceder la elección y reconocer al presidente legítimamente electo.

Esperé unos 20 minutos a que saliera Obama a la plataforma para dar el discurso de aceptación en Chicago, y ya cerca de las 12 salió. La gente estaba en éxtasis en el Grant Park de Chicago. Su discurso de aceptación fue certero y breve. Había un mar de gente, que lloraba, reía o saltaba de alegría. Mientras Obama se dirigía a la multitud, yo no me cansaba de admirar cómo la gente llora cuando él habla, y la comunicación que tiene con la gente común. Durante la larga campaña en la que trabajé sin perder la fe, yo tenía confianza en que el pueblo americano sabría valorar la grandeza de un líder como él.

Obama es un líder universal. Esto me lo dijo una vez un artista afroamericano en la ciudad sureña de Savannah, Georgia, mientras vendía sus pinturas frente al rio, y es la mejor definición que he oído. Siempre tuve la esperanza de que la mayoría de la gente comprendiera las condiciones de líder mundial de Obama.

Ya en los días venideros se sabrá cuantos millones votaron por él, y cuantos a favor de Romney. Hoy sabemos que ganó muchos más que los ansiados 270 votos electorales, y que es el electo presidente por cuatro años más. Al fin había llegado la hora de la verdad, la hora de saber lo que el pueblo quiere. En este momento vino a mi mente la letra de la canción de Celia Cruz, "ríe, llora, que a cada cual le llega su hora".

Pero mientras, se estaban decidiendo también en las urnas de Florida otras contiendas extremadamente importantes para los demócratas en la cámara y el senado. Una de mis primeras alegrías de la noche de elecciones fue el triunfo de Debbie Wasserman Schultz, que había sido mi representante en el congreso y es la presidenta del Partido Demócrata, a cuya campaña había enviado un poco de dinero, tan poco, que no pagaba ni por la carta de agradecimiento que me envió por ello.

El senador demócrata Bill Nelson estaba muy arriba de su oponente, otro importante triunfo para los demócratas para mantener la mayoría en el senado. La Florida seguía oscilando entre Obama y Romney, con una ligera ventaja por Obama, sin muestras de tener un resultado en la noche de hoy. ¿Pasaría lo mismo que en 2008, cuando fuimos el hazmerreír de la nación? Pero de todas formas, ya el resultado de Florida no decidiría esta elección, pues fue Ohio el estado cambiante que logro sobrepasar los 270 votos electorales.

Después de oír el discurso de Obama quise ir a celebrar con la gente de la oficina de OFA de Midtown, así que salí en el carro con mis chihuahuas por toda compañía, y las banderas con la foto de Obama ondeando en las ventanillas, pero encontré la oficina en Biscayne Boulevard cerrada y oscura.

Hubiera deseado compartir mi alegría en ese momento con el equipo de voluntarios y los muchachos de la campaña, pero era muy tarde para ir a la oficina de OFA en la Pequeña Habana, así que regresé a mi casa, y en el camino encendí el radio. Mi amiga Vilma, la guatemalteca, estaba participando en el programa que Bernadette Pardo condujo esa noche, y comentaba cómo ahora demócratas y republicanos tendrían que trabajar juntos para seguir adelante. Sabias palabras, pero ¿seriamos tan afortunados? ¿Habrán entendido la lección? ¿Cambiaría el Partido del No para ser el partido de la discusión y el compromiso? Vamos a ver.

Quise ver en el internet como la gente había tomado la noticia de la victoria de Obama. El mejor video que ví lo encontré en YouTube, con los estudiantes del Instituto de Política John F. Kennedy de la Universidad de Harvard, donde solo son admitidos los mejores estudiantes de la nación. Había allí miles de jóvenes reunidos, expectantes por los resultados del conteo de votos, los líderes del mañana, un grupo de estudiantes que reflejaban la diversidad cultural y étnica de la nación americana: blancos, rubios caucásicos, asiáticos, hindúes, afro-americanos, latinos, muchachos y muchachas llenos de vida y de ilusiones. Al conocerse el triunfo, se unieron en una fiesta grandiosa para celebrar por el presidente que nos unirá por otros cuatro años en una nación, *one nation, under God, indivisible,* elegido en unas elecciones libres y democráticas. En su júbilo los estudiantes empezaron a cantar "USA USA USA" porque quien realmente había ganado no era la persona elegida sino la nación americana.

Las llamadas y los mensajes que recibí ese día me decían de cómo mis amigos sabían de mi pasión por esta campaña, y como ellos estaban al tanto de cuánto había trabajado por el triunfo de Obama. En particular me impresionaron dos mensajes. Uno de Debbie, la señora neoyorquina amiga de mi familia, una señora judía que nació en Brooklyn, New York, y a quien yo había ayudado a conseguir su certificado de nacimiento para tener una identificación de la Florida para votar, cosa que no fue tan fácil como pudiera suponerse. Sin su certificado de nacimiento, Debbie, con 55 años de vivir en este país, no hubiera podido votar por carecer de identificación. Debbie sabía de mis desvelos para que Obama ganara, y me dejó un mensaje en mi teléfono a la una y pico de la tarde del día de las elecciones que decía así: *"Hi sweety, this is Debbie, I just want to let you know that Manny and I just voted with absolutely no problem and everything is done, so you don't have to worry about, ¿ok? That is the message, hope you having a good day, talk to you soon, love to you and your friend, bye"* ("hola mi cielito, soy Debbie solo quería decirte que Manny y yo acabamos de votar, todo ya está hecho, no tienes por qué preocuparte de nada, ¿ok? Este es el mensaje, espero que estés teniendo un buen día, nos hablamos pronto, besos para ti y tu amiga, adiós)

Me sentí satisfecha conocer que esta americana judía nacida en Brooklyn, una neoyorquina veterana de tantas elecciones, me estaba reportando a mí, a la cubana que llegó hace dos décadas, que yo no tenía por qué preocuparme porque ya había emitido su voto; ella sabía de cuanto había trabajado para que ella y tantas personas pudieran votar por Obama.

Recibí el mensaje de texto de mi hermano, bromista al fin, que decía "¡ya voté!..... por Marco Rubio....". . Muchos meses después me confesó que no había votado por Romney porque no le gustaba, como tampoco le gustaba Obama.

Después de éste encontré otro mensaje conmovedor de Karla, mi amiga la entrenadora personal argentina, quien me había llamado tantas veces para saber cómo y por quien votar, y me decía así: "Carmen, te llamo para agradecerte que fui a votar este seis de noviembre, estuve por tres horas y media pero no la pasé mal, no pude hacerlo *early (*adelantado) porque estaba muy ocupada y las colas eran enormes, me levanté hoy tempranito y fui a mi precinto. Me siento super orgullosa porque lo logré, lo hice bien y ¡nada! ¡contenta! ¡ganó Obama! Te mandé un email, gracias por tu ayuda, un besito, muchos éxitos y me imagino que debes estar trabajando". Este mensaje de Karla significa mucho para mí, porque no fue tarea fácil que se aprendiera la historia para pasar el examen de ciudadanía, ni que lograra hacer el trámite para tener su tarjeta de votar, pues Karla es una mujer que no para de trabajar y de ayudar a su familia. Tampoco fue fácil que lográramos hablar sobre los candidatos, los horarios y lugares de votación. Pero al final, ella estaba tan contenta, super contenta, de haber logrado ejercer su derecho al voto. Karla fue muy dulce y agradecida y por sus palabras sentí ese calorcito en el corazón que da la felicidad. Ella fue un ejemplo de cómo los latinos en Estados Unidos, cuyas vidas son tan complicadas, podemos hacer el esfuerzo y participar en los destinos de este país que hoy por hoy, es el nuestro.

Obama había sido reelegido contra viento y marea. A lo largo del país los millones de voluntarios como yo habíamos alcanzado el esperado fruto de la victoria, y yo no podía estar más feliz de haber ayudado al triunfo del líder en quien confío.

La jornada de hoy había sido larga y llena de emociones, mañana sería un día de trabajo normal. Esta noche me iría a dormir con la inmensa satisfacción del deber cumplido. ¡Cuatro años más para Obama!

fila de ciudadanos esperando para votar adelantado en el recinto de Lemon City en el noroeste de Miami

debajo un voluntario de la campaña de Obama ofrece pizza a personas que esperaban por horas para votar en un recinto de votación adelantada del downtown de Miami

debajo en un negocio en Allapatah, Miami, en el día de la elección general, un letrero se refiere al aborto y los matrimonios entre homosexuales

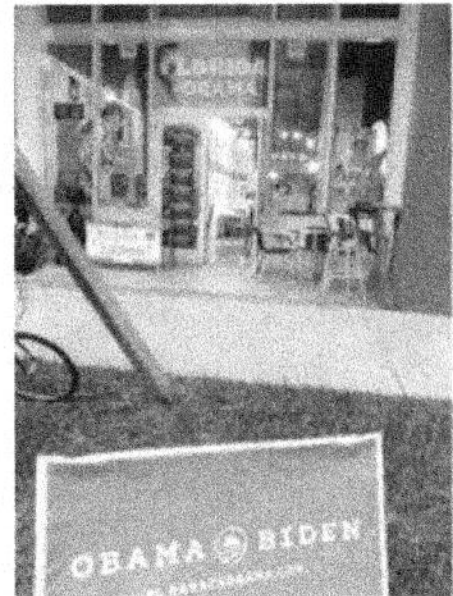

oficina de OFA en Midtown, en la calle Biscayne Boulevard y la 18

con una voluntaria en la oficina de OFA el día antes de la elección

en la oficina de Midtown con algunos voluntarios la víspera del día cero

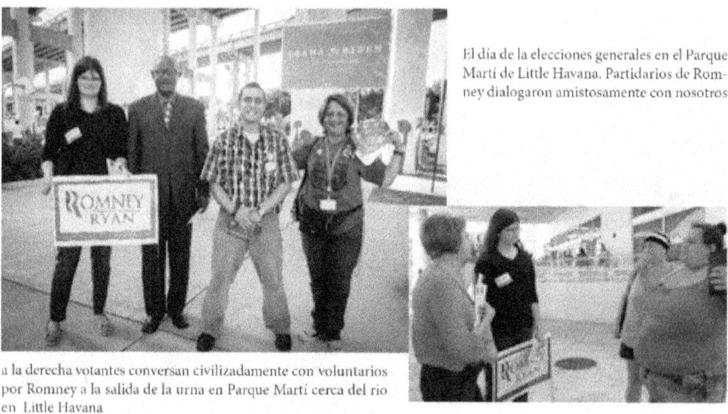

El día de la elecciones generales en el Parque Martí de Little Havana. Partidarios de Romney dialogaron amistosamente con nosotros

a la derecha votantes conversan civilizadamente con voluntarios por Romney a la salida de la urna en Parque Martí cerca del rio en Little Havana

fila de votación a las 6 de la tarde del día de elecciones en el recinto Cameron House de la zona de Edgewater, al este de Biscayne Blvd

a la derecha una muchacha busca votos para Obama en la esquina de Biscayne Blvd y la calle 22 del noreste una hora antes del cierre de la votación general el dia 6 de noviembre de 2012

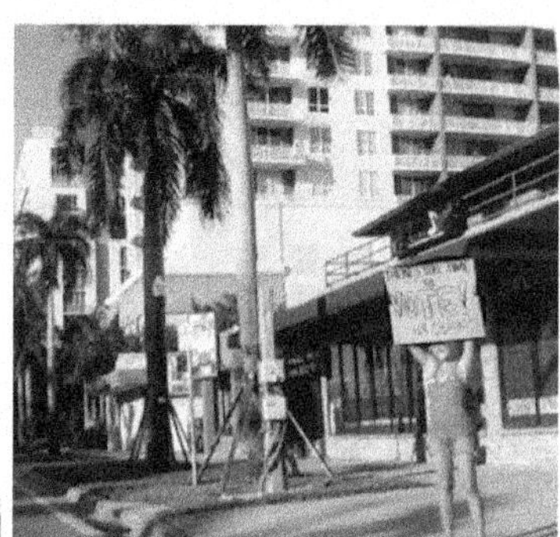

letrero pintado a mano por un seguidor de Obama-Biden junto con otra propaganda de elecciones

propiedad que había estado para la renta en Biscayne Boulevard mostrando un letrero de apoyo a Romney. La misma propiedad fue vendida meses despues del triunfo de Obama

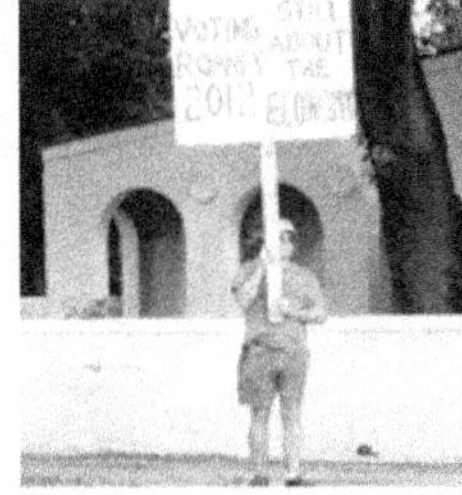

un ciudadano con el que conversé sobre su apoyo a Romney en Biscayne Boulevard a la altura del barrio de Morningside, en el día de la elección presidencial

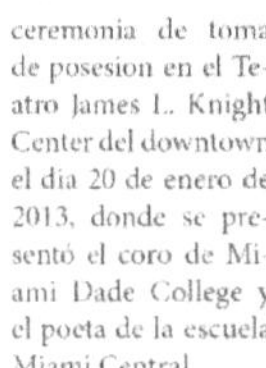

ceremonia de toma de posesion en el Teatro James L. Knight Center del downtown el dia 20 de enero de 2013, donde se presentó el coro de Miami Dade College y el poeta de la escuela Miami Central

"Forward" ("Palante") el lema de la campaña de Obama en un edificio de Miami

encuentro en el Palacio del Vaticano en Roma en 2014

IV. DESPUES DEL TRIUNFO

Después del día de elecciones

Amaneció en noviembre 7 de 2012. Mi corazón estaba lleno de felicidad; fue un día de emociones fuertes, de mucha alegría y satisfacción.

La primera emoción fue bien temprano en la mañana, cuando abrí mis mensajes y encontré un email del presidente bajo el título "Cómo pasó ésto" (How this happened), que fue enviado anoche, antes de que saliera a celebrar la victoria ante una multitud en el centro de Chicago. Inmediatamente después de conocerse el triunfo, Obama nos envió estas cortas líneas a los que participamos en la campaña:

Carmen:
En este momento voy a salir a hablar a la multitud reunida aqui en Chicago, pero he querido agradecerte a ti primero.
Quiero que sepas que ésto no fue el destino, que no fue un accidente. Tú hiciste que ésto pasara.

Ustedes se organizaron cuadra por cuadra. Ustedes hicieron suya esta campaña cinco y diez dólares a una vez. Y cuando no era fácil, ustedes empujaron hacia adelante.

Emplearé el resto de mi presidencia haciendo honor a tu apoyo, y haciendo lo que pueda para terminar lo que hemos empezado.

Pero quiero que tengas un orgullo legítimo, como yo, de que desde el principio tomamos el riesgo.

Hoy es la mas clara prueba de que, en contra de todos los pronósticos, simples americanos pueden vencer poderosos intereses.

Tenemos mucho más trabajo por hacer, pero por ahora: gracias.

Barack

Antes de salir a hablar ante el país y el mundo entero para anunciar y celebrar el triunfo, Barack Obama envió este sentido mensaje dirigido a cada uno de los millones de voluntarios que trabajamos por su reelección.

En ese momento trascendental, Obama pensó en agradecernos el trabajo que habíamos hecho los voluntarios, en un gesto de humildad y gratitud que es la mejor muestra de su calidad humana.

Trabajar de voluntaria en esta campaña, ha sido una de las mejores cosas que he hecho en mi vida, uno de mis mayores orgullos. Sí, tomamos un gran riesgo, y pusimos lo mejor de cada uno de nosotros.

En la campaña del 2012 por la reelección de Obama trabajamos 2.2 millones de voluntarios a lo largo y ancho del país, agrupados en 10,000 equipos de vecindario dirigidos por 813 oficinas de campaña. En este descomunal esfuerzo de la base logramos registrar a 1,793,881 votantes, hicimos 150 millones de llamadas y fuimos puerta a puerta para lograr que el pueblo votara; se recibieron 15,133,184 donaciones procedentes de 4,454,270 donantes en una campaña que costó mil millones de dólares.

Reflejado en estas cifras está mi humilde aporte: los más de cien votantes que registré, los cientos de llamadas que hice y los hogares que visité, las donaciones que envié, mis horas de trabajo en las oficinas de *Organizing for America* de Midtown y Little Havana, y mi participación en mi equipo de vecindario, mis cartas a los periódicos y llamadas a los programas de radio, más todas las conversaciones con la gente y las llamadas personales que hice. Siento un orgullo legítimo de haber colaborado junto a los miles de voluntarios que generosamente trabajamos incontables horas, en Miami y a lo largo del país. Simplemente hicimos lo que había que hacer, lo correcto, *the right thing to do*, como siempre dice Obama, el líder que se ganó nuestra confianza. Para mí fue cumplir con un deber ciudadano, y a la vez, la realización del sueño de libertad por el que salí de Cuba hace muchos años.

Hoy 7 de noviembre, abrí los ojos con una nueva esperanza. Estaba viviendo como en un sueño, porque mi sueño se había cumplido. Me levanté como cada día a prepararme para irme al trabajo con una nueva energía, un impulso renovado para seguir adelante. Mi país, los Estados Unidos de América, había votado en mayoría por el líder por quien yo había luchado, por quien nos prometía que seguiría luchando por hacer del país un lugar mejor.

Después de tantos días de trabajo voluntario donde lo más importante había sido la campaña, en mi casa había muchas cosas por hacer que empezaría a hacer ahora.

Para mis estudiantes era un día normal de clases, así que empecé a vestirme como sonámbula, ¡tan poco había dormido! Era como si hubiera pasado un huracán. Salí con mi auto aún cubierto de banderas y letreros que había puesto ayer, porque quería orgullosamente lucir mi apoyo al presidente, y mostrar que hice mi pequeña parte para que él ganara.

En el camino hacia el trabajo en Little Havana me detuve ante el puente de la avenida 7 del noroeste, así que tuve la oportunidad de oír a Bernadette Pardo en su programa de las 9 de la mañana. Con gracia en el lenguaje y su estilo peculiar, que me recuerda a La Habana de mis años jóvenes oyendo a mis padres hablar, entrevistaba a alguien analizando los resultados y la derrota de los republicanos, y le preguntó: ¿y Ud. cree que se produjo el efecto Chacumbele? Estuve riéndome a carcajadas por un rato, porque aunque no sé bien qué diablos significa, había oído la frase popular muy cubana "murió como Chacumbele", un personaje que dicen que él mismo se mató; tal vez se referían a la campaña tan exclusivista que llevaron los republicanos: ellos mismos se mataron excluyendo a tanta gente.

Seguí escuchando el programa por unos minutos mientras el puente bajaba, y manejé hacia Flagler pensando cuánta tensión habíamos pasado combatiendo la propaganda contraria y la desinformación, y cuanto habíamos batallado para ganar esta elección. Yo quería saber también lo que decían los comentaristas perdedores que habían estado criticando a Obama constantemente, pero no tenía tiempo para dedicarle a los derrotados pues el momento ahora era para celebrar. Ganamos, y quería disfrutar la victoria.

Cuando llegué al aula estaban allí los estudiantes esperándome ansiosos de compartir la experiencia conmigo. Me recibieron con un aplauso que me sorprendió; ellos sabían cuánto había trabajado. Sin entender completamente lo que estaba ocurriendo con la elección presidencial, por estar casi recién llegados, habían seguido el proceso histórico donde Barack Obama, el odiado enemigo del "big money", había ganado la elección derrotando a la organizada y poderosa maquinaria republicana.

Hablamos de los resultados de la campaña electoral, hablaron de los miedos que habían tenido de que ganara Romney, preguntaron los por qué y los cómo de los resultados; al fin que era la primera vez que se interesaban en una elección presidencial, tal vez en toda su vida. Aprendieron del proceso oyendo mis explicaciones de cómo funcionan las elecciones en este país, lo cual es parte de mi función, ya que yo soy el primer y tal vez el único contacto con la sociedad americana para ellos que son inmigrantes recién llegados. Este acercamiento a la historia y la cultura norteamericana que siempre promuevo en mis clases de inglés, hace que el aprendizaje de la lengua y la integración al país se haga más fácil.

Un estudiante nicaragüense que aún no tiene sus papeles pero que trabaja 12 horas diarias en un restaurant de la playa, me contaba que sus amigos le dijeron a él: " si sale Romney me vuelvo a mi país", o sea, que iba a funcionar la auto deportación que Romney recomendaba como solución. Nena, mi alumna a quien yo llamo la más pequeñita, con 78 años de edad y unas ganas de aprender como si tuviera 15, me contó cómo fue a votar: "la boleta era tan larga", me dijo poniéndose la manito en la cara, refiriéndose a la obra de Rick Scott y los republicanos de alargar la boleta, lo que solo sirvió para alargar la espera. Pero ella estaba muy feliz; "había muchísima gente", me dijo. Nena me había dejado un mensaje en mi celular anoche, celebrando el triunfo. Hoy al llegar me había puesto una notica en mi buró que decía "felicidades teacher" escrita en el mismo volante que usó para guiar su votación, el volante de la unión de maestros de Miami-Dade que endosaba a sus candidatos. Me dijo Nena que ayer, día de elecciones, había vestido a su perrito, que es negro como la noche y se llama Blackie, con un cartel de propaganda de Obama, y lo había paseado por el barrio. "Me divertí con eso", me dijo riéndose. De pronto se levantó hacia mi mesa, y puso una hoja escrita delante de mí. Leí el papel, escrito por ella, y sonreí emocionada, al ver que se trataba de un pequeño poema, que decía así:

"Si Romney quiere la silla

que la mande a hacer de güin

pues la que está en la Casa Blanca

¡es de Obama hasta el fin!"

Mi viejita sonreía con picardía, satisfecha de su musa poética motivada por la contienda entre Romney y Obama. Y tuve que acordarme del güin, un material rudimentario con el que se hacían techados y algunos muebles de manera artesanal en los campos de Cuba.

Después de la clase nos fuimos a celebrar con una merienda latina con café con leche y panqué de Jamaica, a la que yo los invité pues la mayoría de mis estudiantes no tienen trabajo todavía. Estaban visiblemente satisfechos, fueron muy expresivos, y mi triunfo, el triunfo del país, fue su triunfo también. Todos tenían algo que esperar del gobierno de Obama; la reforma migratoria para legalizar su situación, posibilidades de conseguir trabajo, un seguro médico que pudieran pagar con la reforma de salud, o acceso a mejores préstamos para estudiar. La gente sencilla del pueblo americano estará mejor con Barack Obama en el poder.

Cuando terminé mi clase fuí a quitar una propaganda de la campaña que había dejado días atrás puesta en la cerca de un terreno vacío. En ese momento pasaba por allí un mulato cubano manejando una camioneta, y como mi carro estaba lleno de letreros y banderas, el hombre me identificó como simpatizante de Obama y se detuvo a hablar conmigo. Sin siquiera saludarme me comentó en su cadencioso acento típico del "guapo" cubano: "Tanto que hicieeeron y dijeeeron, tanto anuncio que pusieeeron y para nada les sirvió, ¡perdieron!". Era un hombre del pueblo de Miami que a pesar de la masiva propaganda en contra no lograron confundir. "De nada les sirvieron las mentiras" le contesté, y después de recoger mi letrero seguí para la otra clase que tenía que impartir esa tarde. En el camino me detuve en una tienda de la Calle Primera donde el vendedor era un santero cubano vestido totalmente de blanco con su turbante también blanco y sus collares amarillos típicos que los santeros usan, y no pude aguantar la curiosidad de preguntarle si le gustaba Obama y estaba contento de la reelección; "sí"- me dijo- "yo tengo a mi familia en Cuba y tengo que verlos y mandarles dinero, así que con eso te lo digo todo". Se refería a la política de Obama de reanudar los viajes y las remesas económicas a Cuba que George W. Bush había cortado.

Por suerte para mí hoy no vi a aquel ejecutivo de un negocio cercano, que seguramente estaría muy molesto por la derrota de los republicanos. "Hay que poner mano dura en este país" me había dicho hacia unos días. ¿Mano dura como Bush?, ¿mano dura para quién? pensé para mis adentros. Afortunadamente no vi a ninguno de los "iracundos", esos que siempre están bravos, los apasionados en sus creencias políticas de extrema derecha que no aceptan ni la pluralidad de ideas ni nada que huela al partido demócrata, aquellos que se quedaron varados en el año 59 cuando cayó Batista y triunfó Fidel. Cada día sonaran menos en Miami y darán paso a otras generaciones que entienden la necesidad de la pluralidad y el intercambio de ideas. Miami definitivamente está cambiando y el poder monolítico de los republicanos pasó a la historia.

Viendo las noticias del día y los análisis después de las elecciones, me cuestioné a mí misma: ¿hubo algún momento en que pensaste que Barack Obama podría perder? Si, fue una noche en la que la idea vino a mí súbitamente. En ese momento una frialdad me recorrió el cuerpo: el futuro con Romney sería de desesperanza, de vuelta a una especie de oscurantismo político, donde las ganancias serian el norte y el poder el objetivo, como ocurrió en el segundo término de Bush. Pero eso solo fue un pensamiento de temor de un día, pues todos los días y noches desde que empezó la campaña no tuve ninguna duda de que Obama sería reelegido.

Yo confié en el triunfo cada vez más a medida que se acercaba el día de elecciones. Una vez escribí en Facebook, comentando cuando Obama vino al mitin en la Universidad de Miami en octubre: "there is no way! no way! that he won't win, ¡forget about it! (no hay manera, de que él no gane, olvídate de eso). Lo reafirmé cada día al ver el entusiasmo genuino que despertaba en la gente, y lo corroboré ese día en Coral Gables, donde miles de personas esperaron horas para estar allí expresándole su apoyo.

Por la tarde después del trabajo, salimos a celebrar con unos amigos al parque South Point en Miami Beach. Primero pasé por Walgreen's frente al bello Parque de los Marlins. Quería comprar algo para celebrar y llevarles a los muchachos de OFA de la oficina de Little Havana. Cuando llegamos a la calle primera y la avenida 21, subí las escaleras a la oficina del segundo piso, pero para mi sorpresa allí no había nadie. Las luces estaban encendidas, las cortinas abiertas, en el centro una pantalla de proyección con varias sillas alrededor, y dos o tres botellas vacías. Me imaginé la escena en la noche anterior. Se habían reunido allí para mirar las noticias en la gran pantalla, y después celebraron en grande. Hoy se tomaron el día de descanso ¡bien merecido! Así que no pude compartir la alegría del triunfo con Eduard y los que fueron mis compañeros por tantas duras jornadas de trabajo.

Fue la última vez que fui a la oficina de *Organizing for America*, y nunca más ví a Eduard, el incansable organizador de la oficina de Pequeña Habana. De allí nos fuimos a Miami Beach, con mi carro lleno de banderas con la foto de la familia Obama. La ciudad estaba demasiado tranquila para mi entusiasmo. Me imagino que los republicanos estuvieran reuniéndose para analizar que pasó, y los demócratas celebrando.

Llegamos al parque, conversamos, hablamos del futuro celebrando con botellas de jugo de manzana efervescente, y nos regresamos atravesando la ciudad que continuaba su vida como un día cualquiera.

En este día después de la elección, al llegar a mi casa la vi clara y despejada. Salí al balcón a admirar la belleza de la Bahía de Biscayne repleta de sol a esa hora de la tarde, y sentí esa sensación de renovación que siempre se siente el día primero de enero. Hoy era el primer día de una nueva era. Continuaríamos teniendo en la Casa

Blanca a un líder a quien le importa más el bienestar de la mayoría que los intereses individuales de unos pocos, un presidente a quien le importa más la salud de la gente común y un seguro que la garantice, que las ganancias de las compañías de salud. Agradecí en silencio al pueblo americano al que pertenezco: ¡gracias por salir a votar!

En las noticias de la noche, vi la llegada del presidente con su esposa y sus dos hijas a Washington DC y su regreso a la Casa Blanca para gobernar por cuatro años más, lo cual era el máximo símbolo de nuestro triunfo.

En la noche del día siguiente a la elección, Obama se había dirigido a los voluntarios y al estado mayor de la campaña en la oficina de Chicago, en una emotiva conversación en la que lloró emocionado, diciéndoles: "ustedes me han hecho entender que el trabajo que hago es importante y estoy orgulloso de esto" ("you make me understand that the work I do is important and I am really proud of it"). Fue una enorme campaña para un enorme resultado, y el pueblo americano demostró su buen juicio.

Las historias del día 6

Las largar filas para votar en los condados de Miami Dade y Broward puso nuevamente a Florida en entredicho. Los condados de Miami Dade, Duval, Broward y Palm Beach no terminaban de contar los votos. Había una indignación general entre los que esperaron por horas para votar. El caos electoral fue tan notorio que CNN envió a la periodista Ashley Banfield a Florida desde el día siguiente a la elección, pues el comportamiento peculiar de las elecciones en mi estado era noticia nacional, ya que dos días después del 6 de noviembre no se contaba con resultados finales, a pesar de tener un sistema de votación computarizado. La situación aparentemente había sido peor que en ningún otro estado de la unión americana. Mi estudiante colombiana me preguntaba asombrada: ¿cómo es que en Colombia los resultados están inmediatamente y aquí en un país tan desarrollado que tiene toda la tecnología moderna nos tardamos tanto ?. No hay otra respuesta que reconocer la ineficiencia de los gobiernos locales.

Como sucedió en el año 2000 durante la elección de Gore vs. Bush, la Florida volvía a ser el hazmerreír en las elecciones, por las largas colas de espera y los conteos atrasados. *Otra* vez, había problemas en la elección del presidente en Florida, pero con la diferencia de que esta vez ya se había decidido la elección al llegar a los ansiados 270 votos electorales, mucho antes de que se supiera el resultado en este estado. Obama ya era el presidente electo sin Florida o con Florida.

En la cobertura del proceso electoral en Florida se reportaron casos de intimidación a los votantes en los precintos, largas colas que provocaron desmayos y trabajo para los paramédicos; en algunos lugares no se les permitió el uso de los servicios sanitarios a los votantes que por ello abandonaban las filas de espera. Las elecciones en Florida están muy descentralizadas en los gobiernos de los condados que se habían mostrado ineptos para manejarlas eficientemente.

En la cobertura especial de Ashleigh Banfield en CNN ella explicó que llevaba dos días invitando a Rick Scott a que fuera a su programa a responder preguntas. Me puedo imaginar que el gobernador Scott y los legisladores de la Florida estén muy frustrados por su derrota, ya que su anticipado proyecto para limitar el voto había producido el efecto contrario: la gente salió a votar en masa y literalmente desbordaron los centros de votación, resistiendo horas de pie para hacer oír su voz y darle el triunfo a los demócratas. Aunque Florida fue el peor caso, no fue el único estado que tuvo irregularidades.

Todavía el viernes 9, tres días después, no teníamos cifras definitivas de las elecciones en este estado. Ningún administrador de los gobiernos locales ha tomado la responsabilidad por el mal funcionamiento de las elecciones, ni como *se falló en asegurar los recursos para atender la enorme y aparentemente inesperada respuesta de los votantes.*

En los días después de las elecciones, seguíamos oyendo historias sobre qué pasó en las elecciones en Miami. Daniela, una dominicana que trabaja de cajera en el supermercado Sedanos, me contó de las colas interminables en un precinto electoral de la calle Flagler, donde después de las 7 de la noche ya no se podía votar, pero seguía llegando la gente que regresaban más tarde en espera de que la fila hubiera disminuido. Me contó también que en el área donde vive cerca de la 37 avenida y la calle 7 del noroeste, sus vecinos le comentaron que querían votar por Obama entre otras cosas para apoyar el matrimonio gay. Aunque realmente esto no estaba a votación, era uno de los temas sociales que estaban en juego en esta elección, ya que los conservadores estaban totalmente en contra. En esos momentos había apelaciones de matrimonios gays pendientes de una decisión legal de la Corte Suprema. Ya Obama y Biden habían expresado su apoyo por darle los mismos derechos al matrimonio a todas las parejas, sean estas gays o straights. Tal vez la gente asumía erróneamente que si Obama continuaba siendo el presidente, pasaría una ley sobre el matrimonio gay. "Es que los gays tienen que tener derecho a casarse también" le decían los vecinos a Daniela, gente muy modesta y trabajadora que ya aceptaban las bodas de homosexuales.

Otra muchacha guatemalteca me contaba cómo en el precinto electoral de la Avenida 17 en la Pequeña Habana decidieron cerrar los baños, mientras que decenas de personas esperaban más de tres horas para votar, y ante la necesidad fisiológica de la gente que permanecía en la fila para votar allí, una señora que vivía cerca abrió generosamente la intimidad de su hogar y prestó su servicio sanitario a todo aquel que lo necesitó, para que nadie se fuera sin votar.

Me contaron que en Miami algunas personas esperaron hasta 7 horas para votar, los precintos resultaron demasiado pequeños y no había suficientes máquinas de votar y hasta bolígrafos faltaron para llenar la boleta. A la una de la mañana, cuando la elección del presidente ya se había decidido, el precinto del área de Brickel aún estaba lleno de gente votando con el consiguiente disgusto de los que aún no habían emitido su voto pero se conocía el ganador.

En su programa de las 9 de la mañana, Bernadette Pardo contó cómo mientras esperaba en la cola de votar de la biblioteca de Coral Gables dos señoras sostenían un letrero donde Obama iba vestido como Osama Bin Laden y pintado con un bigote de Hitler. Un señor mayor que había estado muy tranquilo hasta ese momento, se decidió a decirle a las señoras: "ustedes no pueden denigrar así al presidente electo de Estados Unidos, yo soy un veterano y no admito eso", pero otra señora le contestó que esa era la libertad de expresión. También se comentó en el programa que un señor americano de Cuttler Ridge apareció muerto en un aparente suicidio después de conocerse los resultados de la elección. Cuando busqué la información sobre el caso, parece que se trataba de una persona con muchos problemas psicológicos.

Un día después del día de elecciones, al llegar a mi edificio, me encontré con Ildelisa, mi vecina de muchos años, viuda de un español que había emigrado a Cuba y después, cuando llegó Fidel, tuvo que volver a emigrar hacia Miami. Ildelisa padece de Alzheimer, y sus enfermeras la traen al lobby del edificio para entretenerla. Aunque ya no recuerda quien soy, siempre se alegra cuando la saludo, y ese día se me ocurrió decirle: "Ildelisa, ¿te enteraste que ganó Obama?"

- ¡pero no me digas que Obama ganó! , ¡ay, qué bueno chica!- me dijo con alegría.

- Si, ganó por suerte- le contesté, ¿pero tú sabes quién es Obama? - le pregunté incrédula.

- No, no sé la verdad, pero sí sé que es buena gente- contestó. Ildelisa tenía Alzheimer, pero sentía que Obama era buena gente.

Una amiga dominicana y muy republicana con quien había hablado de mi trabajo voluntario por la reelección, me contó que el día de elecciones en la fila de votar estuvo hablando con un muchacho que le dijo "le voy a dar un chance a Romney". "A mi Romney no me acaba de convencer" le contestó ella. "El muchacho y yo no discutimos, fue una conversación muy cool, diferente a las discusiones con los cubanos que se ponen muy emotivos", me decía con razón. "Pero finalmente me decidí por Obama, porque es que Romney.... ¡nunca me convenció! porque él nunca ha pasado trabajo en su vida, no nos va a comprender, y esta familia Obama, ambos eran pobres, estudiaron con préstamos de estudiantes, y han querido traer humildad a la Casa Blanca", me confesaba con sinceridad. A muchos republicanos les pasó lo mismo que a mi amiga, que Romney no los convenció. Esta muchacha es una de los inmigrantes que se han abierto paso en este país a golpe de trabajo y estudio, y nunca han perdido la perspectiva de sus orígenes, aunque disfrutó de una vida de millonaria con su ex esposo. Después que perdió su trabajo durante la Gran Recesión, sacó su diploma en negocios en el Miami Dade College gracias a un préstamo federal, y después de mucho buscar hoy tiene un trabajo de acuerdo a su educación.

En la radio miamense ya no se oían a los contrarios prediciendo el desastre con Obama sino voces de cordura de sus defensores. En el camino a comprarle comida a mi perrita, puse el radio y pude oír que en la emisora 1020 de AM, el Dr. Cisneros hablaba calmadamente del Obamacare y de las ventajas que traería para los millones que no tenemos seguro de salud. Esta vez ningún iracundo llamó a la radio a decir que el Obamacare sería el fin del mundo. Es como si el sentido común hubiera vuelto a predominar, ya que los ataques en contra no habían resultado.

Una tarde decidí ver como se sentía mi amiga Laudelina después de la elección; ella es una cubana exiliada que fue directora de una escuela en Cuba, y que hoy vive en un edificio de personas mayores, a quien no le simpatiza Obama y es una ardiente seguidora de Romney y Marco Rubio. Ella es una de las exiliadas que está disfrutando de programas creados y defendidos por los demócratas como el Medicare, los sellos de alimentos y la vivienda pública subsidiada, sin haber trabajado ni una hora en este país, pero opuesta a que Obama pida más impuestos a los multimillonarios para beneficiar a las minorías a las que ella pertenece. Cuando comentamos la reelección de Obama me dijo en un tono melodramático como si estuviera esperando un Armagedón: "que Dios nos proteja y ojalá que no nos arrepintamos de haber elegido a este hombre". No sé qué pasó en mi corazón, pero la amistad se enfrió después de constatar su rechazo a Obama y su predilección por Marco Rubio.

Las cifras finales de votación en Florida. La sorpresiva amplia ventaja de Barack Obama en el condado de Miami Dade.

Al final de todas las demoras y del agónico conteo de votos ausentes y provisionales en Miami Dade, de la disputa legal y el reconteo de votos en el condado de Saint Lucie en la contienda entre el demócrata Patrick Murphy y el miembro del Tea Party Alan West, y los conteos en Duval, Broward y Palm Beach, el estado de Florida llegó a los resultados finales. Cuatro días después del día de elecciones pude encontrar el resultado oficial de la votación en este estado. Fue una fantástica noticia saber que Obama ganó la Florida con el 50 % del voto. En el condado de Miami Dade, Obama ganó ampliamente con el 62 % del voto, lo cual fue un gran triunfo para los demócratas y un gran orgullo para los voluntarios como yo.

En la Florida, votaron 8,401,203 electores, un 71 % de los casi 12 millones de votantes registrados en este estado. Por Barack Obama votaron 4, 237,756 y por Mitt Romney 4,163,447 lo que dio una ventaja a Obama de 74,309 votos. Los porcentajes fueron de 50 % y 49.1 % respectivamente, lo que sería el más estrecho margen a favor de Obama de todos los estados de la nación[6]. De esta manera el estado de la Florida, con más de 18 millones de habitantes, le otorgó sus 29 votos electorales a Obama. ¡Como habíamos trabajado para lograr esta

---

[6] FLORIDA DEPT OF STATE- DIVISION OF ELECTIONS

victoria! El triunfo en Florida me llenó de satisfacción porque en este estado no se sabía lo que iba a pasar. "Estoy trabajando de voluntaria y vamos a ganar Florida", le había dicho a Obama cuando vino a Miami en el mes de junio, y mi meta se había cumplido, un compromiso que siempre fue muy difícil de realizar en una ciudad como Miami y un estado como Florida.

Las encuestas de la última semana que daban a Romney como ganador en el estado por seis puntos fallaron en varios aspectos, y prueban que las encuestas son solamente indicativas pero a veces se alejan del resultado. Entre los individuos de las muestras encuestadas, no se tuvieron en cuenta a los nuevos votantes registrados, a los votantes que no tienen teléfono de línea en la casa para recibir la encuesta, y a la gran cantidad de jóvenes y trabajadores que votaron que no tienen tiempo ni paciencia para responder encuestas.

A nivel nacional, el otro estado indeciso que tuvo resultados muy cerrados fue Ohio con el 1.9 %, y Virginia con 3.9 %. Carolina del Norte fue el único estado indeciso a favor de Romney por un margen del 6 %. Los otros estados fluctuantes, Iowa, Colorado, Nevada, Pensilvania, y Wisconsin le dieron la victoria a Obama por un margen mayor del 5 %.

Hasta el día 7 de noviembre el lento conteo en Miami Dade mostraba unas cifras preliminares que aún no eran oficiales, las cuales le daban la mayoría de votos a Obama en una apretada ventaja de menos de un punto, lo que cambió sustancialmente después de computarse todos los votos y llegarse a los resultados finales que sorprendieron a todos. Pronto se sabría que la ventaja definitiva para Obama en este condado había sido de más de 200,000 votos por encima de los obtenidos por Romney, lo que sobrepasaba 23 puntos porcentuales de diferencia. Esto resultó muy contradictorio y aparentemente imposible, teniendo en cuenta la consistencia de los medios de difusión en publicar encuestas con una amplia ventaja de Romney en la Florida, y la inclinación de los analistas a no dar a Obama como vencedor e inclinarse por el republicano.

En el condado de Miami-Dade donde trabajé por la victoria, Obama literalmente barrió a Romney. En Miami viven más de dos millones de ciudadanos con edad de votar, aunque los votantes registrados en 2012 eran solamente 1,313,850 personas. De ellas 888,033 salieron a votar en la elección general de noviembre del 2012, lo cual es el 67.6%, que es un alto por ciento si se compara con el resto de las demás votaciones a mediados del término electoral.

De acuerdo a la información brindada en el sitio oficial del Dpto. de Elecciones del Condado de Miami Dade, las cifras finales de votos para los candidatos presidenciales Romney y Obama (excluidos otros candidatos presidenciales) se muestra en la tabla de la página siguiente.

Barack Obama ganó en Miami en todas las formas de votación por un amplio margen, con excepción de las boletas ausentes, que fue la única categoría en la que Romney obtuvo casi la mitad de los votos, con un margen a favor de Obama de solamente el 1.6 % o 3,721 votos. Las boletas ausentes se comportaron de una manera notablemente diferente a todas las demás votaciones en las que la diferencia a favor de Obama fue más amplia, en el rango desde el 25 % al 48 % de ventaja. Este contraste resulta significativo. Sería interesante constatar si esta diferencia es única de los votos ausentes del condado de Miami Dade o sucedió en otros condados, lo que sería un buen tema de estudio para los especialistas.

El voto cubano-americano en Miami-Dade

El día 8 de noviembre se dio a conocer una encuesta realizada a la salida de las urnas hecha por la firma Bendixen & Amandi International, que mostró resultados sorprendentes[7]. En el mismo día de la elección, Obama estuvo por arriba con el 53% entre los votantes cubanos, contra un 47% por Romney. Este resultado significa una declinación del voto hacia los republicanos en los últimos años. En el año 2008, el voto cubanoamericano fue del 65 % para los republicanos, en 2004 había sido del 75% y en 1988 del 85%. Los tiempos de la clara hegemonía republicana en el voto cubanoamericano se desvanecieron en esta elección, algo que los conservadores parecían no poder concebir. Con el resultado de la elección del 2012, se puede constatar que el voto ha cambiado: hoy en día, los cubanos de Miami están repartidos entre demócratas y republicanos. *En los días posteriores a la encuesta, la radio derechista de la ciudad se sumió en una completa negación de la realidad sin aceptar que los cubanoamericanos, en el día de la elección, hayan votado en mayoría por Obama y los demócratas, aduciendo que la encuesta no era confiable; pero esta firma encuestadora tenia los credenciales y la experiencia para avalar los resultados.*

En un programa donde se hablaba de los resultados de la polémica y reveladora encuesta de Bendixen y Amandi, en su programa de las 9 de la mañana Bernadette Pardo e invitados analizaban que en la forma de votación de boletas ausentes, se estimaba que el 48 % de los cubanoamericanos votaron por Obama, contra un 52% por Romney. *Según la encuesta, en las boletas ausentes los cubanos votaron más por Romney por un apretado 4 % de margen.*

Es necesario detenerse a reflexionar ante este resultado. El método de las boletas por correo es más usado por las personas mayores que están en el grupo más conservador de los cubanos de Miami. En busca de estas boletas ausentes trabajan las llamadas "boleteras" y otras personas que se desenvuelven alrededor de los viejitos. Las elecciones de Miami son famosas por el efecto de estas activistas de campaña o boleteras, porque se dedican a visitar a los votantes en los edificios y

---

[7] BENDIXEN AND AMANDI INTL

centros de personas mayores para incitarlos a votar y obtener la boleta ausente a favor del candidato por el que trabajan.

En el único caso de fraude llevado a las cortes en este condado antes de la elección de 2012, se encausó a una boletera que había recogido varias boletas ausentes en la elección primaria de agosto, una de ellas la de una señora muy enferma incapaz de firmar la boleta, y las envió por correo al departamento de elecciones, lo cual es ilegal de acuerdo a la ley electoral. El caso fue iniciado por Eric Johnson, un simple ciudadano que trabajaba en el Dpto. de Incendios de Hialeah, quien cansado de observar este tipo de fraude contrató a un investigador privado que proporcionó la pista a la policía. El caso se hizo público por CBS Miami y el noticiero del Canal 41 AmericaTeVe. Varias figuras de la política local han sido cuestionadas por las boletas ausentes en sus campañas políticas. Desgraciadamente las boleteras son una práctica común en Miami, en la cual los viejitos se ven asediados por los que procuran votos. Aunque el condado emitió una ordenanza para reducir delitos con las boletas ausentes, no he visto a ningún oficial electo de Miami preocupado por erradicar esta versión de fraude electoral que se ha convertido en un método para ganar elecciones.

En otros resultados de la encuesta citada, se calculó que entre los hispanos de Miami Dade, Obama ganó por el 60 % de los votos, a pesar de que en el sur de la Florida se encuentra la mayor concentración de latinos republicanos del país, que en el 2012 era de 265,800 votantes. Este resultado del 60 % se repitió en otro estudio realizado por la encuestadora Edison Research.

El voto del resto de las nacionalidades latinas favoreció mayormente a Obama según la misma encuesta. El comportamiento del voto por nación de origen fue de esta manera:

Votantes latinos	por Obama	por Romney
Puerto Rico	83 %	17%
Colombia	80 %	20 %

Brasil	92 %	8 %
Perú	82 %	18 %
Centroamérica	74 %	26 %
Venezuela	76%	24%
Otros países	79 %	21 %

En los programas locales de la televisión hispana de esa semana de la elección, los invitados republicanos cuestionaban la validez de la encuesta, y además seguían repitiendo mentiras sobre el resultado de las elecciones y la estrategia del Partido Demócrata. Una de las más repetidas mentiras era que los demócratas mintieron para ganar diciéndole a la gente que iban a quitar las ayudas, cuando lo cierto es que los demócratas rebajarían del Medicare 716 billones para cubrir el Obamacare. Esta constituía una de las falsedades más flagrantes que esgrimían los detractores del nuevo sistema, pues los fondos citados serían los ahorros planeados para 10 años por la implantación de la Ley de Cuidado de Salud, y no habría ninguna reducción de servicios del Medicare.

Los republicanos de Miami estaban en total negación de que la otrora histórica mayoría republicana se hubiera esfumado en esta elección, y culpaban a la encuestadora de errores en la estimación de los resultados y de predisposición a favor de los demócratas. La realidad es que a pesar de que controlan los medios de difusión, los intolerantes, los dogmáticos, y los enemigos del presidente en esta ciudad son una minoría entre los latinos, y la votación así lo demostró. Miami decidió apoyar a Obama y lo expresó claramente en la elección. El *establishment* republicano estaba acostumbrado a ganar cómodamente, apoyado por la totalidad del poder económico y mediático de Miami. La victoria arrasadora de Obama y los candidatos demócratas en Miami fue como un despertar a la realidad para los que habían vivido en una especie de mundo paralelo antes de la elección.

La determinación de votar a pesar de las largas colas, y los resultados abrumadores a favor de los demócratas, demostraron que la gente de Miami valoró los logros del gobierno de Obama en sus primeros cuatro años, y no aceptó la tergiversación de la verdad, que fue el arma más usada por los republicanos. Se hizo evidente que estamos hartos del racismo en contra de los negros y los latinos, la discriminación hacia los gays, y de las guerras innecesarias como la de Iraq.

La determinación del pueblo a votar se ejemplifica en Desiline Victor, una inmigrante haitiana de 102 años de edad residente de North Miami Beach, que esperó por horas en una silla de ruedas para darle su voto a Obama. Los latinos también salieron a votar como nunca y apoyaron al presidente en su mayoría. Vi mucha gente joven firmemente decidida a votar en las largas filas, así como las personas de color, que salieron dispuestas a mantener al primer presidente afroamericano. Sin duda que el pueblo ejerció su derecho a elegir a sus gobernantes y hacer oír su opinión. La férrea propaganda del poder republicano cubano en la ciudad fue derrotada por una magnifica campaña con la base. Pero lo más definitivo para el triunfo fueron los candidatos, la confianza en el trabajo desplegado por la administración de Obama y el poco entusiasmo hacia Romney.

Otro aspecto del resultado de la victoria indiscutible de Obama en Miami Dade es el cambio demográfico en los votantes de Miami: más jóvenes, y más ciudadanos de otras nacionalidades que redujeron el papel de los cubanos republicanos.

Sin duda que las inscripciones de nuevos votantes que llevamos a cabo los voluntarios de OFA durante la campaña ayudaron a la victoria demócrata en la ciudad de Miami. Entre estos puedo decir con orgullo que estarían los casi cien nuevos votantes que yo aporté registrando personas a lo largo de la ciudad en los meses anteriores a la elección. Valió la pena participar en el proceso democrático; valió la pena ayudar a Obama a ser presidente por cuatro años más.

Las cifras del voto en la nación

La victoria de Barack Obama a través del país fue categórica. Se ganó la presidencia al alcanzar 332 votos electorales, originados por 65 millones de votos, 5 millones más que Mitt Romney. El resultado del voto popular en toda la nación[8] fue el siguiente:

Barack Obama	65,899,660 votos	51.06 %
Mitt Romney	60,932,152 votos	47.21 %
Diferencia	4,967,508 votos	3.85 %

Obama ganó en 27 estados y el Distrito de Columbia, y de este modo alcanzó 332 votos electorales, una amplia ventaja considerando que logró mucho más de los 270 votos requeridos. Romney ganó en 23 estados y acumuló 206 votos electorales. De acuerdo al sistema de elecciones americano, los votos electorales dependen de la población de cada estado. El factor que inclinó la elección a su favor fue que Obama ganó todos los estados indecisos con excepción de solamente uno, Carolina del Norte.

El resultado era impresionante: el primer afroamericano presidente es reelegido a pesar del estado desfavorable de la economía, la gran recesión y un desempleo del 7.3 %, y en medio de una oposición sin precedentes en el Congreso de los Estados Unidos, y una campaña de mil millones de dólares. El apoyo de la juventud y de las minorías le dio el triunfo a Obama. Por otro lado Romney recibió el apoyo de la mayoría

[8] Comision Federal Elecciones, Gobierno Federal de EEUU

de los hombres blancos mayores de 45 años[9]. Obama resultó el segundo presidente desde la Segunda Guerra Mundial en ganar la reelección con un desempleo mayor del 6 %; el otro presidente fue Reagan. Es el primer presidente en 50 años en alcanzar el 51 % o más del voto popular. También es el primer presidente después de Eisenhower que ha alcanzado más del 51 % del voto en sus dos elecciones, y el primer presidente demócrata en lograrlo desde F.D. Roosevelt.

En la elección general por presidente, la diferencia en el voto popular fue de 5 millones de votos para Obama o el 3.9 %, mayor que en el 2008 cuando le había ganado a John Mc Cain por el 3 %. Las votaciones en las elecciones presidenciales en Estados Unidos han sido históricamente muy apretadas, con muy pocas excepciones como cuando el gran negociador Ronald Reagan le ganó a Jimmy Carter en 1980. Por ejemplo, en la elección de John F. Kennedy sobre Richard Nixon en 1960, la ventaja fue de solamente 120,000 votos populares.

En las elecciones del 2012 la asistencia a las urnas cambió con respecto a las elecciones del 2008. Según datos del U.S. *Census* los votantes por grupo étnico votaron así:

Diferencia del voto individual en 2012 con respecto al año 2008[10]

Afroamericanos	1.7 millones más
Hispanos	1.4 millones más
Asiáticos	0.55 millones más
Blancos	2.0 millones menos

---

[9] Encuesta de Edison Research publicada en USA TODAY

[10] Comisión Federal de Elecciones

Este resultado muestra el poco entusiasmo de los votantes blancos, grupo étnico que favorecía a Mitt Romney, contrastando con el ánimo de las minorías por votar por Obama. Aunque 1. 4 millones de latinos más votaron, menos proporción de latinos salieron a votar de acuerdo a la población latina en edad de votar, como muestra la siguiente tabla:

Hispanos votantes en Estados Unidos en 2010:

Mayores de 18 años	35,204,000
Ciudadanos americanos	23,329,000
Registrados para votar mayores de 18 años	13,697,00, el 58.7 % de los ciudadanos
Votaron en 2012 mayores de 18 años	11,188,000, el 47.9 % de los ciudadanos

De los 13.7 millones de hispanos registrados para votar, 2.5 millones no votaron en 2012, pero representaron un porcentaje mayor de los votantes que cuatro años atrás, para decidir así la elección en Nevada, Colorado, y Florida. Sin embargo muchos latinos optan por mantenerse al margen y ni siquiera tienen su tarjeta de votante. Según el censo de 2010, hay 9, 632,000 ciudadanos americanos de origen latino que no están registrados para votar, perdiendo la oportunidad de participar en el proceso democrático y decidir su propio destino. Se puede inferir de estas estadísticas, que aproximadamente 11 millones de latinos votaron en la elección del 2012. Otros 11 millones podían votar, y no lo hicieron, lo cual indica que los votantes latinos votaron en un 50 %, un nivel muy bajo comparados con otros grupos.

En las elecciones generales del 2012, siete de cada diez latinos votaron en la nación a favor de Obama, un porcentaje aún más alto que en 2008. De ellos, el 75% de las mujeres latinas votaron por Obama. Una noticia muy significativa fue que en Florida votaron mayor proporción de latinos que de blancos, al igual que en los estados de Michigan y Tennessee. Los latinos tienden a votar en menor proporción que otros grupos étnicos. El trabajo de movilización que hicimos los voluntarios de Organizing for America dio resultados ya que la gente salió a votar.

La observación más elocuente y concisa que oí sobre la derrota de los republicanos en el 2012 es la que me dijo el ingeniero Robert Young, uno de mis más brillantes alumnos de español en *The Palace Suites* de Kendall. Bob en ese momento tendría noventa y dos años de edad. Una semana después de la elección, me comentó simplemente refiriéndose a los republicanos: "es que la gente se dio cuenta de cuán avaros son".

El día 9 de noviembre de 2012 a la 1 de la tarde el presidente Obama hablaría a la nación en su primera conferencia de prensa desde el Salón Este de la Casa Blanca. Obama lucía mejor que nunca, con la victoria reflejada en su rostro. Me encantó ver al presidente relajado, seguro de sí, descansado, y elegante como nunca lo había visto. Se veía muy diferente a la última semana de la difícil campaña electoral, cuando el enorme esfuerzo se notaba en su semblante. Ahora estaba en control, con la certidumbre de ser el presidente de la nación por cuatro años más.

En el podio detrás de él estaba un grupo de americanos invitados para acompañarlo en su discurso. Al tiempo que él se dirigía a la nación, observé con atención a este grupo diverso de invitados del presidente en su primera aparición oficial como jefe de gobierno. Eran representantes del pueblo americano, el verdadero ganador de la elección, que había elegido democráticamente al presidente número 44 por su segundo mandato.

Observé la diversidad en esta docena de ciudadanos diferentes; observé una señora blanca y gruesa de la tercera edad, una afroamericana joven y otra mulata de mediana edad, un judío con su yamalka en la cabeza, un alto joven asiático, una muchacha rubia, una señora trigueña viejita, tal vez latina, un muchacho blanco joven de ojos claros, otro señor blanco de la tercera edad, una afroamericana robusta con su pelo canoso, una india nativa americana y un hombre con aspecto de latino o tal vez de árabe. Eran simples americanos, un grupo de gente del pueblo que por algún atributo estaban allí junto al presidente legítimamente electo que lucharía por defender los intereses de la clase media americana por otro mandato.

Al lado del presidente estaba el vicepresidente, Joe Biden. Barack Obama reiteró su plan más controversial, el que más rechazan los conservadores: "quiero que los más adinerados, los que están en el tope de los ingresos paguen un poco más en impuestos que los que ganan menos....la mayoría de la gente está de acuerdo con mi acercamiento al problema de los impuestos". Después continuó así: "el pueblo ya no tolera disfunción en el gobierno, están buscando cooperación, consenso, sentido común y acción. De modo que vamos a trabajar".

En su discurso de ese día explicó su propósito de defender a la clase media, y a la vez evitar el desbalance fiscal que se avecinaba. Mencionó que había recibido una carta de un ciudadano de Tennessee que no había votado por él, quien le escribió explicando su deseo de que el país vaya hacia adelante. Leyó parte de la carta que decía así: *"we have to work together and put our differences aside, and I couldn't say it better" dijo Obama*. (Tenemos que trabajar juntos y dejar nuestras diferencias atrás, y yo no podría decirlo mejor).

El auditorio lo aplaudió mucho. En la Casa Blanca y a lo largo del país, muchos lo aplaudíamos y sentíamos la satisfacción de haberlo reelegido. Aún había muchas cosas por hacer y yo estaba segura de que las llevaríamos a cabo.

Yo hice mi parte y cumplí mi misión. Mi esperanza de que América pudiera tener un futuro mejor con el presidente Obama se hizo realidad. La reforma de salud es la ley de la nación, este presidente evitará guerras innecesarias a través de alianzas y diplomacia, y el próximo juez de la Corte Suprema tendrá la misma filosofía que los demócratas al estudiar la Constitución, para que no existan decisiones como la de *Citizens United* en las que millonarios puedan comprar elecciones.

No obstante, en las elecciones del 2012 el pueblo americano demostró que todos los miles de millones de las corporaciones no pudieron comprar la silla en la Oficina Oval de la Casa Blanca, cuando aportaron pequeñas donaciones de menos de cincuenta dólares a la campaña de Obama para así sobrepasar la recaudación de Mitt Romney.

Trabajé duro por largos meses y me dediqué a ayudar a Obama posponiendo mi propia vida. Por cada derrota salía a seguir luchando. Era también mi propia lucha, porque había demasiado en juego, pero salimos victoriosos. Ahora disfruto esta dulce palabra, ¡victoria!

Esta etapa de la lucha ha terminado. Obama es el presidente electo por cuatro años más, y los americanos de la clase media hemos ganado.

Como Obama es el presidente electo, los republicanos tuvieron que aceptar su más discutida propuesta, que los millonarios paguen un poco más de impuestos para contribuir más a la sociedad. Después de la elección a finales del año 2012, el congreso aprobó mantener igual los impuestos a la clase media, pero aumentar los impuestos a los que tienen ganancias de más de 400,000 dólares al año, una batalla que los demócratas habían mantenido desde el año 2010, y la principal causa del rechazo de los republicanos, que querían exactamente lo contrario.

Resultados de la elección

Como resultado de la elección, logramos un demócrata en la presidencia, se mantuvo la mayoría demócrata en el Senado y la mayoría de los republicanos en la Cámara de Representantes. Yo espero que en este segundo periodo se acabe el obstruccionismo que los republicanos le aplicaron a Obama en su primer término, ya que con el voto se demostró que él es el presidente que el pueblo quiere en el gobierno.

El 113º congreso elegido en noviembre 6 del 2012 es el más diverso de la historia de este país, con 20 mujeres más, de ellas 16 representantes y 4 senadoras, más hispanos que nunca, y más asiáticos que nunca.

Mirando C-SPAN disfruté de las buenas noticias, cuando vi a Nancy Pelosi en el Capitolio en Washington celebrando la victoria. "Una imagen vale más que cien palabras" dijo Pelosi, acompañada de un grupo de mujeres demócratas recién electas y otras re-electas. En el grupo estaba mi actual representante, Frederica Wilson de Miami con su brillante sombrero vaquero; mi representante fue quien encabezaba el grupo que recibió a Obama en el aeropuerto en junio del 2012, cuando fui honrada con el privilegio de darle la mano y saludarlo, y prometerle que ganaríamos Florida.

Nancy Pelosi dijo que este congreso contaría con la mayor cantidad de minorías y la mayor cantidad de mujeres de la historia del país. "Estamos mirando al futuro", dijo la leader de los demócratas. "No tenemos el martillo ni la mayoría pero tenemos unidad. Cuando vine 25 años atrás solo había 26 mujeres en el congreso; ahora hay más de 60". En total, 82 mujeres forman parte del congreso de los Estados Unidos en 2012. Son muchas menos las mujeres congresistas del Partido Republicano, el cual se había destacado por su ataque a las mujeres en estas elecciones, en especial en el tema del aborto.

En Florida *fueron reelegidos por amplios márgenes el senador Bill Nelson y la representante Debbie Wasserman Schultz.* Alan Grayson, el representante demócrata por el Distrito 9 de Orlando, ganó también la reelección, quien me llamó la atención desde que hiciera su fiera defensa de la ley de salud. Cuando la ley se discutía, Grayson explicaba en las sesiones de la Cámara de Representantes que el único plan de los republicanos para los millones de personas sin seguro era lo que el definía como "Die Quickly", (muérete rápido) o sea, que la solución es que por falta de atención medica se murieran rápido, parodiando el desdén de los republicanos hacia los que no teníamos seguro médico, y que seriamos beneficiados con la nueva ley. Por otra parte, en el condado de St. Lucie, después de un lento conteo de votos, resultó ganador el abogado demócrata Patrick Murphy sobre Allen West, un acérrimo enemigo de Obama, Nancy Pelosi y Harry Reid a los que había llamado comunistas.

La representación de cubanoamericanos en el congreso de los Estados Unidos creció a un total de tres senadores y cuatro representantes de origen cubano: el nuevo senador por el estado de Texas, Ted Cruz, de ideas de extrema derecha conservadora, de padre cubano y nacido en Canadá, quien nos daría mucho colorido en el ámbito político por su pasión por liderar y sus posiciones extremas. En la cámara, es reelegido otra vez por New Jersey Alvio Sires, nacido en Bejucal, Cuba, junto con Ileana Ros-Lehtinen y Mario Díaz-Balart que mantenían su larga trayectoria en el congreso.

El triunfo de Joe García me hizo muy feliz, quien ganó en su tercer intento como representante al congreso por el Distrito 26, alcanzando 135,694 votos contra su oponente David Rivera que obtuvo 108,820 a pesar de su cuestionable papel en la maraña electoral que aún está bajo investigación. García, el primer cubanoamericano demócrata por Miami elegido al congreso, ganó por un margen del 10 % del voto a pesar de que su oponente recibió el apoyo de Ileana Ros-Lehtinen, Díaz Balart, Marco Rubio, del ex gobernador Jeb Bush, del líder republicano Al Cárdenas, con el respaldo de la radio y la televisión de derecha de Miami, y sustentado por muchísimo dinero del Partido Republicano. García apoyó los viajes y la ayuda económica de los exiliados cubanos a sus familiares en Cuba, política que Obama reinstaló en el 2009. Las remesas a los familiares en Cuba es algo a lo que se opone el sector más derechista del exilio, bajo la tesis de ahogar a los Castro, sin considerar que las remesas familiares atenúan las condiciones de escasez extrema en que viven nuestros familiares en la isla.

En la legislatura del estado de Florida fue extraordinaria la victoria del demócrata José Javier Rodríguez quien derrotó al experimentado Alex Díaz de la Portilla, quien mantenía el escaño desde 2000, perteneciente a una familia de tradición política republicana en Miami y con un respaldo económico fuerte. Recuerdo haber impulsado la elección de

José Javier cuando trabajé tocando puertas en las calles de la Pequeña Habana. Los demócratas barrieron en Miami en las elecciones del 2012, con la excepción de los tradicionales Ileana y Mario.

Mientras, en el resto del país, las ideas liberales triunfaron. En los estados de Washington, Colorado y Maine se aprobó la enmienda para la legalización de los matrimonios gay, y de esta manera ya son trece estados en la nación donde los gays se pueden casar. Espero que en Florida algún día se apruebe. También se aprobó el uso recreacional de la marihuana en Colorado y Washington. Con la excepción de los representantes republicanos a la Cámara de Representantes en el congreso que mantuvieron su mayoría, en términos generales los demócratas y las ideas progresistas predominaron en la elección del 2012.

El Partido del No después de la derrota

En diciembre de 2012, inmediatamente después de la derrota sufrida en las elecciones presidenciales, los conservadores no cambiaron sus posiciones contra el presidente electo por el pueblo por segunda vez. Continuaron en su negativa sistemática a toda propuesta de los demócratas, y no disminuyeron ni un ápice su ofensiva en el congreso atacando al presidente y defendiendo su agenda pro-armamentista. Entonces ocurrió la espantosa matanza de 26 personas en Newtown, Connecticut, donde un joven blanco con problemas mentales atacó una escuela con armas de asalto, asesinando a veinte niños de entre seis y siete años, y a seis adultos, entre ellos la directora y una maestra. A raíz de este hecho lamentable que conmovió a la nación, los republicanos mostraron su fibra humana, cuando decidieron derrotar en el senado una propuesta razonable de limitación de armas de asalto con vistas a evitar muertes en los tiroteos masivos que estamos sufriendo en el país.

La importancia de una elección en la calidad de vida de los ciudadanos se demostró en esta disputa sobre el tema del control de armas.

Como resultado de la elección, la correlación de fuerzas en el congreso se mantenía a favor de los republicanos en la Cámara de Representantes, con 234 representantes republicanos y 201 demócratas, pero en el senado no lograron cambiar la mayoría de 53 senadores demócratas, y 2 independientes. El senado tenia ahora 45 republicanos, pero el número mágico de 60 senadores para pasar una ley resultaba casi imposible para los demócratas, a menos que se alcanzara un acuerdo bipartidista.

El poder del Partido del No para bloquear leyes progresistas se demostró en el momento que la discusión se puso al rojo vivo para pasar una ley de control de armas de guerra, a raíz de lo que ha sido una de las masacres más terribles de la historia americana. El presidente Obama reiteró la necesidad de tomar medidas para evitar más muertes; con más fuerza que nunca las voces a favor del límite de armas se levantaron para hacer algo efectivo y los familiares de las víctimas hablaron con los congresistas.

Al votarse en el senado la propuesta de ley de la demócrata Dianne Feinstein para limitar la venta de armas de asalto diseñadas para usos militares, los republicanos se opusieron y otra vez lograron bloquear los intentos, en particular el nuevo senador por Texas Ted Cruz, para beneplácito de la Asociación Nacional del Rifle (NRA) que podría seguir con el lucrativo negocio de venta de armas. Si la mayoría en el congreso hubiera sido de los demócratas, y habrían alcanzado los votos necesarios, hoy existiera una restricción legal para impedir que un loco tuviera acceso a un arma que dispara 20 veces en menos de un minuto.

Ni un solo senador republicano apoyó la razonable propuesta de la senadora Feinstein.

Para ellos, lo más importante es la venta de armas, con el pretexto de la Segunda Enmienda que en ningún momento estaba siendo amenazada, ya que el proyecto de ley garantizaba la venta de más de 2,000 armas.

Para los demócratas, la prioridad es la seguridad para las vidas humanas y no las ganancias. Si hubiera una sola razón por la que seguiría siendo demócrata, sería la determinación de los republicanos por mantener las calles llenas de armas, para proteger los intereses económicos de la industria del armamento, a pesar de tantas muertes de americanos inocentes en actos de violencia masiva. La negativa de los senadores republicanos a un intento razonable de proteger la vida y disminuir la violencia por las armas reafirmó mis convicciones.

La esperanza que muchos como yo teníamos que después de la elección este congreso funcionara con la cooperación de los dos partidos, se desvaneció con esta nueva discusión. Seguiría el Partido del No haciéndole honor a su nombre.

Mi participación en Organizing for America

Yo ayudé a que Obama ganara de diferentes formas: defendiendo sus logros, hablando con la gente, escribiendo a los periódicos, registrando votantes, y trabajando como parte de Organizing For America, la organización de campaña nacional para la reelección de Barack Obama, que estableció una gigantesca red de voluntarios que nos unimos por un solo fin. La campaña de reelección fue innovadora: se crearon más de ochocientas oficinas de OFA y se organizaron diez mil equipos de barrios para organizar a los votantes en la base; fue extraordinaria la utilización del internet y los recursos digitales, y el uso de todas las herramientas del mercadeo para reclutar voluntarios, recibir donaciones y difundir información, redefiniendo la manera de hacer política. Por cada email de la campaña de Romney eran 25 los de Obama. OFA realizó una operación muy efectiva que reclutó a 2.2 millones de voluntarios, y logró registrar a casi dos millones de nuevos votantes. Adicionando la internet a la campaña tradicional, 4.5 millones de donantes hicieron 15 millones de donaciones individuales de un promedio de $50 dólares por donación. Fue una verdadera movilización de la base de los demócratas que llegó a todas las comunidades del país.

Guiados por el idealismo de vernos representados por Barack Obama, los 2.2 millones de voluntarios trabajamos sin recibir nada material a cambio en una campaña de reelección donde se gastaron mil millones de dólares. Alguna gente suponía que yo recibía dinero por registrar votantes, pero nunca cobré ni un solo centavo, sino que por el contrario, he dejado de ganar dinero por dedicarle tiempo a reelegir a Obama. A la gente le cuesta trabajo creerlo, tal vez porque los niveles de gasto de las campañas en el 2012 han sido descomunales, o porque en Miami son famosos los casos de "boleteras" y ayudantes de campaña que lo hacen por dinero. Ningún voluntario de *Organizing por America* recibió ningún pago, ninguna prebenda material, ni siquiera el rembolso de gastos de gasolina ni de comida. Los voluntarios decidimos aportar a la campaña lo más importante, la dedicación y el amor que pusimos para lograr el triunfo. Precisamente porque lo hicimos por convicciones, por ideales, es que el triunfo ha sido el más dulce de todos.

Yo trabajé voluntaria por muchas horas de mi vida, sin obtener nada material a cambio. Tampoco espero nada por lo que hice, más que confiar que el presidente electo y el Partido Demócrata continúen defendiendo a los que como yo, salimos cada día a trabajar para vivir. Mi mayor recompensa es que el 21 de enero quien va a tomar el juramento es ese mulato alto con la tez color cartucho, con un nombre tan raro como Barack Hussein Obama, que ha estado luchando por aquello en lo que creo desde el primer día en que entró en la Casa Blanca.

Por más de un año trabajé con el personal de OFA en Miami, jóvenes idealistas, educados y de un gran corazón que siempre nos hicieron sentir necesarios y nos agradecieron por nuestro trabajo. Ninguno de los organizadores de OFA que conocí era originalmente de Miami, con la excepción de Eduard que es hijo de cubanos, pero aun sin conocer la ciudad hicieron un fantástico trabajo que se tradujo en una victoria aplastante para Obama en el condado de Miami Dade. Voluntarios y personal de campaña hicimos un equipo formidable, y la victoria en esta ciudad fue mucho mayor de lo que yo misma pudiera imaginarme. El equipo de OFA hizo un trabajo excelente dirigiéndonos a los voluntarios y movilizando al pueblo para que saliera a votar. Siempre me sentí bienvenida y parte del grupo, siempre fuimos tratados con respeto. No hubo una sola vez que no me agradecieran calurosamente mi trabajo, y que no fueran efusivos en sus felicitaciones por lo que estábamos haciendo para que Obama ganara la elección. Por muy presionados que estuvieran, mantuvieron el control, la paciencia, y la comprensión de la misión que debían cumplir. Yo los vi sudar la gota gorda para llevar a cabo la tarea. Estoy orgullosa de ellos, orgullosa de haber compartido una experiencia especial, y confiada en el futuro que está en las manos de esta juventud generosa y tenaz.

Dos días después de la elección la oficina de OFA de Biscayne y la 18, el estado mayor del Team Midtown que tantas veces visité, estaba vacía y oscura, y tampoco encontré a nadie en la oficina de Little Havana la tarde siguiente a la victoria. ¿Dónde estarían los muchachos de la campaña? ¿Cómo habrán celebrado la victoria? ¿Qué harán ahora con sus vidas? Después del día 6 de noviembre, pararon súbitamente todas las comunicaciones por parte de las oficinas de organizadores de OFA, no hubo ni siquiera un email para felicitarnos mutuamente después de la elección. Esto fue un poco drástico, ya que convivimos juntos muchos meses, en busca del mismo ideal, lo que nos unía entrañablemente.

Tiempo después supe que al día siguiente a la elección del 6 de noviembre, el jefe de OFA en Miami Dade, Curtis, notificó abruptamente a los organizadores que desde el próximo día, su contrato de trabajo cesaba porque la campaña no tenía más fondos. Me puedo imaginar la frustración de estos jóvenes.

Ocurrió algo que ensombreció mi opinión de la campaña. La organización celebró una fiesta de la victoria para los voluntarios el día 10 de noviembre, pero yo no me enteré hasta el día después de la fiesta. Fue un gran fiasco para los voluntarios de la campaña, pues no recibí ningún mensaje de mis más directas organizadoras del área de Midtown donde trabajé hasta el día de la elección, sino que lo supe por un email que nos había mandado Eduardo, el organizador de la Pequeña Habana. Por supuesto que esto me disgustó muchísimo, ya que hubiera disfrutado enormemente compartir la alegría de la victoria con mis compañeros voluntarios después de tantos meses de trabajo. Yo creo que nos merecíamos ese sencillo reconocimiento.

Estaba tan frustrada que comuniqué mi descontento a través de un email a Curtis, el jefe de la campaña en Miami que tan amable habían sido siempre, pero no obtuve respuesta alguna; les envié el mensaje a los dirigentes en Florida, y como nadie me respondió decidí enviarle un email al dirigente nacional de OFA Jim Messina a través de *info@barackobama.com*. Nunca recibí ninguna respuesta. Semanas después mencioné el error en una encuesta que nos enviaron para mejorar próximas campañas, en la cual nos anunciaba que nos responderían, pero tampoco recibí ninguna comunicación. Estuvo muy mal que después de la elección los organizadores de OFA desaparecieran.

Después del día 6 de noviembre, la única persona que me contestó llamadas y un par de mensajes electrónicos, fue Eduardo, un organizador excepcionalmente humano y batallador que sin duda sentía un genuino interés en los voluntarios. Él fue el único que estuvo con su equipo en la oficina el día de la elección, y el único que nos avisó, aunque tarde, de la fiesta de la victoria a la que los voluntarios no fuimos invitados.

Semanas después fui por casualidad al Restaurant Finnegans en el Rio Miami, lugar donde se dio la fiesta que empezaría a llamar "la fiesta del chasco de OFA". El cantinero del bar, un muchacho cubano, me contó ciertos detalles de esa fiesta y de otra que se había celebrado allí para esperar el resultado la noche de la elección, en la que estaban los más relevantes miembros del Partido Demócrata de Miami.

Si alguna vez me sentí usada por la campaña política y la organización OFA, fue cuando supe que los simples voluntarios de OFA no fuimos invitados a estos eventos, pues era lo menos que podían hacer para reconocer de alguna manera nuestro trabajo por el que no cobramos ni un centavo; pero no puedo juzgar toda la campaña por una fiestecita local. El presidente Obama nos reconoció el trabajo desarrollado en aquel emotivo mensaje que nos envió la noche de las elecciones, el jefe máximo de la campaña también nos felicitó a través de un email, y los líderes electos nos dieron las gracias.

A pesar de este incidente, yo voy a seguir trabajando de todas maneras por aquel que luche por lo que creo, por el que comparta mis valores y que trate de mejorar el país que amo. No voy a desanimarme de participar en la próxima elección que se avecina, ni en las futuras luchas políticas que continuarán por siempre. Lo importante es tener en el congreso, en el estado o en el gobierno local a un líder que nos represente, y que comparta nuestros valores. Mi mayor recompensa ya la tenía en mi corazón cuando Obama estaría en la Casa Blanca luchando por los valores en los que yo creo por otro mandato. En la próxima elección y en el 2016 volveré a luchar, y ojalá que sea por Hillary.

En la feria del libro de Miami

Mi amor por la política sólo puede compararse con mi amor por los libros. Después de las elecciones, el otro gran evento en el mes de noviembre es la feria del libro de Miami, la mayor fiesta cultural de esta ciudad. Como cada año, fuimos a la edición 29º de la feria en una tarde fresca y soleada, perfecta para hojear libros, conocer autores y aprender sobre lo nuevo en la literatura mundial.

Primero fuimos a oír la presentación de uno de mis escritores favoritos, Carlos Alberto Montaner, y al salir nos encontramos de frente con Eduardo Padrón, el presidente del Colegio de Miami Dade, el cual tiene la mayor cantidad de estudiantes pertenecientes a minorías de toda la nación, y es el más grande del país con cerca de 165,000 estudiantes. Padrón emigró de Cuba con su hermano menor a la edad de 14 años en la llamada Operación Peter Pan, por una gestión de la iglesia católica que trajo a un grupo de niños solos sin sus padres, cuando se corrió la bola de que el gobierno comunista les iba a arrebatar a sus hijos. Con una constancia increíble y trabajando en tres trabajos, Padrón alcanzó un doctorado en Economía. Este es el hombre que la administración del presidente Obama seleccionó como jefe de la Comisión en Excelencia Educativa para Hispanos de la Casa Blanca; los presidentes George W. Bush y Bill Clinton también le concedieron posiciones relevantes. Pero aquí, en la callejuela de la feria, disfrutaba del ambiente inigualable de la literatura en el recinto del downtown del colegio del que ha sido presidente desde 1995, caminando solo y sonriente como siempre lo he visto, con su perfecto bigotito y vestido con su impecable traje y corbata. Siempre me ha llamado la atención que una persona tan importante no anduviera acompañado por un séquito de acólitos, y que hablara tan afablemente con todo el que se le acercara.

Lo saludé afectuosamente, y él sonrió y me saludó como si yo fuera una vieja amiga, aunque no lo conozco personalmente y solo lo veo en la feria cada año. Me acordé en ese momento del apoyo del colegio a la campaña de Obama en Florida, de los mítines para registrar votantes en el campus del *downtown*. Recordé sus escritos en el periódico Nuevo Herald llamando a la cordura y al sentido común, de sus menciones al peligro de ignorar la pobreza y los problemas sociales que puede conducir a una peligrosa inestabilidad social, y sus batallas sobre la necesidad de priorizar fondos para la educación, básica para la prosperidad individual y nacional. Recordé su disgusto cuando el gobernador Scott y la legislatura republicana del estado privaron al colegio de tantos fondos necesarios para educar a la juventud, y sus luchas para mantenerlos.

Un poco atrevidamente, pero con un gran respeto a la vez, quise compartir con este líder mi alegría por la reciente victoria de Obama. Me le acerqué a Padrón y le dije sonriente:
- ¡Ganamos! le dije con satisfacción.

- Si, ganamos- me contestó con una sonrisa pícara comprendiendo rápidamente mi alusión a las recientes elecciones, y siguió su camino por los quioscos de libros.

Para los que creemos que la educación es la base del progreso y la solución de muchos problemas, la reelección de Obama es un gran triunfo, pues él siempre ha priorizado fondos para la educación, ha apoyado a los colegios comunitarios de la nación, y ha luchado por garantizar que el acceso a estos sea asequible; su última propuesta ha sido asegurar dos años de colegio gratuito.

Mi amiga que estaba a mi lado se quedó asombrada de mi familiaridad con el presidente del colegio, pero yo le expliqué que él me inspiraba confianza por su sencillez, lo cual demuestra su verdadera grandeza.

Seguimos recorriendo la callejuela de la concurrida y amena feria llena de quioscos repletos de libros y de actividades culturales por doquier. El año anterior había visto en uno de los cubículos a un emigrante ruso presentaba su libro sobre las tendencias comunistas de Obama y sobre su candidatura para representante en un distrito de Florida. Recuerdo que discutimos y le dije que el comunismo era otra cosa, algo que yo también conocía bien por haberlo sufrido en mi país, como él lo había sufrido en la Unión Soviética; pero el ruso era un fanático, gritaba y gesticulaba y agitaba sus volantes para vender su libro. Espero que nunca haya salido electo. Afortunadamente, muchos extremistas como él perdieron en las elecciones de 2012.

También recordé que exactamente un año atrás, en 2011, la feria cerró el domingo con una conversación con Michael Moore en el auditorio del Edificio 2. Ese día la feria callejera ya había terminado, los kioscos de libros ya estaban cerrados y nosotros salimos con una bolsa llena de ellos, en su mayoría regalados; pero en el auditórium había una larga fila para ver a Michael Moore. Observé gente muy diversa, jóvenes, viejitos con bastones, estudiantes, académicos, latinos, anglos, asiáticos, señoras muy bien vestidas con ropas caras y otras con aspecto de hippies con viejos t-shirts y zapatos tennis. La cola era larguísima para escuchar a Michael Moore, el paladín de los liberales. No es que yo coincida con todos sus puntos de vista porque el hombre a veces se pasa de la raya, y discrepo de su posición hacia Cuba, pero me gusta su coraje para denunciar al *"Big Money"* y la manera como se ríe de los políticos con un especial humor para satirizar a los conservadores, y para desinflar sus ridículas mentiras.

Ya cerca de comenzar la presentación, vimos que no íbamos a alcanzar a entrar en el auditórium, así que elegimos un buen asiento en la escalera frente a una pantalla gigante instalada en el patio, acompañadas por un nutrido grupo de gente que se había quedado sin entrar al auditórium. Allí, sobre un duro escalón, disfrutamos a Michael Moore por más de una hora, quien habló de su libro y de la campaña presidencial, en ese momento de finales del 2011 en pleno despliegue; no nos defraudó porque fue ameno y muy simpático. Me asombró que su primera mención fue para la Feria del Libro de Miami, a la que dijo que había venido siempre y disfrutaba tanto. Me sentí realmente orgullosa de que tantos cubanos hayan contribuido a la creación y el desarrollo de este gran evento de las letras que empezó hace 29 años, cuando Miami no era más que una bella ciudad en el sur de Florida que empezaba a convertirse en gran urbe. Dos cubanos y un americano empezaron con las ferias hacia 29 años: el propio Eduardo Padrón, y el editor Salvador Salvat, junto con Mitchel Kaplan de *Books and Books*.

Hoy, un año después y en el mismo Edificio 2 del MDC, estaba Bill O'Reilly, el famoso comentarista conservador de Fox News, que presentaba un libro sobre John F. Kennedy. No había fila esperando para verlo ni gente sentada en las escaleras afuera; la imagen de O'Reilly en la pantalla hablaba a un patio vacío. Mi amiga y yo nos detuvimos.

- ¿Quieres verlo?- le pregunté

- No le quiero otorgar mi presencia - me contestó

- Tienes razón, vámonos

Y nos fuimos caminando, pero antes me volví a mirar a Bill O'Reilly en la gran pantalla. Recordé tantas veces que lo vi en el canal Fox News, repitiendo cada noche diatribas en contra de los demócratas que de nada habían servido con los 65 millones de americanos que votaron por Obama. Ahora él y los suyos se veían solos, vencidos, y con los vencidos nadie quiere estar; en el segundo piso había unos cuantos fans oyendo su historia. ¡Que diferente al día que estuvo Michael Moore el año pasado!

"O'Reilly, ahora eres otro perdedor- pensé- de nada te sirvió tu campaña de mentiras". Mientras caminaba hacia la salida, pensé, sonriendo: ¡ganamos O'Reilly! Y cargando la enorme bolsa de libros, nos fuimos de la feria hasta el próximo noviembre.

¡Fuá! ¡Solavaya! ¡Que lo malo se vaya!

El inicio del año 2013 era tiempo de celebración. Año nuevo vida nueva, y este nuevo año los que votamos por Obama estábamos llenos de júbilo porque pronto juraría como nuevo presidente. En enero fuimos a la fiesta de unos amigos para celebrar varios cumpleaños, el día de reyes, y muchos de los allí reunidos también celebrábamos la victoria.

Había en esa fiesta un grupo grande de latinos, muchos cubanos, pero también puertorriqueños como la dueña de la casa, y por supuesto algunos colombianos, peruanos, panameños, nicaragüenses, hondureños, guatemaltecos, y quien sabe cuántos más, junto con varios jóvenes nacidos aquí y mi amiga Naomi, la gringa adorada, la única nacida en el medio oeste americano de los presentes en aquella casa en el barrio de Shenandoah.

Después de las doce de la noche cuando ya no cabía nadie más, llegaron los mariachis a cantar conocidas canciones mejicanas. Por supuesto que se gritó "viva Puerto Rico", con una gran ovación por respuesta, después "viva Cuba", con la mayor ovación, ya que siempre somos mayoría en cualquier lugar donde haya latinos en esta ciudad, y también "viva Colombia". Yo sentí que debíamos gritar "viva América", tan americana me había vuelto, y también para ser cortes con Naomi que estaba a mi lado divirtiéndose mucho aunque no entendiera ni la mitad de lo que estaba pasando, ni comprendiera las letras de las canciones mejicanas que yo cantaba a voz en cuello con los mariachis.

La anfitriona llevaba largos años en este país, y tenía tres hijas preciosas nacidas aquí, que hablaban perfecto español y estaban realmente disfrutando de la fiesta y la multitud. Era una de las fiestas donde he visto más diversidad de edades, credos, posición económica y orientación sexual, y una de las fiestas más alegres y divertidas a las que he asistido en Miami en más de dos décadas de vivir aquí. Todo el mundo conversábamos alegremente, y todo el mundo quería bailar y cantar, reírse y gozar.

La música era fabulosa, amenizada por videos musicales, desde el último rock "Gangham Style", hasta los rock and roll de Elvis Presley, el foxtrox de los años 40, pasando por Shakira de Colombia, el newyorican Marc Anthony, la afroamericana Gloria Gaynor con *"I will survive"*, el dominicano Juan Luis Guerra con su "Bilirrubina", Oscar de León de Venezuela, y de la Isla del Encanto Gilberto Santa Rosa y Olga Tañon, cuya canción "Es Mentiroso" siempre me recuerda a Fidel Castro. Pero la más popular e impactante, donde la gente sí se "botó" a bailar con alegría, fue con la canción de nuestra Celia Cruz, uno de sus más famosos éxitos, "La Vida Es Un Carnaval". Todos nos conectamos a través de la canción, tomamos la pista para bailar con frenesí, y entonces surgió la conga espontánea que todos los bailadores latinos sabemos hacer, el "uno dos y tres" con pasillos sincronizados al estilo del carnaval santiaguero, o el habanero, o el de Barranquilla o el de Santo Domingo.

Al paso de la conga los bailadores revivíamos los bailes de nuestros ancestros: los andaluces "bailaores" de rumba flamenca, los negros danzantes de ritmos africanos, los inmigrantes gallegos, asturianos, y canarios, quienes al llegar a América, soltaron la alpargata y adoptaron la chancleta y la mezcla con sabor del Caribe, inventaron los mulatos, y empezaron a sentir el son como propio. Aquí, en esta casa del barrio de Shenandoah en Miami, una mezcla asombrosa de latinos, cantábamos el perfecto coro al bailar la sabrosa música cantada por la inigualable Celia:

...... "la vida es un carnaval, nadie lo puede negar"......bailábamos al compás de la pegajosa música cantada por la Reina de la Salsa....."para aquellos que nos critican....fuá"

La canción contiene una parte donde se usa la expresión "fuá", al tiempo que los bailadores espontáneamente hacíamos un gesto de rechazo con los brazos. Esta es una expresión populachera como para expresar "fuera" a lo que no nos gusta, a lo que alejamos de nuestra vida, siguiendo la frase popular "fuá, solavaya, que lo malo se vaya" Y Celia seguía cantando, al tiempo que los bailadores gritaban el pegajoso estribillo "fuá"

"para aquellos que se quejan tanto, ¡fuá!"

"para aquellos que solo critican, ¡fuá!"

"para aquellos que usan las armas, ¡fuá!"

"para aquellos que nos contaminan, ¡fuá!"

"para aquellos que hacen la guerra, ¡fuá!"

Cantábamos y gritábamos "fuá" a lo malo: para los que se quejan tanto de Obama, como si todos los males en Estados Unidos se hubieran originado con él, ¡fuera! para los que sólo critican lo que ha hecho esta administración y no quieren reconocer ni siquiera que Osama Bin Laden fue ajusticiado y que la industria del automóvil de Detroit revivió. Para los que rechazan cualquier control de armas, y se hacen los ciegos y sordos con matanzas de "aquellos que usan las armas "como la de Tucson, Aurora y Newtown, ¡fuera! Para aquellos que nos contaminan, a los que no les importa contaminar el medio ambiente y niegan el calentamiento global para seguir enriqueciéndose, ¡fuera! Fuera a los que quisieron ir a la guerra con Iraq, y siguen queriendo mandar tropas americanas a cualquier conflicto mundial por más que nos cueste valiosas vidas de civiles y de jóvenes americanos y un déficit en el presupuesto que los republicanos parecen olvidar, ¡fuera! Para toda esa ideología que los demócratas rechazamos, ¡fuera!, para los avaros, los mentirosos, los egoístas, los vanidosos, ¡fuá! ¡Fuera de una vez y por todas! ¡fuá! ¡solavaya! ¡que todo eso malo se vaya!

Mientras bailaba al ritmo de la música de Celia, yo me preguntaba si la legendaria cantante habría votado también por Obama en el 2012. Recordé aquella vez que la vi en un video cuando visitó África por primera vez; al bajar del avión se hincó de rodillas para besar el suelo de sus antepasados esclavos, negros africanos, como los ancestros que el entonces joven estudiante Barack Obama visitó también en Kenya.

Los que no querían a Obama están fuera, ¡solavaya! Hicimos la mejor campaña en el 2012. Demasiado estaba en juego en esta elección, por eso luchamos, votamos y ganamos. ¡Cuatro años más! Valió la pena el sacrificio, así que ahora, a disfrutar aquí bailando al ritmo de Celia y su Carnaval, con este grupo de gente latina trabajadora y alegre. Los latinos votamos en mayoría por Obama.

El próximo juez de la Suprema Corte, punto esencial de la democracia americana la cual nos ha hecho grandes, será elegido por un presidente demócrata, y esperemos que no se repitan decisiones como la de Citizens United, en las que se dio luz verde para que los millonarios puedan comprar elecciones. La ley de salud es la ley de la nación, no hemos ido a otra guerra tonta, y el 21 de enero Barack Obama va a jurar como presidente de los Estados Unidos.

La toma de posesión del Presidente Obama

El domingo 20 de enero de 2013 sería el primer día oficial del segundo término del presidente, día oficial de su investidura presidencial según la Constitución, aunque la grandiosa ceremonia se celebraría al día siguiente para hacerla en día de semana y no en domingo.

El presidente juró oficialmente el día 20 de enero en la Casa Blanca, mientras Michelle Obama sostenía la biblia familiar perteneciente a su familia, los Robinson, en un bonito gesto de tradición. Las biblias que usará el presidente en la ceremonia oficial son biblias famosas que están en museos: la biblia que usó Lincoln en su toma de posesión en 1861, y la biblia de Martin Luther King Jr. Es una gran coincidencia que este año el lunes 21 es el tercer lunes de enero y por ello se celebra también el día de recordación del Reverendo Dr. King Jr., líder del movimiento por los derechos civiles de los afroamericanos y las minorías. El sueño del Dr. King se hacía absoluta realidad con la investidura del primer presidente negro de los Estados Unidos. Por eso esta ceremonia será diferente a la de otros presidentes, y también porque los codiciados tickets para la ceremonia, no serán solamente para invitados especiales, sino también vendidos a la población.

Mi organización de la campaña, *Organizing for America*, había anunciado los nombres de los dos voluntarios que fueron elegidos de entre los 2.2 millones que participamos en un sorteo que daría entradas a la ceremonia y todos los gastos pagados para estar en Washington el 21 de enero. Me imagino la felicidad de estos dos afortunados.

La ceremonia de toma de posesión, o inauguración, dirigida por una comisión del congreso, es en gran parte diseñada por el presidente, que tiene la potestad de decidir muchos detalles de acuerdo a sus preferencias personales. En esta ceremonia pública en el lado oeste del Capitolio, frente al *National Mall* que va desde el Capitolio hasta el Memorial Lincoln y que el país en pleno observa, el presidente electo puede decidir quienes participan, si se dirá un poema, si habrá música, quien cantará, o quienes desfilaran en la parada que se celebra frente a la Casa Blanca después del juramento presidencial.

Este 21 de enero de 2013 se materializa mi sueño de ver a Obama ser el presidente reelecto, y terminar con las tareas que habíamos empezado. Como no podía estar en Washington D.C., decidí irme a ver la transmisión simultánea de la ceremonia que se celebraría en el Centro de Bellas Artes del downtown de Miami, el Arsht Center, muy cerca de mi casa.

El día de la inauguración me levanté temprano, entusiasmada por la idea de ver la ceremonia y las noticias sobre esta. En CNN vi que después de un desayuno privado, la familia Obama fue a misa temprano a la Iglesia St. Johns, donde oficia el Padre Luis Lazo, cubanoamericano como yo. Después se unieron con el vicepresidente Joe Biden y su esposa Jill, para ir hacia el Capitolio.

Aquí en Miami el sol brillaba en el cielo, y la temperatura estaba en los 70 grados, lo cual es más que fresco para nosotros. En la capital de la nación se esperaba un día de bajas temperaturas, pero no tanto como en otros años en los que la nieve y el frio ha hecho cambiar los planes de la ceremonia, como la de George W. Bush.

"Es un día muy especial, un día majestuoso", decía Wolf Blitzer de CNN. Es el día en que el presidente electo por la mayoría es investido de sus poderes pacíficamente, y se convierte en nuestro presidente, el presidente de todos los americanos. Somos libres de votar y de respetar los resultados. Nunca en los Estados Unidos se ha violado este derecho y la totalidad de los presidentes americanos han sido elegidos de acuerdo a la ley, un gran ejemplo de los valores democráticos de este pueblo.

Veía las noticas y me preparaba al mismo tiempo para irme al evento del Arsht Center. Aunque solo es un evento comunitario muy cerca de mi casa, yo me sentía como si me estuviera preparando para ir a la tribuna con los miembros del congreso. Me había vestido con mi t-shirt preferido, el que usé mientras registraba votantes, el que dice *"Fired Up Ready to go"*, y que aún tiene pegado el sello *"Women for Obama"* que usé en mi última sesión de trabajo para sacar a la gente a votar. Como este es el último acto de campaña que voy a tener, quería compartir la ceremonia con gente como yo, con otros voluntarios y entusiastas de Obama que hoy estábamos felices porque el país va pa'lante, "*Forward*".

Era la segunda vez que el Canal 4-CBS y la Fundación Knight organizaban esta transmisión de la ceremonia de investidura del presidente en los teatros Knight Center y el Ziff Ballet Opera House de Miami.

Cuando llegamos lo primero que vi fue a un grupo de estudiantes de FIU con camisetas que decían "Estudiantes Demócratas de *Florida International University*", y una banda de estudiantes de secundaria tocando un himno en los portales del Centro Knight.

Por fin entramos al teatro y tomamos la mejor silla. Al lado de Naomi, se sentó una maestra de música de las escuelas públicas acompañada de sus hijos pequeños, uno de ellos una simpática niña afroamericana que constantemente me miraba admirada al oír mis expresiones de emoción. A mi lado se sentó una señora con quien conversé bastante, primero en inglés como debe ser, pero después cambiamos al español. Resultó que había trabajado en la campaña también, para lo que había venido a Miami desde Tallahassee donde vive, a tocar puertas y hacer llamadas como hice yo. Esta señora era del grupo de niños Peter Pan que vinieron solos a los Estados Unidos en los primeros años de la Revolución Cubana, en un plan de la iglesia católica, un éxodo de niños enviados hasta que sus padres pudieron salir de Cuba. La señora estaba muy entusiasmada porque conocía a la familia del Padre Luis Lazo que iba a decir la bendición en la ceremonia, y también hablamos del poeta Richard Blanco, de padres cubanos, quien diría un poema en el evento. Me alegró tanto conocer a otra cubana demócrata, y por cierto que no una recién llegada crecida en la revolución, sino una chica Peter Pan, cuyos padres seguramente eran de la clase alta cubana. Esta señora, también había contribuido su granito de arena en la campaña. La grandiosa ceremonia de toma de posesión de Barack Obama que veríamos hoy era el resultado de muchos granitos de arena de parte de mucha gente como ella y como yo.

A las 11:15 AM en punto, mientras el presidente entraba a la tribuna en el oeste del Capitolio en Washington, empezó la ceremonia en el Centro de Bellas Artes de Miami. El maestro de ceremonias fue Elliot Rodríguez, veterano locutor de Miami. El alcalde del condado de Miami Dade, Carlos Giménez, abrió el evento refiriéndolo como la celebración de un acto de la democracia de este país que veríamos hoy juntos en las bellas instalaciones del teatro, orgullo de la ciudad.

Después oímos los discursos de dos importantes líderes del *Knight Center*. Uno de ellos llamó al área el nuevo Time Square de Miami, nombrecito que me pareció muy certero y halagador pues conozco bien esta área de la ciudad que hace unos 15 años no era más que viejos edificios vacíos; ahora el lugar es ciertamente vibrante, cerca de la Bahía de Biscayne y de Bayside, del American Airlines Arena, el Colegio de Miami Dade, la Torre de la Libertad y el Museo de Arte, y rodeado de altos y lujosos edificios recientemente construidos que han traído miles de nuevos residentes y animación al lugar.

El evento continuó con una magnífica interpretación del Coro de *New World School of Art* de MDC, el Colegio de Miami Dade. El coro de jóvenes estudiantes cantó magistralmente las patrióticas canciones *America the Beautiful* y *God Bless America*, (La Bella América y Dios Bendiga América).

Luego se presentó un joven poeta, estudiante de la secundaria superior Miami Central. Este muchacho miamense había ido a estudiar arte a la Universidad de Yale, donde fue su maestra e inspiración la poetisa que recitó en el evento de inauguración del Presidente Obama en 2009. El poema me gustó, y me gustó mucho más que un joven de Miami Central, una escuela ubicada en un barrio pobre afroamericano, haya alcanzado un lugar tan relevante en la cultura.

Ya cerca de las 11 y 45 de la mañana, terminó el acto en Miami y pasamos a la transmisión simultánea en el Capitolio en Washington D.C.

En ese momento estaba hablando la señora Mirlie Evers-William, viuda del luchador por los derechos civiles, y participante en la Marcha a Washington D.C. en 1963. Evers mencionó la coincidencia de este día con el 50 aniversario de la marcha, y con el 150 aniversario de la firma de la Proclamación de Emancipación por el Presidente Abraham Lincoln en 1863. Estos dos hechos históricos posibilitaron que las personas de la raza negra disfruten de los mismos derechos que cualquier americano, entre ellos el de ser elegidos y servir en el gobierno, como hoy se hizo realidad y por segunda vez con la elección del Presidente Obama. Si se es solamente un poco idealista, y se siente amor por la justicia y la igualdad, estas coincidencias históricas nos tienen que conmover y llenarnos de orgullo y satisfacción. Toda discriminación por la raza, por la religión o la preferencia sexual o por cualquier motivo es un crimen, y está siendo combatida y reducida durante el mandato de Barack Obama, como fue combatida por otros presidentes americanos como Lincoln, Roosevelt, Kennedy, Johnson, Carter, y Clinton.

Después cantó el Coro Brooklyn Tabernáculo de Nueva York, la antigua canción Holly Holly Aleluya. Seguidamente Lamar Alexander, senador republicano por Tennessee, miembro del comité inaugural, dijo unas palabras, y mencionó como tenemos un nuevo presidente sin disturbios, ni golpe de estado, ni insurrección, con "libertad de elegir nuestros líderes y respetar los resultados", *"freedom to choose our leaders and respect the results"*.

Los presidentes Jimmy Carter y Bill Clinton estaban allí, además de los senadores demócratas y republicanos. También pude reconocer a Cindy Lauper, invitada por la representante Nancy Pelosi, quien ayudó en la campaña por Obama como tantos otros famosos que estarían en la inauguración. Las pequeñas hijas de Obama, Sasha y Malia estaban allí con su habitual formalidad, al lado de Michelle Obama, y la familia de Joe Biden, con su esposa Jill y sus hijos Beau, Hunter y Ashley.

Llegó el momento en que Sonia Sotomayor, primera jueza latina de la Corte Suprema de Justicia, nacida en el barrio pobre de puertorriqueños del Bronx de New York, designada por el presidente , iba a tomar el juramento a Joseph R. Biden, el vicepresidente electo, quien lo hizo con la naturalidad única de Joe. La multitud rugió de alegría. Había cerca de un millón de personas desafiando el frio de enero en el parque frente al Capitolio de Washington D.C. Después, el cantante de música country James Taylor cantó con su guitarra *"America the Beautiful"*.

Entonces se anunció que John Roberts, el Jefe de la Suprema Corte, tomaría el juramento a Barack Hussein Obama, 44º presidente de los Estados Unidos. Una aclamación se escuchó, y entonces repitieron otra vez las solemnes y bellas palabras.... *I preserve, protect and defend the Constitution of the United States ...*

Concluida así la ceremonia de investidura del nuevo mandatario, sonaron las salvas de artillería. Obama dijo su discurso, que comenzó dirigiéndolo así: vicepresidente, juez jefe, miembros del congreso, invitados, amigos ciudadanos:

La gente gritaba: ¡Obama, Obama! en las pausas del breve discurso. La mayor ovación de la multitud se produjo cuando mencionó igual pago para las mujeres e iguales derechos para los gays, diciendo: "el camino a la igualdad es incompleta hasta que nuestras esposas, madres e hijas puedan ganar un sustento igual a sus esfuerzos, hasta que nuestros hermanos y hermanas gays sean tratados como cualquier otro ante la ley". Era el primer presidente mencionando la palabra "gay" en un discurso inaugural.

Terminado el discurso de Obama, la cantante Kelly Clarkson, ganadora del concurso American Idol, cantó con la Banda de la Marina de Estados Unidos. Beyonce cantó el himno nacional, *"The Stars Spangled Banner"* (la bandera de la estrella reluciente). En la ceremonia, dos latinos con profundas raíces en Miami estaban allí; para leer su poema, *"One Today"*, Richard Blanco, el primer poeta inmigrante, latino y abiertamente gay en una ceremonia de toma de posesión, hijo de padres cubanos; que Obama escogiera al poeta gay significa el reconocimiento al mérito del individuo sin importar su orientación sexual. El padre Dr. Luis Lazo, cubano y guantanamero por nacimiento, fue el elegido para dar la bendición en esta ceremonia. Al terminar ésta, el Padre Lazo dijo estas palabras en español: "presidente y vicepresidente, que dios los bendiga todos los días". Creo que ha sido la primera vez que se han pronunciado palabras en español en una toma de posesión en los Estados Unidos.

Al terminar la emotiva ceremonia, Obama y su familia fueron los primeros en retirarse. De pronto, antes de salir del balcón, Obama se detuvo y se volvió para mirar otra vez a la multitud de un millón de personas que cubrían toda la explanada a lo largo del National Mall. "*I am going to take a look one more time, it is the last time*", (voy a mirar una vez más, es la última vez), y se quedó por un momento a contemplar embelesado a este pueblo al que él adora, como si no quisiera separarse de él. Ese millón de personas allí reunido sentían el mismo fervor por este presidente, un afecto mutuo que se manifiesta ostensiblemente en cada encuentro de Obama y las multitudes.

Después de la grandiosa ceremonia, selectos miembros del congreso e invitados fueron al Salón de las Estatuas en el Capitolio para un almuerzo con el presidente y vicepresidente. La recepción se demoró más de lo previsto porque el presidente se dirigió a cada mesa para saludar a cada uno de los presentes. A las 3 y 25 de la tarde la caravana de la policía motorizada empezó a caminar lentamente por la avenida Pensilvania dirigiendo el automóvil presidencial hacia el número 1600, la Casa Blanca, frente a la que se efectuaría la tradicional parada.

A las 3 y 47 de la tarde, Barack y Michelle Obama se bajaron de la limosina a caminar por la calle para saludar a la gente que se volvió loca de alegría. Fue un día frío y soleado, en opinión de algunos el más bonito que se recuerda de una toma de posesión. La tradición de caminar por un tramo de la Avenida Pensilvania la comenzó el presidente Jimmy Carter que caminó la milla y media entre el Capitolio y la Casa Blanca. El único presidente que no pudo hacerlo fue George W. Bush, el predecesor de Obama, debido al mal tiempo.

Después de un rato de andar y saludar, el presidente y vicepresidente vuelven a subirse en las limosinas blindadas, con el emblema de la famosa empresa americana Cadillac. A las 4:07 P.M. llegaron frente a la Casa Blanca. Alguien del público les gritó con entusiasmo la consigna de la campaña, "¡*fire up ready to go*!", a lo que Barack y Michelle contestaron con un saludo.

Joe Biden también saludó a un padre con sus hijos como si fuera un viejo amigo, y después regresó a saludar a un niño y le abrazó su cabeza contra su pecho por un rato. Biden se veía feliz y energético; fue conmovedor ver a la familia emocionada por el efusivo saludo de Biden, quien es famoso por su espontaneidad y muy querido por el pueblo y el congreso. Después los vi entrar en la Casa Blanca, en compañía de su esposa la doctora Jill Biden y su hijo Beau. Recuerdo que observándolo aquel día, pensé que Biden hijo debería seguir los pasos del padre en el congreso, pero lejos estaba de imaginarme que tiempo después Beau Biden nos dejaría inesperadamente.

Al rato los recién jurados presidente y vicepresidente con sus familias caminaron a la tribuna alrededor de las 4 y 45 pm, y comenzó la parada en la que desfilan representaciones de cada uno de los cincuenta estados americanos.

De Hawái desfiló la banda de la escuela *Punahou High School,* de la que el presidente se graduó en Honolulu en 1979. Hubo varias bandas latinas, entre ellas la Banda Seguro Que Si, de Orlando, Florida, que me imagino estaría formada por puertorriqueños y otros latinos, y un ballet folclórico mejicano de Colorado. Por Delaware, vinieron unos artistas del *Chínese American Community Center,* en representación de los asiáticos-americanos. Hubo varias universidades presentes, como la banda de la Universidad de Maryland tocando canciones tradicionales norteamericanas. Los indios nativos americanos estuvieron presentes, entre ellos un grupo folclórico de Alaska. Muchas manifestaciones culturales, bandas y grupos desfilaron por dos o tres horas, en representación de la enorme mezcla cultural de los Estados Unidos de América.

Esa noche se celebró la recepción en los salones del Hotel Hilton, donde participaron unas 30,000 personas. Durante la recepción, el presidente y la primera dama bailan una pieza, y después departen con los invitados y visitan los distintos salones amenizados por los mejores músicos. En uno de ellos estaba el grupo Maná de México, en otro el famoso compositor John Legend. Supe mucho tiempo después que en uno de los salones de recepción estaban los voluntarios de la campaña por la reelección. Me imaginé a los muchachos de OFA con los que trabajé en Miami: Curtis, Eduard, Denisse, Megan, Kathy, Elin, junto con los voluntarios más dedicados, los que más llamadas hicieron, los que se destacaron por su arduo trabajo. Me los imaginé allí disfrutando el triunfo con sus elegantes trajes de gala en esa noche bellísima, la noche de celebrar junto con Obama y Biden recién electos y las respectivas primeras damas Michelle y Jill, las celebridades, los donantes, y los congresistas. Me los imaginé disfrutando la fiesta, llenos de sueños y de ilusiones de juventud, y me alegré mucho por el futuro que les espera. Los jóvenes de la campaña fueron un ejemplo de dedicación, de idealismo, de trabajo de equipo, y de firme sentido de propósito. Espero algún día volverlos a ver.

Los millones de voluntarios que trabajamos para que Obama tomara posesión en este día, estamos satisfechos y convencidos de que nos espera un mejor futuro. Algunos de nosotros estábamos allí en el Arsht Center de Miami el día de la inauguración. Me impresionó especialmente un joven voluntario que vi con su familia a la salida del teatro ese día. Cuando terminó la transmisión del acto público donde Obama juramentó, salimos del teatro junto con cientos de entusiastas por Obama. Allí a la salida del Centro de Bellas Artes en el centro de Miami, una pareja joven vestidos sencillamente en *jeans* y t-*shirts* de la campaña, igual al que yo tantas veces usé, salieron del teatro con sus dos hijos, una niña y un niño de unos 9 o 10 años, tal vez nuevos americanos como yo, buscando un buen lugar para tomarse una foto después de ver jurar a Obama como presidente, un anhelo logrado gracias a los esfuerzos de tanta gente del pueblo. Yo sentía la misma emoción, el mismo orgullo que esta humilde familia llena de sueños, en la que vi el futuro del país.

La madre tomó la cámara para tomar la foto mientras el padre, sonriente, abrazó a sus hijos, al tiempo que se mostraba con legítimo orgullo un letrero de la campaña, el que había llevado consigo al teatro esa mañana. Reconocí el mismo letrero que llevábamos a todos los eventos, el letrero que por varios meses pusimos en el jardín de la casa, o en las ventanas del apartamento, o en el carro, o lo llevábamos a las jornadas de votación, y lo sosteníamos en los mítines; para los voluntarios que trabajamos por Obama, ese pequeño cartel fue por mucho tiempo nuestro instrumento de trabajo, tratando de lograr un voto a la vez durante largos meses hasta el día de la elección.

Era nuestro lema, un letrero azul con letras blancas con el lema simbólico que resumía el espíritu de este movimiento: "*Forward*", ¡Pa'lante!

Hacia allá vamos.

Civismo, mi experiencia

"El mal se impone en el mundo cuando la gente buena no hace nada"

Participar en la campaña de elección del presidente por primera vez fue una gran experiencia humana, en la que aprendí mucho: que hay que seguir adelante, y que la meta sea tu guía, pase lo que pase. Nada pudo desviarme del propósito de ganar Florida para Obama, y siempre me mantuve optimista, trabajando. Disfruté tanto durante la campaña por la reelección del presidente porque me hizo sentirme parte de un país vibrante donde todos tenemos iguales derechos, no importa de dónde vengas, y porque comprendí que vale la pena y es importante involucrarse en el proceso democrático.

No abandoné la lucha ni perdí el entusiasmo, como hicieron otros, ante las dificultades o el efímero sentimiento de ser una ficha más en el tablero de la política, ni ante la idea de que lo que estaba haciendo no cambiaría nada. Ante todo, siempre creí en la sinceridad de Barack Obama, y comprendía que tenía que hacer mi parte, que cada ciudadano tenía que contribuir. No podíamos quedarnos mirando desde la orilla y ver cómo los republicanos ganaban el poder y aplastaban a Obama, eliminando las arduas conquistas de los primeros cuatro años, como la reforma de salud, o el rechazo a la discriminación a los gays.

Trabajar en la elección del presidente Obama fue un acto de civismo. La breve definición que encontré en la enciclopedia, es que "civismo es el celo por las instituciones e intereses de la patria". Sí, a mí me interesa mucho mi país y estoy convencida de que juego un papel en su destino, ¿pero cómo se hace realidad ese celo, esa atención y preocupación por las instituciones e intereses de la patria que me acogió, la que juré apoyar cuando me hice ciudadana americana?

Lo primero es ser una buena ciudadana y contribuir a la grandeza de América, y después, ejercer el derecho más importante que disfruto en los Estados Unidos, que es votar para elegir a mis gobernantes. Además, para mí es esencial ejercer el derecho a la libre expresión de mis ideas. Trabajando activamente en las elecciones pude hacer realidad mi sueño de libertad y democracia, derechos que me fueron arrebatados en mi país natal.

Mi experiencia como voluntaria en la campaña de reelección de Obama fue un ejercicio de civismo que enriqueció tremendamente mi vida. Pude conocer mejor al pueblo americano, sus instituciones, sus líderes y su historia, y así creció mi respeto por este extraordinario país, que no es perfecto pero que siempre se mueve hacia adelante. Aprendí cómo funciona la democracia en los Estados Unidos y cómo participar en ella. Observando la campaña presidencial vi con admiración cómo simples ciudadanos exigían a los candidatos explicaciones de sus plataformas políticas, cómo instituciones espontáneamente creadas por ciudadanos como la Liga de Mujeres Votantes o *Emily's List* organizan a la gente e influencian elecciones, y cómo el periodismo legítimo juega un papel fundamental. Confirmé que los cambios nunca vienen sin luchas, y que la pluralidad de ideas nos fortalece.

Yo trabajé voluntaria por muchas horas de mi vida y no obtuve nada material a cambio; tampoco esperaba nada por lo que hice, más que confiar en que Barack Obama y los representantes demócratas en el congreso defiendan aquello en lo que creo, y que continúen peleando por la gente como yo, por las mujeres, por los gays, por los que no tenemos seguro médico, por la gente sencilla que trabajamos todos los días para vivir en paz.

Reelegir a Obama fue un acto de infinito optimismo, una cruenta batalla ideológica que libramos a lo largo de casi dos años. Por momentos parecía imposible vencer tanto poder. Obama lo resumió en el mensaje que nos mandó la noche de la victoria dirigido a los más de 2 millones de voluntarios que trabajamos por él, cuando nos dijo: "Quiero que sepas que ésto no fue el destino, que no fue un accidente. Tú hiciste que ésto pasara. Hoy es la mas clara prueba de que, en contra de todos los pronósticos, simples americanos pueden vencer poderosos intereses". Sus palabras fueron de más valor para mí que todo el dinero del mundo. Yo estoy convencida de que logramos que Obama ganara porque uní mi esfuerzo al de millones de ciudadanos que nos envolvimos en el proceso democrático con pasión y entrega. Su agradecimiento por nuestro trabajo y su promesa de seguir trabajando por mejorar el país es todo lo que necesito para sentirme recompensada. Permanecer al margen, indiferentes o excépticos, no era una opción viable. Ganamos la elección y por esta vez, los que tienen otras ideas van a tener que esperar, porque nos pusimos de pie y reclamamos los derechos que nos pertenecen.

Valoro altamente la libertad de expresión que disfruto en mi patria de adopción. José Martí, el apóstol de Cuba, dijo en una de sus más certeras y entrañables citas, la que atesoré y me sirvió de inspiración en mi largo camino hacia tierras de libertad: "Libertad es el derecho que todo hombre tiene a ser honrado, y a pensar y vivir sin hipocresía". En Cuba yo tenía que vivir en una eterna hipocresía para subsistir en el sistema comunista. Ser honrado es difícil en un país donde se tiene que simular adhesión al régimen totalitario y represivo de los Castro para mantener un trabajo en el gobierno, que en aquellos años era el único empleador.

Exiliados con tristes experiencia de dictaduras pueblan la ciudad de Miami, algunos ya no quieren ni oír hablar de política porque están hastiados de sufrirla en sus países. Otros, hemos aprendido el valor de la democracia y el valor de nuestra voz. En los países de Latinoamérica que dejamos atrás no teníamos voz, pero ahora la tenemos y hay que aprovecharla. Vivimos en una democracia excepcional, que muchos aún no valoran ni saben disfrutar. Yo hice uso de mis derechos cuando ayudé a ganar a Obama, pude ser honesta con mis ideas y practiqué el civismo, porque creo que es un deber y un privilegio, y es mi pequeño aporte al país.

El voto es la más poderosa y pacífica herramienta que tenemos en una sociedad democrática. Si de verdad tú crees que tu voto no cuenta, que tu esfuerzo no cuenta cuando participas en el proceso político, y que de todas formas las cosas van a pasar, yo te diría: ¡tú voto si cuenta!, te diría que tú eres importante, tan importante como el más poderoso de América, y que tu opinión sí cuenta cuando haces que tu voz se oiga, para defender lo que crees, y para que tu candidato salga electo. Mi experiencia me demostró que tenemos una voz y debemos usarla, y tenemos un derecho a votar que hay que ejercer. Fueron 65 millones de ciudadanos americanos los que votaron por Obama en las elecciones del 2012, cuando los más poderosos intereses y mil millones de dólares no fueron suficientes para poner a Mitt Romney en el poder.

En la próxima elección, piensa en esto. Ese candidato que tú prefieres y que envíes a representar tu distrito, pasará leyes que harán tu vida mejor o peor, va a decidir los impuestos que pagas y en qué forma el gobierno te tiene en cuenta, y es por eso que hay que salir a votar, e invitar a votar a los que te rodean.

Votar es un privilegio que tenemos los que vivimos en este país. En muchas otras partes del mundo no disfrutan de elecciones democráticas y libres. Mucha gente ha luchado por tener derecho al voto, y hoy seguimos luchando por conservar ese derecho que algunos quieren coartar. Elegir a nuestros gobernantes es un deber ciudadano; aislarse y ver las cosas pasar sin involucrarse nunca ha sido el camino hacia una sociedad mejor. No pierdas esa oportunidad de que tu opinión cuente cuando votas o defiende al candidato que tú sientes que sinceramente quiere el bien para la comunidad. Cuando trabajas para que el mejor candidato gane la eleccion, estás luchando por una vida mejor.

Si no votas, te van a ignorar, si no te expresas no te van a respetar. No hay nada más peligroso que renunciar al derecho de votar, pues exactamente eso es lo que necesitan los políticos corruptos y los oportunistas para arribar a posiciones de poder y medrar con el bien público. Es verdadero el dicho que lo único que necesita el mal para triunfar es que los buenos nos quedemos callados. Votar es poner nuestros valores en acción.

En esta contienda presidencial, el egoísmo y la avaricia representaron el mal. No creo que todos los conservadores son egoístas ni avaros, ni creo que los que votaron por Romney lo son. Yo entiendo sus razones y comparto algunos principios que los republicanos defienden, como el de la responsabilidad individual, un gobierno reducido y equilibrio fiscal; el país necesita de los republicanos, los independientes, los libertarios, y los demócratas, porque es la pluralidad de ideas lo que ha hecho avanzar a los Estados Unidos. Pero en esta elección, con el voto le mandamos un mensaje a los republicanos: sus ideas no nos gustan, y si no cambian, van a volver a perder.

A los inmigrantes en los Estados Unidos que estamos conectados por nuestra lengua materna, el español, quisiera enviarles este mensaje: tu voto es muy valioso e influye en tu vida, no lo desperdicies; es muy importante votar, no por quien nos cae bien sino por quien va a trabajar por mejorar nuestra situación y nuestro país. Hay que votar por el candidato honesto que quiere servir a su comunidad, y no por pillos que quieren servirse de ella; hay que informarse bien antes de votar, no a través del periodista que negocia con los hechos para sembrar ideas que nos vende para su interés personal, sino conociendo quién es realmente el candidato, cuál es su historia y cuales han sido sus obras en el pasado, cuáles son sus valores morales y cuáles son sus promesas para mejorar la vida de la gente como tú. Existen gente honesta y existen políticos sinceros que quieren el bien de la comunidad.

El principal requisito para votar es estar informado. Durante los días de votación, recibía muchas llamadas de mis amistades para preguntarme sobre los candidatos y los temas. Llegué a la conclusión de que mucha gente no tiene tiempo de informarse adecuadamente antes de votar, pero como sabían de mi dedicación a la campaña, confiaban en mi juicio para ganar información rápidamente. Siempre hay alguien en tu vida envuelto en la política y cuyo juicio te merezca respeto, y si no tienes tiempo para informarte por ti mismo, busca a esta persona e infórmate con ella, forma tu propio criterio y nunca dejes de votar. Sé que la vida del inmigrante es complicada porque tenemos que pasar por un proceso de cambio y adaptación que nos absorbe, pero después de hacernos ciudadanos americanos, nuestro deber es votar y ser parte activa en el rumbo que el gobierno seguirá.

Yo fui nada más que una voluntaria en la campaña, pero mi trabajo sumado al de muchos dio resultados. F*ui "una gota en el mar, pero el mar no sería igual sin esa gota",* una frase de la Madre Teresa, una monjita pequeña de una ciudad pequeña de Yugoslavia que un día ganó el Premio Nobel de la Paz por vivir para ayudar al prójimo.

Practicar el civismo es involucrarse en el proceso político por todos los medios posibles para el bien de nuestro país. Si no hubiera sido por la participación del pueblo en la campaña, no se hubiera ganado Florida, ni se hubiera ganado la elección para que Obama continuara su obra de defensa de la clase media americana, su obra contra la discriminación, y su obra de paz en el mundo.

Yo no nací en esta tierra, pero quiero a este país como si fuera el mío. Cuando la pequeña isla donde nací se vio destruida por una tiranía, y yo perdí las esperanzas de vivir honestamente allí, esta nación generosa me acogió y me ha dado los mismos derechos de cualquier americano, como el de votar y decir libremente lo que pienso. Yo trato de contribuir a esta mi patria adoptiva siendo nada más que una buena ciudadana en toda la extensión de la palabra.

¡Gracias América, por darme la oportunidad de rehacer mi vida aquí!

En su discurso de aceptación el 4 de noviembre de 2008, en el Grant Park en Chicago, Barack Obama nos dijo:

"Este es nuestro momento. Este es nuestro tiempo, de poner nuestra gente a trabajar otra vez, y abrir puertas de oportunidad para nuestros niños; de reconstruir prosperidad y promover la causa de la paz; de reclamar el sueño americano y reafirmar esa verdad fundamental: que aunque muchos, somos uno, que mientras respiremos, tendremos esperanza, y donde encontremos escepticismo y duda, y aquellos que nos dicen que no podemos, le responderemos con esa infinita certeza que resume el espíritu del pueblo: Sí, sí podemos."

God bless America, my home, sweet home....

Epílogo

El segundo mandato de Barack Obama representa un paso de avance de las ideas progresistas. El mundo no se acabó como pronosticaban los adversarios, sino que la economía de Estados Unidos está recuperándose de la recesión y el capitalismo sigue prevaleciendo en el país. Hemos ido hacia adelante en los temas sociales y en las alianzas en la arena internacional. Con Obama en la presidencia, la nación ha enfrentado los retos mundiales de una manera diferente, bajo los principios de la negociación conjunta con el resto de las naciones, el respeto al derecho internacional, y sobre todo la búsqueda de la paz.

Gracias a su reelección en 2012, durante el segundo mandato de Obama se han producido eventos que afectan a millones de seres humanos, como son: la decisión de la Corte Suprema para ratificar la reforma de salud; el encuentro del Papa y Obama en Roma; la firma de órdenes ejecutivas del presidente para dar un alivio temporal migratorio a millones de inmigrantes indocumentados; la legalización de los matrimonios gays en los cincuenta estados de la unión; la discusión nacional sobre el racismo a raíz del discurso del presidente en Carolina del Sur por la matanza de nueve afroamericanos en una iglesia; y por último, la reanudación de las relaciones con Cuba. Ninguno de estos eventos se hubiera dado con un presidente republicano en el poder. Si millones de americanos no hubieran hecho lo mismo que yo, que puse mi corazón en hacer que ganara Obama, y el presidente hubiera sido Mitt Romney, nunca habrían ocurrido estos acontecimientos en los tres siguientes años a la elección del 2012. El curso de los Estados Unidos de América habría sido diferente, probablemente el país se hubiera envuelto en otras guerras, habría retrocedido en los temas sociales, y la clase media habría perdido terreno mientras los intereses de las grandes empresas, fielmente defendido por los republicanos, habrían conseguido avanzar su agenda de priorizar la ganancia por encima de todo.

El lema de los voluntarios que nos reuníamos para trabajar en la campaña, era que demasiado estaba en juego en esta elección, y no podíamos dejar que se desvanecieran los avances obtenidos. En su segundo mandato, Obama ha mantenido su promesa de trabajar para hacer de este un mundo mejor con oportunidades para los menos favorecidos.

Los acontecimientos que más me impactaron ocurridos en el segundo mandato del Presidente Obama se desenvolvieron de esta manera:

El primero de abril de 2013 el presidente salió al Jardín de las Rosas de la Casa Blanca acompañado de Joe Biden, y anunció que a pesar de todas las dificultades iniciales ya 7.1 millones de americanos se habían registrado en seguros privados a través del mercado de salud, y de esta forma el pueblo americano estaba demostrando que la nueva ley de salud es la vía para facilitar el acceso a la salud pública para todos. Esta ley hubiera sido abolida por Mitt Romney desde el primer día, como muchas veces prometió durante su campaña. Los republicanos de la Cámara de Representantes han votado cerca de 50 veces para derogar esta ley, a pesar de que saben que el presidente Obama vetaría todo intento de eliminarla. Es por eso que la ley de salud se ha mantenido, gracias a los demócratas que han luchado por ella, y porque logramos mantener a Obama en el poder.

Los cinco jueces de la Suprema Corte ya habían declarado a la ley válida y constitucional en su totalidad en junio de 2012, pero los republicanos continuaron llevándola a las cortes. Tres años después, el 25 de junio de 2015, seis jueces de la Suprema Corte sostuvieron nuevamente la validez del *Affordable Care Act*, reconociendo la legalidad de los subsidios a los asegurados en todos los estados, con lo cual se rechazó otro intento más de los republicanos por invalidarla. De esta manera se reafirmaba que la Ley de Cuidado Asequible es la ley de la nación.

El primer encuentro del Papa Francisco y el Presidente Obama ocurrió el 27 de marzo de 2014. El presidente americano más liberal y humano de los últimos tiempos y el papa más revolucionario y auténtico de la historia moderna se reunieron en Roma, en un encuentro de dos extraordinarios líderes mundiales que tienen mucho en común: son dos hombres buenos que muestran una gran humildad, unida a una gran dedicación a luchar para mejorar la vida de los más vulnerables de la sociedad. Obama se mostró evidentemente muy entusiasmado por la reunión donde conversaron por 50 minutos, casi el doble de la media hora que el pontífice dedica a los jefes de estado. Al año siguiente se reunieron de nuevo, en ocasión de la visita a Estados Unidos, donde el pueblo americano le dio una acogida apoteósica. El regocijo de ambos líderes en este nuevo encuentro es notable en las fotos del 23 de septiembre de 2015 en la Casa Blanca.

La alianza de objetivos entre el Presidente Obama y el Papa Francisco es relevante, por su condición de líderes de autoridad mundial que coinciden en sus anhelos y esfuerzos de contribuir a la paz, en su compasión hacia todos los seres humanos y en especial los menos favorecidos, y por su adhesión a la causa de conservar el planeta. Con sus posiciones comunes, serán una poderosa influencia para el pensamiento progresista de la humanidad. Deben esperarse obras buenas de la reunión de estos extraordinarios líderes.

El 20 de noviembre de 2014 Obama firmó dos órdenes ejecutivas sobre inmigración, el único recurso legal a su disposición para darle un status temporal a los inmigrantes indocumentados que tengan hijos nacidos en Estados Unidos y hubieran vivido en el país desde 2010. Después de

18 meses de esperar que la cámara se decidiera a votar por una reforma migratoria, y a pesar de las advertencias de los republicanos, Obama decidió actuar a través de órdenes que han usado otros presidentes, demostrando un gran coraje político. La segunda orden se refería a extender la protección para los jóvenes conocidos como los DREAMers, o soñadores, traídos por sus padres cuando eran niños. Gracias a estas órdenes, a partir de mayo de 2015, más de cinco millones de indocumentados podrían empezar a solicitar las protecciones temporales, legalizando su situación para vivir y trabajar en el país por al menos tres años. A mi juicio estas órdenes ejecutivas estaban incompletas, pues no requerían a los inmigrantes algo muy necesario, como es aprender inglés y pagar impuestos, requisitos que son ineludibles si es que hemos venido a refugiarnos a este país. Pero era un intento audaz de comenzar a arreglar la triste situación de aquellos que han vivido aquí sin protección migratoria alguna.

Los inmigrantes indocumentados respiraron aliviados, pero la oposición de los republicanos fue feroz e inmediata, y rápidamente presentaron una demanda en las cortes contra las órdenes invocando exceso de poderes presidenciales. El 16 de febrero de 2015 el juez federal del sur de Texas, Andrew Hanen, falló bloqueándolas temporalmente. El fallo fue apelado por el Departamento de Justicia, pero de nuevo la corte superior falló en contra de la administración de Obama, quien había hecho lo posible por tratar de arreglar la situación migratoria de millones de personas. Al final parece que el intento del presidente ha quedado paralizado. Posteriormente, el debate nacional alrededor de la inmigración ilegal se ha tornado aún más complicado, agudizado por la agitación antiinmigrante destapada por el precandidato republicano Donald Trump y los ataques terroristas en París y en California en 2015.El tema de la inmigración es complejo y provoca reacciones muy fuertes.

El viernes 26 de junio de 2015 la Suprema Corte de Justicia decidió que el matrimonio gay sería legal en los 50 estados de la Unión Americana, basados en la 14 enmienda de la Carta de Derechos, la cual establece que todas las personas tienen igual derecho ante la ley. De esta manera Estados Unidos se convertiría en el país número 21 que reconoce las bodas entre personas gays, como resultado de una larga lucha de muchos años para eliminar esta discriminación. El presidente Obama ha tenido mucho que ver en esta evolución de la opinión pública, desde el día en que expresó su opinión favorable a los matrimonios entre personas del mismo sexo. La opinión pública sobre este tema tuvo una evolución muy rápida a partir de entonces, que culminó con la victoria tras la aprobación por la corte más alta del país.

El 26 de junio de 2015 el presidente Obama dio un histórico discurso de homenaje póstumo a los nueve afroamericanos asesinados en una iglesia en Charleston, Carolina del Sur, a manos de un racista blanco. Fue una apasionada prédica que incluyó la gracia de Dios, las relaciones raciales y la violencia por las armas de fuego. En este memorable discurso se puede ver a un Obama profundo, inspirador, completamente liberado y auténtico, y dispuesto a influir para cambiar el rumbo del país en dos agudos conflictos que sufre la sociedad americana: el racismo, y la violencia por las armas. En lo que fue un momento único durante el discurso, Obama cantó la tradicional "Amazing *Grace*", Gracia Divina, en un sincero brote de emoción donde afloró su profunda religiosidad, y su identidad con los afroamericanos de fe. "La gracia del señor no se gana, gracia es la libre benevolencia de Dios", dijo en su sentido discurso. Las fuertes declaraciones del primer presidente negro, quien es capaz de entender mejor que ningún otro presidente las barreras de la discriminación racial, galvanizaron la polémica nacional. Los americanos de todas las razas necesitaban este discurso de este presidente, para alcanzar una evolución del tema racial, el cual ha conmocionado muchas ciudades de los Estados Unidos. En Carolina del Sur, y como resultado del asesinato de estos nueve afroamericanos, se determinó que la bandera de los confederados, un símbolo de la esclavitud, debía quitarse del edificio del gobierno, y los eventos de Charleston trajeron una singular unión entre razas.

El 17 de diciembre de 2014 el Presidente Obama anunció que se normalizarían las relaciones con Cuba. Ese día los católicos cubanos celebran el Día de San Lázaro, y los santeros celebran la deidad yoruba de Babalu-Ayé. Los cubanos le piden milagros al santo de las muletas y van en caminatas a su santuario en El Rincón en las afueras de la capital habanera. Precisamente el día de San Lázaro en 2014 y por gran coincidencia, como si fuera obra del milagroso santo, fue el día que escogió el presidente Obama para anunciar repentinamente su decisión de normalizar las relaciones con el pueblo de Cuba después de 54 años de hostilidades, un cambio inesperado que nos sorprendió totalmente. El anuncio siguió la liberación del contratista norteamericano Alan Gross que había estado cumpliendo prisión desde 2009, y de un intercambio de espías prisioneros de ambos gobiernos.

En su discurso del mediodía, Obama delineó un meticuloso plan de apertura de comunicaciones, comercio y acercamiento al pueblo cubano facilitando los viajes. Obama resumió su propósito de una manera única usando el popular dicho de los cubanos sobre su vida diaria, la repetida frase "no *es fácil*", y siguió así: "hoy los Estados Unidos quiere ayudar a hacer la vida del cubano común un poco más fácil, más libre y más próspera".

Al final de su discurso, Obama citó para mi sorpresa, una frase que siempre ha sido una de mis citas favoritas del apóstol José Martí, la que he atesorado en mi viaje al exilio: "Libertad es el derecho que todo hombre tiene a ser honrado". "Hoy voy a ser honesto- dijo Obama - .... creemos que ustedes deben tener el poder de vivir con dignidad y autodeterminación".

El cambio de estrategia del gobierno americano tiene un fin, que es cambiar el estado de cosas. Lo que hizo Obama fue, como decimos los cubanos, "mover las fichas del dominó", probar otra alternativa, darle a Cuba la oportunidad diplomática que han tenido otras naciones conflictivas. Sería ingenuo esperar algo de la camarilla del poder en Cuba, que siguen aferrados a su quimera de socialismo. Pero sí espero que con un cambio de las relaciones productivas en la economía cubana, al abrirse al mundo y recibir más inversiones extranjeras, el ciudadano cubano tenga más oportunidades de romper la dependencia absoluta del gobierno totalitario para subsistir, dependencia en la que han vivido por 56 años y que los ha empujado a una adaptación y una apatía total nutrida por el miedo y la apatía. Al final, son los cubanos los que tienen que decidir el gobierno que tienen, y cuanto están dispuestos a arriesgar.

Estos han sido los eventos que he considerado resaltar, los que más me han impresionado después de la reelección de Obama en 2012. Nada de esto hubiera sido posible sin él.

Otros hechos relevantes se dieron en la presidencia de Obama, otros se darán en su último año, antes del 20 de enero de 2016, cuando le llegue la hora de darle el paso al próximo presidente americano, a quien visualizo como la primera mujer presidenta de los Estados Unidos de América.

ACERCA DEL AUTOR

Carmen Iglesias Bolufé era una niña cuando la llamada Revolución Cubana instauró el régimen socialista que a los pocos años nacionalizó el negocio de óptica de su familia y cambió para siempre la nación cubana.
Con más de 40 años de experiencia en la docencia, comenzó en la enseñanza a los 21 años de edad como profesora de Contabilidad y Costo en la Universidad de La Habana, donde terminó la carrera de Licenciatura en Economía. Enseñó Economía Política y Estadística en el Instituto de Ciencias Sociales de Mérida. Ha sido profesora en la Universidad Internacional de la Florida, de donde se graduó de una maestría en educación en inglés como segunda lengua, e impartió cursos de ESL y lectura en el Colegio de Miami Dade.

En Cuba ejerció como economista, hasta que fue expulsada de su trabajo por la Seguridad del Estado cubano, por el supuesto delito de querer abandonar el país. Finalmente, pudo salir al exilio y se radicó en Miami donde ha sido maestra en las escuelas públicas. Actualmente enseña en la escuela Miami Senior High de Little Havana, y además dirige la Fundación *Welcome to America*, dedicada a enseñar inglés y cívica a inmigrantes para convertirlos en ciudadanos de los Estados Unidos. Es también autora de Ciudadanía *en 3 Pasos*, un curso de preparación para el examen de la ciudadanía americana.

www.ingramcontent.com/pod-product-compliance
Lightning Source LLC
Chambersburg PA
CBHW071326280526
45787CB00001B/10
9781534752658